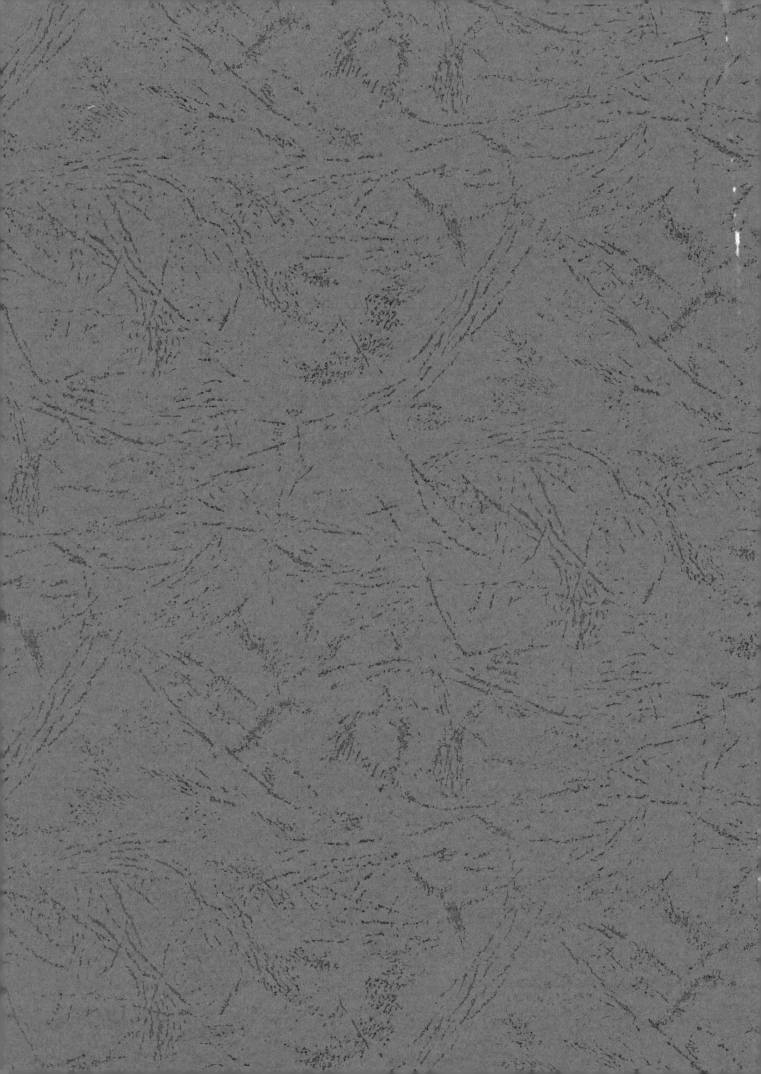

陕西省明长城资源调查报告
营堡卷

陕西省考古研究院 编著

上 册

文物出版社

封面设计　周小玮

责任印制　王少华　张　丽

责任校对　陈　婧

责任编辑　李克能　冯冬梅

图书在版编目（CIP）数据

陕西省明长城资源调查报告·营堡卷/陕西省考古
研究院编著．－北京：文物出版社，2011.7
ISBN 978－7－5010－3191－7

Ⅰ.①陕…　Ⅱ.①陕…　Ⅲ.①长城－调查报告－陕西省
Ⅳ.①K928.77

中国版本图书馆 CIP 数据核字（2011）第 120578 号

陕西省明长城资源调查报告·营堡卷

陕西省考古研究院　编著

文 物 出 版 社 出 版 发 行

北 京 市 东 直 门 内 北 小 街 2 号 楼

http：//www.wenwu.com

E-mail：web@ wenwu.com

北京盛天行健印刷有限公司印刷

新 华 书 店 经 销

889×1194　1/16　印张：45.25　插页：2

2011 年 7 月第 1 版　2011 年 7 月第 1 次印刷

ISBN 978－7－5010－3191－7　定价：580.00 元

《陕西省明长城资源调查报告·营堡卷》
编纂委员会

主　　任：赵　荣

副 主 任：刘云辉

委　　员：井剑萍　郝宝仓　刘宝琴　周魁英　赵　强
　　　　　贾　强　焦南峰　王炜林　孔　昱　李　岗
　　　　　李　博　董智安　张竹梅　呼天平　马树义
　　　　　王改户　段清波　王　沛　乔建军

主　　　编：李　恭

副 主 编：张卫星　姬翔月

项 目 领 队：段清波

项目组成员：李　恭　张卫星　闫宏东　姬翔月　高云昊
　　　　　　马圣雄　乔建新　李增社　于春雷

摄　　　影：张卫星　李　恭

绘　　　图：闫宏东　马圣雄

封 面 摄 影：王　沛

序　言

　　长城是历史留给我们独一无二的历史文化遗产，是中华民族伟大精神的象征。1987年，长城以悠久的历史、磅礴的气势、绵延万里的雄姿以及独特的历史、科学和艺术价值，被联合国教科文组织列入世界文化遗产名录。

　　陕西是中华文明的重要发祥地，在中国历史上长期作为政治、经济、文化中心，具有极为重要的地位。在陕西榆林、延安、渭南三个市的十六个县（区）境内保存着从春秋战国、秦汉至明代丰富的长城遗迹。它既是一道独特的历史文化遗存，也成为北部地区中原农耕文明与北方游牧文明长期对峙、民族交流融合的历史见证。

　　2006年，国家文物局根据国务院《关于加强文化遗产保护的通知》精神，制定了《长城保护工程（2005～2014年）总体工作方案》，明确了长城保护工程的总任务和总目标。2007年4月，国家文物局在全国涉及长城遗迹的十五个省（自治区、直辖市）正式启动开展长城资源调查工作，力争在五年内完成摸清长城家底，建立长城记录档案、地理信息数据等工作，为下一步实施长城保护工程打下坚实的基础。

　　按照国家文物局《关于合作开展长城资源调查工作的通知》的总体部署，陕西省政府高度重视，组织陕西省文物局、陕西省测绘局联合开展明长城资源调查工作。两局迅速成立了陕西省长城资源调查工作领导小组和项目办公室，由主要领导亲自挂帅，直接领导组织陕西长城资源调查工作。

　　根据《全国长城资源调查工作总体方案》的工作要求，陕西省文物局制定了《陕西省长城资源调查工作方案》，调查工作由陕西省考古研究院具体负责实施，秦始皇兵马俑博物馆、西安半坡博物馆、榆林市文物研究所、延安市文物研究所、西北大学文博学院、西安建筑科技大学等文博机构、科研单位和大专院校共同参与，抽调50多名专业人员组成五个调查队。陕西省测绘局为调查工作提供了1∶50000地形图、1∶10000地形图及正射影像图等资料。经过充分准备，2007年4月10日，陕西省文物局和陕西省测绘局共同签署了《关于合作开展陕西省长城资源调查及文物保护测量协议书》，同时举行了"陕西省长城资源调查工作启动仪式"。

陕西明长城资源调查从 2007 年 4 月至 2008 年 12 月，历经两年的风霜雪雨，调查队员们凭着坚韧不拔的奋斗精神，克服山高路远、交通不便等困难，踏遍了榆林市、延安市明长城沿线的七县（区）、八十一个乡镇，以及连接东北内蒙古自治区和山西省境内、连接西南宁夏自治区、甘肃省境内的部分区域，对明长城及其附属建筑等文化遗存进行了规范科学、认真严谨的测量，记录采集了大量翔实的信息数据资料，整理形成近五千份田野调查登记表。调查队运用现代科学测量技术手段和地理信息系统，结合传统的文物考古调查方式，圆满完成了陕西境内的"大边"、"二边"明长城调查任务，完成了398 段、长 1100 余公里的墙体，1497 座单体建筑，115 座关堡，52 处相关遗存，45 座营堡的野外调查和资料整理工作，取得了丰硕的成果。

通过调查，全面准确地掌握了陕西省境内明长城的规模、分布、构成、走向及其时代、自然与人文环境、保护与管理等基础资料，获取了长城沿线及两侧各 1000 米范围内的基础地理信息数据和专题要素数据。通过调查，获得了包括文字、照片、录像以及测绘等大量第一手资料，全面掌握了明长城的保存状况，首次完成明长城长度的精确量测，新发现了一批长城遗迹，取得了多项研究成果。同时，此次调查也培养了一批研究长城、保护长城的业务人才，必将成为今后长城保护管理方面的中坚。此次长城资源调查的基础信息资料，必将为今后我省长城保护、研究、管理、利用等工作奠定坚实的科学基础。

在调查期间，省政府主管领导、省文物局各位领导多次亲临调查第一线，现场指导、安排部署长城资源调查工作，慰问看望一线队员；多次组织召开省内外专家评审会、工作讨论会、中期质量检查会，确保了我省长城资源调查工作高水平、高质量完成。2009年 4 月，我省明长城资源调查工作顺利通过了国家文物局长城资源调查项目专家组的全面检查验收。

2009 年 4 月 18 日，国家文物局、国家测绘局在北京八达岭长城举行了明长城资源调查数据发布会，整个明长城总长 8851.8 公里。陕西段明长城长达 1100 余公里，跨越山区、荒漠、沙漠和草原等多种地理环境，不仅是全国明长城中建造时间最早的，也是西部长城建造的典范。

长期以来，陕西省委、省政府非常重视长城的保护工作，取得了显著的成效。目前已有 32 处长城遗迹和相关遗存被公布为文物保护单位，其中全国重点文物保护单位 2 处，省级重点文物保护单位 22 处，市县级文物保护单位 8 处。各级政府在长城保护工作中投入了大量人力、物力和财力，设立了专门的保护管理机构，建立了长城"四有"档案，实施一批长城抢救保护项目。在明长城资源调查基础上，我省将加大明长城保护力度，镇北台款贡城、易马城、榆林卫城南段、榆阳区牛家梁—麻黄梁段明长城抢险加固等多个长城保护工程将相继开工实施；《陕西省明长城保护总体规划（大纲）》已经国家文物局批复同意，规划将对榆林、延安两市区域内的 1100 余公里明长城遗址的保护、管理和展示利用工作具有重要的指导意义。

同时我们也清醒地认识到，长城的保护是一项涉及社会经济发展、城市建设、群众生产生活等多个方面、复杂艰巨、紧迫繁重的综合工程。目前长城依然面临各种人为和自然因素破坏的威胁，个别地方和部门急功近利，片面追求局部经济效益，忽视长城保护，法治观念淡漠，不履行审批程序违规建设，造成长城破坏的事件屡有发生。

当前我国经济建设高速发展，长城保护迎来了难得的历史机遇，同时也面临着前所未有的挑战。要按照依法管理是关键、规划优先是前提、健全体系是基础、科学保护是保障的工作思路，切实做好长城保护工作。

各级政府要严格执行《中华人民共和国文物保护法》和《长城保护条例》，提高长城保护意识，坚决遏制惩治任何破坏长城的违法行为；加快长城保护规划编制工作，科学合理地划定长城保护范围，避免建设性破坏；建立健全长城保护管理体系，进一步明确保护标志，建立管理机构、群保网络和管理设施，完善长城档案资料。同时以长城资源调查为契机，加大考古调查力度，推动开展长城历史文化价值、整体防御体系、保护技术方法、机构管理模式等全面综合研究；建立长城数据库和地理信息系统；保护项目要全面规划，分步实施，抢险加固优先，重点段落维修展示。

二十年前，邓小平倡导的"爱我中华，修我长城"掀开了长城保护的新篇章，如今保护长城就是保护历史，就是守护文明，就是传承文化已成全社会的共识。保护长城对于保证我国文化安全，构建和谐社会，建设中华民族共有精神家园，尤其是在我国经济社会高速发展的今天具有非常重要的现实意义。因此，我们有责任、有义务做好长城保护的各项工作，绝不让长城在我们手中"缩水"。

是为序，并向参与长城资源调查的所有人员和长城保护工作者致以崇高的敬意！

陕西省文物局局长　赵荣

2010 年 12 月

前　言

一　工作缘起

中国长城是世界上规模最大的文化遗产，其建造时间之长，分布地域之广，影响力之大，是其他文物不可比拟的。长城由城墙、敌台、墩台、关隘、城堡、烽燧等多种防御工事组成，是一个规模庞大的军事防御工程体系，始建于春秋战国时期。秦王朝建立后，在原来燕、赵、秦等诸侯国北方长城的基础上，修筑了"西起临洮，东止辽东，蜿蜒一万余里"的万里长城。此后，汉、晋、北魏、东魏、西魏、北齐、北周、隋、唐、宋、辽、金、元、明、清等十多个朝代，都不同规模地修筑过长城。据统计，中国历代长城总长达五万公里左右，分布于辽宁、河北、天津、北京、山西、陕西、内蒙古、宁夏、甘肃、新疆、河南、山东、青海、湖南等十余个省、自治区、直辖市，长城已经成为规模最大的线性历史文化遗产。1987年，长城因其独特的历史、艺术和科学价值，被联合国教科文组织整体列入世界遗产名录。

遗憾的是，一直以来我们对长城并没有一个准确清楚的认知，只是泛泛地谓之万里长城；另一方面，由于长城分布范围非常广阔（被称为世界上最大的露天博物馆），自然、人为等多种因素使其遭受着严重的破坏，很多地方的长城已经消失或者濒于消失，其中人为破坏尤为严重，主要表现在个别地方和部门文物保护与法治观念淡漠，在基本建设、长城开发利用等工作中，置国家、民族整体利益于不顾，片面追求眼前、局部利益，随意处置长城，这种以法人违法为主体的建设、开发性破坏是当前破坏长城的主要形式，具有来势凶猛、破坏力大，有时甚至是毁灭性破坏的特点；部分地方群众缺乏文物保护知识、意识，拆取长城建筑材料用于日常生产生活的现象仍时有所见；而法规制度不健全、管理体制混乱、保护管理力量薄弱、经费匮乏等因素导致破坏长城的行为不能被及时有效制止。这种状况如果任其发展，长城将面临更大威胁，现在迫切需要加大长城保护力度。最近，党中央、国务院领导同志做出重要批示，就长城保护工作提出了明确具体要求。为此，国家文物局提出了"长城保护工程（2005~2014）"总体工作方案，开展长城资源调查工作，提出争取用较短时间摸清长城家底的目标，对长城进行科学的保护。调查工作从明长城资源调查开始。

明代长城资源是目前保存最好、影响最大的，是明朝为防御北方蒙古诸部而修建的军事工事。明朝在北部地区先后设立辽东、宣府、蓟州、大同、太原、延绥、宁夏、固原、甘肃等九个军镇，史称"九边重镇"，负责长城沿边防务；至明中后期相继增立昌平、保定、临洮、山海四个军镇，使万里长城沿线的军镇增至十三个。这十三个军镇也就是明长城分布的范围。

今天陕西省明长城所在地域就是明代延绥镇地界。长城自东向西经过榆林市府谷县、神木县、榆阳区、横山县、靖边县，延安市吴起县、定边县七县区，地处毛乌素沙漠东南边缘以及白于山地。该地自古便是兵家必争之地。明代在此设延绥镇，为"九边重镇"之一。延绥镇边墙（长城）的修建，主要是为了防御河套地区的蒙古诸部。明代延绥镇边墙（长城）修建后还不断增补修建，也不断遭到风雨侵蚀和人为破坏，直至清代，大部分遭到废弃。到20世纪80年代长城才重新受到关注，但经济的高速发展和人口的膨胀，致使长城受到的破坏与日俱增。

2007~2008年，陕西省文物局根据国家文物局的指示，组织省内相关文博机构的业务人员对陕西省境内的明长城进行了第一次大规模的系统资源调查，此次调查工作由陕西省考古研究院承担。

整个调查工作共分三个阶段：调查准备阶段、野外调查阶段、资料整理阶段。

二　调查工作

（一）调查准备阶段

根据《全国长城资源调查管理办法》、《全国长城资源调查工作总体方案》的有关规定和要求，陕西省成立了陕西省长城资源调查工作领导小组和陕西省长城资源调查项目管理办公室。

陕西省长城资源调查工作领导小组，负责研究解决陕西省长城资源调查工作中的重大问题，确定陕西省长城资源调查的指导原则和工作方针，决策有关重大事项。人员组成如下。

组　长：赵　荣（陕西省文物局局长）

　　　　白贵霞（陕西省测绘局副局长）

副组长：刘云辉（陕西省文物局副局长）

　　　　李朋德（陕西省测绘局副局长）

　　　　井剑萍（榆林市人民政府副市长）

　　　　郝宝仓（延安市人民政府副市长）

刘宝琴（渭南市人民政府副市长）

成　员：周魁英（陕西省文物局文物保护处处长）

刘云峰（陕西省测绘局基础测绘管理处副处长）

成江海（渭南市文物局局长）

李　博（榆林市文化文物局局长）

呼天平（延安市文物局副局长）

焦南峰（陕西省考古研究院原院长）

赵　龙（陕西省测绘产品质量监督检验站站长）

陈向阳（国家测绘局第二地形测量队队长）

赵力彬（国家测绘局第一航测遥感院院长）

王晓国（陕西省基础地理信息中心主任）

陕西省长城资源调查工作项目办公室，负责组织和协调各有关部门实施长城资源调查工作，组织项目有关单位制定工作方案，协调省长城资源调查工作的进度和质量控制。人员组成如下。

主　任：周魁英（陕西省文物局文物保护处处长）

刘云峰（陕西省测绘局基础测绘处副处长）

成　员：赵　强（陕西省文物局文物保护处副处长）

孔　昱（陕西省文物局文物保护处副调研员）

李　岗（陕西省文物局文物保护处副研究员）

赵　淮（陕西省测绘局基础测绘处高工）

王炜林（陕西省考古研究院副院长）

冯建伟（国家测绘局第二地形测量队工程部主任）

马树义（榆林市文物局文物科科长）

王改户（延安市文物局文物科科长）

李国栋（渭南市文物局文物科科长）

2007 年 3 月，陕西省文物局和陕西省测绘局派出九名同志参加了在北京居庸关举办的"全国长城资源调查培训班"，并以优异的成绩获得结业证书。

2007 年 4 月，陕西省文物局和陕西省测绘局在榆林市联合举办"陕西省长城资源调查培训班"，抽调了来自省、市、区县文物和测绘部门及相关大学的 38 名业务骨干参加培训。培训班聘请省内外有关专家，采取室内授课和野外实习相结合的方式授课，全体学员都取得优异的成绩，掌握了调查工作各种数据采集对象与判断标准。

2007 年 5 月，组建了由 30 名队员构成的陕西省长城资源调查总队，成员分别来自陕西省考古研究院、秦始皇兵马俑博物馆、半坡博物馆、西北大学、西安建筑科技大学、延安市文物研究所、榆林市文物保护研究所及相关区县文物保护部门。下设五支分队，其中一队负责三十六营堡的调查工作，其余四队负责大边和二边边墙的调查工作。调查总队人员组成如下。

总领队：段清波（负责整个调查队全部事务）

一　队：李恭（队长）、张卫星、闫宏东、姬翔月、马圣雄、乔建新、高云昊、朱文龙等

二　队：段清波（队长）、牛新龙、张扬军、于春雷、岳岁军、何抚顺等

三　队：王沛（队长）、刘军、薛蕾、吕永前、李雪峰、李超、马峻华等

四　队：乔建军（队长）、刘晓东、郭富强、王春波、李峰、韩喜东等

五　队：李增社（队长）、马雨林、梁亚东、霍海鹏、陈毅等

（二）野外调查阶段

2007 年 5 月～2008 年 11 月，调查队对陕西省境内的明长城资源进行了详细的野外调查。

1. 确定调查范围

（1）辖区内的调查范围的划定

陕西省明长城分布于陕西北部，南北纵跨榆林、延安两个地级市，经府谷县、神木县、榆阳区、横山县、靖边县、吴起县、定边县七个县区，东接山西省河曲县，西至宁夏回族自治区盐池县，覆盖面积约 28000 平方公里。按照国家的要求，我们初步划定的明长城调查范围包括大边、二边的墙体及沿线两侧各 1000 米范围内所有的单体建筑、关堡、相关遗存，还有自东向西沿长城分布的规模较大的军事性设施——三十六营堡。

（2）陕西省与相邻省调查范围的划定

陕西省境内明大边长城以连续墙体的形式，东北与内蒙古自治区境内长城相接，西南与宁夏自治区境内的长城连接；二边系铲削长城，主要以烽燧和山险组成，东端自黄河西岸开始，隔河与山西省相对，西南到定边县饶阳水堡，与甘肃省固原新内边烽燧线相接。经过和相邻省份文物与测绘部门的共同协商，我们和内蒙古自治区、宁夏自治区和甘肃省准确地划定彼此的调查量测范围。

（3）调查对象、内容

长城资源调查对象包括：长城本体、附属设施、相关遗存。

长城资源调查的内容包括：保存状况与病害、人文和自然环境、保护管理情况，另外还有长城的分布、时代、走向、构成、标本及相关文献资料等基础资料。

采集资料的内容包括：调查登记表、GPS 点登记表、照片登记表及册页、图纸登记表及册页、录像登记表及册页、拓片摹本登记表及册页、示意图以及调查日志等。

形成成果包括：调查登记表与汇总统计表；记录档案；长城资源调查工作报告；长城分布图。

2. 调查中设立以课题带动调查的工作方针

在培训期间，我们即明确提出以课题带动调查的思路，要求所有队员在心目中

建立"长城地带"的大文化概念，从历史的、环境的、发展的角度了解把握长城地带的文化变迁，思考长城地带文化变迁的原因及形式，思考这种变化与中原文化变化的互动关系，树立在调查过程中不仅要以资源调查的方式，更要以文化调查的方式，有目的、有计划和资源调查完成后随之开展的长城研究、制定长城保护工程规划结合起来，创造性地完成这项前无古人、影响深远的国家级资源调查任务。

我们提出以课题带动调查的思路，目的是为了在调查过程中能充分调动队员们的主动性，使得调查后能更深入地认识长城，将对长城资源的调查、研究、保护三者结合起来进行。为此，我们初步制定了以下课题计划：

课题一　陕西省二边明长城的相关问题。目前，对于明代延绥镇二边的分布走向情况一直没有定论，众说纷纭，通过这次调查进行了三方面的研究：一是明二边长城的性质与作用，对明代二边长城防御性质形成完整的认识；二是明二边长城修建的规律与防御的形式；三是二边、大边以及他们与营堡的关系。

课题二　陕西省明长城沿线的自然环境。拟进行三方面的研究。一是通过对明长城所处区域的整体环境，包括地质、地貌、水文、气候、土壤、动植物资源等的调查，对陕西省明长城所处区域有宏观认识；二是对明长城各遗迹单位所处小环境的调查，研究长城各类遗迹建造环境的规律性。三是明长城所处区域整体环境与局部环境的变化。

课题三　陕西省明长城遗迹的内在系统性。在调查过程中，我们要求队员们不仅要将长城沿线的烽火台、敌台、关堡纳入调查范围，还要将从长城通向内地的烽燧纳入调查范围，全面地掌握以长城为中心的军事防御、信息通信系统以及运作方式。

课题四　陕西省明长城三十六营堡综合研究。我们设立了专门调查沿长城分布的集军事、边境贸易、政治、环境等为一体的三十六营堡的调查队，调查内容在国家要求的基础上进行更细致的工作，期望对这一特殊的城镇形式的产生、发展及作用的研究有突破性的进展。

课题五　陕西省明长城沿线区域文化人类学调查。在访问中我们还要求队员们除了了解相关长城信息外，还要有意识地了解当地聚落的文化人类学信息。

3. 田野调查工作开展

田野调查工作流程如下图所示：

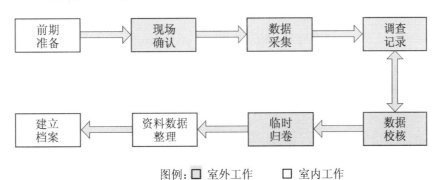

图例：☐室外工作　　☐室内工作

陕西省长城资源田野调查工作整体流程是：从接受任务开始，首先对境内明长城大体分布情况和以前的调查情况进行初步调研；然后组织人员进行培训学习；培训后再开展野外实习调查；总结经验教训后正式开始调查。调查过程中对采集的各类资料进行初步整理，野外调查结束后，再对资料作全面系统的整理，将整理后的所有表格、图纸、照片等调查资料按照要求录入数据采集系统；撰写《陕西省明长城资源调查报告》和《陕西省明长城资源调查工作报告》。

按照国家的要求，调查工作以县为单位进行。在对拟参加调查的工作人员进行集中培训后，将五支分队全部集中到府谷县进行试点调查，其中一队负责营堡调查，二队负责二边调查，三、四、五队负责大边调查。在试点调查中随时集中整理资料，讨论工作流程得失，不断改进工作方法。府谷调查完毕后，我们又采取集中起来的方式，对府谷县调查过程中的经验、问题和教训进行互相交流，努力使各队在熟练掌握手册要求的基础上，基本上对一些定性问题的认识达成一致，制定和完善下一步调查工作的流程，确定资料采集的统一标准。

试点结束后，我们采取分县进行调查的方式，其中一队负责全线营堡的调查，二队负责神木县境内长城资源调查，三队负责靖边县和吴起县境内长城资源调查，四队负责定边县境内长城资源调查，五队负责横山县境内长城资源调查，榆阳区境内长城调查工作在其他县调查完毕后重新调整人员组队调查。

在分县调查过程中，统一按照先调查大边后调查二边的顺序；各县调查按照从东向西的顺序开始工作；调查过程中凡是在调查范围内的调查对象（墙体、单体建筑、相关遗存等）同时进行调查。

具体调查工作的流程是：赴现场调查，途中进行采访；到达现场开始采集数据，用GPS定位，并在地图上、航片上找出相应的位置；确定工作编号和序号，用罗盘定向；拍照、测量并进行记录；详细描述调查对象及其周边环境情况并画线图；结束采集任务。

室内资料整理工作流程是，依据现场记录在电脑上用WORD填制调查登记表，对所采集的数码照片资料进行挑选、命名、注明、编号，将线图扫描后用CAD软件处理成电子文本；冲洗胶片照片并命名编号；将上述数码资料导入"长城资源调查数据采集系统ArcGIS"，结束资料整理任务。

三　资料整理及验收

资料数据采集之后，当天即进行初步整理，并于调查工作结束后进行全面系统的整理，输入"长城资源调查数据采集系统"中。

两年来共调查了墙体398段、营堡45座、单体建筑1499座、关堡113座、相关遗存52处，采集标本3份等。

2008年11月15日，国家长城项目组专家对陕西省明长城资源调查中获取的长城墙体数据资料进行了第一阶段的检查验收，认为资料合格。

　　2009 年 4 月 22 日，陕西省明长城资源调查领导小组办公室组织以西北大学文博学院教授张宏彦为组长的省内文物、历史、考古专家，对陕西省明长城资源调查资料进行了省级验收，专家组一致认为陕西明长城资源调查过程中所获取的资料记录基本完整准确，定性可靠，资料合格。

　　2009 年 4 月 26 日～27 日，国家长城资源调查项目组主持了陕西省明长城资源调查资料验收工作，专家组对各类调查资料进行了审查验收。认为资料合格，通过验收。

目　录

序　言 ……………………………………………………………………………………………… 1

前　言 ……………………………………………………………………………………………… 1

上编　陕西省明长城沿线营堡及相关遗存调查报告

第一章　延绥镇镇城 ………………………………………………………………………… 3

第一节　榆林卫城 ……………………………………………………………………………… 3

第二节　绥德卫城 …………………………………………………………………………… 22

第二章　东路营堡 ………………………………………………………………………… 26

第一节　神木营——麟州故城（杨家城） ………………………………………………… 26

第二节　神木营——东山旧城 ……………………………………………………………… 31

第三节　神木营——神木县城 ……………………………………………………………… 33

第四节　黄甫川堡 …………………………………………………………………………… 40

第五节　清水营 ……………………………………………………………………………… 51

第六节　木瓜园堡 …………………………………………………………………………… 57

第七节　孤山堡 ……………………………………………………………………………… 61

第八节　东村堡 ……………………………………………………………………………… 70

第九节　镇羌堡 ……………………………………………………………………………… 73

第十节　永兴堡 ……………………………………………………………………………… 83

第十一节　大柏油堡 ………………………………………………………………………… 89

第十二节　柏林堡 …………………………………………………………………………… 94

第十三节　高家堡 ………………………………………………………………………… 100

第十四节　建安堡 ………………………………………………………………………… 109

第三章　中路营堡 ·· 115

　第一节　双山堡 ·· 115

　第二节　常乐堡 ·· 119

　第三节　常乐旧堡 ·· 123

　第四节　归德堡 ·· 125

　第五节　保宁堡 ·· 128

　第六节　平邑堡 ·· 132

　第七节　响水堡 ·· 134

　第八节　波罗堡 ·· 144

　第九节　鱼河堡 ·· 152

　第十节　镇川堡 ·· 153

　第十一节　怀远堡 ·· 154

　第十二节　威武堡 ·· 159

　第十三节　清平堡 ·· 164

第四章　西路营堡 ·· 169

　第一节　靖边营 ·· 169

　第二节　定边营 ·· 174

　第三节　龙州堡 ·· 179

　第四节　镇靖堡 ·· 183

　第五节　镇罗堡 ·· 193

　第六节　宁塞营 ·· 196

　第七节　把都河堡 ·· 200

　第八节　永济堡 ·· 204

　第九节　柳树涧堡 ·· 208

　第十节　安边营 ·· 212

　第十一节　砖井堡 ·· 218

　第十二节　新安边营 ·· 222

　第十三节　石涝池堡 ·· 227

　第十四节　盐场堡 ·· 229

　第十五节　三山堡 ·· 232

　第十六节　新兴堡 ·· 236

　第十七节　饶阳水堡 ·· 240

下编　陕西省明长城营堡相关研究

第一章　延绥镇的地理环境与明长城营堡局域环境 …………………………… 247

第一节　延绥镇长城所处的地质构造 ………………………………………… 247

第二节　延绥镇长城营堡所处的地形地貌 …………………………………… 247

第三节　陕北明长城营堡区域水文 …………………………………………… 251

第四节　陕北明长城营堡选址的环境类型 …………………………………… 254

第二章　河套地区文明的变迁——以中原文明为视觉 ………………………… 255

第一节　行政与地理概况 ……………………………………………………… 255

第二节　人文环境的变迁概略 ………………………………………………… 257

第三章　陕北明长城营堡的形制与格局 ………………………………………… 259

第一节　陕北明长城营堡的平面形制 ………………………………………… 259

第二节　陕北明长城营堡的建筑格局 ………………………………………… 261

第四章　陕北明长城营堡的主要建筑遗存 ……………………………………… 264

第一节　主要发现与遗存保存情况 …………………………………………… 264

第二节　军事建筑 ……………………………………………………………… 265

第三节　公共建筑与宗教建筑 ………………………………………………… 279

第四节　民居建筑 ……………………………………………………………… 281

第五章　陕北明长城营堡与长城防御体系相关问题 …………………………… 284

第一节　明代陕北军政历史背景 ……………………………………………… 284

第二节　明代陕西长城修建的历史背景 ……………………………………… 289

第三节　陕北明长城防御体系的形成与变化 ………………………………… 291

编后记 …………………………………………………………………………………… 297

插图目录

图一　延绥镇营堡分布图

图二　榆林卫城周边形势图

图三　榆林卫城保存现状平面图

图四　榆林卫城南城垣垣体夯土层平、剖面图

图五　榆林卫城东南角楼平面图

图六　榆林卫城东南角楼南立面图

图七　榆林卫城东南角楼东立面图

图八　榆林卫城南门瓮城平面图

图九　榆林卫城东门瓮城保存现状平面图

图一〇　榆林卫城东门瓮城南门洞外侧墙体保存现状图

图一一　榆林卫城鼓楼主体立面示意图

图一二　榆林卫城鼓楼侧立面图

图一三　榆林卫城鼓楼南立面图

图一四　榆林卫城凯歌楼南立面图

图一五　榆林卫城万佛楼南立面图

图一六　榆林卫城戴兴寺古建筑群平面示意图

图一七　榆林卫城戴兴寺五佛殿正立面示意图

图一八　榆林卫城洪济寺观音殿平面示意图

图一九　榆林卫城洪济寺观音殿正立面示意图

图二〇　绥德卫城永乐门平、立、剖面图

图二一　神木营——麟州故城(杨家城)平面示意图

图二二　神木营——东山旧城平面图

图二三　神木营周边形势图

图二四　神木营平面图

图二五　神木营凯歌楼一层平面示意图

图二六　神木营凯歌楼正立面示意图

图二七　神木营白家大院平面图

图二八　神木营白家大院正房立面图

图二九　神木营白家大院大门外立面图

图三〇　黄甫川堡周边形势图

图三一　黄甫川堡平面图

图三二　黄甫川堡西城垣马面平、立面图

图三三　黄甫川堡东城垣剖面图

图三四　黄甫川堡1号墩台平、立面图

图三五　黄甫川堡2、3号墩台平面图及西围墙立面图

图三六　黄甫川堡蓄水池平、立面图

图三七　黄甫川堡李家大院总平面图

图三八　黄甫川堡李家大院正房立面图

图三九　黄甫川堡李家大院正房侧剖面图

图四〇　黄甫川堡李家大院绣楼侧剖面图

图四一　黄甫川堡郝家大院正房平面图

图四二　黄甫川堡郝家大院正房立面图

图四三　黄甫川堡郝家大院正房侧剖面图

图四四　清水营周边形势图

图四五　清水营平面图

图四六　清水营1号墩台平、立面图

图四七　清水营2号墩台平、立面图

图四八　清水营城隍庙戏楼平面图

图四九　清水营城隍庙戏楼正立面图

图五〇　清水营城隍庙戏楼侧剖面图

图五一　木瓜园堡周边形势图

图五二　木瓜园堡平面图

图五三　木瓜园堡1号墩台平、立面图

图五四　孤山堡周边形势图

图五五　孤山堡平面图

图五六　孤山堡水门平面图

图五七　孤山堡水门立面图

图五八　孤山堡水门侧剖面图

图五九　孤山堡北门瓮城平面图

图六〇　孤山堡北门南立面图

图六一　孤山堡北门瓮城剖面图

图六二　孤山堡1号墩台平、立面图

图六三　孤山堡2号墩台平、立面图

图六四　东村堡平面图

图六五　镇羌堡周边形势图

图六六　镇羌堡平面图

图六七　　镇羌堡水门平面图

图六八　　镇羌堡水门券洞南立面图

图六九　　镇羌堡水门侧剖面图

图七〇　　镇羌堡1号墩台平、立面图

图七一　　镇羌堡2号墩台平、立面图

图七二　　镇羌堡城隍庙戏楼一层平面图

图七三　　镇羌堡城隍庙戏楼二层平面图

图七四　　镇羌堡城隍庙戏楼正立面图

图七五　　镇羌堡城隍庙戏楼侧剖面图

图七六　　镇羌堡鼓楼一层平面图

图七七　　镇羌堡鼓楼二层平面图

图七八　　镇羌堡鼓楼正立面图

图七九　　镇羌堡鼓楼侧剖面图

图八〇　　永兴堡周边形势图

图八一　　永兴堡平面图

图八二　　永兴堡1号墩台平、立面图

图八三　　永兴堡2号墩台平、立面图

图八四　　永兴堡3号墩台平、立面图

图八五　　大柏油堡周边形势图

图八六　　大柏油堡平面图

图八七　　大柏油堡护城墩台平、立面图

图八八　　柏林堡周边形势图

图八九　　柏林堡平面图

图九〇　　柏林堡敌楼一层平面图

图九一　　柏林堡敌楼二层平面图

图九二　　柏林堡敌楼北立面图

图九三　　柏林堡敌楼侧剖面图

图九四　　高家堡周边形势图

图九五　　高家堡平面图

图九六　　高家堡中兴楼一层平面图

图九七　　高家堡南街西7号杭家院店铺平面图

图九八　　高家堡南街西7号杭家院店铺正立面图

图九九　　高家堡南街西7号杭家院店铺剖面图

图一〇〇　高家堡西街南二道巷5号刘家大院总平面图

图一〇一　建安堡周边形势图

图一〇二　建安堡平面图

图一〇三　建安堡钟鼓楼一层平面图

图一〇四　建安堡钟鼓楼一层南立面图

图一〇五　双山堡周边形势图

图一〇六　双山堡平面图

图一〇七　常乐堡周边形势图

图一〇八　常乐堡平面图

图一〇九　常乐堡旧堡平面图

图一一〇　归德堡平面图

图一一一　保宁堡周边形势图

图一一二　保宁堡平面图

图一一三　保宁堡墩台平、立面图

图一一四　平邑堡平面图

图一一五　响水堡周边形势图

图一一六　响水堡平面图

图一一七　响水堡城隍庙平面图

图一一八　响水堡城隍庙正殿立面图

图一一九　响水堡城隍庙正殿侧剖面图

图一二〇　响水堡城隍庙戏楼一层平面图

图一二一　响水堡城隍庙戏楼立面图

图一二二　响水堡曹家大院总平面图

图一二三　响水堡曹家大院影壁正立面图

图一二四　响水堡136号院大门平面图

图一二五　响水堡136号院大门正立面图

图一二六　波罗堡周边形势图

图一二七　波罗堡平面图

图一二八　波罗堡大西门平面图

图一二九　波罗堡大西门立面图

图一三〇　波罗堡大西门侧剖面图

图一三一　波罗堡护城墩台平、立面图

图一三二　波罗堡灵霄殿一层平面图

图一三三　波罗堡灵霄殿二层平面图

图一三四　波罗堡灵霄殿正立面示意图

图一三五　波罗堡梁家油坊平面图

图一三六　波罗堡梁家油坊立面图

图一三七　波罗堡梁家油坊剖面图

图一三八　鱼河堡现状平面图

图一三九　怀远堡周边形势图

图一四〇　怀远堡平面图

图一四一　怀远堡中心楼一层平面图

图一四二　怀远堡中心楼正立面图

图一四三　威武堡周边形势图

图一四四　威武堡平面图

图一四五　威武堡 1 号墩台平、立面图

图一四六　威武堡 2 号墩台平、立面图

图一四七　清平堡周边形势图

图一四八　清平堡平面图

图一四九　清平堡古桥正立面图

图一五〇　清平堡外建筑遗址平、立面图

图一五一　靖边营周边形势图

图一五二　靖边营平面图

图一五三　定边营周边形势图

图一五四　定边营平面图

图一五五　定边营鼓楼一层平面图

图一五六　定边营鼓楼二层平面图

图一五七　定边营鼓楼三层平面图

图一五八　定边营鼓楼侧剖面图

图一五九　龙州堡周边形势图

图一六〇　龙州堡平面图

图一六一　龙州堡护城墩台平、立面图

图一六二　镇靖堡周边形势图

图一六三　镇靖堡平面图

图一六四　镇靖堡南垣垣体典型剖面图

图一六五　镇靖堡 3 号马面南立面图

图一六六　镇靖堡北垣垣体典型剖面图

图一六七　镇靖堡墩台平、立面图

图一六八　镇靖堡老爷庙一层平面图

图一六九　镇靖堡老爷庙南立面图

图一七〇　镇靖堡老爷庙侧剖面图

图一七一　镇靖堡中山台一层平面图

图一七二　镇靖堡中山台南立面图

图一七三　镇罗堡平面图

图一七四　宁塞营周边形势图

图一七五　宁塞营平面图

图一七六　把都河堡周边形势图

图一七七　把都河堡平面图

图一七八　把都河堡敌台平、立面图

图一七九　永济堡周边形势图

图一八〇　永济堡平面图

图一八一　柳树涧堡周边形势图

图一八二　柳树涧堡平面图

图一八三　安边营周边形势图

图一八四　安边营平面图

图一八五　安边营店铺平面图

图一八六　安边营店铺北立面图

图一八七　砖井堡周边形势图

图一八八　砖井堡平面图

图一八九　新安边营周边形势图

图一九〇　新安边营平面图

图一九一　新安边营墩台平、立面图

图一九二　石涝池堡周边形势图

图一九三　石涝池堡平面图

图一九四　盐场堡周边形势图

图一九五　盐场堡平面图

图一九六　三山堡周边形势图

图一九七　三山堡平面图

图一九八　新兴堡周边形势图

图一九九　新兴堡平面图

图二〇〇　饶阳水堡周边形势图

图二〇一　饶阳水堡平面图

图二〇二　饶阳水堡墩台平、立、剖面图

彩图目录

彩图一 陕西省明长城及营堡分布图

彩图二 榆林卫城全景(南－北)

彩图三 榆林卫城全景(西－东)

彩图四 榆林卫城东城垣上部残砖(北－南)

彩图五 榆林卫城北城垣西段(西－东)

彩图六 榆林卫城西城垣南段(北－南)

彩图七 榆林卫城西城垣南段(北－南)

彩图八 榆林卫城西城垣北段(北－南)

彩图九 榆林卫城南城垣东段(西－东)

彩图一〇 榆林卫城西北角楼内侧

彩图一一 榆林卫城东南角楼(西南－东北)

彩图一二 榆林卫城东南角楼(东南－西北)

彩图一三 榆林卫城东南角楼(西北－东南)

彩图一四 榆林卫城南门瓮城(南－北)

彩图一五 榆林卫城南门瓮城(东－西)

彩图一六 榆林卫城东门瓮城(东南－西北)

彩图一七 榆林卫城东瓮城内侧(东北－西南)

彩图一八 榆林卫城东门瓮城正门内面(西－东)

彩图一九 榆林卫城小西门内面(东－西)

彩图二〇 榆林卫城小西门外侧(西－东)

彩图二一 榆林卫城大西门外侧(西－东)

彩图二二 榆林卫城钟楼(南－北)

彩图二三 榆林卫城镇北台远景(东－西)

彩图二四 榆林卫城镇北台正面(南－北)

彩图二五 榆林卫城鼓楼(南－北)

彩图二六 榆林卫城凯歌楼(北－南)

彩图二七 榆林卫城万佛楼(南－北)

彩图二八 榆林卫城星明楼(南－北)

彩图二九 榆林卫城星明楼(北－南)

彩图三〇 榆林卫城文昌阁(南－北)

彩图三一 榆林卫城戴兴寺大门(西－东)

彩图三二 榆林卫城灵宵塔(东南－西北)

彩图三三 榆林卫城吕二师下巷4号大门(东－西)

彩图三四 神木营——麟州故城紫锦城(东南－西北)

彩图三五 神木营——麟州故城紫锦城(东－西)

彩图三六 神木营——麟州故城紫锦城西北角楼(东－西)

彩图三七 神木营——麟州故城紫锦城北城垣(东－西)

彩图三八 神木营——麟州故城紫锦城南瓮城(南－北)

彩图三九 神木营——麟州故城西城建筑基址(北－南)

彩图四〇 神木营——麟州故城西城建筑基址(东－西)

彩图四一 神木营——麟州故城现场采集标本

彩图四二 神木营——东山旧城东城垣内侧(西－东)

彩图四三 神木营——东山旧城东城垣北段(东－西)

彩图四四 神木营——东山旧城马面(东－西)

彩图四五 神木营——东山旧城东北角楼遗迹(东－西)

彩图四六 神木营——东山旧城东门遗址(东－西)

彩图四七 神木营——东山旧城庙宇(南－北)

彩图四八 神木营——神木县城全景

彩图四九 神木营——神木县城西城垣外侧(西北－东南)

彩图五〇 神木营——神木县城西城垣上的民居(西－东)

彩图五一 神木营——神木县城西城垣包石(西－东)

彩图五二 神木营——神木县城西城垣包石包砖(西－东)

彩图五三 神木营——神木县城西南角楼(南－北)

彩图五四 神木营——神木县城西北角楼内侧(南－北)

彩图五五 神木营——神木县城西北角楼(北－南)

彩图五六 神木营——神木县城西北角楼夯筑迹象

彩图五七 神木营——神木县城西北角楼外侧(西北－东南)

彩图五八 神木营——神木县城鼓楼及北大街(北－南)

彩图五九 神木营——神木县城东大街(西－东)

彩图六〇 神木营——神木县城南大街(北－南)

彩图六一 神木营——神木县城西大街(东－西)

彩图六二 神木营——神木县城白家大院大门(东－西)

彩图六三 神木营——神木县城白家大院大门内照壁(东－西)

彩图六四 神木营——神木县城白家大院二门(东南－西北)

彩图六五 神木营——神木县城白家大院正房(西南－东北)

彩图六六 神木营——神木县城白家大院南房(北－南)

彩图六七　神木营——神木县城白家大院西房(东 – 西)

彩图六八　神木营——神木县城白家大院东房(西 – 东)

彩图六九　黄甫川堡全景(东 – 西)

彩图七〇　黄甫川堡全景(西 – 东)

彩图七一　黄甫川堡西城垣及西南角楼(西 – 东)

彩图七二　东坦黄甫川堡水门遗存(东 – 西)

彩图七三　黄甫川堡东城垣垣体建筑结构(东 – 西)

彩图七四　黄甫川堡东北角楼(东北 – 西南)

彩图七五　黄甫川堡北门遗迹(东北 – 西南)

彩图七六　黄甫川堡1号墩台与城堡(西 – 东)

彩图七七　黄甫川堡2、3号墩台与院落建筑(东 – 西)

彩图七八　黄甫川堡李家大院(西 – 东)

彩图七九　黄甫川堡李家大院(南 – 北)

彩图八〇　黄甫川堡李家大院大门(西 – 东)

彩图八一　黄甫川堡李家大院照壁内侧砖雕(北 – 南)

彩图八二　黄甫川堡李家大院内部(南 – 北)

彩图八三　黄甫川堡李家大院正房(南 – 北)

彩图八四　黄甫川堡李家大院南房(北 – 南)

彩图八五　黄甫川堡李家大院东房(西 – 东)

彩图八六　黄甫川堡李家大院西房(东 – 西)

彩图八七　黄甫川堡郝家民居(东南 – 西北)

彩图八八　黄甫川堡郝家民居门头(南 – 北)

彩图八九　黄甫川堡郝家民居正房(南 – 北)

彩图九〇　黄甫川堡郝家民居南房(北 – 南)

彩图九一　黄甫川堡郝家民居砖雕

彩图九二　清水营全景(东 – 西)

彩图九三　清水营全景(西 – 东)

彩图九四　清水营西南侧环境和地貌(西北 – 东南)

彩图九五　清水营南侧环境和地貌(北 – 南)

彩图九六　清水营南城垣西段残存包石迹象(西 – 东)

彩图九七　清水营西城垣(西 – 东)

彩图九八　清水营西城垣南段上部女墙(南 – 北)

彩图九九　清水营北城垣(西 – 东)

彩图一〇〇　清水营南门(南 – 北)

彩图一〇一　清水营南门(东 – 西)

彩图一〇二　清水营南门外侧(南 – 北)

彩图一〇三　清水营南门内侧(北 – 南)

彩图一〇四　清水营1号墩台远景(东 – 西)

彩图一〇五　清水营1号墩台近景(东 – 西)

彩图一〇六　清水营 2 号墩台(西北 - 东南)

彩图一〇七　清水营 2 号墩台西壁(西 - 东)

彩图一〇八　清水营 3 号墩台(北 - 南)

彩图一〇九　清水营城隍庙正房(南 - 北)

彩图一一〇　清水营戏楼对面的正房(南 - 北)

彩图一一一　清水营戏楼(北 - 南)

彩图一一二　清水营关帝庙(西南 - 东北)

彩图一一三　木瓜园堡全景(西南 - 东北)

彩图一一四　木瓜园堡全景(西北 - 东南)

彩图一一五　木瓜园堡北城垣东段及东城垣北段(东北 - 西南)

彩图一一六　木瓜园堡南城垣西段包石(南 - 北)

彩图一一七　木瓜园堡西城垣外基础包石(北 - 南)

彩图一一八　木瓜园堡西城垣外基础包石局部

彩图一一九　木瓜园堡西城垣外基础包石局部

彩图一二〇　木瓜园堡西城垣外基础包石剖面

彩图一二一　木瓜园堡南门瓮城(西 - 东)

彩图一二二　木瓜园堡 1 号墩台(西 - 东)

彩图一二三　孤山堡全景(南 - 北)

彩图一二四　孤山堡内景(西北 - 东南)

彩图一二五　孤山堡南城垣西段的折曲垣体(东 - 西)

彩图一二六　孤山堡南城垣垣体断面

彩图一二七　孤山堡西城垣北段包砖残存(南 - 北)

彩图一二八　孤山堡西城垣北段二次建筑迹象(南 - 北)

彩图一二九　孤山堡东南角楼(东南 - 西北)

彩图一三〇　孤山堡西南角楼(西南 - 东北)

彩图一三一　孤山堡水门内侧(北 - 南)

彩图一三二　孤山堡水门外侧排水道(西 - 东)

彩图一三三　孤山堡北门瓮城(东北 - 西南)

彩图一三四　孤山堡北门瓮城(西南 - 东北)

彩图一三五　孤山堡北门内侧(南 - 北)

彩图一三六　孤山堡北门外侧(北 - 南)

彩图一三七　孤山堡西门外侧(西北 - 东南)

彩图一三八　孤山堡西门内侧(东 - 西)

彩图一三九　孤山堡 1 号墩台(南 - 北)

彩图一四〇　孤山堡 1 号墩台(北 - 南)

彩图一四一　孤山堡 2 号墩台远景(北 - 南)

彩图一四二　孤山堡 2 号墩台近景(西 - 东)

彩图一四三　孤山堡城外窑址(南 - 北)

彩图一四四　孤山堡城隍庙正殿(南 - 北)

彩图一四五　　孤山堡戏楼(北－南)

彩图一四六　　孤山堡七星庙(西－东)

彩图一四七　　东村堡西城垣南段(西北－东南)

彩图一四八　　东村堡西城垣北段(南－北)

彩图一四九　　东村堡北城垣东段(西南－东北)

彩图一五〇　　东村堡东城垣北段(南－北)

彩图一五一　　东村堡东城垣中部垣体断面(南－北)

彩图一五二　　东村堡东城垣中段冲沟(西－东)

彩图一五三　　东村堡南城垣西段(东－西)

彩图一五四　　东村堡西南角楼(南－北)

彩图一五五　　东村堡东南角楼(西南－东北)

彩图一五六　　东村堡北门瓮城(西南－东北)

彩图一五七　　镇羌堡全景(西南－东北)

彩图一五八　　镇羌堡城堡东南侧地形与环境(西南－东北)

彩图一五九　　镇羌堡城堡南侧地形与环境(东北－西南)

彩图一六〇　　镇羌堡北城垣东段及北门瓮城(东－西)

彩图一六一　　镇羌堡东城垣(东南－西北)

彩图一六二　　镇羌堡东城垣北段及东门瓮城(东北－西南)

彩图一六三　　镇羌堡南城垣东段(南－北)

彩图一六四　　镇羌堡东南角楼及东城垣南段(东北－西南)

彩图一六五　　镇羌堡东南角楼(东南－西北)

彩图一六六　　镇羌堡东北角楼(东南－西北)

彩图一六七　　镇羌堡东门瓮城(南－北)

彩图一六八　　镇羌堡北门瓮城(东北－西南)

彩图一六九　　镇羌堡水门内侧排水口(北－南)

彩图一七〇　　镇羌堡水门东侧排水口(东－西)

彩图一七一　　镇羌堡水门外侧排水口及水道(南－北)

彩图一七二　　镇羌堡水门排水道结构(北－南)

彩图一七三　　镇羌堡水门排水面(西－东)

彩图一七四　　镇羌堡水门排水道内部结构(南－北)

彩图一七五　　镇羌堡 1 号墩台(东北－西南)

彩图一七六　　镇羌堡 2 号墩台(南－北)

彩图一七七　　镇羌堡衙署、民国粮仓(南－北)

彩图一七八　　镇羌堡修缮中的城隍庙(南－北)

彩图一七九　　镇羌堡戏楼(北－南)

彩图一八〇　　镇羌堡鼓楼、三官殿(南－北)

彩图一八一　　镇羌堡观音寺(西－东)

彩图一八二　　镇羌堡观音寺正殿(南－北)

彩图一八三　　镇羌堡观音寺照壁正面(南－北)

彩图一八四　　镇羌堡观音寺照壁背面(北-南)

彩图一八五　　镇羌堡睡佛殿遗址(南-北)

彩图一八六　　镇羌堡睡佛殿残佛像(东-西)

彩图一八七　　镇羌堡"创修睡佛殿碑记"碑

彩图一八八　　镇羌堡残存石佛现状

彩图一八九　　镇羌堡城垣外寺庙遗址(东-西)

彩图一九〇　　镇羌堡店铺(西-东)

彩图一九一　　永兴堡全景(南-北)

彩图一九二　　永兴堡南城垣(南-北)

彩图一九三　　永兴堡北城垣残存(西-东)

彩图一九四　　永兴堡西城垣(东-西)

彩图一九五　　永兴堡残存的西城垣北段(南-北)

彩图一九六　　永兴堡东南角楼(东南-西北)

彩图一九七　　永兴堡1号墩台远景(北-南)

彩图一九八　　永兴堡1号墩台近景(北-南)

彩图一九九　　永兴堡1号墩台台体包砖(北-南)

彩图二〇〇　　永兴堡1号墩台(南-北)

彩图二〇一　　永兴堡2号墩台远视(东-西)

彩图二〇二　　永兴堡3号墩台(东-西)

彩图二〇三　　大柏油堡全景(西-东)

彩图二〇四　　大柏油堡(东-西)

彩图二〇五　　大柏油堡北侧护城墩台(南-北)

彩图二〇六　　大柏油堡与西侧护城墩台(东-西)

彩图二〇七　　大柏油堡南城垣西段包石(东南-西北)

彩图二〇八　　大柏油堡南城垣(西-东)

彩图二〇九　　大柏油堡北城垣西段(东-西)

彩图二一〇　　大柏油堡北城垣西段与西北角楼(东-西)

彩图二一一　　大柏油堡西城垣垣体包石(西-东)

彩图二一二　　大柏油堡西南角楼(西-东)

彩图二一三　　大柏油堡西北角楼(西北-东南)

彩图二一四　　大柏油堡西门瓮城(西-东)

彩图二一五　　大柏油堡西门瓮城(南-北)

彩图二一六　　大柏油堡西门瓮城外侧(西南-东北)

彩图二一七　　大柏油堡西门瓮城内侧(西-东)

彩图二一九　　大柏油堡护城墩台(南-北)

彩图二一八　　大柏油堡护城墩台　　(东-西)

彩图二二〇　　柏林堡(东南-西北)

彩图二二一　　柏林堡(东-西)

彩图二二二　　柏林堡(西北-东南)

彩图二二三　柏林堡东城垣(东南－西北)

彩图二二四　柏林堡南城垣(东－西)

彩图二二五　柏林堡西城垣(南－北)

彩图二二六　柏林堡东门瓮城外景(北－南)

彩图二二七　柏林堡西门瓮城(东－西)

彩图二二八　柏林堡敌楼(南－北)

彩图二二九　柏林堡东南角楼(东南－西北)

彩图二三〇　柏林堡西北角楼(西北－东南)

彩图二三一　柏林堡东北角楼(东－西)

彩图二三二　柏林堡护城墩台北面(北－南)

彩图二三三　高家堡全景(西－东)

彩图二三四　高家堡南城垣遗存(南－北)

彩图二三五　高家堡北城垣及护城河遗迹(东北－西南)

彩图二三六　高家堡东北角楼(东北－西南)

彩图二三七　高家堡北门遗存(北－南)

彩图二三八　高家堡东门内侧(西－东)

彩图二三九　高家堡西门瓮城(西－东)

彩图二四〇　高家堡西门瓮城正门(西－东)

彩图二四一　高家堡中兴楼(东－西)

彩图二四二　高家堡中兴楼(南－北)

彩图二四三　高家堡财神庙大殿(南－北)

彩图二四四　高家堡财神庙戏楼(北－南)

彩图二四五　高家堡西门寺大殿(南－北)

彩图二四六　高家堡西门寺大门(南－北)

彩图二四七　高家堡新修龙泉寺碑

彩图二四八　高家堡新修龙泉寺碑碑文

彩图二四九　高家堡北巷(北－南)

彩图二五〇　高家堡东街(西－东)

彩图二五一　高家堡西街(东－西)

彩图二五二　高家堡南街(南－北)

彩图二五三　高家堡南大街西侧7号铺面(东－西)

彩图二五四　高家堡西街南二道巷5号刘家院落(东北－西南)

彩图二五五　高家堡西街南二道巷5号刘家院南房(北－南)

彩图二五六　高家堡十字巷2号杭氏院正房西南侧视(西南－东北)

彩图二五七　高家堡同心下巷1号院大门(西南－东北)

彩图二五八　高家堡同心下巷1号东院正房(南－北)

彩图二五九　高家堡同心下巷1号东院西房(东－西)

彩图二六〇　高家堡同心下巷1号大门内部的照壁

彩图二六一　建安堡全景(西南－东北)

彩图二六二　　建安堡内景(西 – 东)

彩图二六三　　建安堡东北部城垣(东北 – 西南)

彩图二六四　　建安堡南城垣(北 – 南)

彩图二六五　　建安堡西城垣南段(北 – 南)

彩图二六六　　建安堡西城垣南段(南 – 北)

彩图二六七　　建安堡西城垣马面(西 – 东)

彩图二六八　　建安堡东南角楼(东南 – 西北)

彩图二六九　　建安堡西南角楼(西南 – 东北)

彩图二七〇　　建安堡西北角楼(西 – 东)

彩图二七一　　建安堡南门瓮城(东 – 西)

彩图二七二　　建安堡南门瓮城(南 – 北)

彩图二七三　　建安堡东门瓮城(南 – 北)

彩图二七四　　建安堡北门瓮城(西 – 东)

彩图二七五　　建安堡乐楼(南 – 北)

彩图二七六　　建安堡钟鼓楼(北 – 南)

彩图二七七　　双山堡全景(北 – 南)

彩图二七八　　双山堡地形地貌(北 – 南)

彩图二七九　　双山堡西城垣南段(东 – 西)

彩图二八〇　　双山堡 1 号马面(东南 – 西北)

彩图二八一　　双山堡东城垣马面(西北 – 东南)

彩图二八二　　双山堡西门瓮城(西 – 东)

彩图二八三　　双山堡西南角楼(西 – 东)

彩图二八四　　双山堡西北角楼(西北 – 东南)

彩图二八五　　双山堡中心楼(南 – 北)

彩图二八六　　常乐堡全景(南 – 北)

彩图二八七　　常乐堡南城垣(南 – 北)

彩图二八八　　常乐堡南城垣马面(南 – 北)

彩图二八九　　常乐堡东南角楼(南 – 北)

彩图二九〇　　常乐堡东门瓮城(东 – 西)

彩图二九一　　常乐堡东门瓮城(西 – 东)

彩图二九二　　常乐堡东门瓮城垣体断面

彩图二九三　　常乐堡东门瓮城匾额

彩图二九四　　常乐堡西门瓮城(东 – 西)

彩图二九五　　常乐堡西门正门(东 – 西)

彩图二九六　　常乐旧堡远景(东 – 西)

彩图三九七　　常乐旧堡北城垣(东北 – 西南)

彩图二九八　　常乐旧堡东城垣(北 – 南)

彩图二九九　　常乐旧堡东城垣(北 – 南)

彩图三〇〇　　常乐旧堡东城垣(北 – 南)

彩图三〇一　　常乐旧堡东城垣南段(下部为沙层)(北－南)

彩图三〇二　　常乐旧堡东城垣西段垣体夯层与沙质基础

彩图三〇三　　常乐旧堡南门瓮城残存(北－南)

彩图三〇四　　常乐旧堡西城垣(北－南)

彩图三〇五　　常乐旧堡西城垣马面(西－东)

彩图三〇六　　常乐旧堡东北角楼(北－南)

彩图三〇七　　常乐旧堡西北角楼(西－东)

彩图三〇八　　常乐旧堡药王庙(南－北)

彩图三〇九　　归德堡远景(西北－东南)

彩图三一〇　　归德堡远景(西－东)

彩图三一一　　归德堡东城垣(东－西)

彩图三一二　　归德堡北城垣(北－南)

彩图三一三　　归德堡南城垣(西南－东北)

彩图三一四　　归德堡南城垣(西－东)

彩图三一五　　归德堡东北角楼(北－南)

彩图三一六　　归德堡东南角楼(南－北)

彩图三一七　　归德堡东门瓮城(南－北)

彩图三一八　　归德堡东城垣外冲沟(西－东)

彩图三一九　　归德堡水门排水口和排水道(北－南)

彩图三二〇　　归德堡水门(南－北)

彩图三二一　　归德堡水门水道(南－北)

彩图三二二　　保宁堡全景(南－北)

彩图三二三　　保宁堡1号马面(南－北)

彩图三二四　　保宁堡2号马面(南－北)

彩图三二五　　保宁堡3号马面(北－南)

彩图三二六　　保宁堡4号马面(北－南)

彩图三二七　　保宁堡西南角楼(西南－东北)

彩图三二八　　保宁堡西北角楼(西－东)

彩图三二九　　保宁堡城垣包石遗存(北－南)

彩图三三〇　　保宁堡城垣包石遗存(南－北)

彩图三三一　　保宁堡护城墩台(东－西)

彩图三三二　　平邑堡城垣遗存(北－南)

彩图三三三　　平邑堡城垣遗存(北－南)

彩图三三四　　平邑堡城垣遗存(北－南)

彩图三三五　　平邑堡城垣遗存(南－北)

彩图三三六　　响水堡全景(东南－西北)

彩图三三七　　响水堡西城垣南段(西北－东南)

彩图三三八　　响水堡西城垣垣体剖面(北－南)

彩图三三九　　响水堡西墙垣断面(北－南)

彩图三四〇　响水堡2号马面(西－东)

彩图三四一　响水堡南城垣(西－东)

彩图三四二　响水堡南城垣(西－东)

彩图三四三　响水堡南城垣(西－东)

彩图三四四　响水堡南城垣(东－西)

彩图三四五　响水堡东城垣(南－北)

彩图三四六　响水堡东城垣(东南－西北)

彩图三四八　响水堡大西门全景(西－东)

彩图三四七　响水堡4号马面(东北－西南)

彩图三四九　响水堡大西门全景(北－南)

彩图三五〇　响水堡大西门匾额(西－东)

彩图三五一　响水堡大西门匾额(北－南)

彩图三五二　响水堡大西门内侧(东－西)

彩图三五三　响水堡大西门外侧(西－东)

彩图三五四　响水堡小西门外侧(西－东)

彩图三五五　响水堡小西门匾额(西－东)

彩图三五六　响水堡南门(西北－东南)

彩图三五七　响水堡南门门洞(北－南)

彩图三五八　响水堡东门瓮城(南－北)

彩图三五九　响水堡1号墩台(北－南)

彩图三六〇　响水堡2号墩台

彩图三六一　响水堡城隍庙全景(西北－东南)

彩图三六二　响水堡城隍庙正殿(西－东)

彩图三六三　响水堡城隍庙戏楼门楼(西－东)

彩图三六四　响水堡城隍戏楼庙山门上"灵"字砖刻

彩图三六五　响水堡城隍庙戏楼门楼匾额

彩图三六六　响水堡城隍庙戏楼门楼内侧(东－西)

彩图三六七　响水堡曹家大院全景(东南－西北)

彩图三六八　响水堡曹家大院大门(西北－东南)

彩图三六九　响水堡曹家大院影壁(西北－东南)

彩图三七〇　响水堡曹家大院正房(西－东)

彩图三七一　响水堡136号院大门(西北－东南)

彩图三七二　波罗堡全景(东南－西北)

彩图三七三　波罗堡西侧地形与地貌(东南－西北)

彩图三七四　波罗堡西城垣北段(北－南)

彩图三七五　波罗堡西城垣北段包石与包砖(南－北)

彩图三七六　波罗堡西城垣局部包砖包石(西－东)

彩图三七七　波罗堡西城垣局部包砖包石(西－东)

彩图三七八　波罗堡南城垣东段(南－北)

彩图三七九　　波罗堡南城垣西段(西 – 东)

彩图三八○　　波罗堡东城垣(南 – 北)

彩图三八一　　波罗堡北城垣中段(北 – 南)

彩图三八二　　波罗堡东南角楼(东南 – 西北)

彩图三八三　　波罗堡东南角楼上建筑遗迹

彩图三八四　　波罗堡东城垣1号马面(南 – 北)

彩图三八五　　波罗堡东城垣包石(北 – 南)

彩图三八六　　波罗堡东城垣垣体断面(北 – 南)

彩图三八七　　波罗堡东城垣(北 – 南)

彩图三八八　　波罗堡东城垣垣体剖面

彩图三八九　　波罗堡大西门(北 – 南)

彩图三九○　　波罗堡大西门匾额(北 – 南)

彩图三九一　　波罗堡小西门(西 – 东)

彩图三九二　　波罗堡南门瓮城(东 – 西)

彩图三九三　　波罗堡南门瓮城(南 – 北)

彩图三九四　　波罗堡南门瓮城内侧(北 – 南)

彩图三九五　　波罗堡南门瓮城外侧(南 – 北)

彩图三九六　　波罗堡护城墩台远视(西 – 东)

彩图三九七　　波罗堡护城墩台东视(东 – 西)

彩图三九八　　波罗堡护城墩台南视(南 – 北)

彩图三九九　　波罗堡灵宵殿全景(南 – 北)

彩图四○○　　波罗堡灵霄殿(东南 – 西北)

彩图四○一　　波罗堡灵霄殿(北 – 南)

彩图四○二　　波罗堡旧街道(南 – 北)

彩图四○三　　波罗堡旧街道铺石(北 – 南)

彩图四○四　　波罗堡梁家油坊全景(东 – 西)

彩图四○五　　波罗堡梁家油坊铺面(西南 – 东北)

彩图四○六　　波罗堡梁家油坊铺面(西北 – 东南)

彩图四○七　　波罗堡梁家油坊内视(东 – 西)

彩图四○八　　鱼河堡北门内侧(南 – 北)

彩图四○九　　鱼河堡北门外侧(北 – 南)

彩图四一○　　镇川堡街道与民居(西 – 东)

彩图四一一　　镇川堡街道与民居(西 – 东)

彩图四一二　　镇川堡街道与民居(西 – 东)

彩图四一三　　镇川堡街道与民居(西 – 东)

彩图四一四　　怀远堡全景(西北 – 东南)

彩图四一五　　怀远堡北城垣楼台(东 – 西)

彩图四一六　　怀远堡西北角楼(南 – 北)

彩图四一七　　怀远堡东门瓮城(南 – 北)

彩图四一八　怀远堡东门瓮城内侧(西－东)

彩图四一九　怀远堡北门外侧(北－南)

彩图四二○　怀远堡北门内侧(南－北)

彩图四二一　怀远堡墩台远景(西－东)

彩图四二二　怀远堡墩台正视(南－北)

彩图四二三　怀远堡中心楼正视(南－北)

彩图四二四　怀远堡中心楼侧视(西－东)

彩图四二五　怀远堡中心楼匾额题字1

彩图四二六　怀远堡中心楼匾额题字2

彩图四二七　怀远堡中心楼匾额残存

彩图四二八　威武堡全景(西南－东北)

彩图四二九　威武堡南城垣外地形地貌(北－南)

彩图四三○　威武堡北城垣外地形地貌(南－北)

彩图四三一　威武堡东北侧墩台(西南－东北)

彩图四三二　威武堡北垣外墩台(西南－东北)

彩图四三三　威武堡东城垣及马面(东－西)

彩图四三四　威武堡东城垣马面(东－西)

彩图四三五　威武堡西城垣垣体基石(西－东)

彩图四三六　威武堡南门瓮城(东－西)

彩图四三七　威武堡南门瓮城内侧(西－东)

彩图四三八　清平堡远景(西南－东北)

彩图四三九　清平堡南城垣西段(南－北)

彩图四四○　清平堡南城垣中段折曲部分(南－北)

彩图四四一　清平堡南城垣外的建筑基础(南－北)

彩图四四二　清平堡南城垣东段上部的灰碴层(南－北)

彩图四四三　清平堡东城垣北段(南－北)

彩图四四四　清平堡西城垣北段(北－南)

彩图四四五　清平堡东南角楼(南－北)

彩图四四六　清平堡西南角楼(西南－东北)

彩图四四七　清平堡1号墩台远景(东－西)

彩图四四八　清平堡墩台近景(南－北)

彩图四四九　清平堡古桥全貌(北－南)

彩图四五○　清平堡古桥上部(东－西)

彩图四五一　清平堡古桥下部(北－南)

彩图四五二　清平堡古桥底部(东－西)

彩图四五三　清平堡古桥侧面(西－东)

彩图四五四　清平堡西侧建筑基址(东南－西北)

彩图四五五　清平堡建筑基址旁墩台(南－北)

彩图四五六　清平堡建筑基址旁墩台(南－北)

彩图四五七　　清平堡建筑基址旁墩台(南－北)

彩图四五八　　靖边营全景(南－北)

彩图四五九　　靖边营北城全景(北－南)

彩图四六〇　　靖边营南城西城垣南段(北－南)

彩图四六一　　靖边营南城西城垣1号马面(东－西)

彩图四六二　　靖边营南城西城垣1号马面(南－北)

彩图四六三　　靖边营南城南城垣(东－西)

彩图四六四　　靖边营北城西城垣1号马面(北－南)

彩图四六五　　靖边营北城西城垣3号马面(东－西)

彩图四六六　　靖边营南城西南角楼(南－北)

彩图四六七　　靖边营南城南门(西－东)

彩图四六八　　靖边营北城南城垣东段与东城垣南段(西－东)

彩图四六九　　靖边营北城南城垣(南－北)

彩图四七〇　　靖边营北城南城垣南门(南－北)

彩图四七一　　靖边营北城东城垣(北－南)

彩图四七二　　靖边营北城西城垣垣体断面(南－北)

彩图四七三　　靖边营北城西北角楼(南－北)

彩图四七四　　靖边营北城西南角楼(南－北)

彩图四七五　　靖边营北城北城垣大型敌台(东－西)

彩图四七六　　定边营北城垣残存遗迹(南－北)

彩图四七七　　定边营由北城垣残存垣体遗迹向中心楼远视(北－南)

彩图四七八　　定边营木业街残存垣体(北－南)

彩图四七九　　定边营西城垣残存垣体(南－北)

彩图四八〇　　定边营西城垣残存垣体(北－南)

彩图四八一　　定边营西城垣残存垣体遗存(东－西)

彩图四八二　　定边营西城垣垣体遗迹断面(南－北)

彩图四八三　　龙州堡地形地貌远视(西－东)

彩图四八四　　龙州堡全景(西－东)

彩图四八五　　龙州堡1号马面(西－东)

彩图四八六　　龙州堡北城垣东段(西－东)

彩图四八七　　龙州堡2号马面(西－东)

彩图四八八　　龙州堡3号马面(北－南)

彩图四八九　　龙州堡4号马面(北－南)

彩图四九〇　　龙州堡5号马面(东－西)

彩图四九一　　龙州堡南城垣东段(西－东)

彩图四九二　　龙州堡6号马面(西－东)

彩图四九三　　龙州堡7号马面(西－东)

彩图四九四　　龙州堡西南角楼(西南－东北)

彩图四九五　　龙州堡东南角楼(东－西)

彩图四九六　龙州堡东门瓮城（东北－西南）

彩图四九七　龙州堡东门瓮城内门（东－西）

彩图四九八　龙州堡东城垣内侧马道测绘（北－南）

彩图四九九　龙州堡东城垣内侧马道（南－北）

彩图五〇〇　龙州堡西门瓮城（西－东）

彩图五〇一　龙州堡西门瓮城内侧（东－西）

彩图五〇二　龙州堡护城墩台（南－北）

彩图五〇三　镇靖堡全景（西－东）

彩图五〇四　镇靖堡北城东城垣北段（北－南）

彩图五〇五　镇靖堡北城东城垣北段 1 号马面（东－西）

彩图五〇六　镇靖堡北城东城垣南段 2 号马面（东－西）

彩图五〇七　镇靖堡北城东门瓮城（东－西）

彩图五〇八　镇靖堡北城东门瓮城（北－南）

彩图五〇九　镇靖堡北城东城垣南段（北－南）

彩图五一〇　镇靖堡北城南城垣东段马面二次修筑迹象（南－北）

彩图五一一　镇靖堡北城南城垣西段（西－东）

彩图五一二　镇靖堡北城西城垣内侧及南城垣西段（东－西）

彩图五一三　镇靖堡北城西城垣与护城墩台（北－南）

彩图五一四　镇靖堡北门瓮城全景（西－东）

彩图五一五　镇靖堡东北角楼（东－西）

彩图五一六　镇靖堡东南角楼（东南－西北）

彩图五一七　镇靖堡西南角楼（西－东）

彩图五一八　镇靖堡西北角楼外侧地形与环境（西北－东南）

彩图五一九　镇靖堡老爷庙（南－北）

彩图五二〇　镇靖堡中山台（南－北）

彩图五二一　镇罗堡全景（南－北）

彩图五二二　镇罗堡北城垣东段（西－东）

彩图五二三　镇罗堡北城垣西段内部（东－西）

彩图五二四　镇罗堡北城垣 1 号马面（东－西）

彩图五二五　镇罗堡北城垣 2 号马面（东－西）

彩图五二六　镇罗堡西城垣北段内侧（东－西）

彩图五二七　宁塞营全景（东－西）

彩图五二八　宁塞营西城垣（北－南）

彩图五二九　宁塞营西城垣南段（南－北）

彩图五三〇　宁塞营西城垣北段（南－北）

彩图五三一　宁塞营北城垣及其外侧地形地貌（西－东）

彩图五三二　宁塞营西城垣 2 号马面（南－北）

彩图五三三　宁塞营西南角楼（西南－东北）

彩图五三四　宁塞营西北角楼（西南－东北）

彩图五三五　宁塞营护城墩台(西－东)

彩图五三六　宁塞营2号墩台(东－西)

彩图五三七　宁塞营鼓楼遗存(东－西)

彩图五三八　宁塞营南城垣外附墙(北－南)

彩图五三九　宁塞营西城垣中部大型敌台(西－东)

彩图五四○　把都河堡全景(南－北)

彩图五四一　把都河堡全景(北－南)

彩图五四二　把都河堡南城垣(东－西)

彩图五四三　把都河堡南城垣(南－北)

彩图五四四　把都河堡东城垣北段(北－南)

彩图五四五　把都河堡东城垣北段垣体断面(南－北)

彩图五四六　把都河堡南侧第一道挡马城垣内侧(北－南)

彩图五四七　把都河堡南侧第一道挡马城垣南面(南－北)

彩图五四八　把都河堡护城墩台远景(北－南)

彩图五四九　把都河堡护城墩台(南－北)

彩图五五○　把都河堡护城墩台(北－南)

彩图五五一　永济堡全景(南－北)

彩图五五二　永济堡西城垣(北－南)

彩图五五三　永济堡西城垣外部(西－东)

彩图五五四　永济堡西城垣马面(西－东)

彩图五五五　永济堡北城垣(西－东)

彩图五五六　永济堡东城垣北段(北－南)

彩图五五七　永济堡东城垣北段(北－南)

彩图五五八　永济堡东城垣6号马面(南－北)

彩图五五九　永济堡南城垣遗存(南－北)

彩图五六○　永济堡东南角楼(东南－西北)

彩图五六一　永济堡东门瓮城(北－南)

彩图五六二　永济堡南门瓮城(西－东)

彩图五六三　柳树涧堡远景(西北－东南)

彩图五六四　柳树涧堡远景(西北－东南)

彩图五六五　柳树涧堡与大边长城垣体相对位置(西南－东北)

彩图五六六　柳树涧堡上城(西－东)

彩图五六七　柳树涧堡上城北城垣中部敌台(西北－东南)

彩图五六八　柳树涧堡上城西垣马面正面(北－南)

彩图五六九　柳树涧堡下城全景(西－东)

彩图五七○　柳树涧堡下城北垣(西－东)

彩图五七一　柳树涧堡下城北垣(西－东)

彩图五七二　安边营全景(西北－东南)

彩图五七三　安边营东门遗址(东－西)

彩图五七四　　安边营北城垣东段(东北－西南)

彩图五七五　　安边营北城垣3号马面(北－南)

彩图五七六　　安边营北城垣4号马面(北－南)

彩图五七七　　安边营北城垣中部敌台(南－北)

彩图五七八　　安边营北城垣中部敌台(北－南)

彩图五七九　　安边营北城垣西段(西－东)

彩图五八〇　　安边营西城垣残存垣体(西－东)

彩图五八一　　安边营东北角楼(北－南)

彩图五八二　　安边营东南角楼(东－西)

彩图五八三　　安边营东南角楼(西－东)

彩图五八四　　安边营店铺(东－西)

彩图五八五　　砖井堡全景(东北－西南)

彩图五八六　　砖井堡南部现状(东－西)

彩图五八七　　砖井堡东城垣1号马面(东－西)

彩图五八八　　砖井堡东城垣2号马面(东－西)

彩图五八九　　砖井堡北城垣东段垣体及马面(东北－西南)

彩图五九〇　　砖井堡北城垣3号马面(北－南)

彩图五九一　　砖井堡北城垣4号马面(北－南)

彩图五九二　　砖井堡西城垣(北－南)

彩图五九三　　砖井堡西城垣5号马面(西－东)

彩图五九四　　砖井堡西城垣6号马面(西－东)

彩图五九五　　砖井堡南城垣(南－北)

彩图五九六　　砖井堡南城垣7号马面(南－北)

彩图五九七　　砖井堡南城垣8号马面(南－北)

彩图五九八　　砖井堡东南角楼(西南－东北)

彩图五九九　　砖井堡西北角楼(西北－东南)

彩图六〇〇　　砖井堡西南角楼(西南－东北)

彩图六〇一　　砖井堡西门瓮城(北－南)

彩图六〇二　　砖井堡南门瓮城(西－东)

彩图六〇三　　新安边营(西南－东北)

彩图六〇四　　新安边营北城垣(北－南)

彩图六〇五　　新安边营北城垣及北瓮城(北－南)

彩图六〇六　　新安边营西城垣北段(北－南)

彩图六〇七　　新安边营东门瓮城(东－西)

彩图六〇八　　新安边营东门瓮城(南－北)

彩图六〇九　　新安边营北门瓮城北视(北－南)

彩图六一〇　　新安边营4号马面(东－西)

彩图六一一　　新安边营6号马面北侧(北－南)

彩图六一二　　新安边营北门外墩台附近建筑(西－东)

彩图六一三　新安边营北门外墩台(东－西)

彩图六一四　石涝池堡全景(北－南)

彩图六一五　石涝池堡障城全景(北－南)

彩图六一六　石涝池堡障城(南－北)

彩图六一七　石涝池堡南城垣(东－西)

彩图六一八　石涝池堡东城垣(南－北)

彩图六一九　石涝池堡东南部二重城垣(东－西)

彩图六二〇　石涝池堡1号马面(东－西)

彩图六二一　石涝池堡障城北部建筑台基(南－北)

彩图六二二　石涝池堡城堡内建筑基址(南－北)

彩图六二三　盐场堡全景(北－南)

彩图六二四　盐场堡北城垣东段(北－南)

彩图六二五　盐场堡北城垣西段(北－南)

彩图六二六　三山堡全景(东－西)

彩图六二七　三山堡(东－西)

彩图六二八　三山堡东城垣(北－南)

彩图六二九　三山堡城垣体上标语"农"字

彩图六三〇　三山堡北城垣(西－东)

彩图六三一　三山堡西城垣(南－北)

彩图六三二　三山堡南城垣东段(东南－西北)

彩图六三三　三山堡东北角楼(北－南)

彩图六三四　三山堡西北角楼(南－北)

彩图六三五　三山堡东南角楼(西北－东南)

彩图六三六　三山堡南门瓮城(东南－西北)

彩图六三七　三山堡南门瓮城(东－西)

彩图六三八　三山堡南门瓮城内侧(北－南)

彩图六三九　三山堡南门瓮城(西－东)

彩图六四〇　三山堡北门瓮城(东－西)

彩图六四一　三山堡北门瓮城(西－东)

彩图六四二　三山堡北门瓮城内门(东－西)

彩图六四三　三山堡北门瓮城外门(西－东)

彩图六四四　新兴堡全景(北－南)

彩图六四五　新兴堡远景(南－北)

彩图六四六　新兴堡城垣(南－北)

彩图六四七　新兴堡东城垣北段(南－北)

彩图六四八　新兴堡东城垣北端弯曲部分(北－南)

彩图六四九　新兴堡东城垣(南－北)

彩图六五〇　新兴堡北城垣(东－西)

彩图六五一　新兴堡北城垣东段城垣体内人骨

彩图六五二　新兴堡西城垣(南－北)

彩图六五三　新兴堡 4 号马面(西－东)

彩图六五四　新兴堡 5 号马面(西－东)

彩图六五五　新兴堡 6 号马面(西－东)

彩图六五六　新兴堡南城垣西段及西南角楼(东南－西北)

彩图六五七　新兴堡南城垣 7 号马面(南－北)

彩图六五八　新兴堡南城垣 9 号马面遗存(东－西)

彩图六五九　新兴堡东南角楼(西－东)

彩图六六〇　新兴堡东北角楼(东北－西南)

彩图六六一　新兴堡西南角楼(东－西)

彩图六六二　新兴堡东门瓮城(南－北)

彩图六六三　新兴堡东门瓮城(北－南)

彩图六六四　新兴堡南门瓮城(南－北)

彩图六六五　新兴堡南门及南城垣东段(西－东)

彩图六六六　新兴堡南门瓮城垣体(南－北)

彩图六六七　新兴堡南门瓮城垣体上民居(东－西)

彩图六六八　饶阳水堡全景(西－东)

彩图六六九　饶阳水堡北城垣(西－东)

彩图六七〇　饶阳水堡北城垣大型敌台(北－南)

彩图六七一　饶阳水堡北城垣局部(北－南)

彩图六七二　领导现场指导(左四为省文物局局长赵荣)

彩图六七三　风餐露宿

彩图六七四　田间走访

彩图六七五　烈日炎炎

彩图六七六　旷野踏查

彩图六七七　悬壁实测

彩图六七八　相互协作

彩图六七九　田野合影

上 编

陕西省明长城沿线营堡及相关遗存调查报告

第一章
延绥镇镇城

第一节 榆林卫城

一 榆林卫城的历史沿革

据《延绥镇志》载，延绥镇周为猃狁，春秋为白翟地，战国时属赵，秦属上郡。汉代北部为西河郡地，南部隶属上郡。隋初置胜州，炀帝初废州置榆林郡。唐末、五代至宋初，为党项定难军割据。金、元时为蒙古游牧地。

榆林城设立的历史复杂，明代初年并没有设立城，成化年间始筑城，后来又作为榆林卫治所，城的规模、建制渐趋完善。

据记载，榆林城始建于明洪武四年（1371年），初名榆林庄，为绥德卫屯所。九年（1376年）绥德卫千户刘宠率领军民屯驻榆林庄（亦称榆林寨）戍守，设千户所，统辖榆林庄附近十八军寨。榆林城形成一定的规模，并作为陕北地区军政首府的具体年代，文献中有三种说法：

1.《陕西通志》云："正统中，虏入河套为患，特敕右府都督王祯，镇守延绥等处，始建议筑榆林城及沿边砦堡墩台，以控制之，遂为镇边重地。"[1]《图书编》载："正统以后，赆失其险，彼始渡河犯边，镇守都督王祯始筑榆林城，创缘边一带营堡墩台，累增至二十四所，岁调延绥、延德、庆阳三卫军官分戍。"[2] 认为榆林城设置于正统中期，筑城官员为镇守都督王祯。

2.《明史》载：榆林卫，"成化六年（1470年）三月，以榆林川置，其城正统二年所筑也"[3]"正统间，镇守都督王祯始筑榆林城，建沿边营堡二十四，岁调延安、绥德、庆阳三卫分戍"[4] 道光《榆林府志》记："正统二年（1437年），延绥镇守都督王祯领兵，始筑榆林城、堡。"这些文献认为在正统二年，榆林城由镇守都督王祯建城。

---

〔1〕《陕西通志》卷九。
〔2〕《图书编》卷四六。
〔3〕《明史》卷四二。
〔4〕《明史》卷九一。

3.《明实录》载：正统六年九月己未（1441 年 10 月 10 日），"修陕西榆林庄寨城。"[1]

综合以上文献，榆林城的始筑者为王祯无疑，但是其筑城年代，却有《明史》、《明实录》两种说法，通过考察王祯的事迹，可以认定筑城年代为成化六年[2]。

设卫徙镇的年代与官员：

成化七年（1471 年），置榆林卫指挥使。次年，延绥镇巡抚余子俊将延绥镇治所由绥德迁至榆林城。延绥镇又称榆林镇。

文献记载中有多种设立榆林卫的说法，主要有以下七种：

1.《禹贡指锥》载："天顺七年（1463 年），置榆林卫治焉。"[3]

2. 魏焕《皇明九边考》载："成化初，开设榆林一卫。"[4]章潢《图书编》载："成化间，套众寇边，抚臣余子俊移延绥镇于榆林庄，置榆林卫。"[5]

3. 康熙《延绥镇志》载："成化六年七月，阿罗出入榆林塞，以抚宁侯朱永为大将军御之，闰九月，置榆林卫。"[6]

《明史》云："榆林卫，成化六年以榆林川置，其城正统二年所筑也。"[7]

4. 嘉靖《陕西通志》卷 9、《肇域志》"榆林卫"条下载："成化七年（1471 年），都御史王锐置榆林卫。"[8]康熙《延绥镇志》卷 1"地理志"云："成化七年王锐置卫。"

5.《明大政纂要》载：余子俊"成化七年闰九月，置榆林卫。"[9]

6.《边政考》载："成化八年（1472 年），抚臣余子俊增筑城垣，置榆林卫。"[10]《古今图书集成》引《明会典》："成化八年，延绥巡抚余子俊奏筑边垣，开设榆林卫，开屯田以守边"[11]。上述文献，均载余子俊置榆林卫，时间是成化八年。

7.《读史方舆纪要》载："成化九年（1473 年），余子俊改筑旧城置榆林卫，统千户所五俱在卫城内。"[12]其看法为成化九年，余子俊设卫。

考察《明实录》，延绥巡抚王锐于成化六年三月曾提出增兵设卫的主张："成化六年三月辛卯（1470 年 4 月 13 日），巡抚延绥等处都御史王锐奏曰：其一，增兵以守地方。谓延绥榆林城，镇羌、安边二营俱系要地，城堡草创，军马单薄，难以御贼，先于榆林城添设三卫，于镇羌、安边各设一卫，增兵防守。上命镇守等官，参酌举行，务期成功。"[13]显然王锐增兵设卫的主张没有付诸实施。

两个月后，成化六年五月甲申（1470 年 6 月 5 日），"镇守陕西右都督白玉陈御寇方略：一、延绥边方（防）东西绵亘二千余里，通接察罕淖而、断头山诸处最为要害。诸处营堡防守官军俱于陕西、

〔1〕《明英宗实录》卷八三。

〔2〕李大伟：《明代榆林建置年代问题探讨》，《延安大学学报》（社会科学版），2005 年第 27 卷第 6 期。

〔3〕《禹贡指锥》卷一三。

〔4〕《皇明九边考》卷七。

〔5〕《图书编》卷四七。

〔6〕《延绥镇志》卷五。

〔7〕《明史》卷四二。

〔8〕《肇域志·榆林卫》。

〔9〕《明大政纂要》卷三〇。

〔10〕《边政考》卷二。

〔11〕《古今图书集成·戎政典屯田部》卷二四六。

〔12〕《读史方舆纪要》卷六一。

〔13〕《明英宗实录》卷七七。

南阳、潼关摘调，每岁分番往来无常，恐非经久之计。切见榆林城、安边营、神木县系边境要冲，土地广衍，水草便利，宜于其地各设一卫或分调延绥、庆阳二卫全伍官军，或编送内外，问拟刑徒及近岁清出诸卫，守御其地。……诏下其章于兵部。"

　　成化七年五月己丑（1471 年 6 月 5 日），延绥巡抚余子俊有一份关于榆林卫的奏折："西安左等卫旗军，调拨榆林卫，轮流操守，盖因胡虏久居河套，拘留防御已越三年，士无寒衣苦寒特甚，特请运胖袄鞋各二万五千一百余付，分给优恤。诏从其请，如数给之。"[1] 这封奏折十分重要，是目前所见关于榆林卫设置的最早史料，而且是余子俊任延绥镇巡抚时上奏的。这条记载说明，榆林卫在成化七年五月之前已设置。

　　延绥镇，初建于洪武四年（1371 年），原为明王朝一级军事机构，后来军政合一，设有镇守总兵、中协副总兵等军事官员，还有巡抚都御史，即职掌监察全镇各级政府的军事与政务的官员。因此，明代中起，延绥镇境内卫堡也兼有行政功能。（图一；彩图一）

　　清雍正九年（1731 年），裁榆林卫改置榆林府（治所设榆林城）。辛亥革命后，废府、州建制，设省、道、县。民国十五年（1926 年），撤销榆林道，直隶省辖。1949 年 6 月 1 日，榆林和平解放，建立榆林县，隶属陕甘宁边区陕北行置榆林分区。1988 年，榆林县改制为榆林市，2000 年 7 月升为地级市。

　　城郭的拓筑：明正统二年（1437 年），始筑城堡，"城廛不过百矩"。成化九年（1437 年）巡抚余子俊于旧城北增筑城垣。成化二十二年（1486 年）巡抚黄黻将原堡城向北展筑，城周约六里，称为北城。北城上建有二层敌楼，叫镇榆楼，城下未开北门，东门叫威宁门，西门叫广榆门，这次展筑的城垣，俗称北城。弘治五年（1492 年），巡抚熊绣将城垣向南扩展至凯歌楼，新扩城周约七里。凯歌楼为南门（原怀德门），增设东、西两门，西门叫宣威门，东门叫振武门，城周达十三里，这次展筑的城垣，俗称中城。正德十年（1515 年），延绥镇总制邓璋，因南关外人烟臻集，店铺栉比，筑南关外城，将南城推至榆溪河沿岸，新扩城周十三里，筑起南门，叫镇远门，并设西门二，北叫龙德门，南叫新乐门。留有城门五座，即东为振武门，西为宣威门、新乐门，南为镇远门，北为广榆门。南门、东门有瓮城。各城门上均有箭楼，并设千斤闸，和城垣构成完整的重要防御体系，成为一座壁垒森严的军事重镇。这三次大规模扩建，史称"三拓榆阳"，以上三次所筑之城，大都为土城，以后嘉靖时巡抚张来珩、隆庆间巡抚郜光先，万历时巡抚宋守业、王汝梅，副使洪忻、赵云翔，总兵傅津、贾国忠等人相继逐段用砖砌筑城垣，始成今日面貌。清代，又进行过多次修筑，同治二年（1886 年），北城部分城垣被沙埋压，道宪常瀚令弃北城，在广榆门东西缩筑北城垣。光绪年间，进行多次较大规模的修整加固城垣。到民国年间，除因兵燹大部分城楼塌毁外，城垣保存完好。

　　《延绥镇志》载：榆林镇城，半倚驼山为固。西临榆溪、芹河诸水，系极冲中地。东至常乐堡四十里，至偏关五百里，又东至京师二千一百里；南至归德堡四十里，至陕西省城一千三百五十里；西至保宁堡三十里，至宁夏一千里，又西至固原一千三百七十里；北至边垣八里。另载榆林镇城所辖边垣长三十一里零三百五十八步，墩台七十四座。榆林城现在的地貌基本与当时所载一致。据调查，西城垣外原为榆溪河的河滩，目前由于城市的开发，河道又大幅度的向西退缩；城东所依的驼山目前也为居民区，原来的地理优势已不明显。对照《九边图说》资料，现在南门外的沟壑地貌依稀存在，但仍为现代景观所扰乱。

〔1〕《明宪宗实录》卷九一。

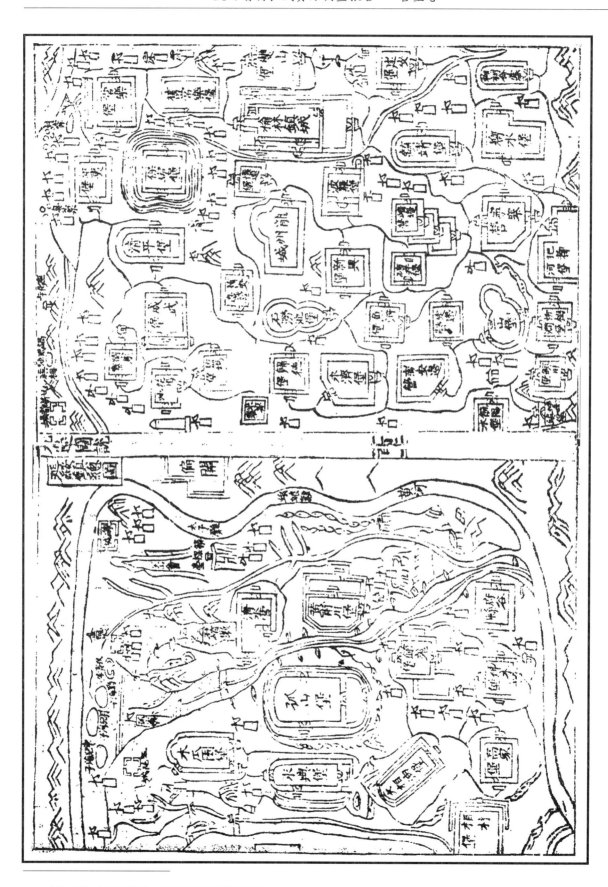

图一　延绥镇营堡分布图[1]

---

〔1〕 选自《九边图说》。本书营堡周边形势图同。

二　地理与人文环境

榆林卫城位于榆林市中部偏南，城东依驼山，北瞰河套，南蔽三秦。无定河的主要支流榆溪河自北向南傍城而过，古城四周多为沙地，城内人口居住密集。

榆林卫城地处毛乌素沙漠东南缘与陕北黄土高原北缘的交接地带，境内西北部为沙漠草滩地带，沙丘、草滩、海子（小湖泊）交错分布。东南部为黄土高原丘陵沟壑区，水土流失严重。气候属中温带半干旱大陆性季风气候区，干旱多风，冰封期长，降雨少。境内河流属黄河水系，土壤分为风沙土、黑垆土、黄土性土、草甸土等13个土类，115个土种。境内植被处于沙生植被和干草原植被地带，主要植被有沙蒿、臭柏、沙柳等。"沙进人退"的历史变成了"人进沙退"的现实，治沙、植树造林使榆林市的环境发生了很大的变化。

榆林市榆阳区人口达30余万，汉族人口居多。市区面积由原先的2.2平方公里扩展到28平方公里。农业主导产业为草、羊、果、薯等，工业以煤炭、电力、化工为主体，地方传统产业为毛绒、地毯、羊绒加工业。全市有高等本科学校1所，中等专科学校9所，陕西省重点、榆林市重点及普通中学6所，小学10所，另有职业技术学校、私立中学、小学等教育设施。

三　平面形制与建筑布局

榆林卫城处于陕西省与内蒙古自治区交界地区，北可控扼河套，南可拱卫三秦，为兵家必争要地。历史上，北方游牧民族往往盘踞在这里扩大势力，或把这里作为打开通向中原的门户和运兵通道；中原王朝则不遗余力在这里修筑长城、城堡，设置关隘，屯兵扼守，这里曾是兵戎相见、重点厮杀的战场。明代正统中，鞑靼诸部屡入河套，南犯延绥，明王朝下令兴修边墙（长城）、榆林等城堡，此后，榆林一直成为军事重镇。榆林建镇后，在城北3~4公里处修筑了长城，形成了完整的防御体系，对捍卫关中、屏蔽河东、卫护京都安全，起了积极作用，成为明九边重镇之一。（彩图二、三）

现存榆林卫城地处半山半川处，平面呈不规则形，东高西低，东依驼山，西临榆溪河，北靠红山。（图二）卫城城垣保存较好，内夯黄土，夯层厚16~20厘米，外垣砌青砖，内垣不包砖，上设雉堞。榆林市古城文物管理所第三次调查数据表明，榆林城垣现有连续城垣遗存段和遗址段各15段，遗存段中线长度合计5280.38米，遗址段中线长度合计1288.4米。各遗存段垣体的分布情况为：东城垣4段，北城垣5段，西城垣4段，南城垣2段；最长城垣段为D4段，长度为1651.21米，最短为B4段，长度15.71米。各遗址段垣体的分布情况为：东城垣4段，北城垣4段，西城垣5段，南城垣2段；最长遗址为Y15段，长度为337.57米，最短为Y6段，长度为3.77米。1962年1:1000测绘图遗存段和遗址段中线长度为6610.04米，现状测量遗存段和遗址段的中线长度之和为6568.78米。

榆林卫城内建筑风格具有典型的明清风格，两条主街道大街、二街从南至北直通全城，每个巷道则上、中、下从东到西穿过大街、二街。从明成化八年（1472年）起，至清乾隆十九年（1754年），从南大街至北大街先后建有楼阁六处：文昌阁、万佛楼、星明楼、钟楼、凯歌楼、鼓楼，时被誉为"六楼骑街"，构成主要街景。城东部自南向北建有佛寺、道观、宗祠，形成东山古建筑群。万佛楼、星明楼、钟楼均为原建，文昌阁、凯歌楼、鼓楼于2004~2006年恢复重建。

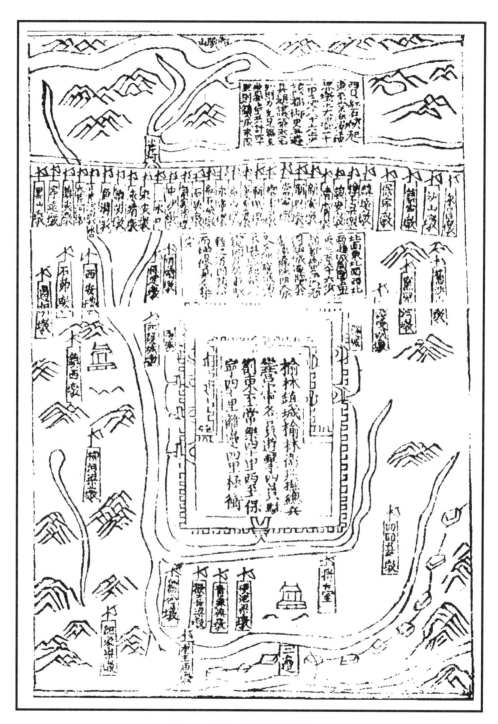

图二　榆林卫城周边形势图

城内大街贯通南北，大街旁店铺林立，巷道、四合院排列有序，四合院均效仿北京古城建筑风格，有独式四合院、两院式四合院、穿院式四合院、毗连式四合院，现城内保存较完整者有97处，列为县级重点文物保护单位的有8处。这些建筑讲究对称布局，房屋水磨砖垣，飞檐斗拱，雕梁画栋，五脊六兽，故榆林卫城素有"小北京"之称。（图三）

北

图三　榆林卫城保存现状平面图

0　100　200米

四　军事功能建筑

榆林卫城的军事功能建筑主要为城垣及附属设施，城外还有镇北台及相连的边墙等，也是附属于榆林城的军事设施。

1. 城垣

东城垣　历史上东城垣中线长度为2284.2米，外廓长度2490.3米。东段现存城垣段中线长度合计2218.17米，外廓中线长度合计2470.1米，遗址段中线长度合计27.02米。城垣段高4.3~7.96、顶宽0.32~9.18、底宽1.76~14.99米，收分率1.43~2.66，包砖层数53~107层。东城垣垣体附属现存马面4座，城门1座，瓮城1座，近现代军事构筑物3处。（彩图四）

北城垣　历史上北城垣中线长度为1118.2米，外廓长度1189.7米。北段现存城垣段中线长度合计797.7米，外廓中线长度合计841.55米，遗址段中线长度合计290.8米。城垣段高3.6~7.1、顶宽1.2~6.33、底宽0.48~12.27米，收分率1.1~2.5，包砖层数38层。（彩图五）

西城垣　历史上西城垣中线长度为2152.1米，外廓长度2220.9米。现存城垣段中线长度合计1784.36米，外廓中线长度合计1834.75米，遗址段中线长度合计369.3米。城垣段高2~9.5、顶宽0.61~8.34、底宽1.29~15.31米，收分率1.01~2.3，包砖层数25~118层。（彩图六、七）西城垣垣体附属西北角楼1处，位于今农行家属院内。（彩图八）

南城垣　历史上南城垣中线长度为1038.6米，外廓长度1147.4米。现存南城垣段中线长度合计480.15米，外廓中线长度合计574.36米，遗址段中线长度合计601.32米。城垣段高6.5~9.15、顶宽0.89~7.53、底宽3.93~14.50米，收分率2.12~3，包砖层数52~100层。南城垣垣体附属东南角楼1处，城门1处，瓮城1处，城楼2处，近现代民用构筑物1处。（图四；彩图九）

2. 马面

北城垣、东城垣残存10处马面，依次编为1~10号。

1号马面　位于北城垣东段东部，东距东北角楼200米。凸出垣体6米，宽11、现存高6米。

2号马面　位于北城垣东段西部，西距北垣中部角楼57米，东距1号马面180米。凸出垣体4米，宽6、高5米。

3号马面　位于北城垣中段，北距角楼98米，南距北垣西段82米。凸出垣体10米，宽16、高7米。

4号马面　位于东城垣南段，南距东南角楼331米。凸出垣体5米，宽11.4、高7米。

5号马面　位于东城垣南段，南距4号马面262米。凸出垣体11.8米，宽33.2、高9米。

6号马面　位于东城垣南段，南距5号马面440米。凸出垣体5.2米，宽10.5、高10米。

7号马面　位于东城垣北段，南距转角约50米，凸出

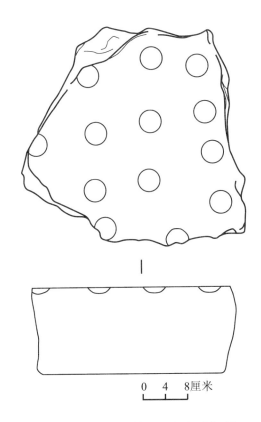

图四　榆林卫城南城垣垣体夯土层平、剖面图

垣体 13.5 米，宽 21.5、高 9.3 米。

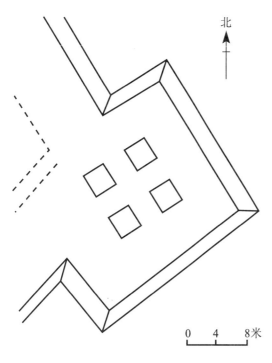

北

图五　榆林卫城东南角楼平面图

0　　4　　8米

8 号马面　位于东城垣北段，南距 7 号马面 178 米。凸出垣体 5.8 米，宽 18、高 6.5 米。

9 号马面　位于东城垣北段，南距东瓮城 72.3 米。凸出垣体 6.5 米，宽 13.8、高 7 米。

10 号马面　位于东城垣北段，南距 9 号马面 233 米，北距东北角楼 163 米。南侧凸出垣体 12 米，北侧凸出垣体 5.3 米，宽 24.5、高 7.5 米。

3. 角楼

榆林城四角原各有一个角楼，目前西南角楼已不存，另外在北垣中部、东垣中部还各有一个角楼，总计残存 5 个角楼。

东北角楼　东西宽 10.5 米，西侧凸出垣体 10.5 米，东侧不向东垣外凸出，高 7 米。

北垣中部角楼　东西宽 8 米，向北侧凸出 11 米，西侧不向垣体外侧凸出。

西北角楼　北部已被破坏，西侧向垣体外凸出 15 米，残高 5 米。(彩图一○)

东南角楼　台体呈方形，从南垣垣体向外侧凸出 9.1 米，从东侧垣体向外侧凸出 9 米；台体南北 20.5、东西 22 米。(图五～七) 台体上现存四处建筑基址。(彩图一一～一三)

东垣中部角楼　由东垣垣体向东凸出 10.7 米，南北长 12.4 米，北侧不向垣体外凸出，残高 11 米。

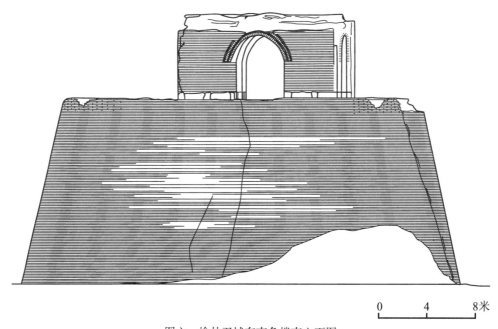

0　　4　　8米

图六　榆林卫城东南角楼南立面图

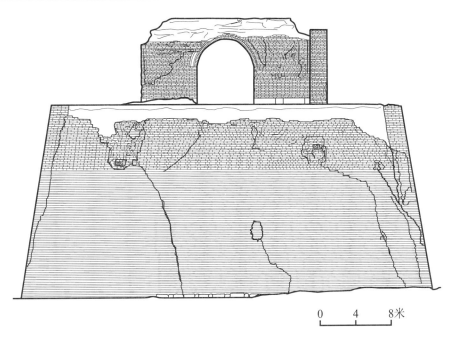

图七　榆林卫城东南角楼东立面图

4. 城门及瓮城

榆林卫城目前现存明清时期城门3座，其中南门、东门为瓮城结构，小西门为直开城门。

南门　为瓮城结构，为南北向的半圆形，瓮城南北长52、东西宽47米。瓮城城垣上部外侧设有垛口，内侧有女垣。外部包砖，砖的规格为40×19.5×8厘米。2003年10月瓮城经过维修，2007年6月又经过二次维修。内城门开在南垣上，外城门开在瓮城西垣。半圆形的瓮城垣体分为三段，其中东、西两段为直垣体，南北长22米；南段为弧形垣体，外弧总长57米，瓮城垣体底宽11.7、顶宽8~9.5米，至垛口通高15.7米。（图八；彩图一四、一五）

主城门为南北向，南北通长20.2、宽5、高7、券高1.3米，为五批五券结构。南面城门洞上方有一块宽2.2、高1.1米的匾额，上书"镇远门"。

东门　为瓮城结构，整体呈南北向的长方形。瓮城的外门开在南垣上。瓮城外部包砖大多存在，并有多处裂隙，显示包砖为多次维修的结果。瓮城南垣底部东西长29米，顶部东西长29米，最宽处9米，最窄处7米；东垣底部南北长47米，顶部南北长43.6米，顶部宽7米；北垣底部东西长32米，顶部东西长32米，顶宽5米。（图九；彩图一六~一八）

主城门设于东垣垣体上，底部东西长15.6米，顶部东西长13米；门洞宽4.05、高4.4米。洞室下部为石质基础，上部为砖质弧形券顶，结构为五批五券，券的总高1.6米；条石基本保存，表面多已残破，组合结构尚存，为两顺一丁形式。

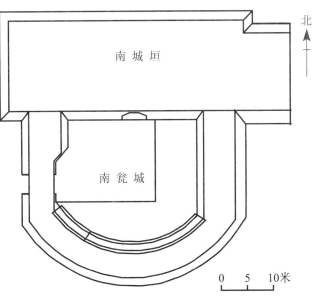

图八　榆林卫城南门瓮城平面图

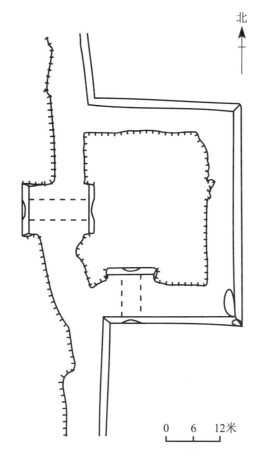

北

图九　榆林卫城东门瓮城保存现状平面图

0　6　12米

外门开在瓮城南垣上，门洞南北进深 7、门洞宽 4、高 4.5、券高 1 米，结构为分为两部分，东半部为三批三券，西半部为四批四券，显系两次所为。门洞的西侧残存有包砖，其他部位为包石，包石的结构、组合形式基本完整。（图一〇）

西门　有小西门及大西门两处城门。小西门城门门洞宽 3.9、进深 9.3、现存总体高 6 米。大西门经过重建，基本上保持了原貌。（彩图一九～二一）

5. 其他军事建筑

镇北台　镇北台位于榆林城北 4.5 公里的红山上。明万历三十五年（1607 年）四月至次年七月，延绥镇巡抚涂宗浚为保护设在附近长城边上蒙汉互市的红山市，在红山之顶修筑了明长城上最大的军事塞台——镇北台。（彩图二三、二四）

台呈正方梯形，外砌砖石，内夯黄土，叠四层逐层递缩修建，总高 28.5 米。第一层为基座，北边长 82 米，南边长 76 米，东西各长 64 米，周长 286 米，进深 12 米；四面围两道垣，内垣高 5.5 米，外垣高 10 米，上设垛口，东垣南侧置城门，东南内侧置砖铺马道，南垣与长城相连。第二层高 16.6 米，周长 130 米，进深 5 米；二层南台垣中开设券洞，内设砖石踏步直通三层，券洞横额石刻"向明"，北面石刻"镇北台"（已毁），为涂宗浚所书。第三层高 4.1 米，周长 88 米，进深 3 米，台东外砌砖石踏步达四层。第四层高 4.4 米，周长 35.44 米，顶层台面积 225 平方米，四边各进深 2 米，正中原建砖木结构方形瞭望哨棚一间，清末瞭望棚坍塌。

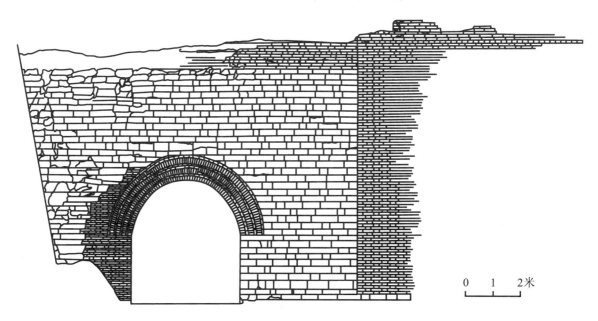

0　1　2米

图一〇　榆林卫城东门瓮城南门洞外侧墙体保存现状图

各层四面围以女垣，设垛口，台面墁铺青砖，第一层城垣内屋宇环列，为当年守台成卒营房，现仍存遗址。台东北连接明代同期的款贡城，为蒙汉官员进行洽谈、举行献贡仪式的场所。台西侧 1 公里处遗有明代易马城，是蒙汉互市的场所。1982 年、1990 年陕西省政府两次拨款 20 万元对镇北台进行维修。1982 年 7 月，镇北台被列为榆林市重点文物保护单位，1992 年陕西省政府将其公布为省级重点文物保护单位。

五　公共建筑

作为陕北地区最重要的政治经济文化中心，榆林城设有地方政府及相应的经济文化设施，其中最重要的就是榆林镇的衙署。此外，从明成化八年（1472 年）起，至清乾隆十九年（1754 年），榆林城内陆续修建了大量的公共建筑，在主要的街道——大街上形成六楼骑街的景观。主要建筑及特点详见下述。

衙署　明成化七年（1471 年）设榆林卫，即大兴土木修建各衙署。据明万历《延绥镇志·镇城图》标记，至正德年间，在玄帝庙（即后上帝庙，在今制革厂处）到凯歌楼以西地段先后建有布政司、管粮厅、兵备道、都察院、总督府、会事厅等衙署，在凯歌楼以东城内建有榆林驿、右营衙门、左营衙门等衙署。明嘉靖年间，在凯歌楼西南城内先后增建税课司、城堡厅、游击衙门等。明末这些衙署建筑多毁于兵燹。清康熙初年，整修或重建各衙署，都察院、税课司等衙署位置同明代迥异，明代城北部所建榆林卫、兵备道、管粮厅、布政司等衙署逐改它用或废弃。清雍正九年（1731 年）设榆林府、县署，原明代旧有的衙署城堡厅改为府署（即 80 年代榆林市市委机关所在地），知县署占用原察院（今地委机关所在地），道署已移建在新明楼巷（即 50、60 年代地区公安处所在地）。

民国年间直到新中国成立后的 70 年代初，旧县、府等衙署部分建筑仍保存沿用。如原地区公安处占用旧道署衙门（在星明楼西，1974 年全部拆除改建民宅），县委占用旧府衙署（1990 年全部拆除，建成工商银行家属楼）。现地委所占旧县衙署仅存旧时县衙大堂建筑一处。

学宫　明成化九年（1473 年），巡抚余子俊在城西北隅始建儒学宫，到十四年（1478 年）巡抚丁大容相继建成明伦堂五楹及东西志道、据德、依仁、游艺四斋和明伦堂后尊经阁。正德十年（1515 年），东斋改建为教授宅，西斋改建为训导宅。明末兵燹后，仅存明伦堂。清康熙十一年（1672 年）城堡同知谭吉璁重新大修，乾隆十六年（1751 年）学宫同文庙一起南移重建在文庙后（在今军分区院内）。

文庙　明成化九年巡抚余子俊在城西北隅儒学宫西建成。弘治十四年（1501 年）灾毁，重建。嘉靖五年（1526 年）、清康熙十一年、三十四年（1695 年）三次整修。乾隆十六年文庙南移重建（在今军分区院内），乾隆二十四年（1759 年）、五十九年（1794 年）两次维修，规模扩大，庙建有大成殿、崇圣祠、名宦祠、乡贤祠、棂星门、照壁等，并在棂星门外建有泮池。大成殿规模宏大，为歇山顶四阿殿庑式建筑，琉璃瓦脊布顶，斗拱飞檐翘角，雕梁画栋，富丽堂皇。惜于 1972 年被拆除。

书院　明弘治八年（1495 年）巡抚熊绣始建榆阳书院（今榆林市第一小学），嘉靖二十一年（1542 年）维修改称颐贞书院，后废。清乾隆二十三年（1758 年）重建。此后屡修建，清末改为小学堂。现建筑全为现代建筑。

武学　嘉靖年间在游击衙署办武学，万历三十五年（1607 年）该衙署建为武庙，民国年间学校即今市第三小学处。仅存旧庙武成殿一处用作教室。

钟楼　明成化八年在北城钟楼山创建，清康熙十一年重修。据康熙《延绥镇城图》标示，楼分两层，基层为穿通南北街道的砖拱楼洞，上层为木阁楼，到清道光元年（1821 年）毁。（彩图二二）

鼓楼　明成化年后期创建（今大街人民路口遗址处仍存部分残楼基垣），清康熙十年（1671 年）维修。基楼台高 8、南北长 29、东西宽 18 米，楼台层中为四通街道的砖砌拱洞向正中相吻隆楼洞。基层楼台上正中建两层砖木结构楼阁，各层四面出明廊，斗拱举檐，楼顶十字歇山形，四角攒顶向正中收脊。（图一一～一三）此外中层主楼东西各建有配殿，南院建木牌楼一座。此鼓楼造型奇持，十分壮观，惜于 1975 年被拆毁。（彩图二五）

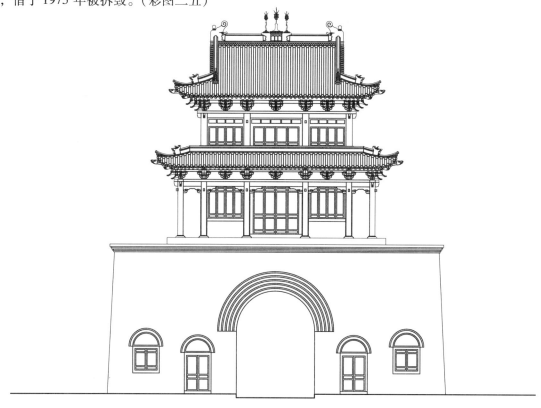

图一一　榆林卫城鼓楼主体立面示意图

凯歌楼　明弘治五年（1492 年）已建成，时该楼为榆林南城门楼，名怀德门，正德十年武宗帝来榆时曾住此楼，随后改称凯歌楼。基层楼台高 8 米余，南北长 30 余米，东西宽 20 余米，中间为通南北街道的砖拱隆楼洞，洞北左右手连建窑洞两孔，洞南东侧连建窑洞两孔。基层楼台一层，正中建一座方形砖木结构两层楼，各层四出明廊，斗拱举檐；第二层缩小，四檐攒脊，再形成十字歇山顶脊；中央主楼东西侧各建厢房，分成南北两院，南院竖立木牌楼一座，楼院四角建钟、鼓亭，东西相对。凯歌楼各建筑雕梁画栋，五脊六兽筒瓦布顶，富丽堂皇，具有很高艺术价值。（图一四）惜于 1975 被拆毁。（彩图二六）

万佛楼　清康熙二十七年（1688 年）创建，民国五年（1916 年）五月上层被焚重修。基层楼台为砖砌四开洞门。基层楼台之上正中建木结构主楼两层，歇山顶四阿殿庑式建筑，通殿分南、北两面，形成南、北院，两院东、西均建配殿，整个建筑筒瓦覆顶，宏伟壮观。（图一五；彩图二七）

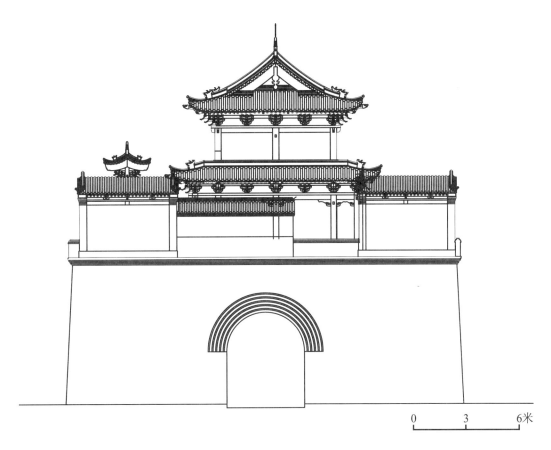

图一二　榆林卫城鼓楼侧立面图

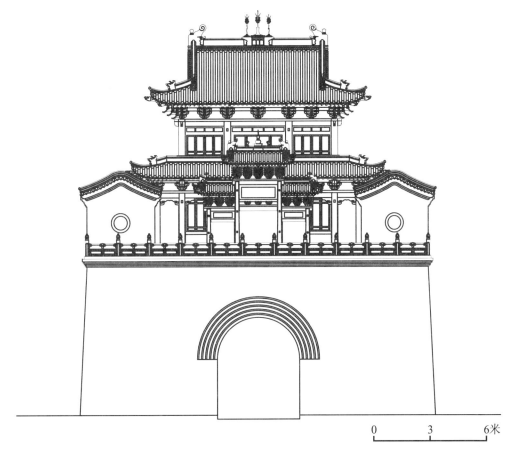

图一三　榆林卫城鼓楼南立面图

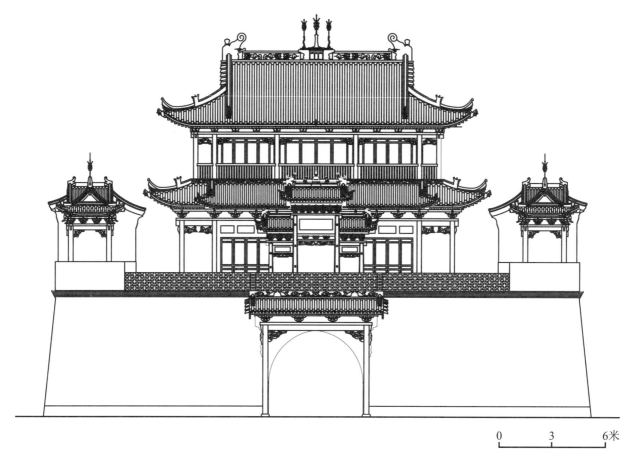

0　　　3　　　6米

图一四　榆林卫城凯歌楼南立面图

星明楼　明代称新鼓楼。此楼创建于明万历年间。《延绥镇志》载："嘉靖中，南城初辟，一刀斗不及更漏稀闻，众议创楼一座，以为传警打更之听。"星明楼为方形木结构，楼阁占地面积216平方米，周长180米，三层总高20米，一层高6.27米（石基0.9米），二层高4.6米，三层高4.6米，顶部高4.53米。楼基分四墩，分别用大青石鼓筑，基墩间各宽3.4米，成十字通道，通道接南、北、西街道。

每基墩竖7根巨柱，共28根支撑全楼，其中各基墩内角由四根巨柱直通第三层楼的平枋，四平枋相衔构成主体框架。每层楼阁斗拱举架，形成翩翩伸展的飞檐，逐层收缩；各层楼檐均用琉璃瓦兽脊布面，四周外廊环绕，木雕栏相围，架梁、额枋、棂门花窗都雕刻有花卉、鸟兽等，工艺精巧；楼顶十字歇山，四檐角攒脊向正中宝顶，全为琉璃瓦脊布顶。星明楼建筑奇巧壮观，外形优美，独树一格，具有很高的艺术价值，是我国宝贵的文化遗产。20世纪50年代即列为省级重点文物保护单位。（彩图二八、二九）

文昌阁　清乾隆十九年（1754年）创建（遗址在今四方台巷大街），嘉庆十五年（1810年）举人叶沅重修。文昌阁仿星明楼造型，全为木结构，四基墩间为大街十字通道，基墩上共竖28根松木大柱支撑楼阁三层。斗拱举檐，四檐龙脊向正中宝顶，形成十字歇山脊楼顶，全用琉璃瓦脊覆顶。顶层檐下悬叶兰书"五星会垣"匾，中层悬叶霖（叶兰子）书"天下宗师"匾，底层悬叶沅（叶兰孙）书"文昌阁"匾。文昌阁建筑外形如同星明楼，十分优美华丽，具有很高的艺术价值。惜于1958年被拆除。（彩图三〇）

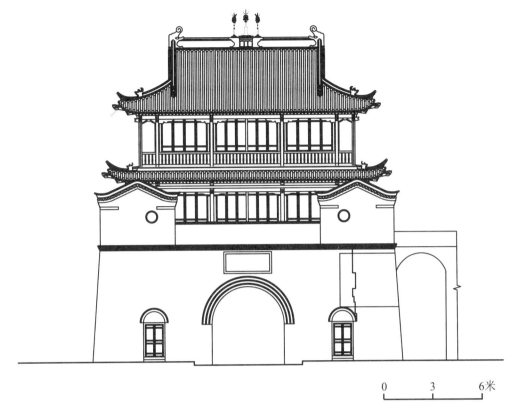

0　　　3　　　6米

图一五　榆林卫城万佛楼南立面图

牌楼　民国初期，县城内尚存明清所建官员惠政、妇女贞节、五世同堂等大小牌楼20余座，如大街上万佛楼北神牌楼、星明楼北三官街牌楼、八政牌楼，凯歌楼北官牌楼、广榆城门南石牌坊及星明楼巷书院牌楼等，其中佼佼者为广榆城门南石牌坊和八政牌楼。

广榆门石牌坊：清顺治初年建，其枋柱、大额枋、单额、斗；盲耳楼高低错落，石雕工艺精巧，惜民国六年拆除。

八政牌楼：原在牌楼巷大街中，康熙三十九年（1700年）为颂扬清初镇宪施世碌、道宪佟沛年的"德政"而建，故称"八政牌楼"；同治年间总兵刘厚基重建，为二层出檐木牌楼；其龙门雀替、大额枋、小额枋、折柱、花板、斗拱出檐等皆为木刻相衔叠，楼柱刻有颂联，额枋刻龙狮花卉等图案，生动别致，额枋杵皆衔刻字匾额，排列中、左、右耳楼高低错落得体，斗拱层层上叠，琉璃瓦脊覆顶，华丽精巧，十分壮观，建国初拆毁。

民国后期，为拓宽街道，其余牌楼均陆续拆除。

位于榆林卫城镇远门外的榆阳桥，始建于明代。桥身高8、长38、宽7米，具有重要的历史文化价值。

六　宗教建筑

庙宇　榆林立城之初即建有天界寺，正统年间改称寿宁寺（今梅花楼）。成化年间在大修城垣、修建各衙署的同时，盛修建庙宇官祠。据万历《延绥镇志》载，先后建有寿宁寺（明正统重建）、东岳庙（成化年建）、玄帝庙（成化年建，天启年改建后称上帝庙）、圣母祠（成化年建）、时恩寺（成化年建）、凌云寺（正德年建）、城隍庙（正德年重建）、戴兴寺（正德年建，原为总兵戴钦家佛祠）、龙王庙（嘉靖年建）、马王庙（嘉靖年建），以及万历年所建观音庵、洪济寺、圆觉寺、龙泉寺、三清祠、大举寺、海潮寺、金刚寺、五景观等21处，建余子俊等官祠6处。

清代，仍盛行建庙宇，并将明代一些官祠扩建成寺庙，如官秉忠祠改建为官福寺，张天禄祠扩建为延寿寺。至清末，榆林城东山寺庙、庵观林立，迤逦排列成庙宇建筑群，有"驼峰拥翠寺夹庙，殿宇楼阁映红霞"景观之称。全城庙宇总数达50余处之多。规模较大的有戴兴寺、老爷庙（即关帝庙，在戴兴寺东部）、洪济寺（在戴兴寺北部）、天神庙（今曹林中学）、马王庙（今地区党校）、寿宁寺（今梅花楼）、大龙王庙（今市政协）、准提寺（今市第二小学）、定慧寺（今地区第二医院）、无量殿、金刚寺等。这些庙宇几经整修形成各庙建筑群，院落有一进或多进，庙殿有一层或二层，大殿、配殿高低错落有致，全是歇山顶造型，墙面均为水磨砖或雕花鸟兽砖，斗拱飞檐，五脊六兽阳合瓦布顶。

其中戴兴寺、寿宁寺、金刚寺很具明代以来榆林庙建筑特色。主体庙殿均为两层，底层通用大砖砌成一横枕大穹隆券洞（本地称枕头窑），外接木结构额枋斗拱，双重飞檐明廊，上层建砖木结构楼阁，亦有纯木结构楼阁，斗拱层层上叠，飞檐翘角，雕梁画栋，富丽堂皇。此外在天神庙、老爷庙（关帝庙）等寺庙内建有琉璃九龙照壁（文革中尽毁）。清末以来，许多庙宇先后改作学校、工厂、仓库、机关等，古庙宇建筑逐渐拆除，被新修建筑取代，"文革"期间，仅存的古庙建筑也遭浩劫。进入80年代，戴兴寺、金刚寺等少数庙宇作为重点文物保护单位得到维修，但未完全恢复原貌。

戴兴寺　位于榆林城内东驼峰山，建于明正德十一年（1516年），原为延绥总兵戴钦家祠，后舍为寺庙。戴兴寺附近还有洪济寺、大庵寺、香云寺和老爷庙，俗称"四寺夹一庙，云天出红霞"，形成戴兴寺古代建筑群。（图一六；彩图三一）1984年榆林县人民政府公布戴兴寺古建筑群为榆林县重点文物保护单位，1986年划定了保护范围，2007年公布为榆林市重点文物保护单位。

戴兴寺有五佛殿、观音殿、地藏殿、罗汉殿、十王殿、韦陀殿等。五佛殿为重檐歇山式两层砖木结构，总高11.2米。（图一七）一层为砖砌五开间通堂拱券式枕头窑，宽22、东西9.4、高4.7米，外接飞檐走廊，南北两侧各砌砖拱券洞，置砖踏步，拾级而上达二层。第二层为歇山式檐廊砖木结构，五楹三十六柱环列，南北19.4、东西10.6米，顶覆阳合灰瓦脊兽。东院为大雄宝殿、地藏菩萨殿、罗汉殿，都为硬歇山单檐式砖木结构建筑。寺内现存有明清重修碑记3通，木匾8方。全寺原有铜铸、木雕等佛像100余尊，藏经书300余卷，"文革"中尽毁，寺院现辟为粮食仓库。

洪济寺　位于戴兴寺北侧。建于明代。南北55.5、东西18.5米，占地面积854平方米。寺分南北两院，南为弥勒殿，北为观音殿，（图一八、一九）共18间。弥勒殿坐东向西，硬山单檐砖木结构，殿面阔8.65、深7.3、高3.4米，内存明代弥勒佛泥塑像一尊，造型逼真，保存完好。

大庵寺　位于洪济寺北侧。建于清代。东西45、南北30米，占地面积1350平房米。寺分二院，北院殿宇14间，南院殿宇22间。正殿坐东向西，宽9.6、深7.9、高4米，硬山单檐砖木结构。寺院残存起脊廊檐。山门宽2.5、深3.8、高4米，寺内现遗存清代石碑、木匾共7块。南院现被占用。

老爷庙　位于戴兴寺东侧。建于明代。南北72、东西38.3米，占地面积2756平方米。原设一大院，中为关公殿，北侧有过厅宫殿，东、西、南三侧有配殿。关公殿为歇山单檐砖木结构，面阔21.9、进深18.4、高11米，殿前卷棚高6.5米，顶覆琉璃瓦兽，内有彩绘壁画。庙内原建有琉璃九龙壁在"文革"中被毁。

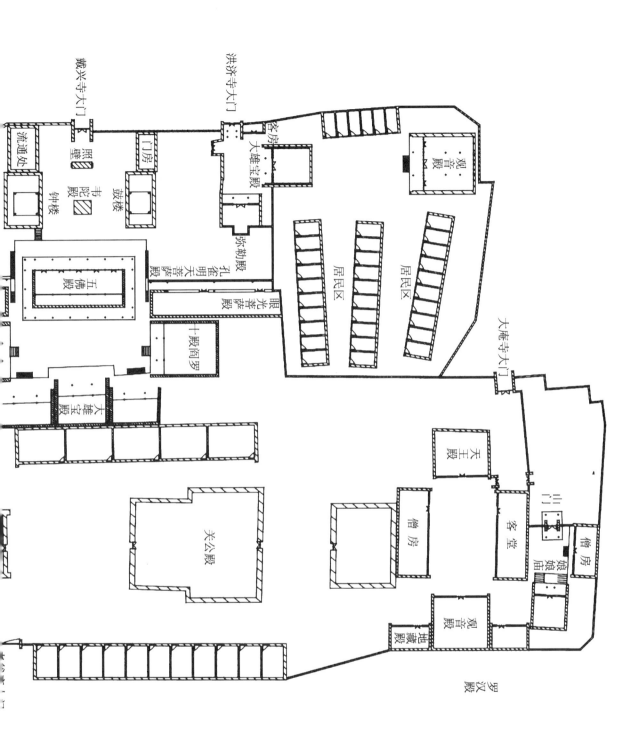

戴兴寺大门

流通处

照壁

门房

韦陀殿

钟楼鼓楼

五佛殿

普贤菩萨殿

天

洪济寺大门

客房

大雄宝殿

弥勒殿

孔雀明王殿

眼光菩萨殿

十殿阎罗

大雄宝殿

关公殿

观音殿

居民区

居民区

大庵寺大门

山门

天王殿

僧房

客堂

僧房

娘娘庙

观音殿

地藏殿

罗汉殿

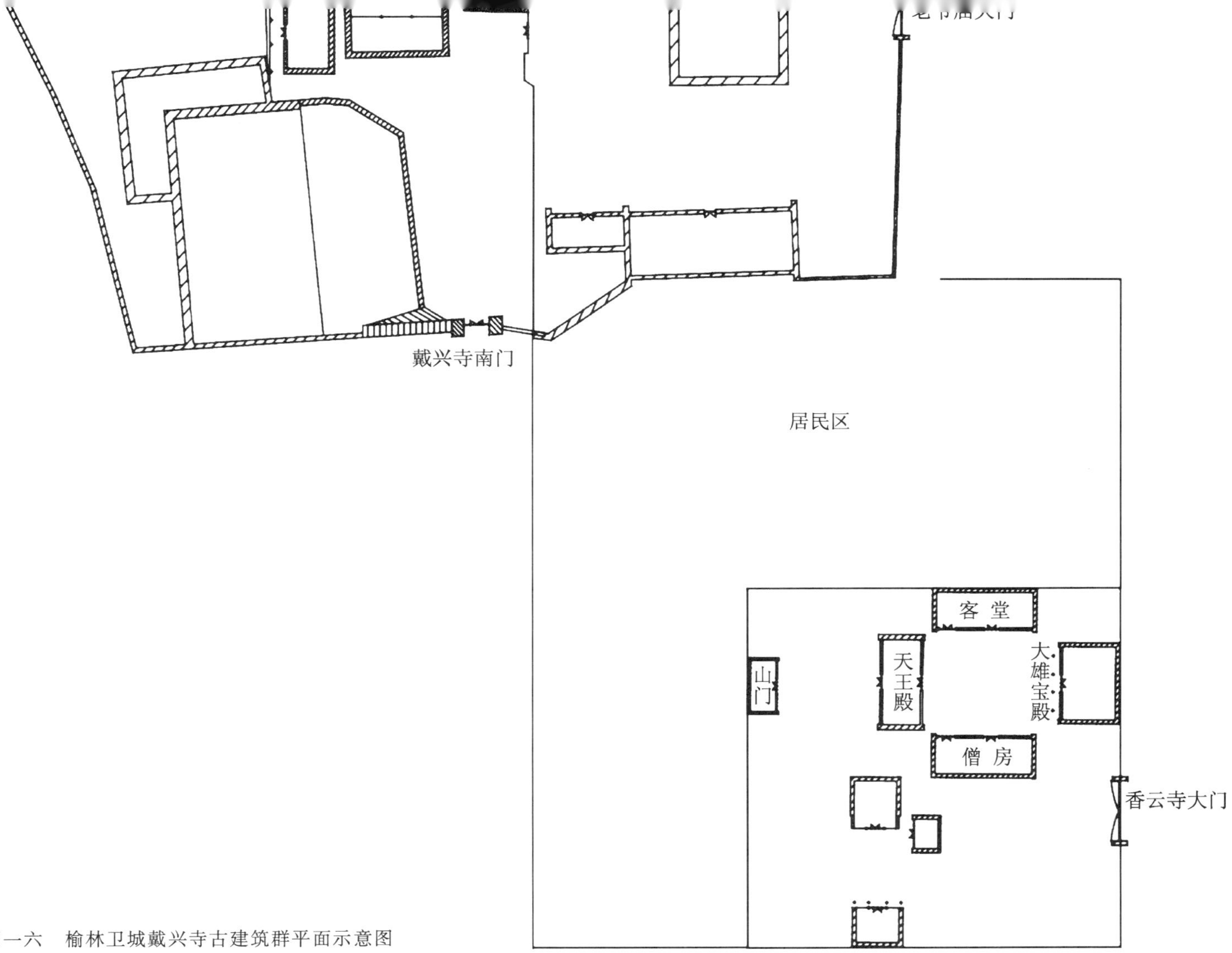

图一六 榆林卫城戴兴寺古建筑群平面示意图

戴兴寺南门

居民区

山门

天王殿

客堂

僧房

大雄宝殿

香云寺大门

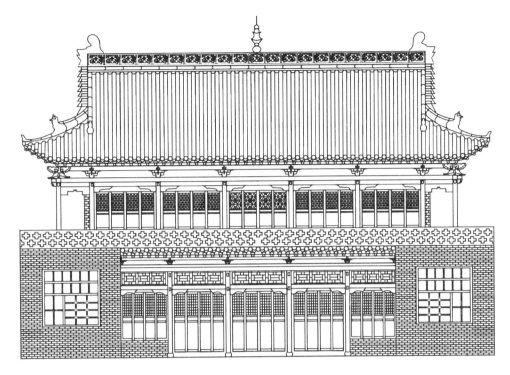

图一七　榆林卫城戴兴寺五佛殿正立面示意图

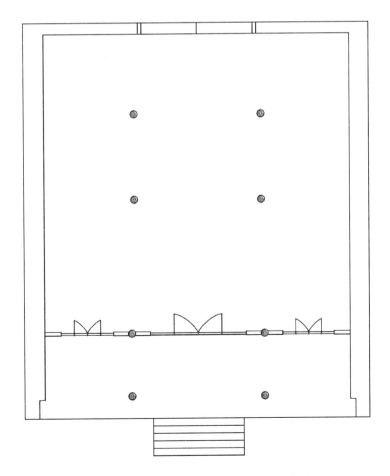

图一八　榆林卫城洪济寺观音殿平面示意图

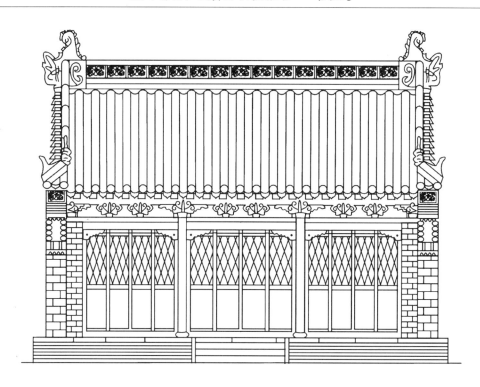

图一九　榆林卫城洪济寺观音殿正立面示意图

香云寺　位于戴兴寺南侧。建于明代。南北67.5、东西67米，占地面积4523平方米。寺分鲁班殿、七佛殿、三净身三院，有殿宇38间。正殿三净身，坐东向西，歇山单檐四出檐廊砖木结构，四面环廊，顶覆琉璃瓦，内壁有彩画。殿阁面阔16.3、进深10、高7.4米。

梅花楼　位于榆林城内普惠泉南。为明代寿宁寺的藏经阁。建于明万历十年（1582年），为重檐两层歇山式砖木结构建筑。第一层为罗汉堂，三间通堂砖拱大殿。第二层藏经阁三间，檐柱围廊，绿琉璃剪边瓦顶。1985年被公布为县级重点文物保护单位。

灵霄塔　为城外古寺庙，位于榆林城南榆阳桥东山埠上，建于明万历三十五年。塔为楼阁式八角形砖石结构，共13层，总高29.3米，第一至五层为砖雕斗拱，挑木飞檐，五层以上为砖砌飞檐翘角。顶覆琉璃瓦，上盖琉璃莲花宝顶。1982年被公布为县级重点文物保护单位。（彩图三二）

七　民居

店铺　明、清时期榆林城店铺均排列在南北大街东、西两侧，多为硬山式砖木构架瓦房，单脊双坡，青砖山墙，檐下板扇门面，面阔三至五间。亦有少数双层双檐阁楼店铺。还有外观一层、内为两层的，上层一般为低矮木阁，仅存放货物。

民居　1985年房屋普查时，城内尚存明、清时期民宅四合院建筑1100座，其中保存完整的有700余座；房屋共2634栋，其中保存较完整的254栋，改建和部分改建及破损的共2330栋，这些民宅多为砖木结构四合院平房，砖窑或砖窑上建砖木房屋的较少（一般砖窑上都建一层旁屋，多属清乾隆年后所建）。

城内民居大门的建造极为讲究，主要有明廊柱飞檐翘角亭楼式和水磨雕砖墙、门框、额枋、斗拱椽檩起架式，多为五脊六兽阳合瓦布顶。马头墙砖雕有"鹤鹿献寿"、"天官赐福"及花卉流云等图案。斗拱、额枋彩绘，额板刻"书香及第"、"耕读之家"、"树德务滋"等颂词，大门内两侧置石墩或石狮，有功名者大门外左右树旗杆。大门按风鉴之浅避开直对主宅，靠左或靠右建，大门内外建照壁或影壁，壁上雕砖图案多样，并刻楹联。有的院落进大门后还置有二门，较狭小，有的为月亮门式。

平民百姓宅居大多也为砖木结构瓦房，但简陋、低矮，有的房屋外表砌砖，内垒砌砖坯，椽檩起架，单檐平出，平瓦兽脊布顶，大门建筑也不甚讲究。有的贫穷人家则在钟楼山、东山一带打土窑洞居住，亦有土窑洞外接砖砌面口的。宅室内，富家用白灰粉刷墙壁，青砖铺地，设雕花木暖阁，火炕周围油漆彩绘；穷人家土炕破锅台。富居分卧室、书房、客厅、厨房等，穷居则厨、住不分。

城内的民居建筑有以下两种类型。

1. 砖木结构民居

现存完整砖木结构四合院平房宅居有以下几处：

挂面市巷3号王家院（明万历年已建）、胜利上巷5号任家院（明天启年建）、田丰年巷1号院（明崇祯年建）、吕二师下巷4号吕家院（清初建）、李学士上巷6号原刘增泰家院（清乾隆年建）、常官上巷喜号刘家院（清乾隆年建）、贾盘石上巷4号曹家院（清同治年建）、新明楼下巷11号李家院（清光绪初年建）、大有当巷3、4、6号院（清代建）等都是较典型的官绅富户宅居。

这些住宅有一进式或前厅后院几进式四合院，一般北正房和相对倒座房各为5间（也有东正房和相对倒座西房），有穿廊式、穿廊虎抱式（正中厅间门窗向里缩回），正房左右耳房、前两侧厢房（各三间）多为出檐平面式。房屋建造极为讲究。花雕砖墙，门框、额枋、斗拱、椽檩起架，五脊六兽阳合瓦布顶，窗棂、门框等刻以多种式样花卉、鸟兽、人物。

典型院落如吕二师下巷4号院。该院落为前后三院式结构，由前院、穿院、后院三部分组成，原来在院落的西侧还有花园，后被侵占。现仍保留整个院落的布局及主要建筑。前院东南角为广亮式大门，大门外原立有旗杆，现仅存基石；门厅三间，门上悬有木匾，年代最早的为乾隆年间的"武魁"，另一个为复制的雍正年"榜眼及第"；正对大门的为照壁，西侧为通向前院的侧门。前院由正房、东西偏房、倒座房以及附属小房组成。正房三间，西端有小房两间，东西偏房各三间，倒座房三间，西南角为厕间。前院西北角为通后、穿院的小门。穿院介于前后院落间，有东耳房两间。后院原有大门，现已不存，原址上建有倒座房三间。后院正房五间，西端有耳房两间，东、西各有偏房三间；后院的西侧原有通向花园的小门，现已被封堵。（彩图三三）

2. 砖窑结构民居

典型官绅富户砖窑房宅有原北大街104号中医院（明末年建）、106号盛振唐家宅（清乾隆末年建）、99号原张嘉柱家院（清道光年建）、76号姬家院（清道光年建）、103号县外贸家属院（清光绪年建）、李学士中巷8号杨家院（榆林城仅此一处石窑，清嘉庆年建）、万佛楼下巷2号叶家院、3号康家院（均清嘉庆年建，1979年拓宽二街道大半拆除）、上帝庙巷叶家院（清光绪年建）、李学士上巷12号胡家院（清光绪年建）、芝莆上巷4号王军余家院（清光绪十年建）。

这些砖窑四合院正窑为五孔，窑前两侧多有对称厢房（三间），正对前为倒座厅房；窑面接穿廊抱厦，斗拱举檐；窑上建砖木硬山阁楼，门框、斗拱、椽檩起架，窗棂图案形式多样，五脊六兽青瓦覆顶。整窑建造高低错落有致，富丽堂皇，优美壮观，呈独具一格榆林窑建四合院形式。

明及清初时期，窑建造都较小，砖窑长、宽、起拱高各为4.5、2.7、3米左右。清乾隆年后，所建砖窑一般长6~6.5、宽3~3.5米，起拱也高。

第二节　绥德卫城

一　地理位置与历史沿革

绥德卫，即今绥德县城，位于陕西省北部，无定河下游。东邻吴堡，西接子洲，南连清涧，北靠米脂，东北与佳县接壤，东南以黄河为界与山西省柳林县隔河相望。县境东西长56公里，南北宽51.8公里，总面积1848平方公里。地形由西北向东南倾斜。海拔607.8～1287米，相对高差679.2米。

绥德古城偎依于二郎山、疏属山的缓坡之间。无定河、大理河绕城南流。公路四通八达，纵贯陕、蒙的西（安）包（头）公路和横穿秦、晋、宁的太（原）银（川）公路在县城十字交汇。地理位置十分险要，素有"天下名州"之誉。

明初实行承宣布政使司（习惯称行省）、府（或直隶州）州、县级制。今绥德县地为绥德州。洪武四年（1371年）置绥德卫，是今陕北榆林地区唯一的军事卫所，绥德卫辖百户所50个。成化年间，置延绥镇。延绥镇初领神木道、榆林道、靖边道以及绥德卫、庆阳卫、延安卫、东胜卫共12营堡、36城堡。成化九年（1473年），延绥镇镇治移驻榆林卫。

明代与绥德历史相关的主要大事有：

洪武二年（1369年）八月，元将孔兴败逃绥德州，被其部将所杀，绥德州境归明朝所有。

洪武四年，大将军汤和置绥德卫。

洪武六年（1373年），置绥德卫指挥使司，迁江南上江之军驻其地屯田、戍边。

洪武九年（1376年），元将帖木耳入侵延绥，被颍川侯傅有德击败。

天顺元年（1457年）三月，鞑靼孛来犯延绥，征虏副将军石亭追剿之。

天顺二年（1458年），孛来再犯，总兵杨信、都督金事张钦与之战，均获胜。

成化元年（1465年）八月、十月，鞑靼酋长毛里孩犯延绥，分别被总兵芳能和陕西巡抚项忠等击退。

成化二年（1466年）六月，毛里孩入侵延绥，被总兵杨信与项忠击败。十二月，毛里孩再犯延绥，明参将汤允绩战死。

成化四年（1468年）十一月，毛里孩再犯延绥，都指挥金事许宁击败之。

成化五年（1469年）十一月，毛里孩联合兀良哈进犯延绥，山西大同巡抚王越率兵增援明军。

成化六年（1470年）一月，许宁击退毛里孩，大同总兵杨信亦于胡柴沟击退鞑靼兵。三月宪宗诏延绥屯田。五月，王越于延绥东路击败阿罗出。七月，朱永于双山堡击败阿罗出。

成化八年（1472年）十一月，宁静伯刘聚代赵辅为将军，屯延绥。

成化九年（1473年），延绥镇治所迁于榆林卫。

二　自然地理环境

绥德县地处陕北黄土高原丘陵沟壑区，梁峁交错，沟壑纵横，荒坡秃岭，植被稀疏。气候属温带半干旱大陆性季风气候，一年四季，多风少雨，光照较充沛；年均气温9.7℃；无霜期165天；年均降水量486毫米。光能、热量、降水，多集中在夏、秋两季。境内可利用的水资源总量150752.26万立方米/年（不含黄河），水资源较丰富，但分布极不均匀。无定河纵贯境内中部，大理河、淮宁河由西北向东南，义合河由东北向西南分别注入无定河。农林牧特产主要有黄豆、小米、洋芋、红枣、山羊等。

境内野生动物有100多种。饲养动物16类54个品种，主要有佳米驴、杂交牛、内八尊、山羊、毛兔等。盛产甘草、远志、茵陈、麻黄等百余种野生中草药材。

矿产资源，初步探明有储量丰富的优质钠盐，盐层覆盖连接面积240多平方公里。

自然灾害有干旱、冰雹、霜冻、狂风、暴雨、洪涝、泥石流、病虫害等。"十年九旱"是严重危害本地农业生产的主要灾害。

三　城垣建筑沿革

绥德城建于北宋，至清朝一直为州、县治所，城垣建筑经过多次增补修葺。绥德县城中部为大理河和无定河汇合处，大理河由西向东流入县城，转而向北汇入无定河，将县城分为东、西两部分，东为旧城区，亦称东城区；西为新城区，亦称西城区。

绥德建置早，唐代以前的城郭建设已无考。唐置绥州龙泉县，州、县城建在今县城北1公里的龙湾村，其遗址尚可辨认。

北宋熙宁二年（1069年），置绥德城，隶延州，不久由鄜延宣抚使郭逵主持新建县城，即今之县城。此后，金大定二十年（1180年）、明洪武年间（1368～1398年）都曾进行过较大规模的增修。其时城郭东西二里一百五十步，南北二里一百三十五步，方八里二百八十步。南面于平地砌石筑城垣，高2.5、宽1丈余；东、西、北城垣跨山建筑，高3～9丈。城门四座，东为"镇定门"，南为"安远门"，西为"银川门"，北为"永乐门"。四门前皆建瓮城，城门上皆设门楼。城内东北有疏属、嵯峨两山屹立，城外西、北、东有大理、无定二水绕流，城四周高山巍峨，可谓依山临水，四山作屏。城内疏属山麓建有宏大的衙署，衙署前有呈"井"字形的东、南、西、北四条大街，钟楼、鼓楼分建于嵯峨、疏属两山之上，此外还有寺庙道观、祠坛坊表、学宫书院等公共建筑。

衙署、街房、寺观等建筑主要是砖（石）瓦房，居民住宅主要是砖（石）窑洞。

明建文年间（1399～1402年），在州城南门外增建罗城，与州城相连，为州城南之屏障。罗城周围六里三十步，南连文屏山，也设有四门，东为"宾阳门"，西上为"上水门"，西下为"挹秀门"，南为"来远门"。同时，修建了南关大街。此后直至清末，州城几经修葺，疏通壕堑，增筑炮台和守陴窑房，增高雉堞，并在城北疏属山上增砌重城垣一道，只有罗城一直未加修葺而逐渐坍塌。

民国时期，城内修建了商业大楼"万丰永"和中山礼堂等大型建筑，城外无定河上架起了石拱大桥"永定桥"，大理河西修筑了"抗日阵亡将士公墓"。40年代，城外南关大街日益繁华，大理河西的建筑逐渐增多，城区面积约4.5平方公里。建国后50年代，县城建设开始向城外南、西发展，60年代又开始向城外东、北扩建。

明清时期，县城有大小街巷30余条，其中主要街道有5条，即州城内东、南、西、北四条大街和罗城内的南关大街。民国时期，部分街巷有所延伸，但没有增减。建国后，新建了西城区，增加了10条街巷，东城区也因扩建新增了几条街巷。1981年地名普查时将部分街巷作了调整，目前计有大街小巷50多条，其中主要街道12条，即东城区10条，西城区2条。

四　现存遗迹

目前城内仅存的明代建筑有永乐门，即原延绥镇镇城的北门。该门建在南高北低的坡上，内为两个拱券顶过洞相连，现仍为通行之道。南面洞口宽4.13、进深16.2、高6.1、洞上高1.5米；北面洞口宽3.42、进深3.87、高5.75米。门洞用条石砌筑，横石与丁石相间。条石长95~150、宽24、厚18~28厘米。石表面錾刻痕清楚，整体风化严重。过洞底部用条石铺砌，中间一道规整。洞口上方嵌石匾，由三块石板组成，隶书阴刻"永乐门"。（图二〇）北门顶上修建有房屋，内、外边垒砖墙阻挡。门洞口两侧一米余以外被新建的院墙隔断。城门墙体用黄土混合黄胶土夯打，包砌有石片。外包石厚0.4米，丁石拉筋。

城内绥德县博物馆内保存有五龙壁，原为文庙照壁，清光绪三十四年制。

另据绥德县志载，明洪武年间，知州张进主持修建了衙署。衙署位于州城中部今小街北，坐北向南。建筑平面为长方形（南北长），由前院、大堂院、二堂院三部分组成，砖（石）瓦结构，其余情况不详。清康熙四十一年（1702年），知州赵于京主持增修衙署。增修后的衙署依旧分前院、大堂院、二堂院三部分。前院有大门洞一座，上有阁楼三间，前有照壁。院内东有土地祠一所，祠后是马号；西有迎宾馆三间，馆后是监狱。大堂院有仪门两间，仪门两侧各有一角门。院内正面是大堂五间、银库两间、库丁房两间，大堂上悬挂康熙诏令"要存良心"四字匾，堂前有抱厦三间、牌坊两座。牌坊上一书"慎刑"二字，一书"清慎勤"三字。东西厢有科房二十二间。大堂后是二堂院，有宅门一座、二堂正房五间、东厢房三间、签押房三间、闱房五间、厨房三间。二堂东有东院，院内正房三间、厢房六间、北房三间；二堂西有西院，院内正房五间、对房五间、东西厢房各五间。目前该建筑整体已基本不存在，只残存有建筑的局部墙垣等。

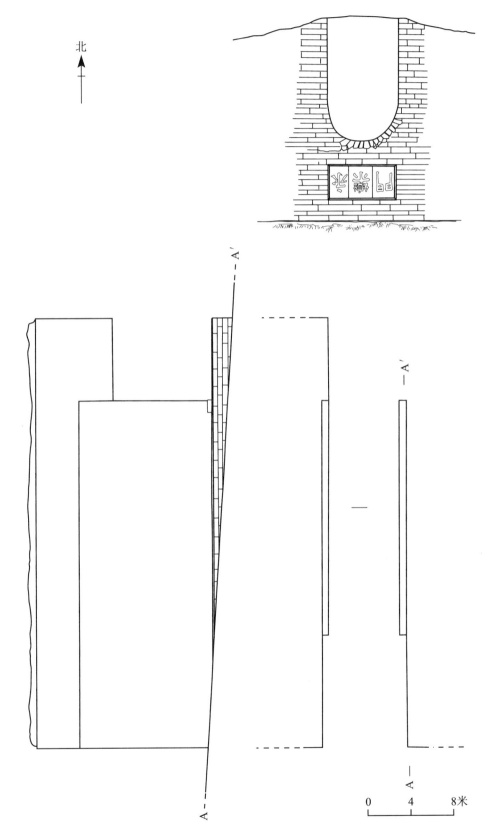

图二〇　绥德卫城永乐门（北门）平、立、剖面图

第二章

东路营堡

第一节　神木营——麟州故城（杨家城）

一　历史沿革

麟州城是一座使用于唐—明时期的城址。《唐书·地理志》记载："开元十二年（724 年），分胜州连谷、银城二县，置麟州。"据此可以认为麟州故城始建于唐开元十二年。

根据《神木县志》（道光二十一年版）记载，麟州的历史沿革如下：

唐天宝元年（742 年）改为新秦郡，乾元元年（758 年）复为麟州。

后周广顺二年（952 年）麟州土豪杨宏信自为刺史，受命于周。信卒，子重勋嗣，以州降北汉。其间，州刺史杨宏信、长子杨重勋（重训）和孙杨光，世守麟州。次子杨业和孙杨延昭均为宋代名将，北拒契丹，称雄一方。

北宋乾德五年（967 年）升麟州为建宁军，端拱二年（989 年）改为镇西军。建炎二年（1128年）没于金。皇统年间（1141～1148 年）为西夏所据。兴定初年（1217 年）光复，罢镇西军为神木寨。元初，立云州于神木寨，至元六年（1269 年）废州为神木县。

明洪武六年（1373 年）废县为神木堡；洪武十四年（1381 年）复置县，属葭州。其间，麟州城时有增损兴废。明初时，故城的东、南、西三面墙垣被长城所利用。正统八年（1443 年），神木县移治今县址，麟州故城遂告颓废。

由于麟州故城与杨家将的渊源关系，后世人们怀着对宋代杨氏英雄的崇敬心情，遂改呼此城为杨家城，延续至今。

在史籍文献中，《资治通鉴》、《续资治通鉴长编》、《宋会要辑稿·党项传》、《宋史·夏国传》、《神木县志》（道光版）都留有对于麟州城的记载，唐宋时代的王维、文彦博、范仲淹、欧阳修、张咏都写有题咏麟州城的诗句。其中，北宋范仲淹任河东宣抚使时曾多次到此巡边，在麟州写有著名的《留题麟州》和《麟州秋词》。

二　地理位置与人文环境

麟州故城位于陕西省榆林市神木县店塔镇杨城村西北的杨城山上。海拔为 1092～1156 米。故城遗址南距神木县城 15 公里，西南距榆林市 105 公里，北距鄂尔多斯市 120 公里。

神木县境内有包（头）神（木）、神（木）朔（州）、神（木）延（安）三条干线铁路交会。正在修建的包（头）茂（名）高速公路陕蒙段贯穿县境，府（谷）店（塔）、杨（城）店（塔）两条一级公路和包神、榆神、神兴、神佳四条二级出境公路辐射周边，故城遗址西侧边有神（木）府（谷）老公路通过，距离故城遗址 5 公里，通达性良好。

杨家城从唐开元十二年至明代正统八年，历时 719 年，距今已有千年的历史。城垣依山形地势建造，略呈东高西低之地势。城垣大致齐全，形状基本完整。城周长约 5 公里。城堡位于窟野河东岸的台塬上，是一面积较大的土塬。西濒窟野河，北临草地沟，东连桃峁梁，南接麻堰沟。

三　自然气候

城堡地处陕北黄土高原与鄂尔多斯风沙高原过渡区，属半干旱大陆性季风气候。年平均日照 2876 小时，年平均气温 8.5℃，年降水量 440.8 毫米。

麟州故城所在的神木县主要河流有黄河及其支流，其中黄河神木段长 98 公里，在神木的支流窟野河、秃尾河由西北向东南注入黄河。在神木县的西北部有 46 个内陆湖泊，其中红碱淖海子总面积 54 平方公里，是陕西省最大的内陆湖，也是中国最大的沙漠淡水湖。

四　保存现状

麟州故城位于杨城村西北侧的山梁上。这里梁峁交错，沟壑纵深，三面沟河环绕，多处悬崖绝壁，基石裸露，植被稀少，水土流失严重。目前，故城遗址的大部分城垣尚存，城垣现存残高 0.5～18、底宽 9～40、顶宽 0.5～2 米。残存高度在 3.6 米以上的有 1480 米，小于 3 米的有 3220 米。其中以内城城垣保存状况为好，其次为南城、东城、北城东部，西城城垣大部分损毁。站在内城的残存高台（高 18.3 米）上，整个城垣曲折蜿蜒，遗迹清晰可辨。东城门、南城门的瓮城和城门残垣保留大部，为故城遗址的重点部位。

自然破坏是故城遭到破坏的一个方面。近年来该地区自然生态环境趋于恶化，由于多年来无节制的砍伐和耕种，形成自然生态环境恶化的累积效应，故城遗址所处环境的水土流失现象严重，对故城遗址造成严重的生存威胁。另外，夯土遗址面临着风化的威胁。由于黄土夯筑遗址在自然条件下不易保护的技术问题，故城遗址本身长期遭受到雨水冲刷、风力剥蚀、重力塌落等自然风化作用的慢性破坏。

人为破坏是故城遭到破坏的另一个方面，主要有：

1. 建设性破坏：1975 年，杨城村在故城遗址内兴修引水灌溉工程，从城垣东面到西北面修建了一条灌溉明渠，总长度为 1950 米。其中东段明渠穿破城垣进入城内，中段明渠利用城垣，造成占用性破坏，占压墙垣遗址两段共约 200 余米，北段部分明渠经过城垣外侧。该项引水灌溉工程完成后只使用过一次，因使用成本过高而告停。目前，全段明渠和两个加压泵房已经废弃 30 余年，几乎丧失了存在的意义。

2. 农田耕种破坏：由于 20 世纪 70 年代的农田基建工程，致使故城遗址东部的大部分土地已辟为农田。由于多年的平整土地，造成地形改变和历史原貌的破坏。整个故城遗址内无居住人口和房屋，大部分土地已辟为农田，大约 35 公顷（合 525 亩），主要种植玉米、豆类、谷类和薯类等旱地作物。故城遗址外的东南为杨城村。根据 2005 年人口统计资料显示，全村有人口 288 人，住户 77 户，全部为农业人口。近十余年来，杨城村的青壮劳力全部外出务工，尚留老弱妇孺 100 余人，有废弃窑院 10 余座，整个村子呈衰落之象。

3. 环境景观损害：由于店塔工业区的开发建设，造成故城遗址北部环境景观的损害。

五　平面格局

现存故城遗址平面形状为不规则形，南北长 1000 余米，东西宽 3000 米左右。根据 2007 年神木县地测站的测量结果，故城遗址的总面积为 69.3 公顷。

目前城堡地面残存的历史遗存主要有夯土墙垣和房屋基址等；整个故城分为东城、紫锦城（内城）、西城三个相互联系、又相对独立的部分。（图二一）现存城垣大部分为夯土筑造，由主垣及两边护坡组成，局部以石片、石块垒砌。现存有北、东、南三座城门，并有三座瓮城、三处马面和四处角楼遗迹。

六　历史遗存

1. 东城：依当地的小地名又可分为瓮城湾、脑畔壕、四方圪坨、中岳庙圪堵。面积约为 10.82 公顷，辟三门，城内东南和西北部有建筑基址。城垣保存较好，局部残存高度 18 米，建筑基址部分底宽 40 米。

以东垣和西垣保存最好。东垣从东瓮城北边起，至中岳庙圪堵南部，长 446、底宽 9~12、顶宽 0.5~2、高 1~12 米，由南而北渐低。中岳庙圪堵南部至北部顶端为石砌垣体，长 67.8、高 2~4 米，石砌垣体绕中岳庙圪堵一周，与东西横跨的东城北垣相接，全长 223 米。城东南角为东城门，并有瓮城，即东瓮城，瓮城平面呈圆形，直径 30 米。北垣全长约 180 米，西端与"紫锦城"东北角城垣相接。南垣破坏特别严重，部分村民的窑洞就直接修在城垣上。南垣西南角为南城门，距南垣约 18 米，门洞坍塌，残存门道和地面铺砖，门道两边用砖、石护砌，门道呈东高西低微斜坡，距地表 1.6~2 米，门道长 15、宽 15、残高 3 米。城门亦有瓮城，即南瓮城，瓮城四面浑圆，平面略呈椭圆形，南北 32、东西 30 米。东瓮城与南瓮城相距约 300 米，中有马面二，风蚀严重，四角几近圆形。东马面距东瓮城 84 米，靠垣处长 18 米，其余三边尺寸不明。

瓮城湾西垣长 76 米，西北角有通往紫锦城的城门。南垣遭破坏，北垣（也是紫锦城南垣）长 143、底宽 15~40、高 18 米。垣东靠近紫锦城东南角 33 米处，有马面一。东南角有向南伸出的土台，平面近正方形，残存尺寸靠垣处北 13.5、西 14.5、南 14、东 12 米，残高 18 米。瓮城湾平面呈长方形，东西长 55、南北宽 40 米。

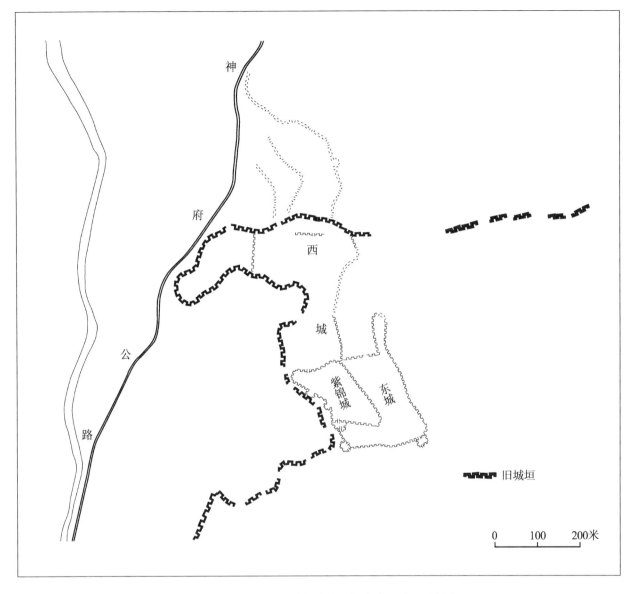

图二一　神木营——麟州故城（杨家城）平面示意图

西垣（也是紫锦城东垣）全长 300 米，垣体高大、完整，残存高度达 18 米，底宽 40 米。南端垣体上海拔 1156.9 米，为故城最高点。

东城面积约 12 万平方米，城垣保存较好，城内地势相对开阔、平坦。地表散布石器、陶、瓷残片及砖瓦，采集有板瓦、筒瓦、鸱吻等建筑构件，并发现有建筑基址遗存和铺地方砖等。

2. 紫锦城：位于故城中部，面积约为 6.01 公顷，地势高敞、墙垣厚大，当地俗称"紫锦城"。现存高 1～12、底宽 9～12 米。地势西南高、东北低，北、东、南三面城垣高大，南垣筑一马面，西南有城门与东城的瓮城湾相通，北垣亦有城门与西城相通。其西垣外堆积有大量的从城内倾倒出的石块、砖、瓦及陶、瓷器残片，地表散布五代至北宋时期的陶、瓷残片等。（彩图三四～三八）

3. 西城：面积最大，约为 30.07 公顷，辟二门，城内北部和西南部发现建筑基址。残存高度 3～5、底宽 5～10 米。

地势东高西低，以当地小地名，可分为西关打井畔、柱顶石圪梁、踏风圪梁等。西关位于西城西南部，东垣保存较好，南垣与紫锦城共用，且有城门与紫锦城相通，西边为断崖。打井畔位于西城西北，一道纵贯南北的石垣体，把打井畔与柱顶石圪梁隔开，西南角发现东西相距约50米的两水井遗迹，水井口径分别为2.6、3米。踏风圪梁位于西城北，也是整个城址最北端，北垣东段从半山腰东西依山形地势而筑。北端及南部大面积的建筑基址暴露于地表，部分城址高出地表50厘米。

西城内遗迹丰富，东部坡洼遗存大量的木炭粒、草木灰及煤渣，地表遍布石块、砖、瓦残块及陶、瓷残片等。西南部几级台地上有三处建筑基址，在西关东垣北部垣壁上发现有窑址，断面呈椭圆形，小径（高）110、大径140、距地表70、窑壁厚13～17厘米，灰色窑内含木炭料粒、灰渣、石片等。（彩图三九、四〇）

城垣构筑方法大部分为夯土修筑，由主垣及两边护坡组成，断面呈梯形，部分段落中间为夯土筑，外用片石包砌，局部则以石板、石块垒砌。东城东垣东瓮城北至中岳庙圪堵南段，断面呈梯形，两边夯土护坡，现残存挡土墙高3.7米，上部夯土墙高3.9米，墙体夯层厚8～12厘米，小圆夯窝，直径2.4～3、深0.3～0.5、窝距1.5～3厘米。垣体部分段落以木横穿作为拉筋，口径4～10厘米，间距不等。

另外，西城外西北部与长城遗址交错的部分称为北外城，面积为22.4公顷。故城遗址的北外城与明代长城遗址相互交错，难以厘清。

城址内发现一些建筑基址，主要建筑类别有殿宇、廊房、城门等。以东城发现最多，西城西关的一处最大、最完整。

东城揭露的建筑基址有一号殿、将军庙、长廊、廊房、二号殿、九曲回廊、三号殿、四号殿、五号殿等基址，以一号殿保存最好。一号殿位于东城东南部，将军庙土台东，西距将军庙22米，坐北面南，为一回廊建筑。回廊距地表0.7～0.8米，低于殿基，东西25、南北3.5米，保存有8个方形砂石柱础，呈"一"字形排列，由西向东间距分别为4、3、3、3、3、3、4米，中心距殿基2.5米，南北18.5、深3.5米，保存有六个方形砂石柱础，由北向南，柱础间距分别为4、2.5、4、2.5、4米，中心距殿基2.5米，素面方砖铺地，保存完好；柱础犹存，柱网清晰。殿基位于回廊中部，台明长28、宽12、残高0.4米，四周用砂岩条石侧立包砌，上压阶条石。主殿面阔五间，进深三间，地面铺砖，柱顶石、阶条石已破坏无遗。殿基明间南正中用踏步与回廊相连，踏道长2.6、高0.4米，每级宽0.28～0.3、高0.1米，共四级，两边有垂带，垂带宽0.2米，均用砂质条石铺砌。踏道以南地面用素面方砖菱形铺砌，做工讲究，铺砖规格33×33×4厘米。

西城西关墩畔揭露一组较好的建筑基址，距地表极近，西靠悬崖，北、东、南现为梯田式平台耕地，耕土层厚10～20厘米，下即为基址部分。整个基址分布有序，主次分明，高低错落有致。基址坐北面南，以南北中轴线布局，中轴线北偏东13度。分为前殿、庭院甬道、后殿三部分，面积约700平方米。

前殿面阔三间、进深三间，通面阔10.7～10.85米、通进深8.7～9米，面积97.2平方米。地面皆以方砖铺地，铺地砖规格为30×31×4厘米、31×33×4厘米。围墙皆为两面包砖，中间填以夯土，墙宽0.8～1.2米不等。墙内各有砂质柱础石，下方上圆，边长66～72、直径45～62厘米。殿前、后均有门，后门宽3.5米，前有两圆形柱础，低于地面8～10厘米，相距4.10米，西柱础石径53厘米，东柱础石径48.5厘米，应为屏风位置，与后院耳房踏步相连。殿西亦有房址，深6～7.5米，长不清，南墙与殿南墙相接。后院主殿面阔三间、进深两间，通面阔10.5米、通进深9.5米，面积约100平方米，分为前、后两室。前后殿宇由中间甬道踏步相连，甬道长7、宽1.55米，两侧以砂质条石压边，中铺长方砖。东西各配厢房，西厢房长5.9、进深4.9米，东南角石板铺地面。

七　遗物

城内发现的遗物质地可分为陶、瓷、石等。（彩图四一）

1. 陶器

陶器主要以泥质灰陶为主，质地细腻，多为轮制。器表多素面，部分内有麻点。可辨器物有晚唐至北宋的"凤"字砚、双系罐、宋代大口卷沿罐等。

2. 瓷器

瓷器可分为粗胎、胎质略粗和细瓷三类。釉色有白釉、青釉、酱釉、油滴釉、兔毫釉及绞胎釉等。花纹装饰有缠枝、折枝、牡丹、葵花、珍珠地、鸟纹等。装饰工艺有印花、刻花、划花、绘花等。可辨器形有碗、盘、杯、盒、盏、罐、瓶、壶、炉等，时代为中晚唐至元，其中宋代所占比例最大。

3. 石器

有雷石、石器座（础）、石磨、石臼、石碾、石磉、石夯、石砚等，时代为宋至明、清。

4. 铜、铁器

铜、铁器数量较少，主要有宋至晚清的铜簪、铁权、铁簪头、铁夯、铁刀等。

5. 建筑构件

主要有方砖、条砖、瓦当、滴水、筒瓦、脊兽等，时代为唐至明。

第二节　神木营——东山旧城

一　建制与历史沿革

东山旧城位于陕西省榆林市神木县城东约 1.5 公里的龙凤山上。元世祖至元十八年（1281 年），神木县主簿王瑄将县城从麟州故城（杨家城）迁于此，此处原为宋代修筑的建宁寨，又称为云州城；明正统五年（1440 年）又迁回杨家城，正统八年再移至川口。此后，位于东山上的旧城便被废弃。

二　地理人文环境

东山旧城位于现神木县城东侧的东山上。旧城所处区域为县境中部的丘陵沟壑区，该区海拔901～1337 米，地形梁多峁少，梁面宽 100～200 米不等，呈鱼脊形，以 10°～20° 角向两侧沟谷倾斜，沟边缘线以下谷坡陡峻。

城堡所在山梁地势东高西低，城内中部低于南、北两边。位于神木营城东侧 1 公里处。

三　平面形制及建筑布局

城平面呈不规则三角形，城垣周长 1094 米，占地面积 4.36 万平方米。东垣建于龙眼山上部平坦

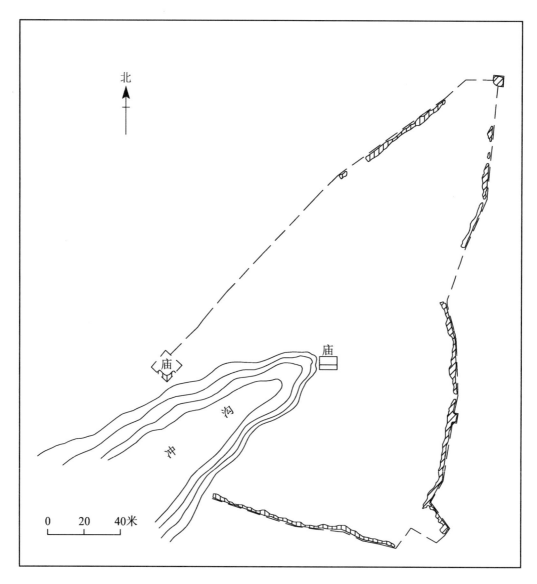

图二二　神木营——东山旧城平面图

处，南、北垣依山势也位于龙眼山两侧之低山脊处。现在城内东半部已为农田，西部为山沟，城内建筑结构布局地面踏查无法得出进一步的认识。（图二二）

四　城垣及其附属遗迹

主要为城垣及附属的马面、角楼。

现残存土城垣，底宽 7～10、顶残宽 0.5～3.8、残高 1～8 米。垣体用黄沙土和红胶土混合夯打，每层沙土含量不匀，夯层层次明显，土质较疏松，土色显黄或红黄色，夯层厚 12～15 厘米，夯土内夹杂石片、料礓石等。现存垣体南垣和东垣保存相对较好，北垣较差。（彩图四二、四三）南垣西端可能原建有角楼，现迹象不明显。东垣上现存马面一个，在垣体外侧略呈半圆形凸出 3 米，南北边长 8米；顶平面呈不规则方形，边长 7 米；残高 8 米，顶上散见石块，马面外壁面坍塌严重。（彩图四四）

东垣北段有一个高 8 米的圆锥土台，底直径 12 米，顶直径 3 米。城东北角上似建有角楼，塌陷严重，底部边长 15 米，残高 8 米，（彩图四五）其顶上修水塔，有砖砌平台，西北侧有石砌坡道。北垣西端建角楼，现存遗址，唯在西侧残存基础外包石六层，向上逐层收缩，条石长 50、宽 20、厚 15 厘米。遗址上建庙宇一座，原楼台规模不清。（彩图四七）

　　《神木县志》（清道光二十一年版）记载：城有东、南、北三个城门，因城破坏严重，除东城门外其他已无法确定。（彩图四六）

五　宗教功能建筑

　　城内古建筑均已不存。城西部岩石沟东畔上现存一处民国时期修建的庙宇，面阔三间，石砌基础，砖砌屋顶，硬山式，庙内残留壁画。院内有清道光三十年残碑一块，额题"永垂不朽"四字。

第三节　神木营——神木县城

一　建制与历史沿革

　　明初神木县城原位于杨家城。正统年间，"御史王翱查边，奏县寨居山顶不便，宜移至平川。"正统八年（1443 年），神木县城由杨家城迁至东山旧城下的窟野河川口。《延绥镇志》记载："周围凡五里零七十步，楼铺三十三座"。成化四年（1468 年），巡抚余子俊增修瓮城、门楼四座；隆庆六年（1572 年），神木道张守忠加高城垣至 3 丈 7 尺，并修角楼 4 座，哨所 16 处。万历六年（1578 年），神木道覃应元以砖砌筑城垣，当时城垣顶宽 1 丈 5 尺，底宽 1 丈 7 尺，东西南北四门各加瓮城，且外门转向，并无关厢。

　　清朝时，神木县屡屡修缮该城。乾隆十一年（1746 年）补修土垣 16 处，并建西城泄水道一处；乾隆二十六年（1761 年），雨损城垣，后经修复；嘉庆五年（1800 年），知县王文奎捐修西南城垣；同治七年（1868 年），回民武装破城，所有建筑遭火焚；同治十一年（1872 年），方大兴土木，至二十一年（1882 年）才恢复旧观。

　　《延绥镇志》载：神木堡东至永兴堡四十里，西至大柏油堡四十里，南至黄河一百二十里，北到大边四十里。东侧东山上即为神木东山旧城；城堡向北 15 公里处为麟州故城。边垣长七十五里零八十六步，墩台六十座。（图二三）今测北至大边墙体 3.5 公里。

二　地理人文环境

　　神木营处于窟野河东岸二级阶地上，该地地势相对平坦，具有平原特征。西有笔架山，东有龙凤山，二山险峻，巍然对峙，形成天然屏障。窟野河从笔架山底顺城流过，城周环境优美。

图二三　神木营周边形势图

三　平面形制及建筑布局

城平面呈长方形，南北长 680、东西宽 710 米，周长 2780 米，占地面积 48.28 万平方米。城堡设四座城门，城内设凯歌楼，以此楼为中心设东西南北四条大街。

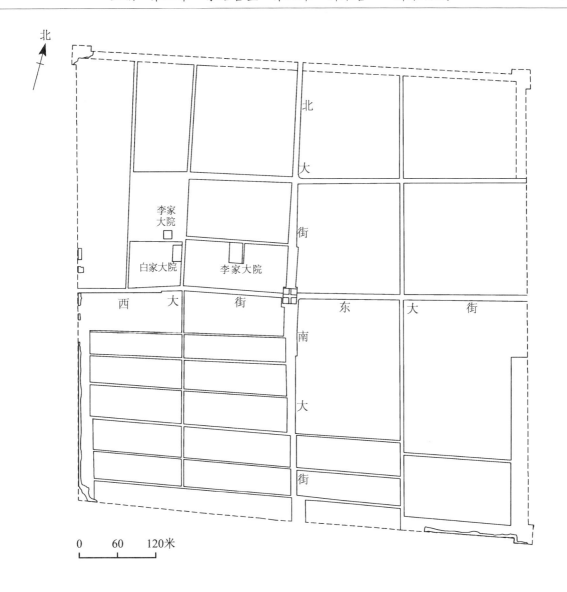

北

李家
大院

白家大院　　　李家大院

西　　大　　　街　　　　东　　大　　　街

北大街

南大街

0　　60　　120米

图二四　神木营平面图

主要街道呈田字形，两侧为民居或铺舍。城内南北大街一条，中部有凯歌楼，南北各对钟楼、鼓楼。（图二四；彩图四八）

四　城垣及其附属遗迹

目前城堡设施仅存有部分垣体及附属的角楼，城内存有中心楼一座及大量的明清民居。

1. 城垣

西城垣　大部分断续残存，其中南段 240 米垣体保存相对较好。该处垣体仅存外包砖石及以内少量夯土，下部基础外包石高 1.45 米，用 6 层条石一丁一顺砌筑，层石间夹石楔加固。条石长 60～80、宽 20～26、厚 24 厘米。石头表面风化剥蚀严重。上部包砖残高 4.5～7.2 米，错缝平砌，白灰浆勾缝，收分每米 0.3 米，砖规格 39×18×8 厘米，包砖厚 1 米。包砖以内夯土因市民修建房屋，毁坏严重，垣体底宽已无法测量。由于垣体南段下部基石被拆空，造成整段垣体整体下陷，现南段地面上仅见外包砖。垣体上有市民挖开的门洞，由此进出自家院落，还有一些用以存煤贮杂的洞龛，对垣体均造成极大破坏。西垣北段局部残存垣体宽 8、残高 6 米，外包砖厚 0.8 米，夯土层内上部分夹杂石片。（彩图四九~五二）

北城垣　残存西北角楼以东 14 米垣体，残高 6 米，外包砖厚 0.7 米，顶上堆积厚 0.3~1.5 米，含大量砖、瓦、石块，垣内因修建破坏严重。

南城垣　仅存东段 150 米垣体，底残宽 4~8、顶残宽 0.5~3、残高 7 米。外包砖断续保存，厚 0.7~1 米，因夯土墙内凹程度而不等。夯土以黄沙土和红胶土为主，含沙量较大，内包含石块、残砖瓦，夯层明显，厚 10~16 厘米。垣体内壁坍塌严重，生长杂草和野枸杞。垣内侧正在搞修建。

2. 角楼

神木城建造规整，四角原均有角楼。现存的西南角楼夯土台破坏严重，规模不辨，台下住有人家。（彩图五三）土台用沙土和红胶土混合夯打，层次分明。夯层厚 10~20 厘米，内含碎石块、料礓石等，土台体上部还分层夹杂石片。西北角楼内侧正在进行建筑施工，对台体造成破坏。（彩图五四）角楼底部西面凸出垣体 8 米，北面凸出垣体 8 米，南北边残长 28、东西边长 28 米；顶部西面凸出垣体 6 米，北部凸出垣体 6 米，南北边残长 10（内侧破坏）、东西边长 23 米；台残高 7.5 米。角楼北壁用条石一丁一顺包砌，厚 0.8、高 6 米，其余面仅以砖错缝平砌。（彩图五五）夯土为沙土和胶土混合，质硬，夯打致密，层次分明，夯层厚 10~20 厘米。夯窝多呈不规则梅花状分布，直径 3~5、深 0.7~1、间距 4~9 厘米。（彩图五六）角楼上部建筑堆积厚 0.3~1.5 米，内包含大量石、砖、瓦残件。（彩图五七）东南角楼内侧亦在进行建筑施工。角楼底部向南凸出垣体 3 米，上部凸出 2.5 米，东部遭破坏不明。台东西残长 21 米，西面外包砖残高 7 米，厚 0.7 米。夯土台残高 2~3 米，台上堆积大量残破石和杂物。东北、东南角楼大部分被毁不存。

3. 旧城门门楼

明成化四年（1468 年）巡抚余子俊创修。皆为两层砖木结构，坐东、西、南、北四门之上，后隆庆六年（1572 年）、万历元年（1578 年）两次增修，清康熙、乾隆年两次补修。同治七年（1868 年）回民破城后焚毁。

五　公共功能建筑

凯歌楼　明隆庆六年（1567 年）建，经维修现保存完整，为陕西省重点文物保护单位。凯歌楼位于县城旧大街中心，是该县仅存的一座三层古楼建筑，俗称大楼或中楼（与原南北鼓楼、钟楼相对而言）。整体建筑为砖木结构。底部为砖砌的正棱台形基座，周长 80、高 6.25 米。东西南北十字通洞，与四门大街相连（俗称大楼洞）。上饰石雕围栏，中座楼房两层，四角各建小房三间，成宫殿气势。通高 12.55 米。（图二五、二六）登楼俯视，全城一览无余。

道光《神木县志》记载：明穆宗隆庆元年（1567 年），入套蒙古部落首领吉能进犯榆林城西芹河一带。榆林中协副总兵黄渲率部抵御，战败阵亡，致榆府上下震恐，急调驻神木参将高天吉星夜往援。时值窟野河涨水，天吉祈祷水神，兵士群情奋勇，不仅安然而渡，而且二战即胜凯旋而归。为庆祝胜利兼报神恩，天吉倡修此楼，上供天、地、水三官神位，命名凯歌楼。

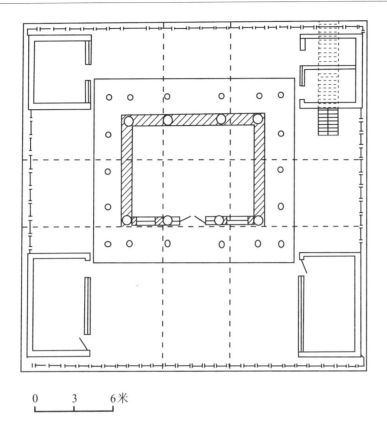

0　　3　　6米

图二五　神木营凯歌楼一层平面示意图

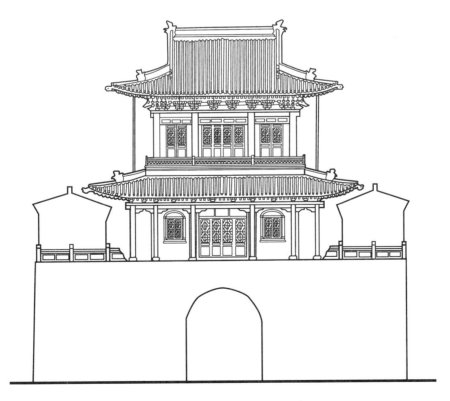

图二六　神木营凯歌楼正立面示意图

清同治七年（1868年）回汉民族纷争时，回民武装破城登楼放火，除台基外皆化为灰烬，直至同治末年才由地方民众捐款复修，其制更胜于前。

钟鼓楼 清顺治年间知县程启末创修。同治七年遭火劫，后由地方民众捐款与凯歌楼同时复修。钟楼在北，鼓楼在南，分别处于县街、二府县十字路口。都是底座砖砌四门洞，上建飞檐两层楼的砖木结构，与凯歌楼遥对，显得小巧玲珑。1959年因阻碍市内通车而拆除。

六 街道、铺舍与民居

城内街道、巷子依旧，以凯歌楼为中心，向南、北有主要街道南大街、北大街，向东、西有东大街、西大街。（彩图五八～六一）南北街今天依然为古城内最繁华地段，街两侧保留部分店铺等古建筑。城内现存明清四合院大约几十处，以白家大院最为完整。（图二七～二九；彩图六四～六八）白家大院、李家大院于2007年被公布为榆林市重点文物保护单位。

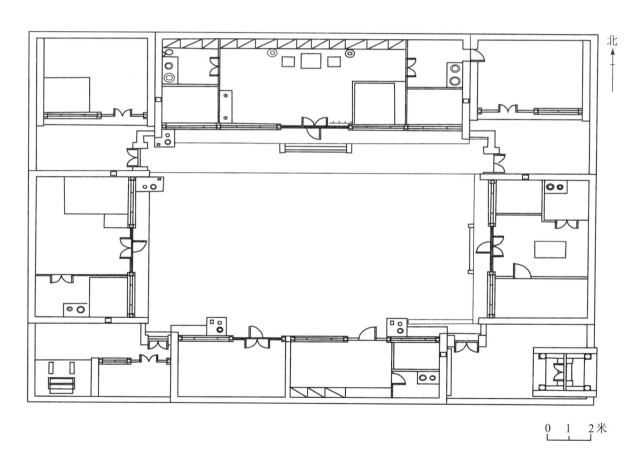

北

0 1 2米

图二七 神木营白家大院平面图

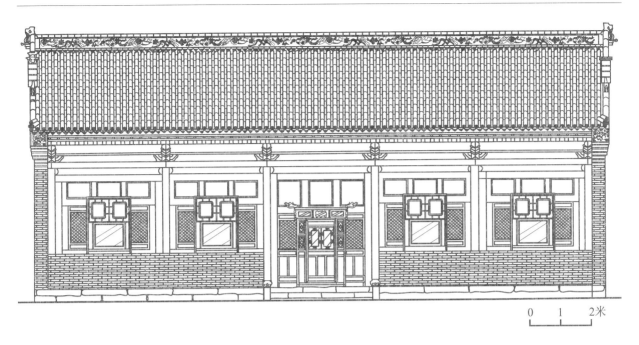

图二八 神木营白家大院正房立面图

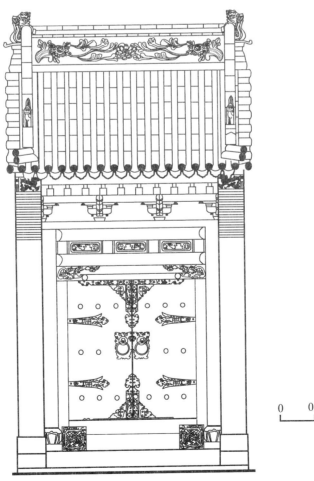

图二九 神木营白家大院大门外立面图

第四节　黄甫川堡

一　建制与历史沿革

黄甫川堡位于陕西省榆林市府谷县黄甫镇黄甫村。为明代陕西长城沿线三十六营堡最东者。堡建于明天顺年间（1457～1465年），弘治初年扩筑关城，万历三十五年（1607年）延绥巡抚涂宗浚令各堡以砖石包砌城垣。《延绥镇志》记载当时城堡的规模为："周围凡三里零二百七十四步，楼铺十六座。"明代后期黄甫川堡驻军及守城军共1607名，配马骡1149匹，设操守、坐堡、战将各一员，守瞭大边长城"三十里零二百一十步、墩台二十八座。"清康熙年间驻马步兵197名，设游击一员统领之。清代驻马兵80名，步兵51名，守兵66名，马80匹。

从明隆庆五年（1571年）在黄甫川堡的大边长城口上开设蒙汉贸易市场起，堡城逐渐发展成为陕北与河套地区的重要贸易集市，物阜民殷，商务亦盛，素有"金黄甫、银麻镇"之称。黄甫川堡为延绥路军事要冲之一，按编常驻军队1600名。城内曾设游击（低于副将一级的武官）衙门，其遗址在镇政府西边，村民称之为衙门圪旦。

据《延绥览胜》记载，发生在黄甫一带的战事有：弘治十八年（1505年）九月，火筛入花马池，攻陷清水营。嘉靖十年（1531年）闰六月，吉囊安答寇边，副总兵梁震击之于黄甫川。又二十四年（1545年）十月，复犯清水堡，游击高极战死。四十二年（1563年），套人入陷黄甫川堡，把总高秉君战死。四十四年（1565年），套酋陷黄甫。《读史方舆纪要》卷六十一《清水营》亦载："嘉靖四十四年，寇袭陷黄甫川堡，守御最切。"

黄甫人尚武，明清时期担任总兵、副将、游击的黄甫人就有九人之多，明末农民起义的先行者王嘉胤也是与黄甫隔河而望的宽坪村人。

《延绥镇志》载：黄甫川堡东至黄河三十里，西至清水营十五里，南至府谷县九十五里，北至大边二十里。今测城堡北距大边实为7.5公里。城垣外发现5处护城墩台，西垣外3座，分别距西垣60、250、265米，编为1、2、3号，南门外一处距南垣80米，编为4号。黄甫川对面1座，距城堡1500米。（因离城堡较远，归于城垣部分测量）

二　地理人文环境

黄甫川堡周围的地形地貌具有典型的黄土高原特征，在中生代基岩所构成的古地形基础上，覆盖新生代红土和黄土层，再经过流水切割和侵蚀，本地区土层覆盖较薄，有些地方基岩已暴露出来。

黄甫川堡的西部建在河流西侧的山梁上，当地俗称高山梁，海拔930米。山梁的西南侧为一个鞍部地形，向南北分别形成两条冲沟，南侧称为尧沟，北侧称为北尧沟，鞍部向上为高山梁，堡城就坐落在两沟一梁形成的险要地形之内。（图三〇）

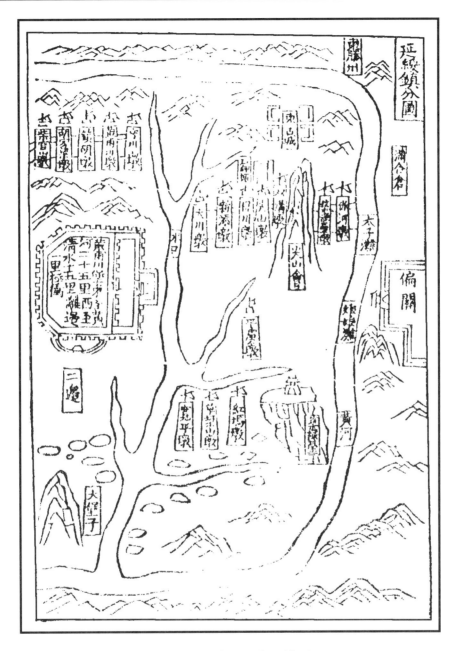

图三〇　黄甫川堡周边形势图

黄甫川堡位于黄甫川的西岸，地跨山梁与河床。黄甫川是榆林地区较大的川道之一，发源于准格尔旗，流经古城、麻镇、黄甫，最后在黄甫镇的川口村汇入黄河。黄甫川在流经麻镇以下河面较宽，距黄甫越近越宽，而在黄甫却骤然收敛，两岸石崖峭壁陡立，形成一处险要之地，黄甫川堡就坐落在川道西岸的高台上。黄甫川以北的地形象个大肚坛子，称为太家沟湾，这里一马平川，良田千亩，自然条件较好，但是自上世纪80年代以来，黄甫川基本上变为季节河，夏季暴雨时才有较大的水量。

三　平面形制及建筑布局

黄甫川堡依山就势，地势西高东低，落差达76米。城堡建在三面环沟一面临水的山梁，地势较为险要。

城堡平面呈簸箕形，上小下大，即西部的山上部分较小，向山下的河川部分逐步扩大。城垣轮廓清楚，残存大部分垣体。城垣遗迹周长1652.8米，占地面积约16.8万平方米。（图三一；彩图六九、七〇）

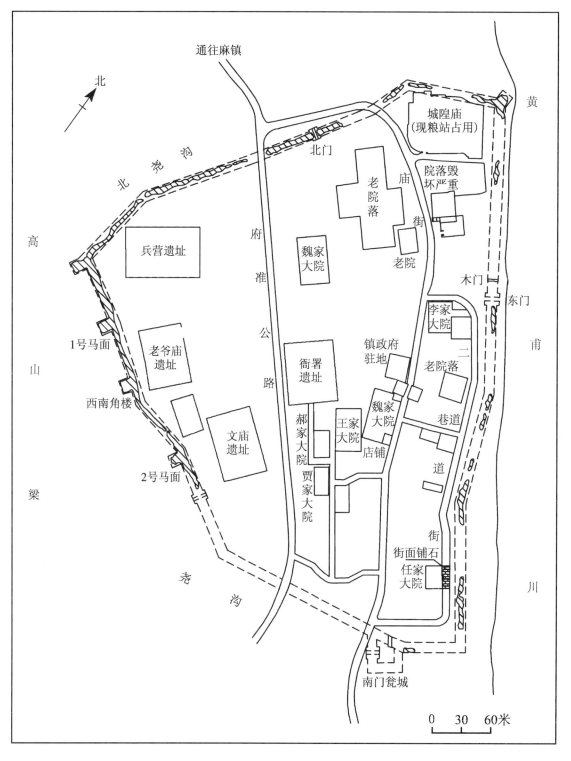

图三一　黄甫川堡平面图

目前保存下来的有北、西、南三面部分垣体及附属的马面等，另可见城门遗址四个，但均已不见城门建筑结构。城垣轮廓清楚，城垣多数残存，其中西垣保存最好；南垣仅残存南门瓮城一段垣体；东垣遭到严重破坏，仅局部可见基石和夯土垣；北垣中、西段保存较好。府准公路从堡城中部穿过，破坏了南垣和北垣。东、南、北四城门遗迹犹在，城门毁于20世纪50～70年代。城东北角楼基址尚存，西北角楼夯土台保存完整，西垣上3个马面夯土台保存较好。城内街道、巷宇格局依旧，现存民居15处，多已破败不堪。衙署、庙宇等建筑遗址范围尚可辨认，地面建筑多不存在。保存较好的是城内北部的李家大院和城隍庙。李家大院于2004年由府谷县政府出资予以维修。

黄甫川堡内部现存有南北向大街两条及多条小巷，民居均分布在这两条街道的两侧。主要的大街以钟楼为中心，南北向延伸。北侧的称为后街，又称庙街，南侧街道称为中街，南门外称为南关；东垣内侧的南北向街道称为东二道街，现存有河石铺的路面32米。两条南北向大街两侧又有东西向巷道6条，形成纵横交错的交通网络。现在的城内建筑集中于大街两侧，明清民居现存15处，保存较好的有李家大院、魏家大院等。城内庙宇原有多处，现仅存城隍庙，位于城内东北角，目前被占用。其正殿为一个二层建筑，二楼墙壁上有大量的壁画，现被白灰所涂盖，保存较好，回廊东侧有一块清顺治十一年的碑石，正殿西侧房屋东垣上有"幽间"字样，内部墙面壁画也保存较好；城内西部的山坡上有文庙和老爷庙旧址，建筑均不存。另外在钟楼的南侧、街西有清代铺面一处，残损严重，现已废弃不用。

四　城垣及其附属遗迹

1. 城垣

西城垣　垣体长103、底宽13、残存顶宽0.3～2.0、外高5～6.7、内高7～10米。夯层厚6～15厘米。垣体的北端建有西北角楼，原外包石已被拆除，现仅存夯土台，土台平面呈正方形，底边向北凸出2米，向西凸出12米，底部南北12米，顶宽10米，高10米，夯层厚6～19厘米。该夯土台西、南壁面平整，北壁面部分坍塌，台底遗留有砖石，顶部可见一层砖砌海墁，海墁之上有一层厚约0.3米的堆积土，其上原有木构建筑，现台顶四边也有石砌基础。西垣北段自北向南现存一座马面，今仅存夯土台，编为1号马面。1号马面距西南角楼50米，底部凸出12～15米，底宽12.5米；（图三二）西北角楼与1号马面、西南角楼与1号马面间均可见三道竖向石质结构嵌入垣体，推测起到拉筋作用，石质拉筋之间一般相距4.2～5.8米，宽0.5、0.85、0.9米，深0.35～0.5米。垣外原建有护坡，以条石块作为基础和外包的材料，南段的残留迹象比较明显。（彩图七一）

南城垣　长490米，西段略向东内弧，仅存西段60米的垣体。南门瓮城一段垣体9.2米，底宽无法确定，顶残宽0.8～1.2米，垣体下部夯层厚11～23厘米，上部夯层厚7～15厘米，顶部可见一层平砌砖面，现垣体南面悬空，存在安全隐患。南垣上存马面一座，编为2号马面。2号马面距西南角楼75米，底部凸出7～8米，底宽11.5米，塌陷较为严重。

东城垣　长561米，沿黄甫川西畔筑建，东北角处距川底33米，垣体建在红砂基岩上，南段的断崖上可见东垣基石三层，总高0.8米，自上而下层厚分别为0.14、0.27、0.27米，灰缝宽4～6厘米，基础宽0.9米，其下的基槽经夯打，深0.3米。（图三三）

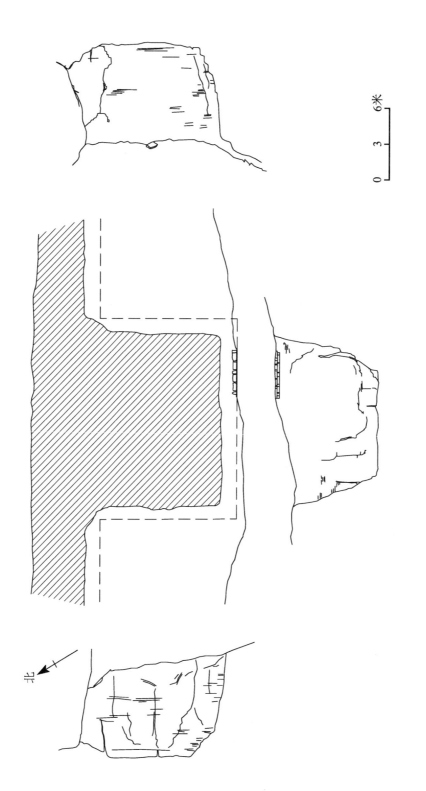

图三三　黄甫川堡西城垣马面平、立面图

东垣现遭到严重破坏，村民在垣体上建有猪圈、鸡舍、厕所等，周围堆放垃圾等杂物。东垣垣体宽度不详，可辨部位约为 7 米，垣体基本不存，仅残存有局部石砌基础。东垣中部原建有水门，现为晚近改建。（彩图七二）垣体北端原有角楼，现基址部位略外突，其北断面上可见基石，似为清代加固维修。清代在此台上建有寺庙，此处应有一塔，内藏经书，后被村民炸除，现残存庙宇的影壁，上有求雨的题铭。（彩图七三、七四）

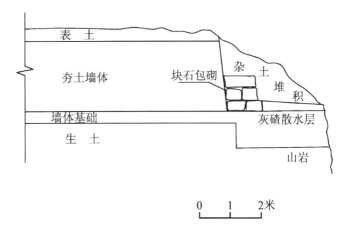

图三三　黄甫川堡东城垣剖面图

北城垣　长 501 米，西段向南收缩，东段保存较差，仅存有部分基石，夯土不明显。在龙王庙（现粮站）的西侧垣体上有一豁口，断壁上可见夯层，东侧坡地上可见四层石块，顺南北方向，铺砌呈台阶状。垣体的西段在府准公路东侧保存垣体 80 米，底宽不明，顶残宽 1.6～2.5、残高 5～10 米，夯层厚 5～13 厘米，夯窝直径 5.5、深 1.2 厘米。公路西侧垣体依山势弯曲分布，垣体底宽 13、顶残宽 0.2～1.6、残高 4 米，垣外可见基石，局部残存外包条石三至四层。北垣中段原有北门，现已废弃。（彩图七五）

2. 护城墩台

城垣外发现 5 座护城墩台，西垣外 3 座，分别距西垣 60、250、265 米，编为 1、2、3 号，南门外 1 座，距南垣 80 米，编为 4 号。黄甫川对面 1 座，距城堡 1500 米。

1 号墩台　在城堡西垣外 60 米处，为圆形。底部直径 7、高 7.1 米。台体夯土以黄土为主，夯层大致厚 13～15 厘米。（图三四；彩图七六）

2 号墩台　该墩台目前残存部分呈圆锥体，底部直径 6.2～8、残高 8.1 米。该遗存系夯筑而成，夯层 11～13 厘米。

3 号墩台　位于 2 号墩台西方，与 2 号墩台相距 15 米。该墩台现存部分呈台状，上小下大，平面大致呈方形，剖面呈梯形。台体底部长 7.6、宽 4.9 米，残高 5.2 米，上部现存部分边长 4.4 米。系夯筑而成，夯层厚 10～15 厘米。上部原应有建筑，现已不存。

2、3 号墩台均与一个长方形的庙宇院落相连，2 号位于其东北角，3 号位于其西垣上。（图三五；彩图七七）该院落与位于东北方向的黄甫川堡西门相距 250 米。在院落的西垣外 6 米、26 米处各

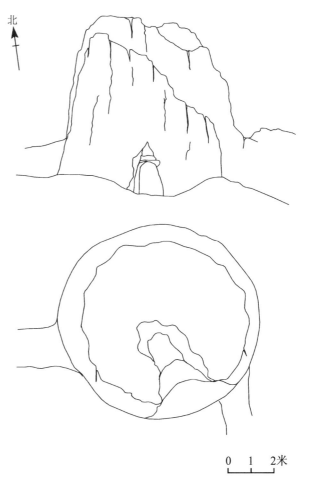

图三四　黄甫川堡 1 号墩台平、立面图

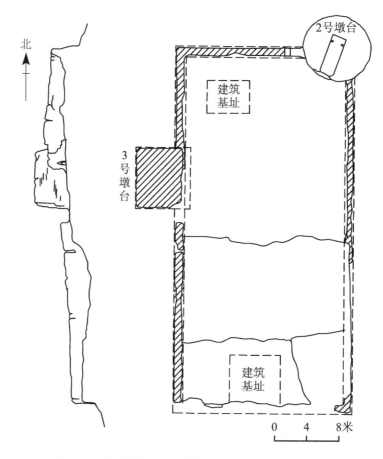

图三五　黄甫川堡2、3号墩台平面图及西围墙立面图

发现一个蓄水池，规格分别为：1.5×1.38×1.3米、1.32×1.5×1.3米，应该是这个院落和墩台的附属设施。（图三六）

图三六　黄甫川堡蓄水池平、立面图

4 号墩台　位于南垣外 60 米处。残存围墙建在台体南 8.1 米处，东西长 9.5、厚 1.1 米，垣体内与地面平，外高 0.97 米。台体平面呈圆形，底部直径 12.9、高 8.6 米。顶部坍塌严重。台体夯土土质以黄土为主，夯层大致厚 10～22 厘米，四周散落有零星砖块。

五　宗教功能建筑

主街由北向南分为庙街、中街、南关三段。每段一座木牌楼。黄甫川堡的庙宇所在地主要集中在三个地方，现在的半山坡上有两处：一是原黄甫学校所在地建筑群，另一处是文庙建筑群。城内的庙街也是庙宇建筑较集中的地方。

六　民居

黄甫城内曾是富豪之家聚居的地方，宅院建筑十分讲究，对材料的标准和匠人的手艺要求很高。如现存的李树德（曾中武举）家大院及另一李氏大院，这些大院大都有绣楼和漂亮的大门。绣楼和大门头遂成为黄甫民宅建筑的显著特点。现被占用的李家大院是保存较完整、有绣楼的大院，门头采用我国传统的斗拱结构。现存最完整的是张润华家大门和孙家大院（现政府下院）大门。

李家大院　位于黄甫川堡的东北部，始建于清代，由商人李锦春创业所建。其次子李培德中秀才后，住在该院；长子李树德中武举后，在该院南侧的下院居住；三子李悦德中文举，在该院的西院居住。解放前李培德后人李增荣及其子李谦林在此院居住，解放后迁居内蒙古，院落闲置，1956 年合作化时期，该院被黄甫粮站占用，1967 年粮站迁出，1997 年该院落又被占用，2004 年黄甫镇文化站占用了大院的主体，修配厂占用东院。

李家大院原采用四合院结构形式建筑而成，由大门、前院、中院、后院等组成。现残存 760 平方米，中院南北 12.8、东西 11.66 米，砖铺地面，中央砌有莲花池。（图三七；彩图七八～八〇）

原有两处大门，南门仅存门头。现存大门面向西南，为硬山式砖木结构，镂空横莲花脊。灰瓦覆盖，单三彩斗拱。大门门宽 1.92、进深 3.25、通高约 4 米。门南有两级踏步，宽 0.28、高 0.4 米。大门外侧正面建一座砖雕影壁。下部为须弥座，分为二层，饰以砖雕，上层以竹节等分为七格，内部图案自西向东分别为梅、莲、竹、荷、牡丹、石榴；（彩图八一）影壁砖雕图案的主体采用中堂形式：上联"孝友传家远"，下联"勤俭□世长"，横批为"福星高照"。中间的图案外方内圆，以圆环为界，外部四角各饰一组三角形云纹，上下左右各有一组双菱形；内部外饰云纹、假山，中心部位似为一组人物。影壁上部为悬山式结构，影壁的南侧为十三级台阶，分为两组，通向地面。

大院的前院浅窄，西侧有房屋两间，作为门房。穿过中门院墙，进入中院。中院由正房及暗房、两侧厢房、倒座房及耳房等部分组成。（彩图八二）

正房为硬山式结构，台基宽 6.09、高 0.77 米。面宽五间，通宽 13.2、进深 4.65、通高 6.3 米。其中明间宽 2.52、次间宽 2.52、梢间宽 2.59 米。正房的屋正脊为模印莲花，吻兽齐全，灰瓦覆盖，猫头滴水，砖用红墀头，方格纹窗，六抹隔扇门，室内方砖铺地。（图三八、三九）房前正中五级踏步，宽 1.625、高 0.77 米，每级宽 0.3、高 0.15 米。正房现为文化站图书室。（彩图八三）

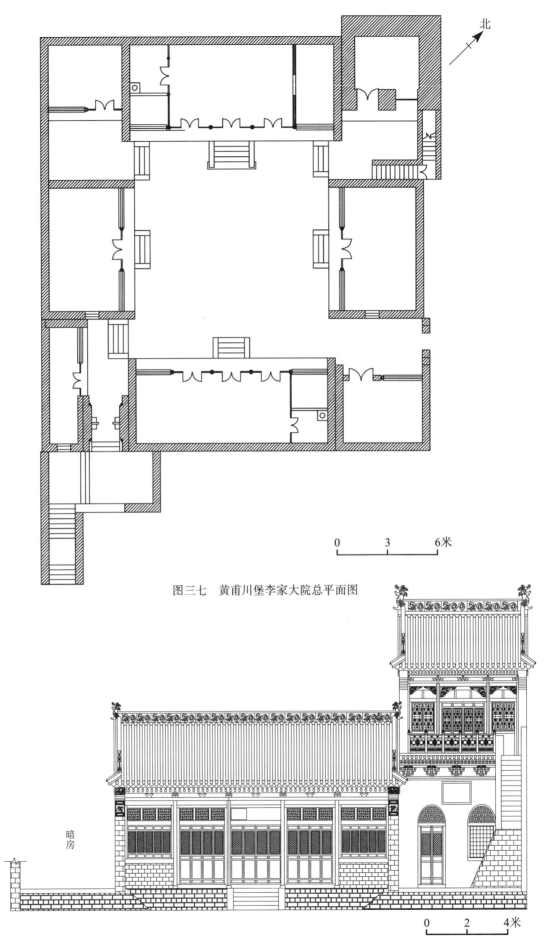

北

0   3   6米

图三七　黄甫川堡李家大院总平面图

暗房

0   2   4米

图三八　黄甫川堡李家大院房立面图

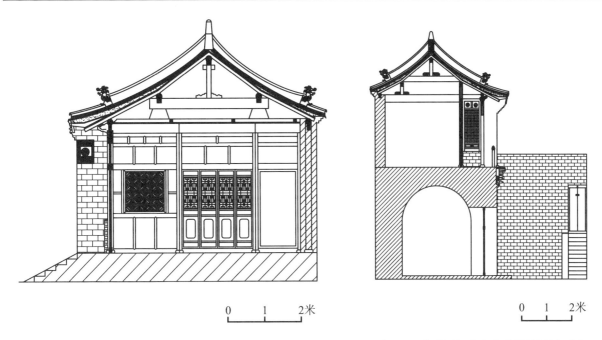

图三九 黄甫川堡李家大院正房侧剖面图　　　图四〇 黄甫川堡李家大院绣楼侧剖面图

正房两侧均有暗房。左暗房两间，为二层建筑，一层为砖砌拱券窑洞式结构，宽5.9、进深5.49、高4.5米。一、二层间为装饰砖雕斗拱，正中镶嵌一块木匾，题四字，已漫漶不清。左边开窗，右边开门，门洞宽1.28、高2.96米，方格窗，两扇门。二层为硬山式砖木结构，面阔三间，明间宽2.32、次间宽1.45米，进深3.39、通高4.8米；二层廊宽0.935米，有廊柱四根，上设有雕花镂空雀替，廊前有高0.75米的雕花木质护栏。两侧为雕花窗棂，中间为六抹隔扇门，门窗之上各有一块木匾，中间一块较大，有金粉题字"泮兆两闱"，二层的这三间房应为"绣楼"，是当时女子登高赏景之处。（图四〇）右侧暗房两间，卷棚砖木结构，面阔4.9、进深3.8、通高4.2米，方格窗，六抹隔扇门。

倒座房五间，与正房呈对称格局，现为文化站活动室。房右侧的耳房两间，硬山式，面阔5.17、进深4.06、高4.5米。（彩图八四）

两侧厢房各三间，对称分布，结构相同。基座宽8.1、高0.54米，中间为宽0.3米的五级踏步。硬山式五架梁结构，面阔7.18、进深4.23、通高5.2米，方格窗，六抹隔扇门。（彩图八五、八六）

中院的东垣上开有一个月亮门，通向下院，现已被封堵。下院现被农机修配厂占用。

郝家大院　位于黄甫川镇中部，建筑时代为清代。结构为四合院，由正房、倒座房和厢房组成。正房为窑洞式建筑，保存较好，厢房已被拆除，倒座房保存也较好。（图四一；彩图八七～九一）

正窑背靠断崖，为典型的陕北枕头窑结构，坐北朝南，八孔窑洞一线排开，通面阔21.78、进深7.37、通高6.3米，横枕头拱券窑洞，砖砌窑面，上嵌三块匾，中间一块的内容为"孝友家"，东侧"祖德"，西侧已漫漶不清。门洞和窗洞均为拱券式结构，木质门窗。檐下为菱形角砖雕飞头，窑洞前有台基，基宽1.58、高0.98米，正中有踏步4级，宽1.2米，每级宽0.29、高0.195米。（图四二、四三；参见彩图八九）

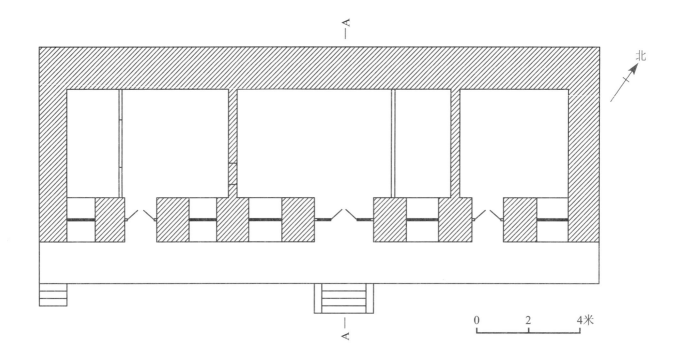

图四一　黄甫川堡郝家大院正房平面图

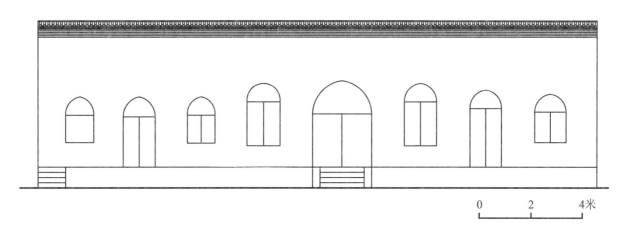

图四二　黄甫川堡郝家大院正房立面图

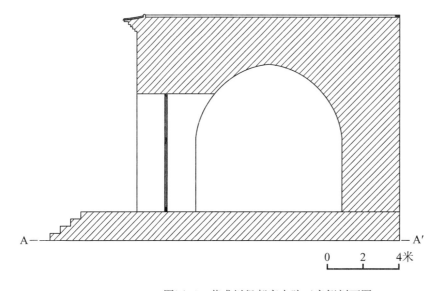

图四三　黄甫川堡郝家大院正房侧剖面图

八个窑洞由三个枕头窑组成,中间窑洞面阔三孔,通长 8.135、进深 4.1、窑内高 4 米。于中央部位开设拱形门洞,宽 2.3、高 3.2、腰腿宽 1.67 米。绞木窗棂,六抹隔扇门。西拱券窗洞高于地面 0.97 米,窗宽 1.28、高 2.35 米,木质窗棂。东边枕头窑面阔两孔,通长 4.18、窑内高 4 米,右边开门,左边开窗。门洞宽 1.21、高 2.91 米,窗洞宽 1.22、高 1.82 米,木质窗棂。西边枕头窑面阔三孔,通长 6.305、窑内进深 4.1、高 4 米,中间门洞宽 1.25、高 2.65 米,两边窗洞宽 1.09、高 1.72 米,木质窗棂。

第五节　清水营

一　建制与历史沿革

清水营位于陕西省榆林市府谷县清水乡清水村。该城唐为胜州地,宋属府州路,元为芭州。明成化二年(1466 年)巡抚卢祥置城堡,撤府谷县兵守之。《延绥镇志》载:"清水营东至黄甫川一十五里,西至木瓜园堡三十里,南至府谷县八十里,北至大边二十里。城设在山坡,系次冲中地。城周围凡三里一十八步,楼铺一十九座。"万历三十五年(1607 年),巡抚涂宗浚用砖包砌,新修关城三里二百九十八步,所辖边墙长三十二里零二百步,墩台三十二座。现实测北距大边最近处 8.25 公里。营堡周围较近处建有 3 个墩台,分别编为 1~3 号。较远处还可观察到 3 个墩台,分别位于营堡的南北、清水川的东西岸。

明制该堡驻军丁并守瞭军共 1120 名,马骡 428 匹。隆庆五年(1571 年),在该城堡长城外设贸易市场,与蒙古交易。清代该城堡设守兵 100 名。

二　地理环境

清水营周围的地形地貌具有典型的黄土高原特征,是在中生代基岩所构成的古地形基础上,覆盖新生代红土和黄土层,再经过流水切割和土壤侵蚀而形成。本地区土层覆盖较薄,有些地方基岩已暴露出来。城堡为黄土沟壑地带,沟壑(山地)地貌发育较好;清水营南北西三侧各有一条冲沟,构成了自然屏障;堡城的东侧即为清水川,是南下、北上的必经之地。(图四四)

三　平面形制及建筑布局

清水营建在清水川西岸的山梁—台地上,从西侧的山梁一直延伸到河床。城堡三面环沟,沟外有早期城垣围绕。(彩图九二~九五)

图四四　清水营周边形势图

　　营堡平面呈长刀把形，周长 1974 米，面积约 14.72 万平方米。城堡地势西高东低，高差达 30 米。城堡原有城门三座，分别为北、东、南门。城内现存东西向街道一条，名清水街，主要建筑临街而建。城北有清泉寺，城东现有老爷庙等。城堡现存城垣、城门及其附属设施，遗址内部西侧高地有大面积的建筑遗存，推测为兵营等所在，面积约有 1500 平方米。中部地势平坦，清水街两侧现残存的主要建筑有城隍庙、戏楼等，均已残破。（图四五）戏楼建于清代。

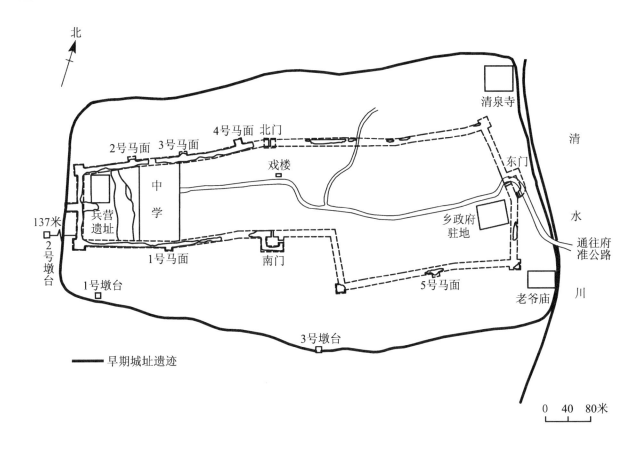

图四五　清水营平面图

四　城垣及其附属遗迹

1. 城垣

南城垣　总长 848 米。由东南角向西 310 米的垣体基本不存, 仅见马面遗址一处、包石遗存一处 (彩图九六) 和部分残断垣体; 中部有一处折曲, 转折处发现角楼遗址一处, 残存台体呈覆斗形, 底边凸出垣体 4 米, 长 12、残高 5.9 米, 夯层厚 8～15 厘米。由角楼向北延伸 92 米, 又向西 446 米到营堡的西南角楼, 是为西段, 该段除村民修建住宅破坏了部分垣体外, 整体保存较好。垣体底宽 11、顶部残宽 0.5～3.5、外残高 8～12、内残高 4～8 米。夯层厚 8～15 厘米, 夯窝直径 10、深 0.8 厘米。外侧发现包石遗存一处, 长 20 米, 分为四层, 条石的规格为 100×40×25 厘米, 每横置两块条石竖置一块条石。距西南角楼 140 米处有马面遗存 1 个, 编为 1 号马面, 底部东西 10、南北 5 米, 残高 10 米, 台体坍塌严重。

西城垣　西距早期城垣 8 米, 长 134 米。垣体底宽 11、顶宽残存 0.9～4.5 米, 垣体夯筑而成, 夯层厚 8～15 厘米, 包含物有砂石、料礓块等。垣壁外面平整, 残高 8～10 米; 内壁坍塌严重, 残高 10～12 米。(彩图九七) 西垣的南端为城堡的西南角楼, 现存台体呈覆斗形, 台体南部凸出垣体 6 米, 西部凸出垣体 5 米, 底部东西 18、南北 16 米, 顶部东西 12、南北 13 米, 残高 9 米。夯层厚 8～15 厘米。南部局部保存有石砌基础和外包条石, 北面亦发现有包石, 厚 0.85 米, 残高 1.7 米, 由砂石和黄土混合砌筑; 台周有坍塌土堆积, 地面遗留有砖石块、残瓦等。西垣的西北角建有西北角楼, 现存台体呈覆斗形, 台体的西北角受到破坏, 行人可由此上至台体上部。台体底部凸出 6 米, 南北 16、东西

16 米，台顶南北 11.9、东西 10.3 米，残高 10 米，顶部遗留砖石残块，台上建筑不复存在。西垣的中部有城楼 1 座，南距西南角楼 48 米，台体亦呈覆斗形，南壁面局部坍塌，村民用石块垒砌，其余三壁面保存完好；台体底部南北 12、东西 22 米，高 10 米，顶上保留有砖铺地面和石砌基础，台上原有建筑不复存在，现为村民 1982 年重修的东岳庙（龙王庙）。西城垣南段上部有女墙残存。（彩图九八）

北城垣　长 726 米，中部略向外鼓，目前只在西段残存有部分连续的垣体，东段垣体除可见到部分基础外，其余被后期破坏殆尽。（彩图九九）现存垣体长度约有 400 米，系夯筑而成，土质纯净，质地细密，夯层厚 9～16 厘米。垣体底宽 11、顶宽残存 0.5～4.4 米，垣体内壁坍塌严重，残高 7～10 米，外壁壁面平整，残高 4～11 米；北垣发现有一处外包石遗迹，残存条石三层，总高 0.8 米，条石每层厚 0.26 米，条石规格为 84×19×25 厘米，每两条横向垒砌的条石中夹砌一竖向条石。北垣的西段发现马面三座，其中两座保存较差，一座保存较好。保存较好者编为 4 号，台体呈覆斗形，底边长 10 米，顶部南北 8、东西 6.8 米，残高 10 米，夯层厚 10～16 厘米。北垣东北角发现角楼遗存，残存有部分转角石。

东城垣　长 266 米，中部外折，垣体破坏严重，基本上没有遗迹可循，亦没发现东南角楼遗存。东垣上原有东门，现亦不存。

2. 城门

清水营原有城门三座，分别为北门、东门和南门。

北门　位于北垣中段，西距西北角楼约 330 米，城门已被破坏，形制不清。

东门　位于东垣中部，原有敌楼、瓮城，70 年代被破坏，现仅存瓮城的北垣体，残长 22、底宽 11、顶残宽 4～6、残高 5 米，夯层厚 7～11 厘米，内包含小石块碳屑。瓮城内门东向，外门南向，与现在的道路行进方向一致。

南门　保存较好，西距西南角楼 310 米，现存高度 5 米，亦为瓮城结构。内门门洞为砖砌拱券顶结构，宽 3.2、进深 11、高 3.25 米，石砌基础五层，高 1.5、厚 0.5 米；基础之上用规格为 39×18.5×8.5 厘米的青砖三批三券砌筑。门外瓮城，南北 16、东西 22 米，地面堆积大量的坍塌土；瓮城垣体底宽 10 米，外部残高 8～14 米，内部残高 1.2～3.5 米，夯层厚 8～14 厘米。瓮城外门在东垣上，已被破坏，现仅存豁口，宽 5.9 米，断壁上存有石条基础，石条长 107、厚 19 厘米，其下约有 1 米厚的夯土，内有砂石、料礓等，其上为 0.28 米厚的灰渣堆积。（彩图一〇〇～一〇三）

3. 墩台

营堡周围较近处建有三个墩台，编号为 1～3 号墩台。较远处，还可观察到 3 个墩台，分别位于营堡的南北、清水川的东西岸。

1 号墩台　位于清水营西垣西 50 米处。台体为覆斗形，平面为正方形，底边边长 10 米，顶边南北边长 5、东西边长 7 米，残高 8.5 米。（图四六）建筑

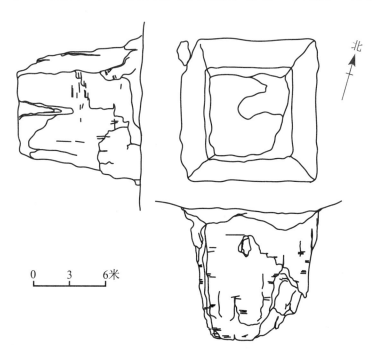

0　　3　　6米

图四六　清水营 1 号墩台平、立面图

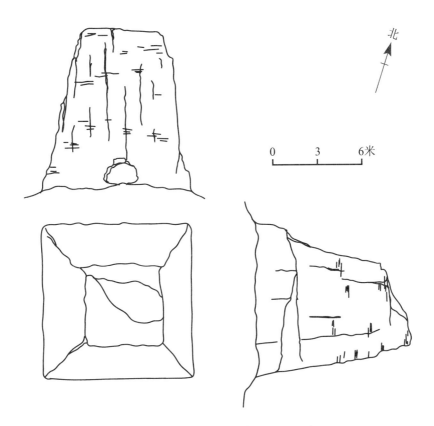

图四七　清水营2号墩台平、立面图

本体由夯筑而成，夯层厚8～15厘米，质地细密，夯土内含碎石、料礓等。（彩图一〇四、一〇五）

　　2号墩台　距城堡的南城垣75米。夯土台呈覆斗形，平面呈正方形，底部边长11.5、顶部残边长6、台高10.4米，（图四七）夯层厚8～15厘米。台顶残存砖铺地面，其上建筑已不存在。台体四周散布大量的砖瓦残片，似与该台体无关。（彩图一〇六、一〇七）

　　3号墩台　距城较远，未测量。（彩图一〇八）

五　宗教功能建筑

　　城隍庙戏楼现位于清水村村委会内，背对清水正街。戏楼面北而设，北向正对旧庙宇，应是祭神时为神唱戏之所。（彩图一〇九、一一〇）

　　城隍庙戏楼为卷棚式的砖木结构建筑，面阔三间，进深两间，通高6.2米。戏楼建在长方形台基上，台基东西长9、南北宽7.3、高2.1米，前出檐用厚15厘米的条石铺砌。戏楼墙厚0.48米，结构为四架梁二带廊形式，廊深1.8米，后墙上开两圆形窗。（图四八～五〇；彩图一一一）建筑的木构件保存较好，但大部分已显出朽蚀现象，彩绘大部分脱落，图像多不可认出。西侧内山垣上镶嵌一块创建戏楼碑记石碑。

　　清水营宗教建筑还有龙泉寺、关帝庙。（彩图一一二）

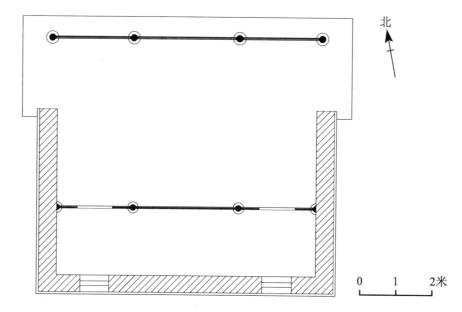

北

0　　1　　2米

图四八　清水营城隍庙戏楼平面图

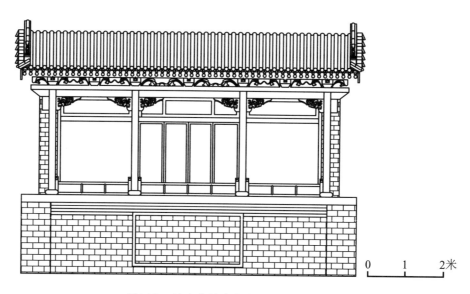

0　　1　　2米

图四九　清水营城隍庙戏楼正立面图

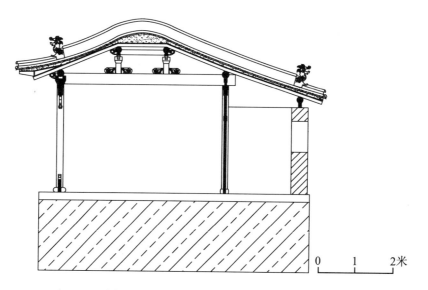

0　　1　　2米

图五〇　清水营城隍庙戏楼侧剖面图

第六节　木瓜园堡

一　建制与历史沿革

　　木瓜园堡位于陕西省榆林市府谷县木瓜乡政府驻地木瓜村。木瓜园堡建在木瓜河东岸，地势东高西低，落差70米。城北临赵家沟，东临东城沟，四周群山环抱，地理位置险要。城依就自然地形修建。明初，原为木瓜园寨，设于河谷中。《延绥镇志》载："成化十六年（1480年）改寨设堡，隶孤山。二十三年（1487年）展中城。弘治十四年（1501年），募军，治为新城。城设在山上，系次冲上地。周围凡三里零九十步，楼铺一十七座。万历三十五年（1607年），巡抚涂宗浚用砖包砌，边垣长三十三里零一百五十四步，墩台三十二座。"《延绥镇志》还记载：明代该堡驻军丁并守瞭军共879名，马骡264匹。清代驻守兵120名。

二　地理人文环境

　　木瓜园堡处于祁连－吕梁－贺兰山字形构造马蹄形盾地的东翼与新华夏系第三沉降带的复合部位，属于伊陕盾地之北东部。在中生代基岩所构成的古地形基础上，覆盖新生代红土和黄土层，再经过流水切割和土壤侵蚀而形成，本地区土层覆盖较薄，有些地方基岩已暴露出来。从地形上看该堡所处区域属黄土沟壑地带，沟壑（山地）地貌发育较好，山大沟深。城北为赵家沟，城东为东城沟，城西临木瓜河。（图五一）

　　该区气候上属于中温带半干旱大陆性季风气候类型。土壤为沙质黄土。乔木有榆树、杨树等，灌木以柠条、沙柳等为主，地面多生长沙生草本植物；动物有野兔、山鸡、各种鼠类等。城堡下的河流为木瓜川。木瓜川为孤山川的一条支流，自西北向东南流去，为季节性补给型河流。该城堡遗存内为木瓜村，城北为村，隶属陕西省府谷县木瓜乡管辖，城内有居民300余人，为汉族。城堡内居民以农业为主，兼营小工商业，有杂货店、农资店、饭馆等。府谷至木瓜的石子公路穿越遗存而过，城内有多条居民生产生活道路。

　　《延绥镇志》载："木瓜园堡东至清水营三十里，西至孤山堡四十里，南至府谷县五十里，北至边垣四十里。"今测城堡北至大边墙体最近处10公里。

三　平面形制及建筑布局

　　木瓜园堡平面呈不规则形，略似靴状，北宽南窄。城周1696米，占地面积约17.92万平方米。城内现有南北向主街道一条，沿街有数条巷道通向城内各处。现城内建筑主要为地方乡镇政府相关机构以及居民生活、商业设施。（图五二；彩图一一三、一一四）

　　城内东部地势高，村民辟为农田，种植农作物。西部地势平坦，为村民集中住宅区。古街道分布于营堡西部，呈与西城垣平行之势，城中原鼓楼毁于"文革"中，现玉帝庙为新修。城内古建大部不存，幸存的两处民居亦破烂废弃。神棚楼原与街对面对台（已不存）相照应，因年久失修，现也残破不堪。

图五一　木瓜园堡周边形势图

四　城垣及其附属遗迹

目前残存的主要有四面城垣及其附属设施，包括 3 座角楼、3 座城门及 2 座瓮城等。

1. 城垣

北城垣　长 456 米。连通城内街道的乡村小路穿越城垣后沿垣体外侧向北延伸后通向城北的庙群，

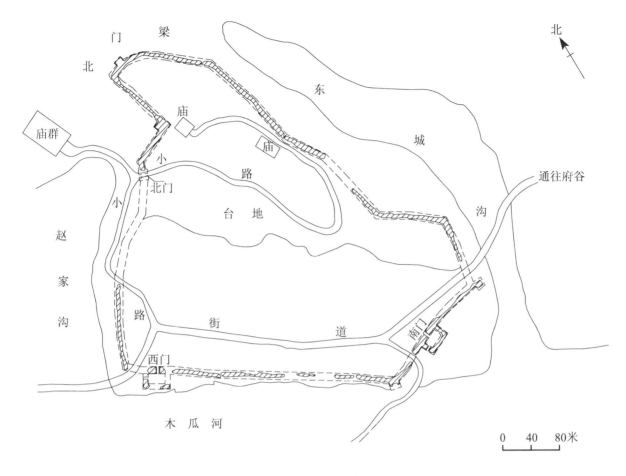

图五二　木瓜园堡平面图

此路分支再次穿越城垣（北门遗址）在城内绕行至城北庙宇。村民在西段垣体上建有房屋，垣外自然冲沟畔上堆积垃圾，垣体上及内外生长有柠条和杂草。垣体底宽10、顶残宽0.3～2.8、垣内残高0.4～7、垣外残高1.2～10米。夯层厚7～12厘米，夯窝直径6、深1.4、间距15～20厘米，夯土内包含碎石块、料礓石、红砂石等。垣体于红砂岩层上起建，下部用红砂土粗夯厚0.2～0.3米。垣体底部基础外包石1.5米高，条石规格为80～105×25×20厘米，每两长石间夹一块长20～40厘米的丁石。垣体外包砖石已不存，现可见的厚0.3～0.53米的砖石混合体外壁面与夯土垣齐平，明显嵌入夯土垣内，当为夯土墙与外包砖石间的填充物。（彩图一一五）北垣东端建有角楼。角楼平面呈方形，底边凸出垣体10米，边长16米，顶南北边残长5、东西边残长9.1米，西面残高9.4米，北面残高4.5米。西面现存外侧包石三层，每层厚0.8米，自下而上第一层高2.2米，第二层高1.6米，第三层高5.4米，向上每层收缩0.5米，呈台阶状。北面亦存外包石。台体内侧底部保留石砌垣体，向上呈坡状，当为外包石遗留部分，说明当时角楼内外均包石。

东城垣　长684米，顺东城沟畔弯曲分布。东垣仅于南部被通往府谷的村公路破坏不存，其余保存较好。垣体底宽10、顶残宽0.5～3.8、垣内残高1～3.4、垣外残高2～5.6米。修建东垣时先以黄土夯筑2～3米高的基础，夯层厚16～20厘米，其上垣体夯层厚7～14厘米，下部以条石作基础，上部包砖，厚0.7米。夯土墙上相隔不远填充0.4～0.6米厚的残砖块、石块或灰渣拌土，均杂乱无章。垣体外见有宽1.2～1.5米的散水，散水铺砖已遭破坏，散水下为厚0.12～0.15米的灰渣防水层，防水层下面的夯土基础因地形不同夯筑厚度不等，为0.8～3米。东垣北端建有马面，底部凸出垣体8米，东西边长16米，残高4米。马面夯土台外包基石，上部砖石混包，厚0.7米。

南城垣　长176米，西段被村公路穿越破坏，垣体内侧毁坏严重。南垣底宽10、顶残宽1.5～4、残高8米，夯层厚7～15厘米。垣体底部以黄土夯筑1.8～2米厚作为基础，上部垣体内填充较为整齐的砖、石、灰渣混合物。（彩图一一六）垣体外侧基础包条石，上部外包砖厚0.8米。南垣东端建魁星楼，仅存楼台，内侧已经人为改造。楼台平面呈方形，底边长13、残高8米。台建于高2米黄土夯打的基础上，台芯与外包石之间填充不规则砖、石、灰渣混合物。外包基石三层，厚约0.4米，自下而上每层高0.29、0.26、0.22米。之下为一层砖铺散水，散水下有灰渣防水层，防水层下、黄土层上又平铺一层砖作为基础。南垣西端建有西南角楼，遭破坏严重，现存凸出垣体3米，残高约8米。台体外包砖石厚0.8米，散水下防水层厚0.7米，为灰渣层，分五层打垫。

西城垣　长380米，沿河床分布。由于垣内住宅密集，垣体遭破坏严重。垣体底宽10、顶残宽0.5～2.5、残高4～8米，夯层厚7～14厘米。垣体修建采用同样的方法，即于垣体内填充石或砖石混合物。由西垣外壁可知，为了填充厚约0.6米的砖石和灰渣，黄土垣每隔2米高留出宽0.1米的平台，这样可使填充物与土垣结合更牢固。垣体上见有石砌垣作为拉筋。西垣南端保存长17.7、高3米的砌护石垣，内填乱石，底层外用25×31厘米的方石平砌一层，其上用长80～125、厚30厘米的长条石及长17～25厘米的丁石相间平砌，共存十层。西垣北端亦存砌护垣体50米，保存完整。该垣体外包石共有十三层，每层厚0.29米，总高4米。最下两层为基石，每层厚0.2米，基石以上两层每层收缩0.12米，再上即砌成平整的壁面。西垣中部建有马面一座，破坏严重。（彩图一一七～一二〇）

2. 城门

木瓜园堡共建三座城门，为北门、南门和西门。

北门　位于北垣中段，修路将遗址破坏，规模不辨。

南门　位于南垣中段，外筑瓮城，现残存垣体，城门俱毁。垣体底宽7～10、顶残宽0.8～3、外残高8、内残高1～4.8米。垣体内外包石，外侧基石六层，上部包砖，夯土墙与外包砖间填充砖石混合物。垣体收分为每米0.26米，夯层厚7～15厘米。垣体内侧下部基础砖砌1.05米高，上部石片砌成"人"字纹，包石厚0.75米。垣体顶部铺石板用以防水。南门通城内主街道，门宽3.2、进深11米，两边石砌基础部分保存。瓮城向西开门，门宽2、进深9米，两边石砌垣亦存。瓮城内地面生长榆树及杂草，一条小水渠自南门经瓮城西门通向城外的木瓜河。（彩图一二一）

西门　位于西垣北端，外筑瓮城。瓮城南垣及西垣中段遭破坏不存。残存垣体底宽8～10、顶残宽0.4～1.5、内高4～7、外高3～8米。西门通城内街道，为砖砌拱券洞，宽4.15、进深10、高3.5米，被村民用砖封堵。两壁石砌基础六层，总高1.6米，之上起建三批三券。瓮城向北开门，亦为拱券洞，宽3、进深7、残高3米。由西垣断面可知，垣体下部每隔0.2～0.4米夹砌一层石片，上部黄土夯筑，夯层厚8～14厘米。瓮城西垣外临河床，砌有护墙，石料不规整，未经打磨，外包石厚1.2米。瓮城地面比原来高出许多，现种有杨树，杂草茂盛，水渠自西门经瓮城北门入木瓜河。瓮城东建有厕所、猪圈，周围堆放垃圾，环境恶劣。

3. 墩台

墩台分别建于两个山头上，南边墩台现存夯土台，编为1号。呈覆斗形台体，平面呈方形，立面呈梯形。该墩台底部边长10.6米，现存高度6米。四壁残存有包石。（图五三；彩图一二二）

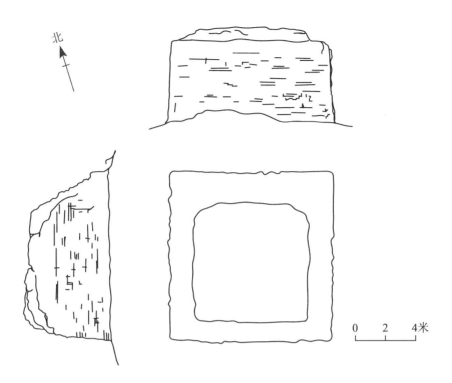

图五三　木瓜园堡 1 号墩台平、立面图

北边一个圆形墩台被村民用砖包砌，名曰"圣母墩"，台外周有围墙，院内竖立明正德十年、十二年创建北岳庙记事碑两块，北岳庙已毁，圣母庙为重修，庙南戏台已毁。

第七节　孤山堡

一　建制与历史沿革

孤山堡位于陕西省榆林市府谷县孤山乡政府驻地。东北距木瓜园堡 20 公里，西南距镇羌堡 20 公里。唐为胜州地，后为孤圪塔马营。明正统二年（1437 年）巡抚郭智置堡西山，成化初移置今堡。城设在山畔，系次冲上地。周围凡三里零三十四步，楼铺一十四座。

该堡从西山移建于现址是成化十一年（1475 年）。万历三十五年（1607 年）巡抚涂宗浚用砖包砌城垣，并建南、北、西三座城门。明制驻军丁并守瞭军共 2656 名，马骡驼 1764 匹。清代驻守兵 120 名。

孤山堡在明代东路诸城堡中地位相当重要。

《延绥镇志》载："孤山堡东至木瓜园堡四十里，西至镇羌堡四十里，南至府谷县四十里，北至大边一十五里。边垣长三十七里零二百五十五步，墩台五十座。"今实测孤山堡北距大边垣体最近处 6.5 公里。北、西北侧现存有墩台两处，北门外东北侧 100 米处有窑址一处，城北 1 公里处有宋代七星庙古建筑群。城西有障城建筑，可能为原设于西山的旧孤山堡。

二　地理人文环境

　　府谷县境内处于祁连－吕梁－贺兰山字形构造马蹄形盾地的东翼与新华夏系第三沉降带的复合部位，属于伊陕盾地之北东部。在中生代基岩所构成的古地形基础上，覆盖新生代红土和黄土层，再经过流水切割和土壤侵蚀而形成的，本地区土层覆盖较薄，有些地方基岩已暴露出来。孤山堡位于孤山川的二级阶地上，但是地貌表现出黄土沟壑特征。西邻为西门沟，东边为苦水沟，北与砖墩梁相连。（图五四）该地属于中温带半干旱大陆性季风气候类型。土壤为沙质黄土。乔木有榆树、杨树等，灌木以柠条、沙柳等为主，地面多生长沙生草本植物。野生动物多见野兔、山鸡、各种鼠类等。孤山川

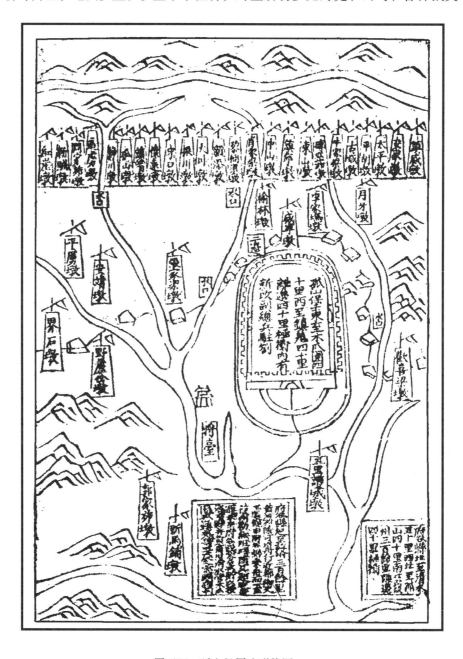

图五四　孤山堡周边形势图

发源于内蒙古准格尔旗绝立概川。自内蒙古羊市塔入境，流经府谷县庙沟门、三道沟、孤山、傅家墕、高石崖、府谷六个乡镇，由高石崖乡高家湾村汇入黄河。县内流长57公里，占全长79公里的72.2%。县内流域面积1018平方公里，占全流域面积1272平方公里的80%。年平均流量348立方米/秒，年径流总量1097亿立方米，7~9月占69.8%。年输沙量为2760万吨，7~9月占94.9%。最大流量10300立方米/秒（1977年8月2日），最小流量为0立方米/秒，大部分年份均可出现。县内有172条大小水沟注入孤山川。

现在该城堡遗存内的行政村为城内村，城外南部为南关村，均隶属陕西省府谷县孤山乡管辖。该地有居民600多人，均为汉族。城堡内居民以农业为主，南关居民多营小工商业，有杂货店、农资店、饭馆等。府谷至店塔的公路穿越南关村。另在城堡北侧有两条高压线，一条输气管线经过。输煤铁路神府专线穿越西垣、南垣。南垣底有原榆府公路，沟西畔有301省道。

三 平面形制及建筑布局

孤山堡建于孤山川北岸的高山梁上，东、西、北三面临沟，仅北垣中部与梁峁相接，地势北高南低，地形险要，位置独特。城平面呈不规则长方形，南北宽，东西窄，周长约1520米，面积约12万平方米。目前城内布局以穿越鼓楼的街道为中轴，两边排布民居。（图五五；彩图一二三、一二四）

四 城垣及其附属遗迹

目前孤山堡保存有城垣及其所附属的瓮城、马面、角楼、水门等，城内现有城隍庙一处，城外有陶窑一处，有墩台两座。

1. 城垣

北城垣 长166米，垣体保存完整，底宽9、顶残宽4~4.6、外高6.8、内高6.3米。垣体夯土内夹杂小石块，夯层厚7~14厘米。垣体顶部局部可见灰渣防水层，厚0.12米。垣体外壁面平整，内壁面塌陷较重，其上生长榆树、枸杞、杂草。北门位于北垣中段，北门西侧垣体内侧建有马道，斜坡长13、宽5米，今仅存土坡，不见所包砖石。东距北门21米处建马面一座，编为1号，保存较好。现存夯土台底部凸出垣体7米，东西边长12米；顶部凸出垣体5米，东西边长9.6米，高6.7米。该马面北面局部保留石砌基础，厚0.8米。

东城垣 长580米，北段保存较南段好。垣体中部有人为豁口一个，宽1.7米。南段内侧建小学一所，外侧为村公路，因此垣体遭受破坏较为严重。现存垣体底宽8.5、顶残宽1.3~4.8、外高6~7.3、内高0.8~7.2米。夯土内包含石头、石片等，夯层厚8~14厘米。垣顶残存有防水石板，原应为方形或长方形，现已风化严重，失去原形，残存厚2~3厘米。垣体外壁面平整，较少生长榆树、杂草；内壁面坍塌较重，生长较多榆树、杂草，村民于垣内挖窑贮草。东垣上栽有大量高压电杆，严重破坏垣体。

北段残存1座马面，编为2号。2号马面位于东垣豁口南，底部凸出垣体9.2米，南北边长18.5米；顶部凸出垣体7.6米，南北边长15.5米；东壁高7、北壁高4米，南壁高8.2、西壁高8.2米。外壁平整，东壁面上生长榆树。马面顶部被村民利用，修整为平坦的场地。

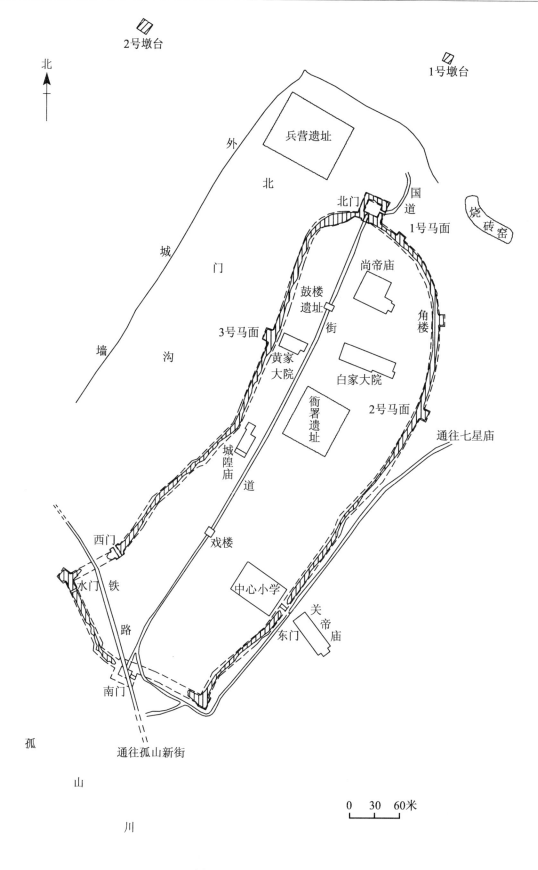

图五五　孤山堡平面图

南城垣　长240米，东段被公路和铁路穿越破坏94米，西段保存较好。现有垣体底宽9、顶残宽2~2.7、外高6.7~7.7、内高2~3.5米。夯土内包含石块、石片，部分段落分层填充石片夯筑，夯层厚7~14厘米。垣外壁面平整，内壁面紧临铁路，受震动坍塌较重。垣外沟畔上堆积拆毁城砖。（彩图一二五、一二六）

西城垣　长540米，南段被铁路穿越破坏40米。中段垣体遭村民破坏较重，即将消失。北段保存较好。（彩图一二七、一二八）垣体底宽10、顶残宽0.3~5、外高1.5~7.6、内高1.2~6.4米。夯土内包含石片、瓷片、碳屑等，夯层厚8~14厘米，部分地段可见夯层厚10~24厘米，夯窝直径6、深0.8、间距12厘米。顶部三合灰防水层厚0.3米，部分地段边缘残留防水青石板，厚2~4厘米，顶部生长杂草。垣体外壁面平整，内壁面生长榆树及杂草，村民于垣体上开洞内外穿行或挖洞贮存粮草。垣外沟畔上见大量垣顶塌落的防水层。

西城垣北段建有马面一座，编为3号，距西门296米，夯土台保存很好。台底北面凸出垣体7.5米，南面凸出垣体7.2米，南北边长18.5米；顶部东西凸出垣外6米，南北边长15米；南壁高7.5、北壁高7.5、西壁高7.3米。夯土质地较纯，夯层厚8~14厘米，台仅在西壁面上生长几棵枸杞，其余面修整齐平，保存亦好。台西沟畔上散落大量碎石块，北壁面外有坍塌土堆。

2. 角楼

东北角楼　东城垣北端为东北角楼。距北门131米，保存较好。底部凸出垣体8.5米，南北边长17米；顶部凸出垣体6.7米，南北边长14米；外高9米，内高5.2~5.8米，垣体收分较大。夯土台内包含石块，夯层厚8~14厘米。内侧垣体上部夹杂厚3厘米的灰渣层，裸露侧面上又见厚1厘米的灰面。

东南角楼　东城垣南端建有角楼，西南角夯土塌毁严重。角楼底部东面凸出垣体2.6米，南面凸出垣体1.9米。南北边长19.7、东西边长19米，顶部残存南北边长14.3、东西边长14米，楼台外高10米，内与城内地面齐平。楼台东南面残存外包基石和包砖，厚0.8米。台西堆积大量坍塌土。（彩图一二九）

西南角楼　南城垣西端建有西南角楼，由陕西省考古研究所和榆林市文物保护研究所联合发掘，现台体四角基石及夯土台保存较好。（彩图一三〇）楼台平面是长方形，底部凸出南垣垣体5.2米，西面凸出垣体8.2米，东西边长12、南北边长13.2米；顶部东西边长6、南北边长6.9米。台高6.9米，台基高1.75米，外包石七层，厚0.8米。条石长67、宽30、厚27厘米，一丁一顺砌筑。基石下灰砖散水宽1.2、厚0.3米。西南角楼东侧垣体上建有水门一个，保存完整，宽1.2、进深9、高1米，为砖砌拱券洞。水门外排洪渠保存亦完整，长13.7、宽0.95~1.57、深0.4~0.56米，底错缝平铺石条，侧壁排水门3.9米以条石一丁一顺砌筑，外部条石错缝平砌。（图五六~五八；彩图一三一、一三二）靠西垣上栽有电线杆一根。

3. 城门

孤山堡建三座城门，分别为北、西、南门。

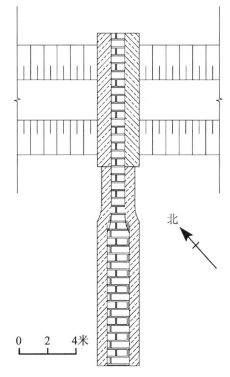

北

图五六　孤山堡水门平面图

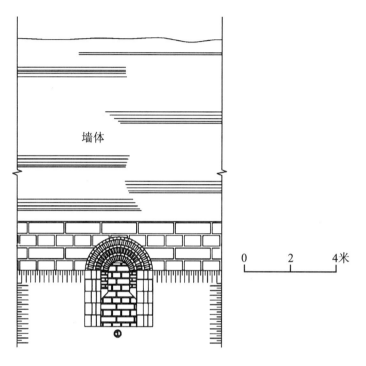

图五七　孤山堡水门立面图

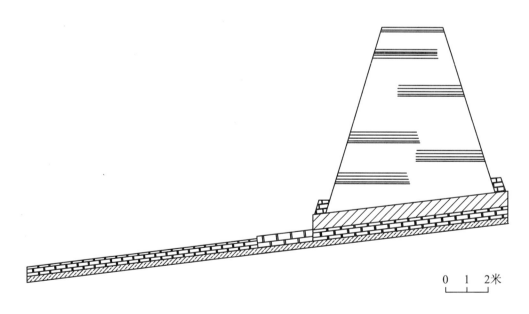

图五八　孤山堡水门侧剖面图

北门　位于北城垣中段，外筑瓮城，保存较好。平面呈长方形，城内东西长19、南北宽16.1米。垣体底宽9、顶残宽1.5~4.5、内残高6、外残高9.3米，局部顶上保留防水石板。垣体外侧包砖，表面残缺；内侧不包砖，坍塌严重。东垣上开设进出瓮城的门洞，宽3.13、进深6.7、高4.52米，砌砖规格38×39×9厘米。门洞遭受破坏较重，两壁包石切割风化严重。瓮城垣体上生长榆树、枸杞及杂草，城内村民开辟田地种植洋芋。由北门洞和瓮城东门洞相连的道路向内通城内街道，向外沿

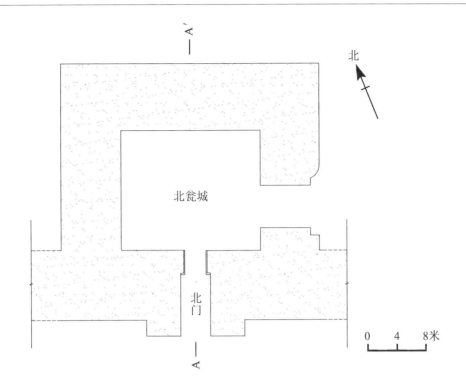

图五九　孤山堡北门瓮城平面图

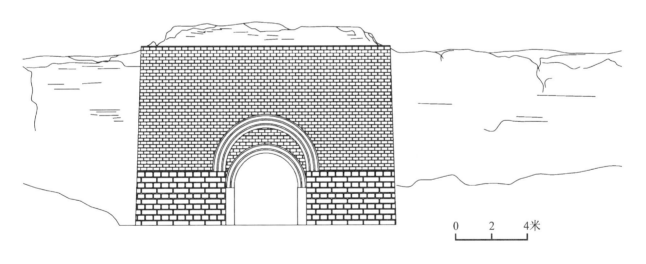

图六〇　孤山堡北门南立面图

瓮城东垣外侧向北延伸，路宽约 5 米，为瓮城遗存道路，今仍为车辆通行之路。（图五九～六一；彩图一三三～一三六）

西门　南距西南角楼 40 米，原有瓮城，外门开向北，现已破坏，仅存内城门。城门现存高 8 米，砖砌拱券，城门洞宽 4.2、进深 11、高 3.8 米。门洞两侧石砌基础高 1.8 米，砌七层，风化严重，上砌三批三券，厚 0.9 米。西门顶部三合灰防水层厚 0.45 米，门洞两侧垣体外部下铺 0.3 米厚的灰渣防水层，防水层上残存外包石。西门现仍为所用，村民由此进出城内外。（彩图一三七、一三八）

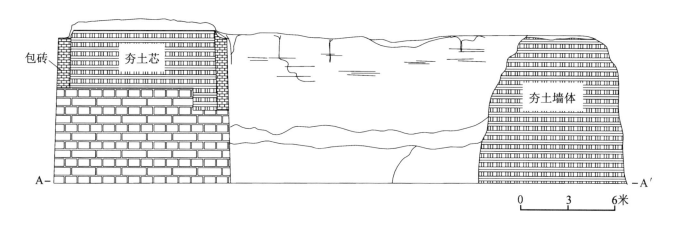

图六一　孤山堡北门瓮城剖面图

南门　原位于南垣中段，外建瓮城，因修建输煤铁路，整体彻底被毁。

4. 墩台

1 号墩台　位于孤山堡北部约 297 米处，处于平缓的山梁上，系一台体建筑，平面呈方形，立面呈梯形。（图六二）底边边长 11.7、残高 4.9 米；台顶平面呈 "凹" 字形，东西边长 9.3、南北边长 9.6 米。南边的中部开一个缺口，缺口东西长 3.4、南北宽 2.8 米，登台通道在台体的南边，宽 1.3、进深 2.8 米，在高约 2.5 米处，向西折曲通向台顶。台体系夯筑而成，夯层厚 10 ~ 16 厘米，较为致密，包含有少量的砂石块。台体上部原建筑基础已不存在。台体的四周发现石质基础，可见宽度为 0.9 米，用条石和不规则石块混合砌筑，其中东侧底部残存长度约为 3 米，南侧残存约 4 米，北面残存 2 米，西面残存 2 米。台体四周堆积大量的坍塌土，周围可见大量的砖块、石块。1 号台所处的位置现处于山梁缓坡地带，东侧为一条大型冲沟，该冲沟应系自然形成，向南即延伸到孤山堡的东、北侧。台体的西侧现为一条小路，附近有一条陕京天然气管道，并有多条高压输电线路。（彩图一三九、一四〇）

2 号墩台　位于孤山堡西 300 米处的小山梁上，与现城堡隔冲沟相望。台体建于东西长 47、南北宽 44、高 1 米的圆角方形基座上。建筑分为基座及其上台体。该基座用沙土修筑，内包含碎石块、料礓石等，未经夯打。现地面平整，生长杂草。墩台为二层建筑，一层平面呈长方形，南北长 14.5、东西宽 13.5、高 3 米。台体以黄土夯筑，质较纯净，夯层厚 8 ~ 14 厘米。墩台外包砖石被人为毁坏，加之雨水冲刷造成严重水土流失。现四壁面塌陷较重，仅于北壁局部残存三层外包石，不很规整。二层台比一层收缩 2.5 米，顶部南北边残宽 8、东西边残长 12 米，高 9 米。台上部坍塌严重，现台底堆积大量倒塌土块。台身以纯净黄土夯打，质地致密坚实，夯层厚 9 ~ 14 厘米，夯窝直径 7、深 1、间距 10 厘米。（图六三；彩图一四一、一四二）

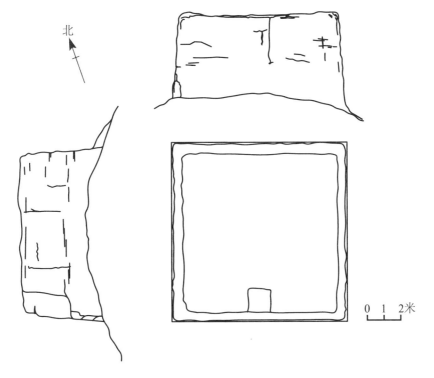

图六二　孤山堡 1 号墩台平、立面图

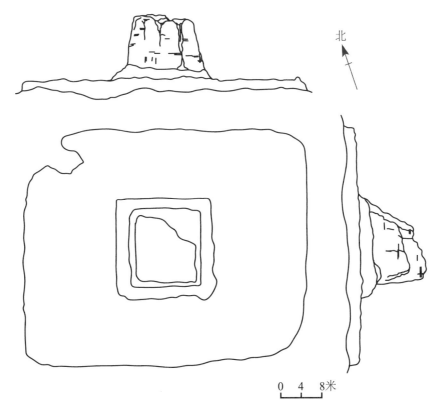

图六三　孤山堡 2 号墩台平、立面图

5. 窑址

共发现6座。1号窑已由陕西省考古研究所和榆林市文物保护研究所联合发掘，现窑口、火膛、烟道均存，窑顶不存。其余5座窑址均填满淤土，窑壁顶部残破，部分可见烟道。（彩图一四三）

窑结构情况以1号窑址为例，窑口、火膛、窑室、烟道俱存。窑呈南北向，窑头在南，残长6、宽4.84、高7.2米，窑壁厚0.3~0.5米。窑口宽0.8、高2米（破坏）。窑室平面呈圆口方形，宽3.84、通进深4.8、高6.6米。窑床左侧有宽0.24、0.3米，深0.2米两个烟道，窑室后壁两侧及中部设三个宽0.2、深0.2~0.22米的烟道。2~6号窑址窑内积满淤土，外壁残破，推测形制均与1号窑址相仿。窑址底周散落大量残破砖块。

五　宗教建筑及民居

城内街道直通南北门，现街道已经改造成水泥路面，南端与新修道路相接。城内遗存古建多已残毁，中部有城隍庙一座，北部有尚帝庙一座。城北部有白家大院、黄家大院两处民居保存相对较好。衙署遗址位于城隍庙东，为清康熙十一年重修，有《延绥镇志》载《重修孤山堡公署记》（俞亮）为证。城南街道上建二层戏楼，一层原为砖砌拱券洞，于20世纪80年代被改建为平顶过洞。（彩图一四四~一四六）

第八节　东村堡

一　建制与历史沿革

东村堡位于今陕西省榆林市府谷县新民镇新城川村北部的山原上。建于明成化年前。成化二年（1466年），巡抚卢祥将此堡移建于今新民村，称镇羌堡，东村堡遂废弃不用。

文献中对这一城堡的记载缺失，今测东村堡北距大边墙体3.25公里。

二　地理人文环境

府谷县境内处于祁连－吕梁－贺兰山字形构造马蹄形盾地的东翼与新华夏系第三沉降带的复合部位，属于伊陕盾地之北东部。在中生代基岩所构成的古地形基础上，覆盖新生代红土和黄土层，再经过流水切割和土壤侵蚀而形成的，本地区土层覆盖较薄，有些地方基岩已暴露出来。东村堡位于孤山川北侧台地上，地貌表现出黄土沟壑特征。东西两侧分别为冲沟，北侧为黄土峁地，与城堡间呈鞍形结构。气候属于中温带半干旱大陆性季风气候类型。土壤为沙质黄土。乔木有榆树、杨树等，灌木以柠条、沙柳等为主，地面多生长沙生草本植物，动物有野兔、山鸡、各种鼠类等。附近的河流为孤山川的上流，水量较小。在该城堡遗存内南城垣部位为新民乡新城川村，有十多户居民，100余口人。城堡内居民以农业为主，种植玉米、小麦、土豆等。府谷至店塔的公路在城堡南侧的孤山川内经过，城堡内有农业生产用路多条。

东村堡所处为北高南低的山原上，东西为大沟，东为东门沟，西临西城沟，北接新城梁，前为孤山川，地势险要。

三　平面形制及建筑布局

城平面呈不规则形。城垣周长 1782 米，占地面积约 17 万平方米。（图六四）城垣垣体以黄土夯筑，垣内外未包砌砖石。城内地面无建筑遗存。

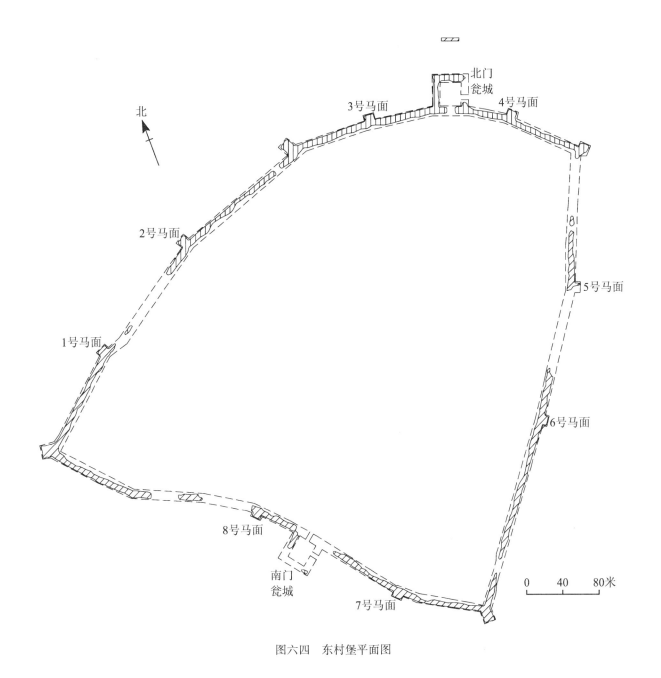

图六四　东村堡平面图

四　城垣及其附属遗迹

1. 城垣

西城垣　长 430 米，垣体底残宽 5.3、顶残宽 0.5~3.8、内高 1.4~5、外高 3.8~7.4 米。夯层厚 10~18 厘米。西垣中部被洪水冲断两处，南段垣体外侧种植农作物，北段垣体外临沟壑。（彩图一四七、一四八）西垣上发现两处马面，分别编为 1、2 号。1 号马面位于西垣南段，夯土台底部南、北边分别凸出垣体 7.8 米，南北边长 12.5 米；顶部南、北边凸出垣体 7.2 米，南北边长 9 米；台高 5.6 米。该马面北面被自然冲沟断开。2 号马面位于西垣北段，南距 1 号马面 135 米，北距西北角楼 140 米。台底部南、北边凸出垣体 8.4 米，南北边长 12 米；顶部南、北边凸出垣体 7 米，南北边长 8.3 米；台高 7 米。夯层厚 10~19 厘米。

北城垣　长 336 米，垣体底残宽 3~8.8、顶残宽 1.5~3.6、外高 6、内高 1~6 米。夯层厚 8~18 厘米。北垣外临沟，北门外为田地，距北门 37 米处有东西向垣体一道，长 20、宽 2、残高 2 米。（彩图一四九）北垣上发现两处马面，分别编为 3、4 号。3 号马面位于北垣西段，东距北门 64 米。台底凸出垣体 8 米，东西边长 12 米；顶部呈长方形，凸出垣体 7 米，东西边长 9 米；台高 6 米。4 号马面位于北垣东段，西距北门 44 米，东距东北角楼 75 米。该马面塌毁严重，规模不辨。

东城垣　长 500 米，北段垣体遭破坏严重，多处被冲沟断开，南段保存较好。垣体底残宽 3~8、顶残宽 0.3~4、内高 0.5~4、外高 1.5~4 米。夯层厚 10~19 厘米。东垣外临沟，南段有岩石冲沟将垣体断开。（彩图一五〇~一五二）东垣上也发现两处马面，分别编为 5、6 号。5 号马面位于东垣北段，马面坍塌严重，底部南北边残长 5、东西边残宽 1 米，残高 2.5 米。6 号马面位于东垣南段，距东南角楼 210 米。台底凸出垣体 8 米，南北边长 12 米；顶部比底部收缩 1.5 米；台高 7.6 米。夯层厚 11~16 厘米。

南城垣　长 516 米，中部有 61 米长的豁口，人行道路由此穿越。城垣上有多处人为土洞，内贮存粮草。南垣外为坡地，坡下住有村民。南垣底残宽 6~10、顶残宽 0.8~3.5、内高 2~5.4、外高 4.4~7 米。夯层厚 12~22 厘米。（彩图一五三）南垣上仍发现两处马面，分别编为 7、8 号。7 号马面位于南垣东段，底部东面凸出垣体 4.8 米，西面凸出垣体 3 米，东西边长 11 米；顶部东面凸出垣体 3 米，西面凸出垣体 2.5 米，东西边长 6.6 米；台高 7 米。夯层厚 11~17 厘米。8 号马面位于南垣西段，底部东面凸出垣体 5 米，西面凸出垣体 4 米，东西边长 8.8 米；该马面坍塌严重，顶部呈不规则形，东西边长 6.2、南北边长 5 米；台高 8 米。

2. 角楼

城垣各角上均建有角楼，亦为土筑，未作包砌。

西南角楼　基础高 3~3.4 米，台体高 5.2 米，夯层厚 20 厘米。台底部南边凸出垣体 10.5 米，东西边长 12.6 米，西边与西侧垣体相连；顶部呈不规则形，东西边长 5、南北边宽 3.5 米。（彩图一五四）

西北角楼　夯土台底部南边凸出垣体 14 米，北边凸出垣体 13 米，南北边长 14 米；顶部南边凸出垣体 13.5 米，北边凸出垣体 12 米，南北边长 10.4 米；台高 8.5 米。夯层厚 9~15 厘米。

东北角楼　夯土台底部东西边长 6、南北边长 5 米，顶部东西边长 5.6、南北边长 4 米。

东南角楼　夯土台底部北面凸出垣体 13.5 米，南面凸出垣体 12.7 米，东西边长 12 米；顶部北面凸出垣体 12.2 米，南面凸出垣体 11 米，东西边长 8.6 米；台高 8.2 米。角楼上建有庙宇一座，仅有平房一间，房前有清光绪三十二年四月铸铁钟一口，钟上记载为青龙庙。（彩图一五五）

3. 城门

东村堡建有北门和南门两座城门。

北门　建于北垣中段，外筑瓮城。北门豁口宽 8.8 米，瓮城东门遗址因村民整修田地被破坏，原地面高于现人行豁口路面。瓮城西垣长 34、底宽 5.8、顶残宽 0.4 ~ 3.7、高 6 米，夯层厚 11 ~ 23 厘米；北垣长 40、底宽 8.8 米；东垣长 33 米，遭破坏严重。东门规模不辨，遗址处豁口宽 22 米。（彩图一五六）

南门　位于南垣中段，外筑瓮城，现仅残存西垣局部和东南角垣基。城门难辨，瓮城内南北长约 37、东西宽约 22 米，垣体底宽 8 米。瓮城向东开门。

六　城堡的时代

目前没有发现该城明确时代特征的遗物，根据建筑形制、结构、形式等判断，该城时代可能为宋元时期，明代早期有沿用。

第九节　镇羌堡

一　建制与历史沿革

镇羌堡位于陕西省榆林市府谷县新民镇，城堡所在区域古称高寒岭。明成化二年（1466 年）巡抚卢祥由东村堡（府谷县新民乡新城川村）迁建于今址，筑镇羌堡垣周长"二里零二百二十九步，楼铺十座"。万历三十五年，巡抚涂宗浚用砖包砌城垣。明代镇羌堡驻军丁及守瞭军共 706 名，配马骡 229 匹，设操守、坐堡、守备各一员。清康熙年间，驻守兵 110 名，设守备 1 员领之。之后该堡遂成为梁镇。

镇羌堡保存基本完整。城垣保存较好，城门仅存南门，瓮城范围清楚。城内建筑保存下来的有钟鼓楼、城隍庙、观音寺以及街道和两侧仅有的数处近代民居。

20 世纪 60 ~ 70 年代"破四旧"时期及搞基本建设时期，城堡遭受人为破坏最为严重，城垣包砖石被拆除，建筑被捣毁。此后村民在城垣内侧修屋建房，掏毁城垣，并将城垣拆毁用于内外通行，也对城堡造成了极大危害。

文献记载："镇羌堡南至府谷县八十里，北至大边十里，东至孤山堡四十里，西至永兴堡四十里。"现实测镇羌堡北距大边垣体最近处 5.5 公里。现城东、南各有一处墩台。

二　地理人文环境

府谷县境内处于祁连 – 吕梁 – 贺兰山字形构造马蹄形盾地的东翼与新华夏系第三沉降带的复合部位，属于伊陕盾地之北东部。在中生代基岩所构成的古地形基础上，覆盖新生代红土和黄土层。

该城堡所处区域为镇羌山，平均海拔 1400 米，长 35 公里，为府谷县西部屏蔽。镇羌堡位于主峰高寒岭附近，海拔 1426.5 米，为府谷县最高点，因山势高峻、气候寒冷而得名。现在山上松柏苍翠，林荫密布。城堡的北、东、西三面地势较低。东北侧有一条比较大的涧，导致城垣形成一个拐角，东南角外也有一条涧，城内的排水流入此沟，当地人称为南川沟。两沟之间的城外东部地势平坦。南垣外与高寒岭间有一条小型沟，称南门沟。城堡的东南部当地人称为张家庙岩。城堡西面的沟为驼渠沟。城堡周围梁峁沟壑相间，地势险要。（图六五；彩图一五八、一五九）

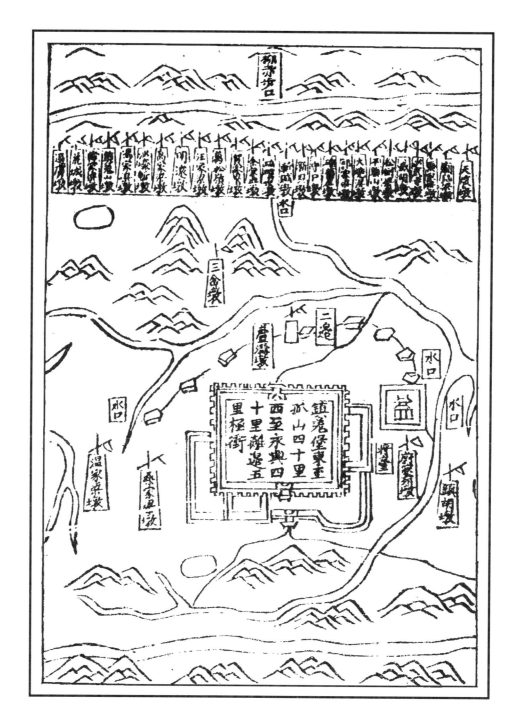

图六五　镇羌堡周边形势图

该地气候属于中温带半干旱大陆性季风气候类型。土壤为沙质黄土。乔木有榆树、杨树等，灌木以柠条、沙柳等为主，地面多生长沙生草本植物。野生动物多见野兔、山鸡、各种鼠类等。附近1公里无大型河流。

城堡内为新民村，隶属陕西省榆林市府谷县新民镇管辖，该地有居民 400 人，以汉族为主。生产经营以农业为主，该村在古城外规划了工业园区。附近无公路，现在有两条乡道穿越该遗存。城址南侧的道路也是榆林至府谷的旧官道，现仍在使用。

三　平面形制及建筑布局

城堡平面近方形，只在东北角向内缩回，周长 1394 米，占地面积 11.25 万平方米。堡城建有钟鼓楼，主要街道为南北街道，穿过钟楼与南、北门相通，东西向巷道有多条。街道两侧遗存十余处店铺和民宅。(图六六；彩图一五七)

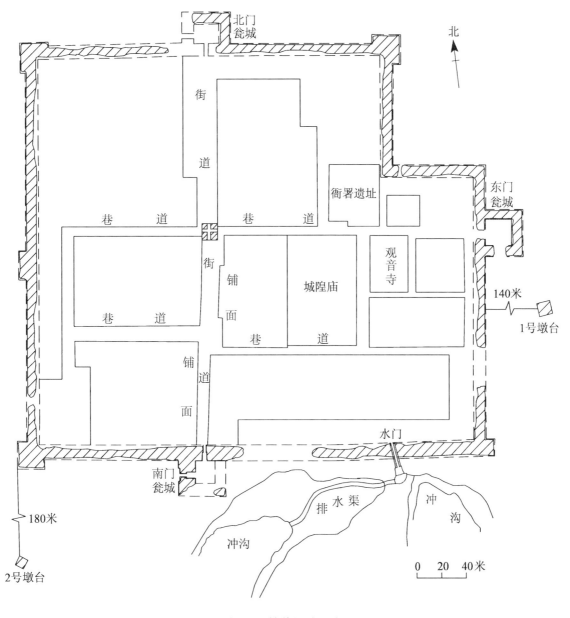

图六六　镇羌堡平面图

四　城垣及其附属遗迹

镇羌堡现存四面垣体及附属的水门、马面、角楼、瓮城、护城墩台，城内有钟鼓楼一座及庙宇多处。

1. 城垣

北城垣　长 300 米，除北门处为豁口外，其余区段保存较好。垣体底宽 9、顶宽 0.2 ~ 5、外高 4.8 ~ 9.4、内高 3 ~ 5.6 米。黄土夯筑，内包含杂石、砖块和瓷片、碳粒等，夯层厚 10 ~ 13 厘米。垣外包砖石无存，上部夯土坍塌较为严重，壁面上生长杂草。村民在北垣内侧修建民居，拆毁垣体，窑洞和烟囱直接建于垣体上，严重破坏了城垣。（彩图一六〇）

东城垣　共长 400 米，北段从东北角向南延伸 100 米后向东垂直折转，延伸 74 米后又折向南方。东垣南段有一 30 米长的豁口，连接城内外的村公路在此通过。垣体底宽 9 ~ 10、顶残宽 0.7 ~ 5、外高 7 ~ 9.4、内高 4.5 ~ 6.5 米。夯层厚 9 ~ 12 厘米。东垣北段南北向垣体外侧保存部分外包砖石，最底一层基石厚 0.3 米，下部包石高 4 米，共 14 层，向上斜收 13 厘米，一丁一顺砌法，横石长 70 ~ 110、宽 42、厚 30 厘米，丁石长 24 ~ 35 米，包石厚度 0.45 米。（彩图一六一、一六二）

南城垣　长 370 米，东段垣体较为残破，中段 50 米遭破坏消失。垣体底宽 11、顶残宽 0.4 ~ 5.5、外高 0.9 ~ 7.8、内高 2.3 ~ 4.7 米。夯土内包含砖、瓦残块和碳粒等，夯层厚 10 ~ 12 厘米。距东南角 70 米处，有保存完整的水门和排洪渠。东南角垣内侧建新民炮点，为新修院落，西段垣内侧村民靠垣修建民居，严重破坏了垣体。南垣外壁塌陷严重，生长枸杞，内壁上村民掏挖土洞存放粮草，消失地段村民建厕所、猪圈等，垣外堆放垃圾，环境较差。（彩图一六三）

西城垣　长 324 米，垣体底宽 10、顶残宽 0.4 ~ 3.8、外高 5.5 ~ 7.8、内高 4 ~ 4.7 米，夯层厚 10 ~ 12 厘米。西垣内侧多为村民住房，外侧为沙梁，正在修建村公路。垣体内壁坍塌严重，生长枸杞、杂草，外壁平整。西垣中部建有马面一座，底部凸出垣体 4.4 米，南北边长 17.7 米，顶部保存较好，高 7.6 米，夯层厚 10 ~ 13 厘米。村民在马面上掏挖了一个宽 1.2 米的穿洞，由此可进出城垣。

2. 角楼

东南角楼　外包砖石及顶上建筑破坏，现存夯土台底部东边凸出垣体 7 米，南边与南垣相连成直线，南北边长 15 米，顶部为矩形，边长 11 米，台内高 4.5 米，外北边高 6、东边高 9、南边高 4.5 米。台底南部堆积大量坍塌土，见残砖、石、瓦块和瓷片，并见柱础石一个。台内侧建有新民炮点，外侧有人行小路。（彩图一六四、一六五）

东北角楼　外包砖及顶上建筑无存，夯土台保存较好，台底部北边凸出垣体 7 米，东边凸出垣体 5 米，东西边长 23、南北边长 23 米，顶部收缩 1 米余，台高 9.4 米。（彩图一六六）

西南角楼　现存夯土楼台底部南边凸出垣体 7 米，西边凸出垣体 8 米，东西边长 22、南北边长 22 米；顶部南边凸出垣体 2.2 米，西边凸出垣体 7 米，东西边长 18.6、南北边长 10.2 米；台内侧高 5.3、外侧高 9 米。角楼内侧种玉米，外侧为沙地，正在修路，台顶上生长杂草，栽有电线杆。

西北角楼　现存夯土台西边凸出垣体 4 米，北边凸出垣体 3 米，东西边长 23、南北边长 23 米；顶部西边凸出垣体 2.4 米，北边凸出垣体 2 米，东西边长 17、南北边长 10.8 米；高 8.8 米。角楼内侧建房屋，深入楼台内 1.5 米，台顶有烟囱，台顶局部保留原建筑砖铺地面。

3. 城门

城堡设东、南、北城门三座，均外筑瓮城。

东门　位于东垣中部，城门已毁，所在位置豁口宽 7 米，瓮城向南开门，豁口宽 9 米。瓮城垣体底宽 8.6、顶残宽 2~4、外高 7.8~9.7、内高 6.5 米。夯层厚 11~15 厘米。瓮城内东西长 22、南北宽 21 米，临东垣内侧地面种玉米，其余空地长有榆树和杂草。垣体外侧底部堆积坍塌土和砖石残块。

南门　现残存南门及瓮城西门、西垣及东南角垣体。南门被村民用水泥加固，缩小了原城门洞宽度。门洞原宽 3.4、深 12 米，现存高 3.16 米，三批三券砖砌。现地面比原地面高出 2 米左右。南门西向瓮城门两侧垣体经修葺，东侧垣下部为四层石砌基础，西侧垣下部为砖砌垣。南门顶上修建戏台。瓮城西门洞西边被村民用砖封堵，东边敞开。门洞宽 3.3、进深 12 米，现存高 3.84 米。门洞两侧垣体下部砌六层条石，高 1.64 米，上部砌八层石，高 2.02 米。瓮城城内东西边长 16、南北边长 18 米。瓮城西垣长 13.4、宽 9.7、高 9 米。顶部坍塌建筑堆积厚 1.5 米，内含大量砖、瓦、瓷残片，顶上建电线杆，生长杂草。外侧底部现存三层条石，高 0.97 米，收分每米 6.5 厘米。上部用砖错缝平砌，收分每米 13 厘米。

北门　城门不存，原址在今人行豁口东侧，现残存北门洞西侧基础外包石三层。瓮城向西开门，现为开敞空地，北侧垣体断面上残存几块基石，原门洞规模不清。瓮城现残存东、北垣体，垣底宽 8、顶残宽 2、外高 6.4、内高 4.3 米。夯层厚 10~15 厘米。瓮城内现为高出地面的土台，建有水塔一座，地上堆积草秸，杂草生长茂盛。（彩图一六八）

4. 水门

水门位于南垣东段，建在城垣下部。由三部分组成，即位于城垣下的排水道、位于城垣外护坡上的排水坡及东西泄水渠。（彩图一六九~一七四）

排水道为砖砌拱券洞式结构。洞宽 1.2、高 1.44 米。洞门两侧砌三层基石，高 0.79、宽 1 米。基石上平铺一层砖，其上为三批三券式砖结构门道，门道宽 0.85 米，砖的规格为 41×20×9 厘米。排水道立面呈"之"字形，分为三部分，上下部分为水平结构，中间部分为阶梯式斜坡结构。上部的水平部分 6.43 米，底斜向下用条石平铺，错缝一层，之下灰渣防水层厚 0.2 米。两侧壁下部砌三层条石，由下而上每层厚 0.31、03、0.13 米，风化剥蚀严重。条石上用平砖错缝平砌。中部斜坡砌 25 级台阶，斜长 7.25 米，每级台阶宽 0.16~0.24、高 0.16 米。两侧壁下部砌两层条石，上部空白处用四块砖砌成规整的三角形图案。下部水平部分最底两层被破坏掉，其余保存完好。洞南部平底水道长 4.65 米，砌法同上部水平部分。水门北、南部门洞高差 10 米，利于洪水快速泄出。

排水坡位于水门外的城垣斜坡上，用青砖立起砌成。排水坡总宽 1.2、斜长 8.9 米，落差约 7 米，其下为厚 0.52 米的灰渣防水层。排水坡的表面并不在一个角度上，上部基本一致，中下部由西侧向东侧倾斜。排水坡下部为一小型蓄水池，起到缓解水流的作用。排水渠分为东西两支。蓄水池的两边均为砖砌拱券排水洞，洪水经东侧水洞直接排入东南方向的冲沟内，经西侧水洞出来流向一条人工排水渠后流进城垣南侧冲沟。西侧人工排水渠宽 1.7 米，两侧壁高 0.77 米，目前残存 50 米左右，用青砖一顺一丁砌筑而成。（图六七~六九）

该水门及排水渠为明代陕西三十六营堡保存最为完整的一个，对研究明代排水设施建筑结构具有重要意义。

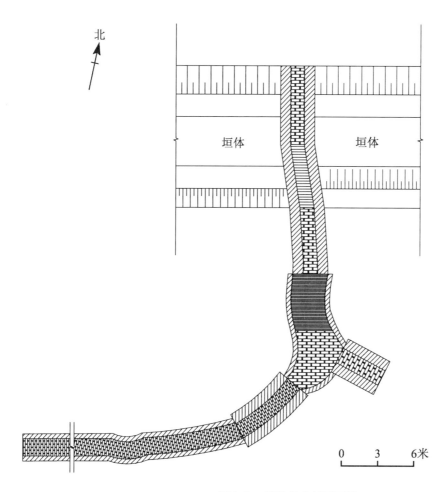

北

垣体　　　　　垣体

0　　3　　6米

图六七　镇羌堡水门平面图

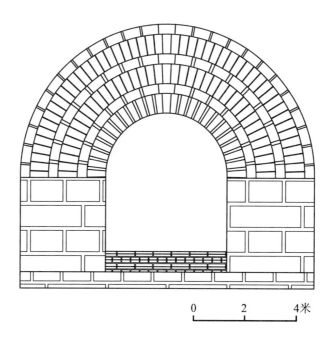

0　　2　　4米

图六八　镇羌堡水门券洞南立面图

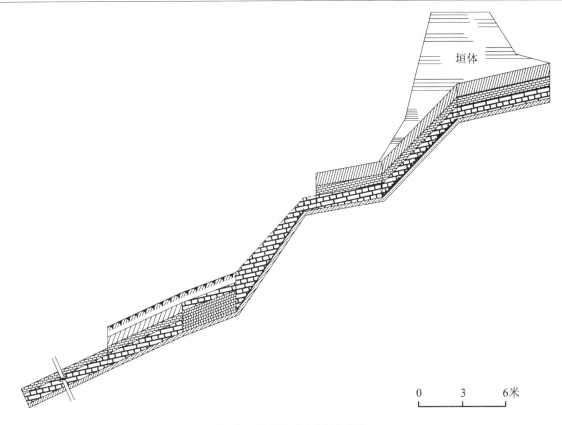

0　　3　　6米

图六九　镇羌堡水门侧剖面图

5. 护城墩台

1号墩台　位于镇羌堡东 140 米处，原为外包砖石，上有建筑的军事哨所。现存夯土台保存完好，平面呈长方形，底部南北边长 11、东西边长 10.5 米，顶部南北边残长 9.1、东西边残长 9.4 米，残高 7 米。台以黄土夯筑，内包含石片、料礓石等，夯层厚 9~18 厘米。台体外缘下部以长条石及不规则石块、黄土混合包砌厚 0.8 米，现于西面局部残留 1.7 米高，南面中部残存长 1.5 米，东南角上仅见两层条石，东北角上局部保存，上部包砖不存。顶部建筑堆积厚 0.5 米，内含大量砖、瓦建筑材料。台两面开设券洞，残存洞口宽 1.3、高 2、深 2.1 米，入洞向左斜上 4.1 米即可登上台顶，台顶出口处塌陷严重。（图七〇；彩图一七五）墩台壁面较为平整，底周堆积大量坍塌土和砖、石、瓦残块，顶部有较厚的建筑堆积物。

墩台建在地势较低、较平缓的山梁上，西面有洪水冲开的壕沟一条，其余三面为耕地，种植玉米、洋芋等。台所在山梁外部多为梁峁沟壑地带。台西北有姑姑庵遗址，西有姑姑庵戏台遗址。

2号墩台　该墩台建于镇羌堡南 180 米处，原为外包砖石，上有建筑的军事哨所。现存夯土台保存完好，平面呈长方形，底部南北边长 8、东西边长 7.5 米，顶部南北边长 6.7、东西边长 6.5 米，残高 3.2 米。台以黄土夯筑，内包含碎石块、碳渣、料礓石等，夯层厚 10~15 厘米。台四壁面平整，底部堆积坍塌土及大量砖、瓦残件，高 3 米余。台顶上建筑堆积层厚 0.1~0.4 米，含大量砖、石、瓦残件，顶下 0.7 米处有一层厚 0.24 米的堆积层，内含大量石、瓦、砖残块和瓷片、碳渣、料礓石等。（图七一；彩图一七六）

据村民讲，2号墩台顶上原建魁星楼，为二层木构建筑，疑为墩台废弃后于清代修建。台西南开设砖砌券洞，洞口宽 0.9、残高 1.1、进深 0.65 米。由券洞直接进入砖砌窑洞，窑宽 1.9、现存高 2.4、深 3.37 米，现窑内存放糜草。窑洞内两侧壁上辟砖砌券洞，宽 0.62 米，为登台顶步道入口，残毁严重。步道北折斜向上，亦为砖砌拱券洞，底部堆积大量杂土、残砖块等。砌洞用砖规格为 33×15×7.5 厘米。北窑洞及登台步道当利用原墩台登台步道改建而成。

北

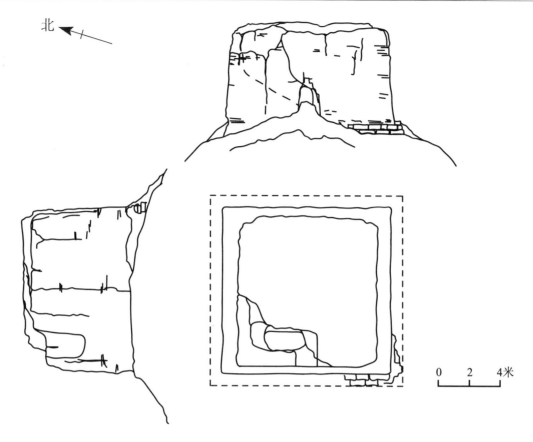

0　2　4米

图七〇　镇羌堡 1 号墩台平、立面图

北

堆积土

夯土台基

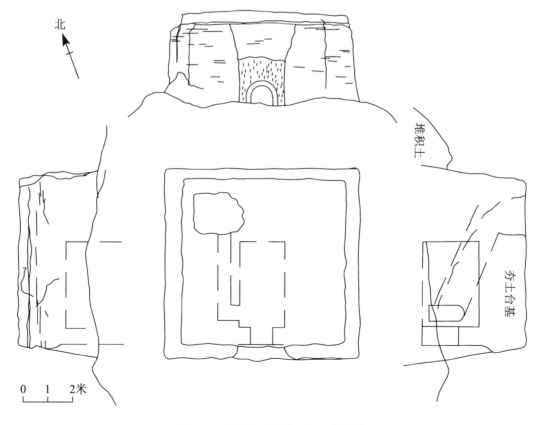

0　1　2米

图七一　镇羌堡 2 号墩台平、立面图

五　公共建筑与宗教建筑

公共建筑为衙署遗址，在城东北部，现此处为粮站占用。（彩图一七七）

宗教建筑，据村民讲述以及钟鼓楼上2002年维修碑的记载，镇羌堡城内原有观音寺、城隍庙、大佛殿、文帝阁、三教殿、火神庙、马王庙、伊佛寺、孤魂庙、五道庙、文庙，城外原有大关帝庙、小关帝庙、娘娘庙、玉皇大帝庙、魁星楼、尼姑庵、祖师庙、老龙庙、睡佛殿、山神庙、财神庙等，均于20世纪60~70年代"破四旧"时被毁坏。庙宇保存较好的有城隍庙和观音寺等，另外城中心还有钟鼓楼一处，现被村民建为三官庙。

城隍庙正殿正在维修中，正殿南部为戏楼，保存较好。（图七二~七五；彩图一七八、一七九）

鼓楼为台体二层建筑，已经维修。（图七六~七九；彩图一八〇）

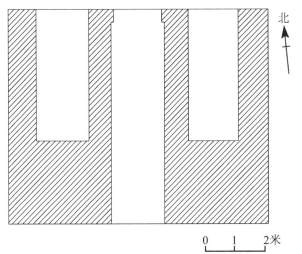

图七二　镇羌堡城隍庙戏楼一层平面图

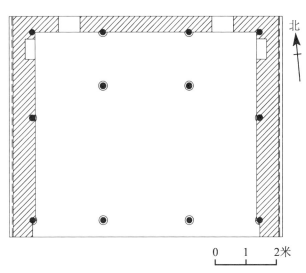

图七三　镇羌堡城隍庙戏楼二层平面图

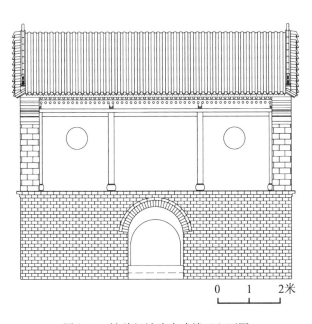

图七四　镇羌堡城隍庙戏楼正立面图

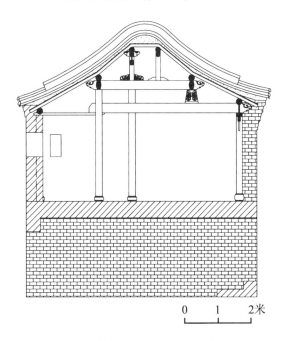

图七五　镇羌堡城隍庙戏楼侧剖面图

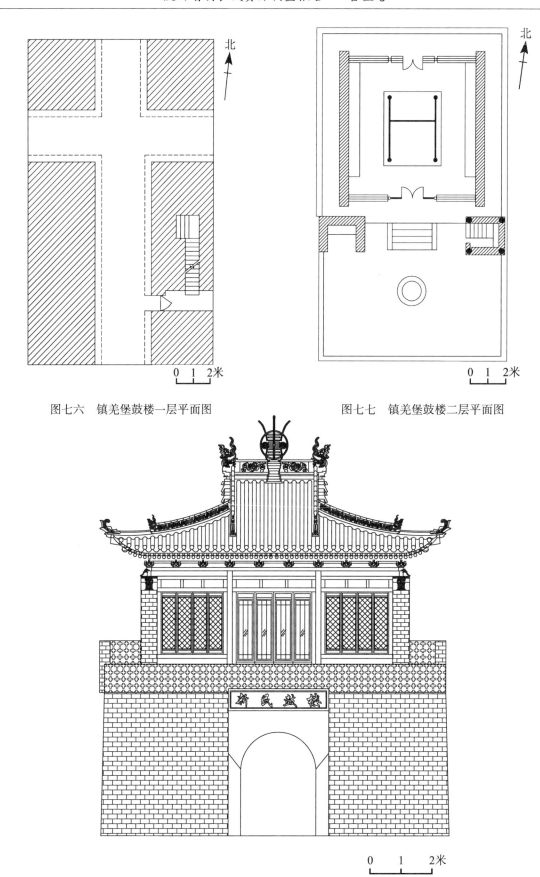

北

北

图七六　镇羌堡鼓楼一层平面图　　　　　　图七七　镇羌堡鼓楼二层平面图

图七八　镇羌堡鼓楼正立面图

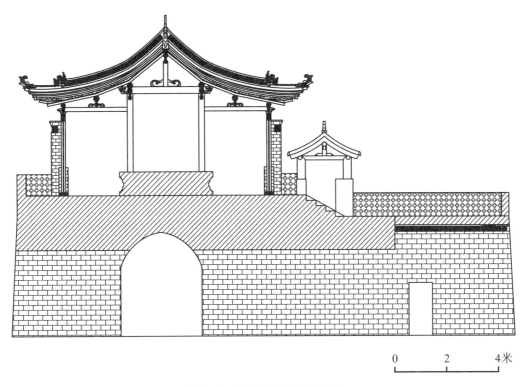

0　　2　　4米

图七九　镇羌堡鼓楼侧剖面图

观音寺已于2006年维修，现为四合院式建筑，所保留的照壁较有特色。（彩图一八一～一八四）

堡城东垣上土洞内存放两尊佛像和一块"创修睡佛殿碑记"碑，碑断为两块，旁边为睡佛殿遗址，现有睡佛一尊，露天放置。（彩图一八五～一八八）

城东门外1号墩台西北即为姑姑庵遗址，地面高出周围耕地0.5～2米，地势略北高南低，范围18米×20米。遗址边上及北部破瓦成堆，可见大量屋顶建筑构件和一个石柱础。（彩图一八九）瓦砾堆中立有三尊石佛像，头均失，残存高度分别为68、72、78厘米，地面上另见一佛像颈部以下残件。石佛像风化严重。1号墩台西、姑姑庵南亦为建筑遗址，范围8米×15米，土台高约3米，地面上堆积大量砖、瓦、石残块。据村民讲为姑姑庵唱戏的戏台遗址。

2号墩台东有玉帝庙遗址，位于城南180米处。南北长17、东西宽7米，高出周围地面2米，地面散落大量砖瓦残件。墩台西有佛殿遗址，南北长11、东西宽11米，高出周围耕地1米，地表有大量砖瓦残件和两尊残佛像。

镇羌堡内另有废弃老店铺一处。（彩图一九〇）

第十节　永兴堡

一　建制与历史沿革

永兴堡位于今陕西省榆林市神木县神木镇堡子村。东距镇羌堡18.5公里，西至神木县城25公里。明成化年间，余子俊遣镇羌指挥宋祥筑城于山上，城垣周长"二里零二十五步，楼铺八座"。万历三十五年，巡抚涂宗浚用砖包砌，至清道光年间，包砖已全部脱落，后再未复修。明代驻军丁及守瞭军共

1006 名，配马骡 399 匹，设操守、坐堡、守备各 1 员，清康熙年驻守兵 110 名，设守备 1 员统辖。

永兴堡保存较差。垣体除南垣基本保存外，其余破坏严重，部分仅可辨痕迹。南门及瓮城遗址范围清楚，城门不存；东、西门位置明确，城门俱毁。城垣上马面保存较好的有一个，其余不明显。城内建筑无存。永兴堡遭受人为破坏严重。城堡建于地势北高南低的山梁上，20 世纪 60 ~ 70 年代农业学大寨时大搞土地平整，将城内低处逐层垫起修整为梯田地，南垣内侧大概比原地势高出 2 米余。城垣外侧残存高度略同一级梯田高度，内侧与城内地面处于同一平面。城内连通东、西门的街道也平整为田地。城内衙门、庙宇、民居等建筑也于此时期彻底毁坏，村民于 70 年代前陆续迁出，现在城内全部种植农作物。城门上的包石、包砖被村民拆除修屋建房。新修的乡村路从西门位置入城可行至城北部的大仙庙。城内耕地表面随处可见石块、残瓦和瓷片，城边缘地带多处堆积大量废弃的建筑材料。

城堡遭自然因素破坏同样严重。由于城垣为土筑，风雨冲刷、植物生长造成垣体风化、酥减、坍塌，城内地势落差大，水土流失严重，城西南部多处被洪水冲成壕沟，冲断城垣。保存相对较好的南城垣外临沟畔，地势低，坍塌险情最为严重。

文献记载："永兴堡东至镇羌堡三十七里，西至神木堡五十里，南至黄河九十里，北至大边一十三里。"今测永兴堡距大边垣体 3.5 公里。目前在城堡南、北面共发现四座墩台，这些墩台起到护城功能。

二　地理人文环境

神木县地形为西北高而东南低。永兴堡位于县境中部丘陵沟壑区，该城区海拔 901 ~ 1337 米不等，梁多峁少，梁面宽 100 ~ 200 米不等，呈鱼脊形，以 10°~ 20°角向两侧沟谷倾斜，沟边缘线以下谷坡陡峻。梁峁两侧沟谷切割深度不等，一般为 50 ~ 150 米，少数超过 250 米。分水岭地带多未切到基岩，断面呈 "U" 形。

永兴堡处于永兴川北侧的山头上，其所在的山头四面均为险要的深沟。东面冲沟的东侧为永兴川川道转折处，地势较为开阔，永兴堡可以居高临下，一览无余；南侧为永兴川，位于川道北侧的官道是东西通行必经之地。东、西、北三面均为自然所形成的冲沟，东侧的冲沟较大，西侧的则自北向南收缩，环绕了城堡的三面。现在的村子即在城堡西北面的沟内，北面沟中也有两三户村民。（图八〇；彩图一九一）

该地气候属于中温带半干旱大陆性季风气候类型，界于海拔 738.7 ~ 1448.7 米的沙漠丘陵地带，受极地大陆冷气团控制时间长，受海洋热带气团影响时间短，加之深居内陆，地势较高，下垫面保温、保水性不好，所以大陆性气候显著。其主要特点是寒暑剧烈，气候干燥，灾害频繁，四季分明：冬季漫长寒冷；夏季短促，温差大；冬季少雨雪。夏季雨水集中，年际变率大；多西北风，风沙频繁，无霜期短，日照丰富，光能强，积温有效性大。因其处于丘陵、森林草原向沙漠、干草原的过渡地带，基本土壤为风沙土和绵黄土。乔木有榆树、杨树等，灌木以柠条、沙柳等为主，地面多生长沙生草本植物。动物有役用家畜马、驴、骡，另有家畜山羊、绵羊、黄牛、狗，野生动物有狐狸、野兔、山鸡、各种鼠类等，另外还有各种禽鸟、昆虫。

流经永兴堡的为窟野河的支流永兴川，目前没有水文材料。在该遗存西 50 米处为堡子村，隶属陕西省神木县永兴办事处管辖，该地有居民不到 100 人，以汉族为主。当地居民以务农为生，附近有村办煤矿，因而农民收入较好。城堡下为旧神府公路，通向城堡有一条土路，城内有农业用高压线穿越该段遗存而过。

图八〇　永兴堡周边形势图

三　平面形制及建筑布局

　　城平面呈不规则形，周长 1004 米，占地面积 73540 平方米。城内建筑基本已不存在，城堡的建筑布局、结构目前已无法搞清楚。（图八一）

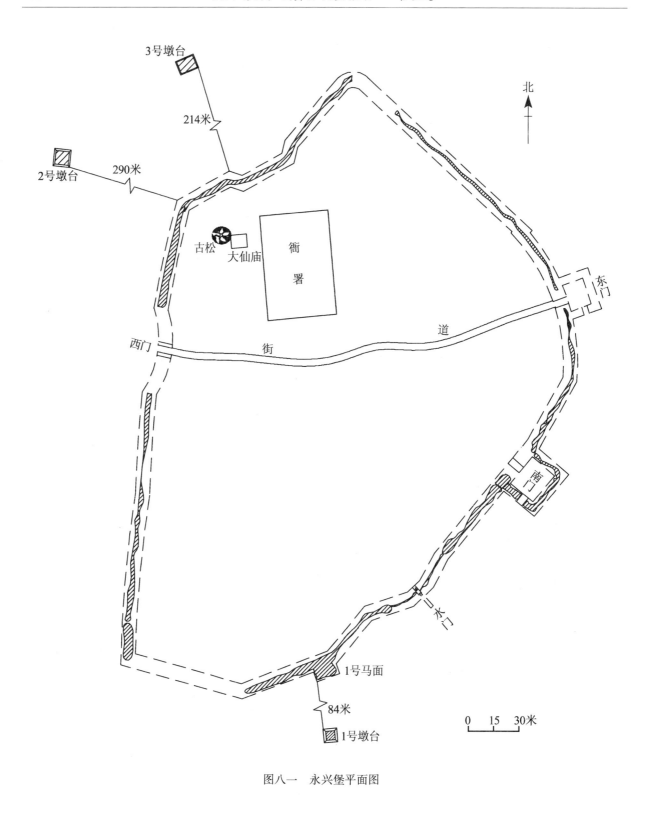

图八一　永兴堡平面图

四　城垣及其附属遗迹

目前该城堡保存有城垣、城门及附属的护城墩台。

1. 城垣

城垣为土筑，因自然地形宽度和高度不等。

南城垣　保存相对较好，但垣体坍塌严重，中段和西段被洪水冲断。现存垣体长214、底残宽7～10、顶残宽0.4～4.8、内高1.8～4、外高2.6～9.5米。黄土夯打，土质较硬，夯土内部分地段分层夹杂石片，其余包含少量石块和碳粒，夯层厚8～12厘米，垣体顶部及内壁上生长大量杂草。南垣最低处现为冲沟，原来排水渠即在此处，垣内水渠夯土局部残存。（彩图一九二）现存于南垣上的马面保存较好，编为1号，其余破坏严重，多数具体位置难以确定。1号马面底部凸出垣体6米，东西边长14米，顶部东西9.5、南北14米，残高9.5米。该马面正处于南垣垣体的折曲部分，亦有角楼的功能。（彩图一九六）台体外侧底周堆有坍塌土块，内侧为耕地，种植玉米，顶部生长杂草。

东城垣　遭人为破坏严重，只保存有大部分外侧垣体，现存长度234、残高3～6.8米，内侧经人工平整为梯田地，垣体宽度不辨。

北城垣　保存状况稍好，残长131、外侧残高5、内侧残高0.8～2.2、顶残宽0.6～6.4米，外壁塌陷较重，壁面生长杂草。（彩图一九三）

西城垣　保存状况稍好，残长216、外侧残高2～7.5、内侧残高2、顶残宽0.5～5.8米，顶上踩出人行小路一条，外侧坍塌严重，壁面上生长杂草。（彩图一九四、一九五）

2. 城门

城堡原建有三座城门，其中东、西门均毁坏，南门及瓮城遗址尚在。南门原为砖砌拱券洞，宽约4米，现已不存；瓮城西门处现为一豁口，其外侧散落几块条石，当为原城门基石。瓮城西垣和南垣外侧残高约3米，内侧现高2米，垣体顶宽1.8～3米，东垣基本不存。垣内侧原通体包砌石片，现仅于南垣上局部可见，石片砌成"人"字纹，厚0.2米。瓮城内地面平整后比原地面高出许多，现种植玉米。

3. 墩台

城堡南、北、西面共建四座墩台，起到护城功能，编为1～4号。

1号墩台　位于永兴堡南垣外84米处一个小高地上，周围环沟。墩台原为外包砖石，上有砖木建筑的军事哨所，废弃后遭破坏严重，现仅存夯土台。该夯土台底部平面呈方形，边长9.2米，顶部平面亦呈方形，边长8米，台体高9.2米。台以黄土夯筑，土质较纯净，夯层厚8～12厘米。北壁以内整体填充0.2米厚的石片，砌成横"人"字纹，每两层石片间隔6～8厘米，中间填土内夹杂大量瓷片、石片和料礓石。台底四周因村民剥取外包砖石而挖成一个壕沟，宽0.8、深0.5米，壕沟边上堆积大量石片和残砖断瓦。台顶残留砖砌垣角，系原顶上建筑遗存，顶上另外散见砖、石、瓷片，台面生长杂草。墩台所在的山地中部略高，外临沟壑，地面杂草生长旺盛。台北侧可通往城堡。台下散落有残砖、瓦片和碎骨头。（图八二；彩图一九七～二〇〇）

2号墩台　位于永兴堡西面的教场梁上，东距堡城290米，原为外包砖、顶有砖木建筑的军事哨所，废弃后遭严重破坏。现仅存夯土台，由基础和台芯两部分组成。基础部分平面呈方形，边长10米，高0.8米，外包砌厚0.5米的灰渣层。台底北边灰渣层基本保存，其余三面局部保存。上部台芯以黄土夯筑，内夹杂零星石片，夯层厚8～13厘米。台顶部因东边塌陷平面呈"凹"字形，东西边长8.4、南北边长8米，台体残高5.5米。台南壁较平整，下部有村民掏挖的一个浅洞。东壁面坍塌严重，北壁面上有塌陷缺口。西壁面上村民又挖出一个宽1.2、高2.1、深6米的土洞，内贮存干草。顶表生长杂草，散见石、砖、瓦残块。台底周堆积大量坍塌土和砖、石残块，地表生长柠条、杂草，台南空地上青草生长旺盛。（图八三；彩图二〇一）

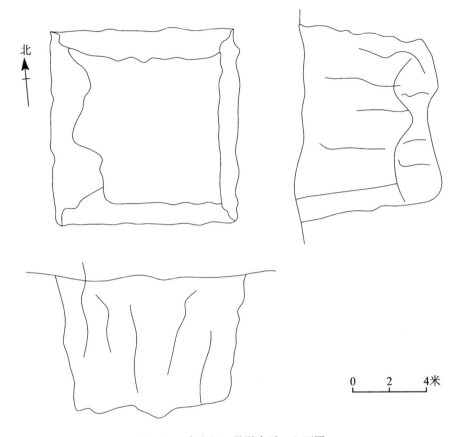

图八二 永兴堡1号墩台平、立面图

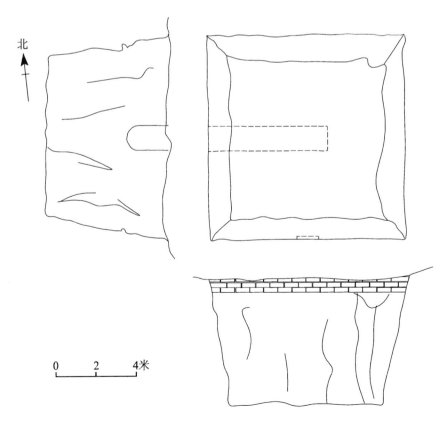

图八三 永兴堡2号墩台平、立面图

　　3号墩台　该墩台是位于永兴堡北面214米处的台体建筑。与堡隔井沟渠遥相照应，西南距2号墩台238米。夯土台由基础和台芯两部分组成。基础部分平面呈长方形，南北边长11.6、东西边长8.6米，高0.9米，外包砌厚0.4米的灰渣层，台底南边灰渣层大部残存，其余三面无存。上部台芯以黄土夯筑，夯层厚8～16厘米，四壁面较为平整，立面呈梯形。台顶平面呈长方形，东西边长7.4、南北边长10.5米，台体残高7米。顶上有一土坑，直径约1、深0.4米，顶表生长杂草，散见石、砖、瓦残块。村民在台北壁凿挖出一个宽1.2、深1.1、高1.9米的土洞，又在台内开凿出一个东西向的穿洞，洞宽1.3、高1.9米，贯通整个夯土台，内存放干草。（图八四；彩图二〇二）

　　4号墩台　原位于城西北娘娘庙西北角外侧，遭破坏严重。

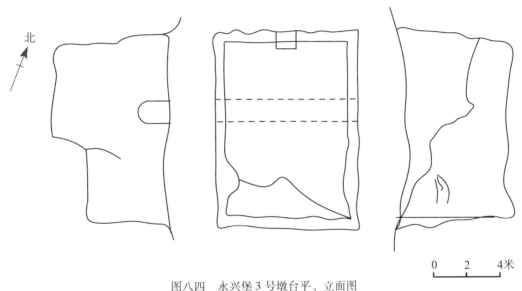

北

0　2　4米

图八四　永兴堡3号墩台平、立面图

五　公共功能建筑

　　永兴堡内原有衙署、庙宇、民居等古建筑，20世纪70年代前已全部拆毁，村民全部迁出，堡内修为梯田地，种植农作物。现城堡北部近年修起一座大仙庙，庙东建有会堂。衙署遗址即位于大仙庙东侧，大致范围40米×60米，遗址周围堆积残砖断瓦，遗址上杂草茂盛。此处长有一棵古松，树干直径3.67米，树冠庞大，为当地一大奇观。城内多处地方堆积大量石片和残瓦，为原房屋建筑材料。原街道宽4米余，直通东、西门，后经平整种地，痕迹荡然无存。

第十一节　大柏油堡

一　建制与历史沿革

　　大柏油堡位于今陕西省榆林市神木县解家堡乡大柏油堡村，城堡东北距神木县城15公里，西南距柏林堡20公里。明弘治初年建筑堡垣，周长"二里零九十二步，楼铺一十二座"。万历三十五年

（1607 年），巡抚涂宗浚用砖包砌城垣。明代该堡设驻军丁及守瞭军共 466 名，配马骡 149 匹，设操守、坐堡、守备各 1 员；清康熙年驻兵 100 名，设守备 1 员领之。

城垣西、南、北三垣保存较好。西门瓮城保存较好。角楼仅存两个，其余破坏严重。城中心楼基础保存较好，另有现代庙宇一座。（彩图二〇三、二〇四）

大柏油堡城内建筑原为村办小学使用，后被废弃。当地村民在中心楼基础上修建了庙群。东部城垣设施多被弥平，城垣包砖包石多被拆除。

垣体失去外包砖石保护，夯土大面积被毁，残余部分坍塌破损，险情严重。残存垣体受自然因素破坏较重，风雨侵袭、植物生长等因素风解土质，致使安全隐患加重。

文献记载，大柏油堡北距大边三里，今测距大边垣体 1.5 公里。另外城北有护城墩台一座，处于长城边墙与城堡之间。（彩图二〇五、二〇六）

二　地理人文环境

大柏油堡位于县境中部丘陵沟壑区，位于窟野河支流二级阶地的一处山梁上。北、东、南三侧各为深沟，其中北侧为解家堡沟，当地人又称大沟，为窟野河的一条支流；南侧 "V" 形沟流向城堡东侧与大沟汇合；城堡的西侧为一鞍部地带，鞍形地带西侧为开阔的梁山。（图八五）

本地区属于中温带半干旱大陆性季风气候类型，受极地大陆冷气团控制时间长，受海洋热带气团影响时间短，主要特点是寒暑剧烈，气候干燥，灾害频繁，四季分明。冬季漫长寒冷，夏季短促，温差大；冬季少雨雪，夏季雨水集中，年际变率大；多西北风，风沙频繁，无霜期短，日照丰富，光能强，积温有效性大。

大柏油堡处于丘陵、森林草原向沙漠、干草原的过渡地带，基本土壤为风沙土和绵黄土。乔木有榆树、杨树等，灌木以柠条、沙柳等为主，地面多生长沙生草本植物。动物有役用家畜马、驴、骡，另有家畜山羊、绵羊、黄牛、狗，野生动物有狐狸、野兔、山鸡、各种鼠类等，另外还有各种禽鸟、昆虫。流经大柏油堡的为窟野河的支流解家沟，目前没有水文材料。

在该遗存北 200 米处为大柏油村，城堡东 200 米外为大沟村，隶属陕西省神木县解家堡乡管辖，两村有居民 500 人，以汉族为主。当地居民以务农为生。城堡内有一条土路，城内有农业用高压线穿越。

三　平面形制及建筑布局

城堡建在南边盐碱沟、北边柳沟川之间的高山梁上，平面呈不规则长方形，城垣周长 1094 米，占地面积约 43630 平方米。城内仅存中心楼基础一处，其他为晚近建筑，城内建筑布局不清。（图八六）

四　城垣及其附属遗迹

堡城目前残存城垣及其附属的马面、角楼、瓮城等。城内有中心楼、庙宇等。城外侧有护城墩台、石窟各一处。

图八五　大柏油堡周边形势图

1. 城垣

南城垣　长456米，保存较差。其中西段垣体底残宽1.5~4、顶残宽0.5~3、外高1.2~5.5、内高0.3~5.2米。夯层厚10~14厘米，内包含石片、料礓石等。内壁坍塌较重，外壁较平整，局部保留外包石高4.8、厚1~1.2米，垣体顶部生长杂草，散见砖、石、瓷、瓦残片。垣外临自然冲沟，内为城隍庙（曾被学校占用）。垣体中部被进出城的村公路穿越破坏。东段垣体遭破坏严重，外侧底顺

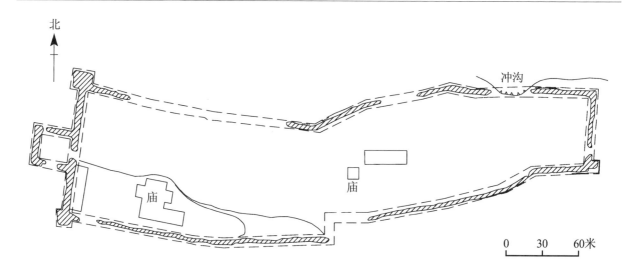

图八六　大柏油堡平面图

垣体修建的村公路破坏了垣基和垣体，现在局部位置零星保存外包基石。垣内耕种地面被村民填起，现高同于垣顶。垣顶面及垣内侧遗留大量石块及残砖、瓦、瓷片。（彩图二○七、二○八）

东城垣　长 68 米，断续残存。垣体底部残宽 2 ~ 4、顶残宽 0.5 ~ 1.5、外高 1.5 ~ 4、内高 1 ~ 2.8 米。垣内种地，垣外缓坡上生长杂草，局部残留数块外包基石，风化严重。垣周围散落石、砖、瓦块。

北城垣　长 444 米，西段保存相对较好。垣体底宽 2 ~ 4、顶残宽 0.5 ~ 1.5、外高 1 ~ 5、内高 1 ~ 3 米。夯土内包含大量石片，夯层厚 10 ~ 14 厘米。垣外侧局部残留基石。北城垣依柳沟川自然地形而建，东段外临岩石沟，西段外临深山沟，距沟底约 50 米，地势险峻。垣内为平缓耕地，种植洋芋等作物。垣体边畔上遗留大量砖、石、瓦片和残瓷片。垣体中部有砖砌排水洞，已废弃不用。洞内底部保存有石砌基础，风化严重，洞已用砖封堵，四周垣体遭破坏，排水洞顶与地面齐平。（彩图二○九、二一○）

西城垣　长 126 米，保存较好。垣体底宽 6、顶残宽 2 ~ 3、外高 8 ~ 9、内高 6 ~ 7 米。夯层厚 9 ~ 14 厘米。其中西门北侧垣体外壁面被火焚烧，壁面草木荒芜，垣内壁面上局部保留原毛石垒砌的外包石。（彩图二一一）西门南侧垣体外侧保留基石，共四层，高 1.35 米，条石长 80、宽 35、厚 30 厘米，二顺一丁砌法。现存基础部分凸出上部夯土垣 0.95 米。基石风化剥蚀严重，尤以南端为甚，基石表面坑坑洼洼，凹凸不平。垣外山坡上遗留大量残砖块和很厚的灰渣防水层。

2. 角楼

堡城建有角楼，现遗址上明确的有西南角楼、西北角楼。

西南角楼　外临沟畔，现存夯土台，距西瓮城南垣 29 米。底部西边凸出垣体 5 米，南边凸出垣体 5 米，东西边长 12、南北边长 14 米；顶部平面呈长方形，东西边长 8.4、南北边长 12 米；台南边高 9.7、西边高 11 米。北壁凸出部位残存有 1 米包砖遗迹。北边塌陷较重，台底堆积大量土块和砖石块。（彩图二一二）

西北角楼　位于北侧的瑶湾沟畔，西面外为平缓地。现存夯土台保存较好，四壁面平整。距西瓮城北垣 33 米。台底北边凸出垣体 7 米，西边凸出垣体 7 米，东西边长 18、南北边长 17.6 米；顶部平面呈长方形，东西边长 12.5、南北边长 11.5 米；台西面高 9.5、北面高 10.3 米。夯土内夹杂碎石块等，夯层厚 9 ~ 13 厘米。（彩图二一三）

3. 城门

该堡原建有东、西、南三座城门。现在西门及瓮城遗址保存较好。

瓮城城门俱毁，垣体残存。西门瓮城的北垣长 31 米，西垣长 34 米，瓮城南垣目前已被现代路面破坏，推测长 32 米。垣体底宽 4～6、顶残宽 0.5～2.5、外高 6.7、内高 5 米。内门现存豁口 11.2 米，夯土内夹杂大量石片、料礓石，且个别地方部分夹垫石片加固垣体，夯层厚 12～16 厘米。垣体外壁面平整，有枸杞干枝，内壁面塌陷较重，生长枸杞、杂草，顶部有多处小型豁口。城堡内公路由西门穿过瓮城南门穿向城外延伸，瓮城内西北部地势较高，种植豆类作物。（彩图二一四～二一七）

南门遗址即位于现公路与城垣交汇处。东门及瓮城位于东垣上，现遗址高出城外公路 7 米，垣体外壁明显，瓮城南门残存几层条石。

4. 护城墩台

该墩台位于大柏油堡西。墩台底座为夯土台，台底基础外用石头、灰渣混合包砌，南北边长 9.5 米（东面），包石厚 0.7 米。夯层厚 7～10 厘米，包含小石块、料礓石，基础包石高 0.85 米。台芯底东边长 8.1 米，北边长 8 米，东壁距北壁 3 米处有洞口，底宽 1 米，西边台芯距基座西边 8 米。台芯底基础外包石高 1.4 米，

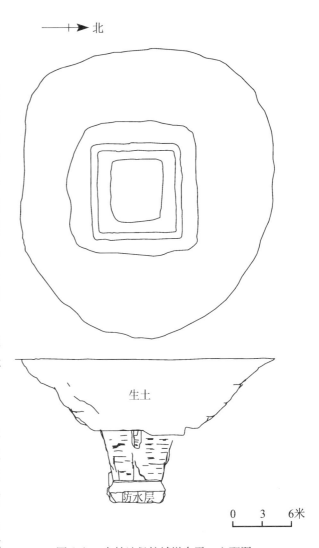

图八七　大柏油堡护城墩台平、立面图

南边保存较好，东北角残存局部，大部分为四层，用石头、灰渣层混砌，不规整。台芯顶上有一层石板，之上砖石填充，再上为 1.5 米厚防水层，大约分八层，再上为海墁两层，顶上堆乱砖。台底座坡上及底周堆大量残砖块。（图八七；彩图二一八、二一九）

5. 城堡附属设施

墩台西 22 米平地上有一道夯土垣残宽 6、残高 2.5 米，夯层厚 12～20 厘米，包含大量料礓石和少量残瓦、石片，坍塌严重，连接南北边沟畔。墩台南侧有村公路通城堡，宽 6 米，穿越墩台西侧夯土垣。

五　宗教功能建筑

城内遗存宗教建筑有西南部的城隍庙，已遭破坏，20 世纪 60～70 年代曾被学校占用，现废弃。城中部有兴隆寺，2000 年由神木县政府公布为县级重点文物保护单位。兴隆寺庙群由大寺、菩萨殿、三官庙等 13 处庙宇和南寺崾 2 处石窟组成。三官庙于 1933 年毁坏，20 世纪 80 年代重修，现为基座三

层砖木结构建筑。庙内遗存清嘉庆二十二年铁磬、铁钟等文物。其余庙宇正在重建当中。兴隆寺内遗存刻"兴盛堡"三字残石碑一块。

城外残存有石窟遗存。石窟凿于南寺峁山梁上，距堡城 500 米，共凿有三窟。石窟坐北面南，相邻而凿。由西至东编为 1～3 号。1 号石窟平面呈倒"凸"字形，面阔 1.45、进深 4.98、高 1.6 米，石窟内宽 3.8、高 1.7 米。石窟顶部浮雕藻井，直径 3.05 米。中央雕刻莲花八卦，中区雕龙凤，外区雕花卉，图案上涂染红、绿、黑彩。四壁壁画底胎为石面上抹一层草抹泥，厚 1 厘米，现残存东、南壁上局部图像。石窟内壁面风化剥蚀特重，石表面坑洼不平，东壁面与 2 号石窟多处连通。石窟内曾遭火焚烧，壁面熏黑，泥胎脱落。2 号石窟形制同 1 号石窟，面阔 1.4、进深 5、高 1.6 米，石窟内宽 3.8、高 1.7 米。石窟顶雕八卦图，风化剥蚀严重，图像模糊，色彩脱落。四壁壁画仅于西壁面上保存少部分，图像下部三个太阳比较清楚，上部似有人物、亭榭，涂红、绿、黑彩。3 号石窟龛极浅，风化剥蚀严重，仅于顶及西面见花卉图案。

六　遗　物

城内地面几乎全部辟为耕地，田间地埂随处可见砖石块及大量瓦、瓷片。采集标本青花瓷片中有"大明年造"款字样。

第十二节　柏林堡

一　建制与历史沿革

柏林堡位于陕西省榆林市神木县高家堡镇柏林村，建在北面临深沟的塬上。保存相对稍好。文献记载：堡城东至大柏油堡二十里，西至高家堡四十里，南至黄河一百二十里，北至大边二里。唐为胜州地，产柏，故名。明成化初，巡抚卢祥置。城设在山塬，系极冲下地。周围凡二里零一十二步，楼铺八座。万历三十五年，巡抚涂宗浚用砖包砌，边垣长四十三里零一十六步，墩台二十六座。

堡城垣体基本完整，外包砖石部分残存，四个角楼及东、西门楼台均保存较好，钟楼及东西贯通的街道规模清楚。城内建筑仅存钟楼一处，建筑遗址有十来处。（彩图二二〇～二二二）

该堡受到的自然因素破坏主要为风雨侵袭造成的垣体坍塌，植物生长、昆虫噬咬，以及城土的分解、风沙吹打造成的砖石风化等。该城堡也遭受较为严重的人为破坏，主要为 20 世纪 60～70 年代，村民将大量城砖剥取，将庙宇等建筑拆毁，使城堡遭受毁灭性破坏。在该遗存东 600 米处为柏林村，有居民 80 人。目前堡城实为一座空城，加之柏林村人口稀少，近期城堡几乎不再受到人为破坏。

二　地理人文环境

柏林堡位于县境中部丘陵沟壑区，城堡所在地为一处地势稍高的台地，四面皆有沟涧，其中堡城北临水门沟，西、南、东面沙地外分别有沙河沟、北罗沟和关家沟。（图八八）

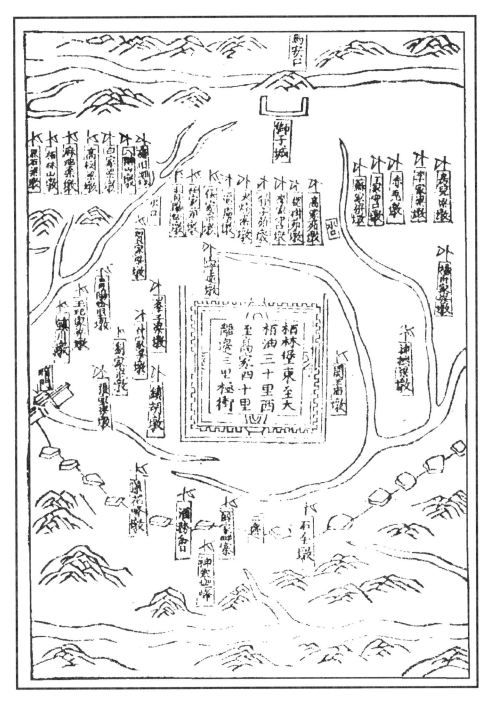

图八八　柏林堡周边形势图

堡城气候上属于中温带半干旱大陆性季风气候类型，主要特点是寒暑剧烈，气候干燥，灾害频繁，四季分明。冬季漫长寒冷，夏季短促，温差大；冬季少雨雪，夏季雨水集中，年际变率大；多西北风，风沙频繁，无霜期短，日照丰富，光能强，积温有效性大。城堡处于丘陵地带，基本土壤为风沙土和绵黄土。乔木有榆树、杨树等，灌木以柠条、沙柳等为主，地面多生长沙生草本植物，役用家畜有马、驴、骡，另有家畜山羊、绵羊、黄牛、狗，野生动物有狐狸、野兔、山鸡、各种鼠类等，另外还有各种禽鸟、昆虫。城堡附近无河流，没有水文材料。

城堡外有一条土路，城内有一条农业用路，城内有农业用高压线穿越该段遗存而过。

西南角楼外 60 米处建有墩台一座。由此墩台向北至水门沟畔建筑一道夯土垣体，因遭破坏断续相连，垣体残宽 3～6 米，残高 1～3 米，走向明晰，与柏林堡西城垣呈平行分布。城北远处山梁上分布有多个墩台。

三　平面形制及建筑布局

柏林堡平面呈长方形，城垣周长 1236 米，占地面积约 9.5 万平方米。城内中部现存中心楼一座，上部建筑已改变了原有面貌。（图八九）估计城内原为十字街道布局格式。在城内东北部发现几处建筑遗址，应为城内的衙署或宗教建筑。

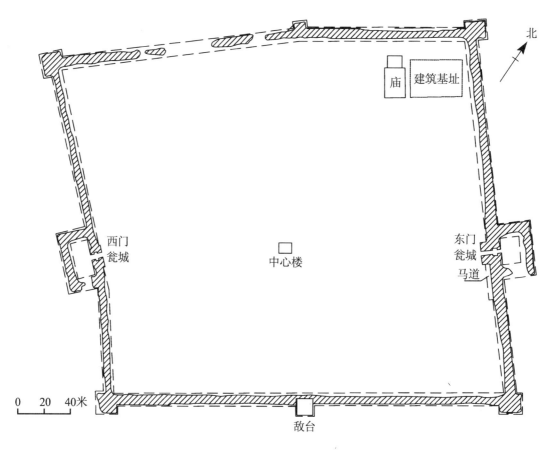

图八九　柏林堡平面图

四　城垣及其附属遗迹

包括城垣及其附属的马面、角楼、敌楼、瓮城等，城内有中心台，城外有护城墩台一处。

1. 城垣

东城垣　垣体长 288、底宽 8、顶残宽 1～3、外高 4～7、内高 3～5 米。以黄土夯筑，内包含石片、料礓石等，夯层厚 10～14 厘米。东门南侧垣体外包砖基本保存，现存垣体包砖长度 64 米，垣体表层包砖多已被剥取，垣外包砖厚 0.8 米；东门北侧包砖局部保存。垣体内壁坍塌较重，土质松软，壁上生长杂草、枸杞等植物。东垣外为坡地，北部种豆类作物，南部空地杂草旺盛。东垣上建有东门瓮城，瓮城内门距东南角楼 97 米，北壁距东北角楼 122 米。（彩图二二三）

　　南城垣　垣体长 322、底宽 8、顶残宽 1～3.5、外高 1～6、内高 0.5～1 米。夯土垣外局部保存包砖，且整道垣体上间隔 9～30 米的不等距离便有一道纵向砖砌拉筋，凹槽宽 0.8～0.9、深 0.5～1 米。南垣外为沙梁地，空地上堆积大量村民剥取的完整城砖。垣体内侧耕地比原堡城地面垫高许多，种植农作物。垣顶部局部保存防水层。南垣中段建有敌楼一座。敌楼距东南角楼 139 米，距西南角楼 135 米，编为 1 号敌楼。建筑基础部分北边伸入南垣 3 米，南边地势低，整个建筑处于山坡上。系两层砖砌台式建筑，分为台座、内部建筑（一层）、台顶建筑（二层）三部分。

　　敌楼台座南北边长 14.1、高 4.3 米，壁面错缝包砖，收分每米 17 厘米。敌台似于原台座上重建，为二层砖砌建筑。一层平面呈长方形，东西长 13、南北宽 10.15 米，高 4.7 米。（图九〇）北壁面下部包砌三层条石高 0.87 米，上部包砖，其余三面包砖。台仅于北壁中央开设洞口，宽 0.64、深 0.76、高 1.25 米。洞口上部镶嵌一石匾，宽 1.7、高 0.6 米，上题"安邦"二字，落款为"民国三十三年桂月，富平杨仲璜题"。一层台内南、北面各有三个拱券洞，其中北边中间券洞宽 0.93、深 2.57、高 1.77 米，与北壁上洞口相连。其余五个券洞大小、形制基本同于此洞，只是靠外垣面上部各有射孔，呈覆斗形，较大的孔外口边长 0.32 米，内口宽 0.64、高 0.36、射孔深 0.76 米。东、西面各有一个券洞，规模较小，洞宽 0.83、深 2.41、高 1.18 米，外垣壁上部亦有射孔。台内中央东、西边各有一个土炕和灶台，可能为后砌，顶为横拱券顶，高 2.8 米。由北面及东、西两边券洞可转角经石级步道登上台顶，步道宽 0.68 米，底部堆积券顶上塌毁砖块。二层残存外围垛垣，西面垣宽 0.52 米，南面垣宽 0.58 米，残高 0.45～1.6 米，垛垣上距二层地面 1.13 米处设有瞭望孔，孔外口方形，边长 0.2 米，孔内口长 0.33、高 0.2 米。二层垛垣内南北长 11.5、东西宽 8.5 米，四角上均有排水孔。二层中央无其他建筑。（图九一～九三；彩图二二八）

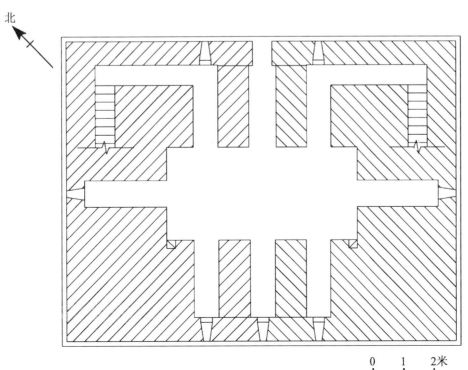

北

0　1　2米

图九〇　柏林堡敌楼一层平面图

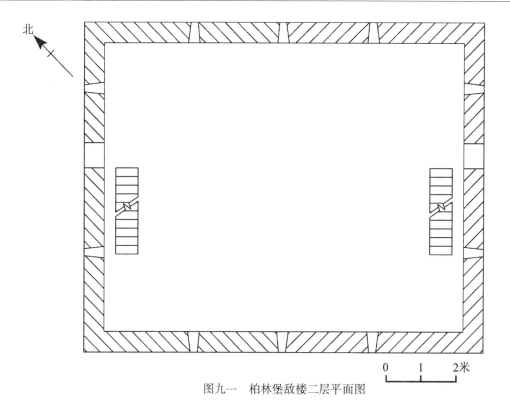

图九一　柏林堡敌楼二层平面图

图九二　柏林堡敌楼北立面图

　　西城垣　垣体长 286、底宽 8、顶残宽 2～4、外高 6、内高3～6 米。夯层厚 10～14 厘米。垣体外壁面平整，北段距地面约 6 米，可见二层平砌砖层，一直连通西北角楼，砖层以上夯土残高 1～2 米。这种现象表明，该段垣体曾进行加高、加固维修。西垣外坡地上遗留大量残砖块。西垣上建有西门瓮城，瓮城南壁距西南角楼 75 米，北壁距西北角楼 112 米。（彩图二二五）

　　北城垣　垣体长 340、底残宽 5～8、顶残宽 0.6～3.5、外高 3～6、内高 2～4 米。垣体西段 13 米及东段局部包石包砖保存完整，可观察出下部包石为四层，包石上部为包砖。目前垣外沟畔上遗留垣

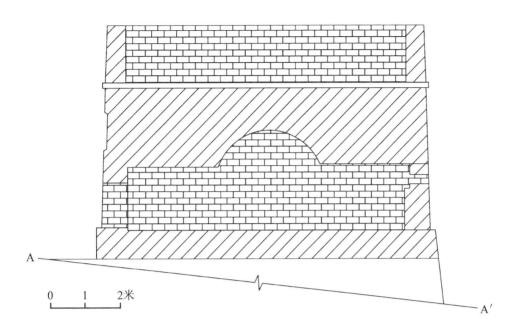

0　1　2米

图九三　柏林堡敌楼侧剖面图

体塌毁的残砖块、灰渣等。中部有马面1座，底部凸出3~4米，东西长8米。垣体西段被自然冲沟破坏34米，中段残存水门门洞西壁下部包石七层，宽度、高度无法确定，遗址已成缺口。

2. 城门及瓮城

柏林堡设东、西两座城门，均筑瓮城。二城门相对，中通街道，街中心建钟楼。

东门　位于东垣中段，瓮城垣体保存东、北垣。瓮城外侧北壁长22米，东壁长28米。内侧东西长14、南北宽12.4米。垣体底残宽9.4~10、顶残宽1~3.5、外高6~8.6、内距瓮城内地面2~5米。正门上现存一层楼台，总宽11.5米，中间门洞距两边4.5米。门洞通进深8.35米，其中东、西两端纵向拱券洞宽2.5、深3.2、高3.52米，中间横向拱券洞两壁分别外扩0.28米，宽3.06、进深1.95、高4.8米。此券洞两侧壁上安装门杠石，长56、宽52、厚22厘米，中开直径23厘米的圆孔插木杠。台东边高6.6米，西边高6.45米。楼台及门洞内下部砌条石六层，高2.07米，一丁一顺砌法，条石长80、宽28、厚27米。石层间勾白灰，并夹有石楔。上部包砖错缝平砌，收分每米仅6厘米，砖规格为43×21×7.5厘米。台顶建筑堆积厚1米，主要有残砖、石块等。城门楼建筑基础基本完整，四边条石距一层台顶边缘0.7米，垛垣完全毁坏。东门北边塌陷严重，底部堆积大量坍塌土和砖块。南边亦遭破坏，靠东垣内侧保存2米多宽的马道，局部残存顺砖错缝斜铺路面。夯土内夹杂砖、石块和料礓石等。垣外局部残存下部包石四层及上部包砖，包砖厚0.8米。垣体内壁坍塌较重，顶上残存少量灰渣防水层。北垣上有一宽2米的人为破坏缺口。瓮城南垣不存，南垣上辟的门洞完全被毁，原进出城内外的通行道路至今仍为沿用。（彩图二二六）

西门　规模、结构同于东门，南北长28、东西宽21米，垣体底宽8米，顶宽4~7米；瓮城内南北长25、东西宽20米，地面生长杂草。由于城内地面增高，门洞宽3米，顶距现地表高仅1.8米。门洞以上垣体外包砖被拆除，夯土暴露，夯土内夹杂大量砖、石残块和瓦、瓷片，残存高度2.3米。西门楼台顶部防水层厚0.15米，之上建筑堆积0.5米，主要有残石、砖块等。瓮城垣体底宽10.5、顶残宽0.5~2.5、外残高7.2、内残高3.5米。瓮城东垣（西门两侧）大部分塌毁，瓮城南门辟于南垣靠东部分，城门仅可见东壁下部包石，其余无存，现存豁口宽7米。瓮城垣外包砖石仅于西北角残存。

（彩图二二七）

3. 角楼

堡城建筑规矩，四角均建角楼，现仅残存基础，顶上建筑无存。

东南角楼　现存楼台底部东边凸出垣体 2.5 米，南边凸出垣体 5.2 米，东西长 17、南北长 13 米，顶部东西残长 13、南北残宽 6 米，南面残高 9 米，夯土坍塌较重，外壁面不平整；北壁面残存，下部包石四层，上部夯土台上可见一道拉筋凹槽内砌砖加固角楼。（彩图二二九）

西南角楼　台底西边凸出垣体 5.5 米，南边凸出垣体 5.5 米，东西边长 17.4、南北边长 16.6 米，顶部东西残长 17、南北残长 6 米，高 6.5 米。台东面及南面西部保存下部包石高 2.6 米，共砌九层，其余各面裸露夯土。南面中部向外整体塌陷，西面夯土坍塌严重。

西北角楼　台底西面凸出垣体 5.5 米，北面凸出垣体 3.8 米，东西边长 16.8、南北边长 17.5 米，顶部南北边残长 16、东西边残长 15 米，台高 7 米。顶上保存砖砌建筑基础，东西长 5、南北宽 3.5 米。角楼夯土台北面局部残存下部包石五层，上部包砖原高 0.8 米，东面保存部分外包砖，东北角坍塌严重。该角楼外临深沟，台底陡坡上遗留大量剥掉的残砖块。（彩图二三〇）

东北角楼　台底东面凸出垣体 5.5 米，北面凸出垣体 3.5 米，东西边长 16、南北边长 13 米，顶部东西长 14、南北长 12 米，台高 7.5 米。楼台东、北面保存部分外包砖，顶上建筑堆积厚 1.5 米，主要有残砖块。台外临沟，地势异常险要。（彩图二三一）

4. 护城墩台

位于柏林堡西南角楼外 60 米处，保存较差。系夯筑台式建筑。平面呈长方形，立面近梯形。台以黄土夯筑，内包含石片、料礓石等，夯层厚 10～16 厘米，每层上面夹垫薄石片夯打。底南北边残长 7.3、东西边残长 5 米，顶南北边残长 6.6、东西边残长 2.26 米，台南面残高 4.6 米，北面残高 2.6 米。台顶不平，顶上堆积建筑构件残块。（彩图二三二）

由此墩台向北有一道夯土垣，直至北门沟畔。墩台与堡城间有通往高家堡的公路通过。

五　公共功能建筑

城内有中心楼，距西门 135 米。底平面呈长方形，东西长 9.9、南北宽 7.5 米，中开砖砌拱券洞，宽 2.1、距地表高 1.8 米。洞内地面堆破烂砖块，两侧壁下部四层基石风化剥蚀特别严重。楼台顶上原建筑无存，现砖砌建筑为玉帝庙，于 1993 年 4 月修建。

城内建筑遗址多集中在东部。东北角有衙署遗址，东西长 45、南北宽 22 米。该遗址上残存砖砌门洞一侧壁及房屋墙基一道，地面堆积大量拆毁残砖、瓦及琉璃构件。据村民讲，此处原有八层琉璃塔一座。

第十三节　高家堡

一　建制与历史沿革

高家堡位于陕西省榆林市神木县高家堡镇。历史上高家堡的行政建制屡有兴废，政权更迭频繁。高家堡一带秦属上郡，汉置固阳县，唐属丰州地，宋称飞鸦川，金置弥川县，元代为弥川巡检司。

根据《榆林府志》等历史文献记载，明正统四年（1439 年），陕西巡抚陈镒将弥川寨移设于高家庄，建立高家堡，城设在平川，系极冲上地。高家堡城垣夯土为垣，周长三里零三十八步，楼铺十五座，辟东、南、西三门，分别号为耸观、永兴、安澜，建瓮城敌楼。历设参将、游击、守备等将佐，并多设府将坐镇。隶绥德卫榆林庄千户所，驻扎军丁 1584 人，配马骡驼等役畜 1058 匹。

《延绥镇志》记载，高家堡后经延绥巡抚余子俊展修。明成化八年（1472 年），余子俊奉诏征役夫四万，耗时三月余，于"旧界"（秦汉长城）之上，或增或改，创修边垣（"二边"长城）。东起府谷清水营（今墙头），西至宁夏花马池，堑山堙谷，连墩接堡，绵延不断，总长 885 公里。高家堡辖长城"四十二里二百三十八步，墩台四十四座"，墩台编属东路第四把。同年，为加强高家堡的防御能力，余子俊将高家堡城垣瓷以砖石，高厚坚固，宛如铁壁。万历三十五年（1607 年），巡抚涂宗浚用砖包砌垣体。

高家堡是长城的戍边要塞，其西北距离明长城约 5 公里，史称"极冲上地"，先后为延绥镇"十八堡寨"之一和"三十六营堡"之一，城内军用粮秣储备库——"益阜仓"为延绥镇"十八仓场"之一。

明嘉靖十年（1531 年），总督王琼督军民 1.8 万人，耗费银两补筑高家堡的边垣，俾使"岸堑深险，墙垣高厚"。

明隆庆年间，高家堡金刚沟暗门峁开辟设立"易马城"为边市。

明万历二年（1574 年），巡抚宋守约奏准重修高家堡城垣的墩台、墩院、暗门、水口、寨城、空心墩、川口石碨数十处，每墩配置戍卒十余人，控守严密。

清康熙三十六年（1697 年）春，帝率大军西征噶尔丹。三月初五日驻跸高家堡南，初七日，挥师西去，遂设驿传正站，安置役马 30 匹，驿差 15 人。雍正年间设高家堡为都司，驻军兵数百人，乾隆二十七年（1762 年），行政隶属由葭州划归神木县。

清康熙三十六年，高家堡被辟为蒙汉互市之地，驼队马帮，穿梭往来，商铺客栈，买卖兴旺，边贸炽盛，声名遐迩。

清乾隆三十三年（1768 年），神木知县方万年重修"残损城垣，面貌焕然"。

清光绪三十四年（1908 年），高家堡殷实巨贾大办钱庄店铺，发行银票（帖子），通市蒙晋，盛极一时。

民国二十四年（1935 年），国民党八十六师师长井岳秀来高家堡巡视，并出银五百大洋修茸东南城角魁星楼。

民国二十八年（1939 年）春，高家堡驻守军民为防止日军空袭，遂环城垣开掘坑道，故城城垣首遭破坏。

民国三十六年（1947 年）八月六日，人民解放军许光达部晋绥第三纵队独立二旅与神府支队围攻高家堡，经过三天激烈战斗，解放军占领全城，高家堡宣告解放。1956 年，以解决扩建校舍材料为由，拆毁高家堡故城内多处古牌坊，破坏之风始然。

高家堡镇早在 1927 年就建立了共产党组织，积极进行各种抗敌活动。1947 年 8 月高家堡镇解放。1959 年，全国兴起大炼钢铁运动，高家堡内素有"古堡双宝"之誉的南门寺铁旗杆、铁狮子等珍贵文物均以废铁之名支援大炼钢铁运动。1966 年 8 月，"文化大革命"炽烈，高家堡故城举凡寺庙殿观、石刻雕塑、古玩器皿、书籍字画等悉遭破坏。同年，以南门寺为基础建窑，拆毁城垣百余米。南门以西城垣被本堡生产队改作办公用窑。南城垣半数遭毁。1979 年，高家堡地毯加工厂在西门外建成投产，该工厂建设时曾拆毁西北段城垣数百米。

《延绥镇志》载："高家堡南至葭州一百六十里，北至大边三里，东至柏林堡四里，西至建安堡四十里。"今测城堡北距大边长城5公里。

二　地理人文环境

　　神木县位于陕西省北部，行政隶属榆林市，高家堡镇位于神木县西南50公里，秃尾河的东岸，东接解家堡，西邻榆阳区，南连佳县，北依神木县城。（图九四）高家堡镇位于神木、榆阳、佳县三县

图九四　高家堡周边形势图

区交界地带，镇域东西 27.5、南北 23.5 公里，镇域总面积 444 平方公里。高家堡故城的行政管辖属于高家堡镇人民政府。所在区域平均海拔为 800 米。高家堡镇西距榆神大保当矿区 35 公里，北距神木锦界工业园区约 25 公里，距大柳塔镇（神东公司所在地）约 180 公里，西南距榆林市区 70 公里，东自东南距佳县县城 65 公里，东距黄河 45 公里。镇上有新榆（林）神（木）路、旧榆（林）神（木）路、神（木）佳（县）路三条公路通过，另乡镇级的神万路、神贺路、古十路、金沟路、李阳路通过镇区。

三　平面形制及建筑布局

高家堡建在秃尾河东岸的二级阶地形成的平川内，建筑规整。城堡平面呈长方形，东垣长 270 米，南垣长 510 米，西垣长 270 米，北垣长 500 米；城周长 1550 米，占地面积 19 万平方米。以中兴楼为中心，设置东、西、南、北四条大街，公共建筑与民居沿街面排布。城堡设施保存下来的有城垣及其附属的马面、角楼、城门等，城内有中心鼓楼，称中兴楼。城内还有大量的明清民居及少量庙宇等。（图九五；彩图二三三）

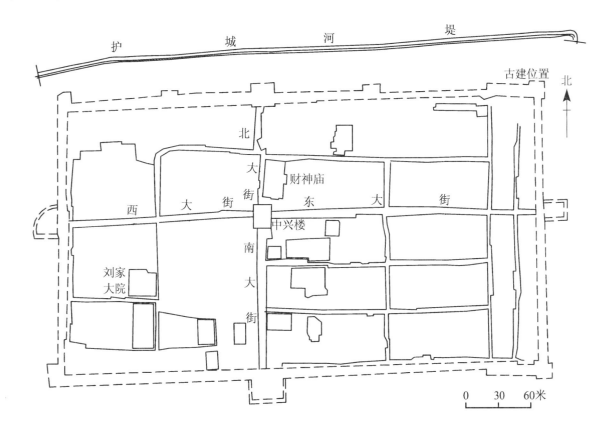

图九五　高家堡平面图

四　城垣及其附属遗迹

1. 城垣

现堡城轮廓清楚，城垣断续相连，垣体原底宽7~10米，现残宽4~6.8、顶残宽1~4、残高5~8米。夯层厚8~18厘米，夯土内包含砖块、石片、料礓石、碳粒等。部分区内分层夹垫石片。垣外下部包石保存16~19层，厚1.15米。条石长63~84、宽40、厚26厘米，一丁一顺砌法。上部包砖，残存高0.5~3米。垣内不包砖。垣体顶部可见到灰渣防水层，厚0.2~0.3米。垣体坍塌严重，部分区段被利用作为房屋，建筑背垣。其中北垣保存较好，垣体的下部外包石基本上保存原样，顶部灰渣层部分也保存较好。另外，北垣外38~51米处残存有护城河遗迹，现存中部一段约50米长保存相对较好。南侧河堤用石块、石片垒砌，高0.7~2.2米，可见七层，最底层条石铺砌整齐，石长90~120、厚24厘米。以上每层厚0.2~0.3米，石块、石片排列整齐，顶部有灰渣层约0.3米。现河内有流水，西侧为农民砌筑的水泥墙或土圪梁挡墙。（彩图二三四、二三五）

2. 角楼

城垣上建有四座角楼，东北角楼保存较好，其余均破坏较重。（彩图二三六）

3. 城门

城设四座城门，南门及瓮城破坏不存。北门仅存夯土台，上建三官庙。（彩图二三七）东门和西门保存较好。

东门　保存较好，内外侧用石头砌成，门洞完整，其上残存1.5米高的建筑层。洞内条石风化严重，壁面不平整。东壁洞口上嵌一石匾，字迹不辨。西壁顶部保存砖出檐四层，中间两层花牙砌法。门洞由三部分组成，东边券洞宽3.55、深5.3、高4米，西边券洞宽3.6、深5.7、高4米，中间横券洞宽4.21、深2.6、高5.1米。砌筑的条石长73~123、宽31、厚25~30厘米，错缝包砌，丁顺不规则。东门外瓮城被破坏。（彩图二三八）

西门　门洞宽4.3、现存深8、高4.3米。三批三券砌法，包砖厚0.9米。门洞以上残高3.42米，顶部残存一层砖出檐。门洞内下部包石八层，高1.75米，条石长79、宽28、厚23厘米，一顺一丁砌法。瓮城向南开门，门洞以北部分宽3.36、高2.7、深5.5米。下部地面之上砌石高0.87米，门洞以南部分收缩1.8米，三批三券砌法，为一小券洞式，深度不明，被村民利用封堵。（彩图二三九、二四〇）

五　公共功能建筑

中兴楼　位于高家堡古城中心，为二层砖木结构建筑。台体北侧东西长13.7米，南侧东西长15.1米，东、西侧南北长20.75米。（图九六）台体中部为"十"字穿心洞，顶部攒尖结为一点，洞宽3.5米。过洞内下部用九层条石错缝包砌，上部用条砖错缝包砌，洞口三批三券砌法。各面洞口上方均嵌石匾，东边书"中兴楼"，西边书"幽陵瞻"，南边书"镇中央"，北边书"半接天"。楼台南边向洞口外接出三孔窑洞，原基础部分保存，其上窑洞为新修。上部建筑以一层楼台为基础修建，为"十"字歇山顶木构建筑，分为两层，琉璃顶。原建筑主体未动，彩画、顶瓦等为补修。台上建筑四周有花栏女垣围护，南边向外伸出勾连式木构建筑。（彩图二四一、二四二）

中兴楼南边洞口外立有县级文物保护单位标志碑，须弥座，上刻莲花图案，风化严重。碑身为新制。

六　宗教功能建筑

城隍庙　位于北段城垣以南，北巷以北，现为镇文化中心，占地面积为2380平方米，目前只保留有西厢房，建筑面积约765平方米。

财神庙　位于中兴楼东北侧，为一进四合院，占地面积960平方米，现有正殿、偏殿、戏台等建筑，面积360平方米，为近年在旧址上的新修。（彩图二四三、二四四）

西门寺　在镇影剧院对面，为一进四合院，占地面积985平方米，现有正殿、西厢等建筑，面积470平方米，多为近年新修。（彩图二四五、二四六）

高家堡西面隔秃尾河相望的山梁上立一石碑，碑文题为"新修龙泉寺记"。碑座为须弥仰覆莲座，宽116、厚64、高58厘米，风化严重。碑首为圆首，底宽100、高79、厚20厘米。碑阴、碑阳图案相同，各浮雕二龙。碑身下宽97、上宽96、高236、厚16.5厘米。（彩图二四七、二四八）

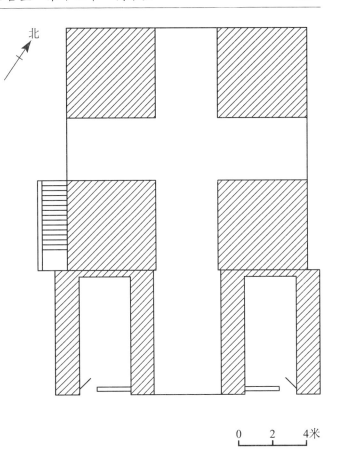

图九六　高家堡中兴楼一层平面图

碑阳刻文为：

新修龙泉寺记

　　陕右三边其一延绥北塞有堡曰高家在双山之突右柏林之远寺宇不以一二数而其成乾山之上龙泉寺者守备斯堡郑公泰许公珍等相继协谋而创建之也相继协谋以抚士卒则锐气不衰相继协谋以严边备则酋虏不侵相继协谋以协谋以创建寺宇倏然而成宛然而新殊有可观而捐财输木以资成者源乎其多浩乎其大繁繁乎其不可记者寔由深谋远虑王姓□名者举意鸠工勒石揄杨为千万载不朽之计有征于余也窃谓佛者西方圣人汉明帝梦金人飞花园名山异境梵刹相望晨暮钟鼓远近相闻呜乎盛哉然其前三而后三大乘而小乘觉悟群生慈悲不杀有恶者抑之不治而不紊不言而自信不化而自行教宗孚寂灭务劝诱愚俗俾人咸超苦海登彼道岸锱铢不差矧今之建立寺宇绘塑容像诚心寔意以崇奉之可谓有阴德者也阴德如此则阳报之来恶庸卜指日崇阶盛烈光膜青史辉煌竹帛是不云乎积善之家必有余庆书不云乎积善降之百祥冊或自怠相继勉旃岂成化七年岁次辛卯三月甲戌朔丁丑日乙巳时立

　　同知　隋能　使　许珍　王进　马□　盈书

　　陕西都司把总高家堡都指挥　绥德卫指挥　千户

金事　夏鼎　　金事　郑泰　　高鑑　徐鑑　胡源

申安　百户　王钦　李刚　万英

南阳卫指挥金事　黑显　毛俊

易琮　千百户

周清　赵通

金塑佛像功德主舍人　夏献　隋升　郑端

善人　景浩　闫荣

李勣　胡耺　田滋　焦雄　程英

塑诸造石像功德主

高秀　张洪　闫文有　孙演　孙泰

延安府同知　张宗　绥德州州判　李达　阜益仓（高家堡）管　宋祥

施财舍人　许宝

施财功德主　高俊

本寺长老　庚□峰　门徒　原亮　原锦　原戒　悟福　门徒　延…

造石碑功德主　王祥　陈□　王雷　木匠　李能　塑匠……　铁匠……　石匠……

碑阴刻捐资姓氏人名。

七　民居

高家堡主要街道为"三街一巷"，分别为东、西、南大街与北巷。（彩图二四九～二五二）东、西、南三条大街为主要街道，在城堡平面呈"T"形布局，三条街道及两侧铺面建筑面积约为 3350 平方米，其中南大街现存状况最好，南大街、东大街目前仍保留有传统的商业和交通功能。南大街两侧铺面建筑基本保存原状，对研究街道铺面有重要的价值。

南大街西侧共有 13 座铺面，东侧 9 座。除个别使用外，多已被废弃，但是建筑的主体及铺面的结构尚在。

南大街现存早期旧店铺典型的为杭家院铺面。该铺面位于高家堡镇南街西 7 号，为硬山带前廊砖木结构建筑。通面阔五间 12.5 米，进深两间 6.52 米，通高 4.48 米，檐高 2.75 米，廊深 1.26 米。明间为大门，面阔 2.32 米，次间面阔 2.35 米，梢间面阔 2.34 米。大门为两扇板门，门面安装插板。台明前有二级通踏步，每级宽 0.24 米。前中间位置有四层石踏步，宽 1.16、长 1.6、垂带宽 0.23 米。（图九七～九九）廊前石柱础方形，边长 0.37、高 0.16 米。该建筑曾揭瓦维修，脊兽残损。目前该铺面已废置不用。（彩图二五三）

高家堡故城的保护区内，约 18 处民居现状基本完好。这些民居集中分布于中兴楼附近的南大街两侧，但是只有少数民居经过调查和测绘。位置及保存面积如下：

（1）十字下巷李氏楼院：原为两进四合院，现院落范围缩小，占地面积为 740 平方米，保留老建筑面积为 326 平方米。

（2）西街南二道巷 5 号刘家院：该院为一进四合院，由正房、倒座房、偏房、大门等部分组成。占地面积 850 平方米，保留老建筑面积 398 平方米。（图一〇〇）

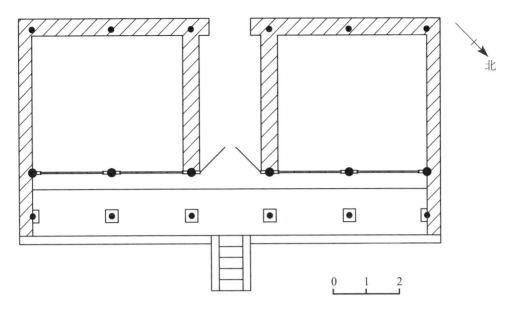

图九七　高家堡南街西 7 号杭家院店铺平面图

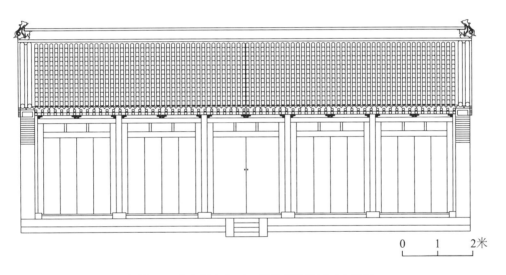

图九八　高家堡南街西 7 号杭家院店铺正立面图

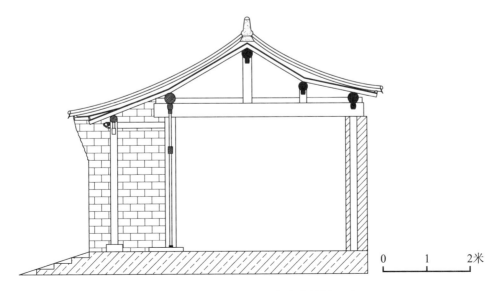

图九九　高家堡南街西 7 号杭家院店铺剖面图

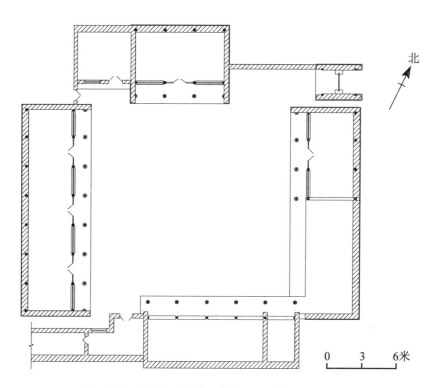

图一〇〇 高家堡西街南二道巷5号刘家大院总平面图

正房三间，硬山式二架梁带前廊结构，面阔8.7、进深两间6.7、通高6米。木门窗破损，屋顶维修基本完好。西侧还有两间小房，现闲置不用，已塌毁。东、西偏房各面阔七间，18.1米，对称布局。西房保存较好。东房靠北边三间保存较好，其余破旧不用。倒座房五间，面阔13.7米，残破不用。大门开在院子的东北角处，向东开门。硬山式，脊兽残，其余经维修保存较好。门宽3.1、进深4.08、通高4.5米。大门对面的正房山墙上嵌有砖雕影壁，毁坏仅可见痕迹。四合院地面用石块铺砌，现已破烂。（彩图二五四、二五五）

（3）十字下巷杭氏楼院：一进四合院，占地面积为442平方米，保留老建筑面积为325平方米。目前仅保留有东侧面西的一幢两层硬山式楼房，上下各五间。建筑年代为清乾隆三十一年。（彩图二五六）

（4）同心下巷1号刘家楼院：一进四合院，占地面积为445平方米，保留老建筑面积为247平方米。该院与东侧相连的四合院原为同一院落，目前西院被占用。西院北房是正房，为二层楼房，建于民国年间，东侧为四间偏房，西侧为七间沿街门面房（连大门）；东院北房七间，东西侧房为窑洞式结构，各两间，南部的倒座房四间。大门设在两院之间，由开间分别通向两院。（彩图二五七～二六〇）

（5）西街南二道巷10号韩氏楼院：原为三进四合院，现院落范围缩小，占地面积为1279平方米，保留老建筑面积为519平方米。目前仅北侧的一进院落仍用作居住，其余均破坏。北院以北房五间作为正房，两侧各有两间耳室；东房现存三间，西房五间，东西房与北房的造型结构基本一致；南房现在有三间，实际上为南部中院的北房，西侧有便门通向中院。

（6）北巷李氏院：一进四合院，占地面积为708平方米，保留老建筑面积为289.3平方米。

（7）西城巷郭家院：一进四合院，占地面积为300平方米，保留老建筑面积为156平方米。

（8）同心下巷李家院：一进四合院，占地面积为 364 平方米，保留老建筑面积为 109 平方米。仅有大门保存较好。

（9）同心下巷张氏院：原为两进四合院，现院落范围缩小，占地面积为 552 平方米，保留老建筑面积为 184 平方米。

（10）东街南二道巷亢氏院：原为两进四合院，现院落范围缩小，占地面积为 830 平方米，保留老建筑面积为 390 平方米。

（11）东二道巷张氏院：一进四合院，占地面积为 398 平方米，保留老建筑面积为 165 平方米。大门保存较好；以北房为正房，面阔三间，硬山式建筑；东房为窑洞式建筑，面阔六间，石墙；其余院落建筑已不存在。

（12）东街南头道巷院：一进四合院，占地面积为 510 平方米，保留老建筑面积为 240 平方米。

（13）东街卢家大院：明末延绥总兵赵一麟宅院，两进四合院，占地面积为 850 平方米，保留老建筑面积约为 320 平方米。现旧宅原貌已不存在。

第十四节　建安堡

一　建制与历史沿革

建安堡位于陕西省榆林市榆阳区大河塔乡大河塔村建安堡自然村。为延绥镇东路神木道最西之营堡。东北距高家堡 20 公里，西南距中路双山堡 25 公里。城"周凡二里零一百七十二步，楼铺一十五座"。明成化十年（1474 年）巡抚余子俊置，万历三十五年（1607 年），巡抚涂宗浚用砖包砌。明驻军丁并守瞭军共 680 名，配马骡 347 匹，设守备、坐堡、操守各 1 名。清康熙年间，驻军兵 120 名，设守备 1 员统辖。该堡为榆阳区重点文物保护单位。

城垣除西垣北段断续相连外，其余夯土垣保存很好。西垣的马面及堡城四个角楼均保存较好。城门保存较差。城内庙宇、民居等建筑保存较差。城内遗存七口水井，为明代营堡同类遗存之少见。

堡城遭自然破坏相对较轻，主要破坏因素为：风沙侵袭、雨水冲刷、水土流失、植物生长、昆虫噬咬等。堡城遭受人为破坏严重，城内庙宇 1958 年始陆续被拆毁，城垣包石、包砖从 1965 年始即全部被拆除用于其他修设。1958 年还于城垣上大炼钢铁，严重破坏了垣体。现在村民于西垣上开口行路，于垣体内侧挖洞存放粮草，均对垣体造成极大破坏。

文献记载：建安堡东至高家堡四十里，西至双山堡五十里，南至黄河一百五十里，北至大边五里。现实测北距大边长城 2.5 公里。

二　地理人文环境

建安堡位于榆林市榆阳区东部丘陵沟壑区，城堡所在地为一处地势较高的梁地，城堡的四面皆有沟涧，其中堡城北临扎陵河，为窟野河的支流，西侧也有较大的"V"形沟，南、东面连接山梁的开阔地带。（图一○一）

图一〇一　建安堡周边形势图

气候上属于中温带半干旱大陆性季风气候类型，气候干燥，四季分明；冬季漫长寒冷，夏季短促，温差大；冬季少雨雪，夏季雨水集中，年际变率大；多西北风，风沙频繁，无霜期短，日照丰富，光能强，积温有效性大。本地处于丘陵地带，基本土壤为风沙土和绵黄土。地面植被乔木有榆树、杨树等，灌木以柠条、沙柳等为主，地面多生长沙生草本植物。役用家畜有马、驴、骡，另有家畜山羊、绵羊、黄牛、狗，野生动物有狐狸、野兔、山鸡、各种鼠类等，另外还有各种禽鸟、昆虫。城堡北侧山崖下即为秃尾河支流扎陵河，没有水文资料。

在该遗存内为建安堡村，有居民 100 人，以汉族为主。当地居民以务农为生。城堡外有多条土路，城内有多条农业用路，城内有农业用高压线穿越该段遗存而过。

三　平面形制及建筑布局

　　堡城建在西、北临沟的山梁上，平面呈长方形，因自然地形所限，城东北角呈圆弧形。城垣周长1416米，占地面积110400平方米。城内中部偏东有中心楼，分别与南门、东门相对。（图一〇二；彩图二六一）

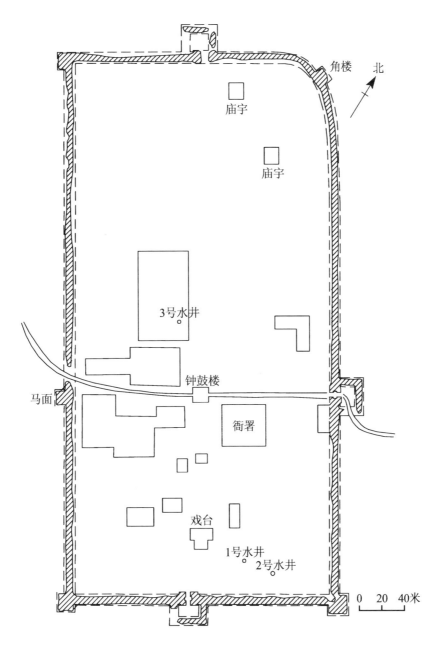

图一〇二　建安堡平面图

四 城垣及其附属遗迹

包括城垣及其附属的马面、角楼、城门等，城内有中心楼、古井等。(彩图二六二)

1. 城垣

东城垣 垣体长 470、底残宽 5 ~ 8、顶残宽 0.8 ~ 4、内高 3.7 ~ 6.6、外高 6 ~ 7 米。垣体以黄土夯筑，土质较纯净，内含零星石片和料礓石，夯层厚 8 ~ 14 厘米。垣内壁坍塌较重，外壁以北部保存较好，壁面平整，南部塌陷有多道裂口。外壁上可见数道拉筋凹槽，填砖已无存，局部残存丁砖砌成的斜"人"字纹包砖。东垣顶上局部可见包含石块、灰渣、料礓石等的堆积层，厚 0.1 ~ 0.2 米。垣外缓坡上种植枣树、豆类。(彩图二六三)

南城垣 垣体长 226、底残宽 6 ~ 8、顶残宽 0.4 ~ 5、内高 1 ~ 7、外高 0.5 ~ 7.4 米。垣体外壁笔直，保存很好，内壁坍塌部分较多。垣内为耕地，外为沙梁地，种植农作物。垣体上有废弃的炼铁窑炉。(彩图二六四)

西城垣 垣体长 484、底残宽 5 ~ 7、顶残宽 0.6 ~ 2.2、外高 1 ~ 7、内高 1 ~ 8 米。垣体南段保存较好，外壁平整，西垣上建马面一座，马面以北保存较差，断续相连。马面以北 11 米处有一宽 2.5 米的道路穿越垣体。马面以北垣体土质有所变化，多含灰渣、红砂石、石片、料礓石等，土色发黑，夯打致密。西北角楼以南一段垣体内包含大量残砖块，下部土垣被包砌石块，可见三层，垣外地面散见大量石块和残砖块。垣外自然冲沟内堆有砖石块。该段垣体坍塌严重。(彩图二六五、二六六) 马面现夯土台保存较好，底部北边长 7.6 米，南边长 6.8 米，西边南北长 14.8 米；顶部南北长 11.9、东西宽 6.6 米；台高 7.6 米。夯土内包含大量料礓石，夯层厚 8 ~ 14 厘米。马面顶上村民新建三关大帝庙，于台北边垣内侧修建石台阶，由此上至庙宇。(彩图二六七)

北城垣 垣体长 236、底残宽 5 ~ 8、顶残宽 0.8 ~ 4、外高 8 ~ 9、内高 3.3 ~ 8 米。夯土垣内包含砖块、石片，部分地段分层夹垫石片。内外壁面均有坍塌现象，壁上生长枸杞等植物。北垣外临河沟，地势险峻。

2. 角楼

堡城修建规整，四角均建角楼，现存夯土楼台保存较好。

东南角楼 建于东低西高的山坡上，现存夯土台保存较好。台底东面凸出垣体 7 米，南面凸出垣体 9.5 米，东西边长 19.1、南北边长 19.2 米，顶部东西长 15.4、南北宽 15.2 米，台东边高 10.1 米。夯土内包含石块、料礓石等，夯层厚 10 ~ 15 厘米。南壁和东壁底部有人为掏挖洞，伸入台芯，洞宽 1.2 米，为 1956 ~ 1958 年大炼钢铁遗留，台芯内有四个废弃的大窑炉。(彩图二六八)

西南角楼 夯土台保存较好。底部西面凸出垣体 5 米，南面凸出垣体 4.5 米，东西边和南北边长均为 17 米；顶部东西边长 12、南北边长 12.6 米；台南面高 9 米。台西壁下部有塌陷凹洼现象，北壁坍塌较重，底堆积大量坍塌土。台周为平缓地，地面散见残砖块，台顶上新建观音庙。(彩图二六九)

西北角楼 夯土台保存较好，西面凸出垣体，北面与北垣齐平。台底向西面凸出垣体 4 米，南北边长 15 米；顶部向西凸出 3.6 米，南北边长 12 米。台壁面上可见坑坑洼洼的残破现象，北边与北垣衔接处有一个宽 1 ~ 2.8 米的自然破坏壕槽。(彩图二七〇)

东北角楼　位于堡城东北角内弧垣体上，底部向东北方向凸出垣体5.4米，向东南方向凸出垣体6米，南北边圆弧线长15米；顶部南北边长12、东西边宽6米；台东边外高11米。台外壁面上有数道自然破坏沟槽，下部用乱砖石垒砌垣体以保护土台。

3. 城门

建安堡设有东、南、北三座城门，外筑瓮城，均保存较差。

南门　瓮城内南北长19.3、东西宽18.8米。瓮城向西开门，西门及西垣破坏不存。其余残存垣体底残宽3～5、外高3～7、内高4～5米。垣体向瓮城内坍塌造成东部地面增高。内门残存券洞，两侧宽分别为3.7、4.2米，深10.6米，高4.6米。中间横券洞边上外扩0.3米，高7.1米。此洞上部仅存砖顶，两边露天，破坏严重。门洞下部砌六层条石，规格为长46～100、宽24、厚26厘米。条石二顺一丁砌法，不规整。门洞包砖，残存二批二券，顶上夯土残高3.6米，夯土内包含石、砖块，且每隔0.3～0.5米便夹垫一层石片夯打。距顶部0.5米有一层厚8厘米的灰渣防水层。（彩图二七一、二七二）

东门　现存砖砌券洞，顶上残破。券洞由三部分组成，边上两个纵向券洞宽3.5、深4、高3.6米。中间券洞两边分别外扩，深2.35米。村民将外扩部分用砖垒砌，顶上搭建木板，存放杂物。门洞保存三批二券包砖，上部夯土残存高2米余，内包含砖、石块、料礓石等。瓮城残存垣体底残宽2～3、顶残宽1～2、外高3～8、内高1～8米。壁面生长枸杞等植物。瓮城原向南开门，南门及南垣均无存，原道路今仍为沿用。瓮城内东西长18.8、南北宽10米，由于垣体坍塌严重，造成瓮城内道路以北部分地面增高。（彩图二七三）

北门　北门不存，豁口宽6米。瓮城向西开门，门已毁，现残存西门北侧垣体，残高10米，夯层特别明显，厚8～15厘米。夯筑方法为每层黄土之上夹垫一层厚2～7厘米的石片，夯打成碎石渣。瓮城垣体底残宽4～8、顶残宽0.5～3、内高1～4.8、外高5～10.5米。东垣上有一宽2米的人为豁口。东垣顶上局部可见灰渣防水层。瓮城西有岩石冲沟，与城内洪水沟连通。（彩图二七四）

4. 城内建筑

堡城内古建筑极少，有乐楼破旧不堪。（彩图二七五）现存钟鼓楼一层楼台经维修恢复原貌，二层庙宇为新修。（彩图二七六）城内十余处庙宇均毁坏无存。民居仅残存个别大门。衙门原位于钟鼓楼东南侧，现为庄稼地。堡内遗存7口水井，井内依然有水。堡城外东、西方向各有一个夯土台，疑为建筑遗址。

钟鼓楼　位于建安堡中心，原为二层砖砌台体建筑，现一层楼台于1997年维修恢复原貌，二层新建玉帝庙。一层楼台平面呈方形，边长13.5、高6.7米。居中开十字穿心洞，洞宽3.2、高3.36米，中心四角攒尖顶。券洞口五批五券砖砌，楼台壁面下部砌19层条石，上部砖砌，壁面收分每米8厘米。顶部出檐平砖六层，花牙三层。楼台维修时将残损条石挖补换新。台内过洞中央现用大小18根圆木搭成梁架结构支撑顶部。台南壁面门洞左侧有登台步道，石砌，宽0.75米。二层台边砌花栏砖墙，花栏高0.86、厚0.24米，内顶边长12米。钟鼓楼受人为破坏严重，二层新建筑改变了原状。钟鼓楼对面建有神楼。（图一〇三、一〇四）

水井　建安堡内遗存明代水井7口，现保存较好的有3口。

1号井：位于南门东侧，东距城垣112米。井横截面呈圆形，周壁砖砌，口径1.2米，底径2.5米，井口距水面17米，现仍在使用。井周围种植农作物。

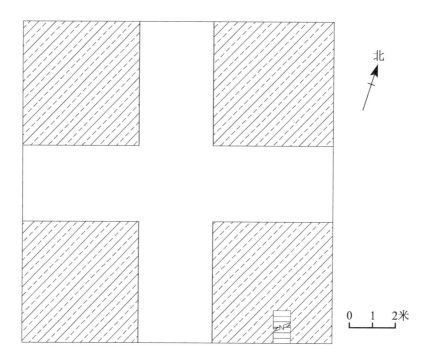

图一〇三　建安堡钟鼓楼一层平面图

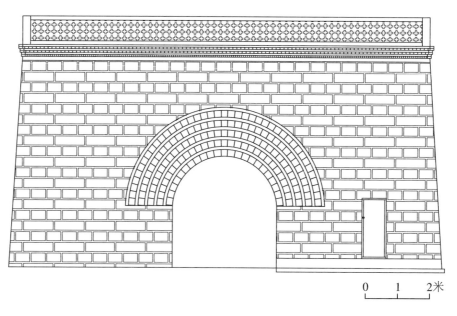

图一〇四　建安堡钟鼓楼一层南立面图

　　2 号井：位于南门东侧，西距 1 号井 25 米。砖砌井壁，井口径 1.3 米，井底径 3 米，井口距水面 19 米。井周围种植农作物。

　　3 号井：位于钟鼓楼西北侧 55 米处，村民宅院内。砖砌井壁，井口径 0.6 米，底径 1.5 米，井口距水面 17 米。

第三章

中路营堡

第一节　双山堡

一　建制与历史沿革

双山堡位于陕西省榆林市榆阳区麻黄梁镇双山堡村，北距大边长城 5 公里，东距建安堡 20 公里，西距常乐堡 20 公里。明正统二年（1437 年），延绥巡抚郭智在北地湾筑堡寨。成化年间，巡抚余子俊移筑今址，将柳树会（今佳县王家砭镇柳树会村）守兵调守双山堡。万历六年（1578 年）重修。当时堡垣周长"三里零九十步，楼铺一十四座"。明代屯驻军丁及守瞭军共 660 名，配马骡 331 匹，设操守、坐堡、守备各 1 员，守瞭巡防大边长城"三十里零四十五步，墩台四十座"。清康熙年屯驻守兵 100 名，设守备 1 员统辖。

双山堡保存较差。城垣轮廓清楚，垣体断续残存，城内建筑全毁。堡城遭受人为破坏严重，清同治年间回民侵犯将堡城严重毁坏，"文革"期间庙宇等建筑遭到彻底破坏。村民拆除垣体包砖用于他建，生产生活活动对垣体造成不等程度的破坏。城垣受自然因素破坏亦严重，主要有风雨侵袭、风沙侵蚀、植物生长等。

文献记载：双山堡东至建安堡四十里，西至常乐堡四十里，南至葭州五十里，北至大边十里。今测北距大边长城 5 公里。

二　地理人文环境

双山堡位于陕西省榆林市榆阳区东部丘陵沟壑区，城堡所在地为一处地势较高的梁地，城堡的四面皆有沟涧，西侧也有较大的"V"形沟，南、东面连接山梁的开阔地带。（图一〇五；彩图二七七）

双山堡所处区域气候上属于中温带半干旱大陆性季风气候类型，气候干燥，四季分明，冬季漫长寒冷，夏季短促，温差大；冬季少雨雪，夏季雨水集中，年际变率大；多西北风，风沙频繁，无霜期短，日照丰富，光能强，积温有效性大。本地处于黄土高原的沟壑地带，基本土壤为风沙土和绵黄土。地面植被乔木有榆树、杨树等，灌木以柠条、沙柳等为主，地面多生长沙生草本植物。动物有役用家畜马、驴、骡，另有家畜山羊、绵羊、黄牛、狗，野生动物有狐狸、野兔、山鸡、各种鼠类等，另外

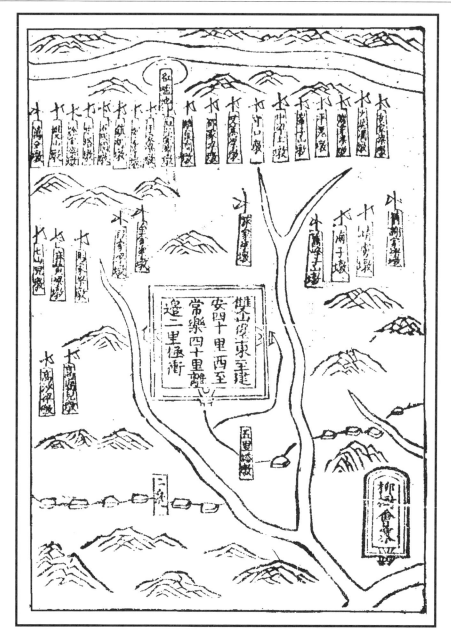

图一○五　双山堡周边形势图

还有各种禽鸟、昆虫。附近无河流，没有水文材料。

　　该遗存内为双山堡村，隶属陕西省榆林市榆阳区麻黄梁镇管辖，有居民100人，以汉族为主。当地居民以务农为生。城堡外有多条土路，城内有多条农业用路，城内有农业用高压线穿越该段遗存而过。

三　平面形制及建筑布局

　　双山堡建在四面沟壑相连的独立山梁上，形状呈不规则长方形，当地俗称"凤凰城"。城垣轮廓清楚，垣体断续残存，城周长1610米，占地面积约80400平方米。（图一○六；彩图二七八）

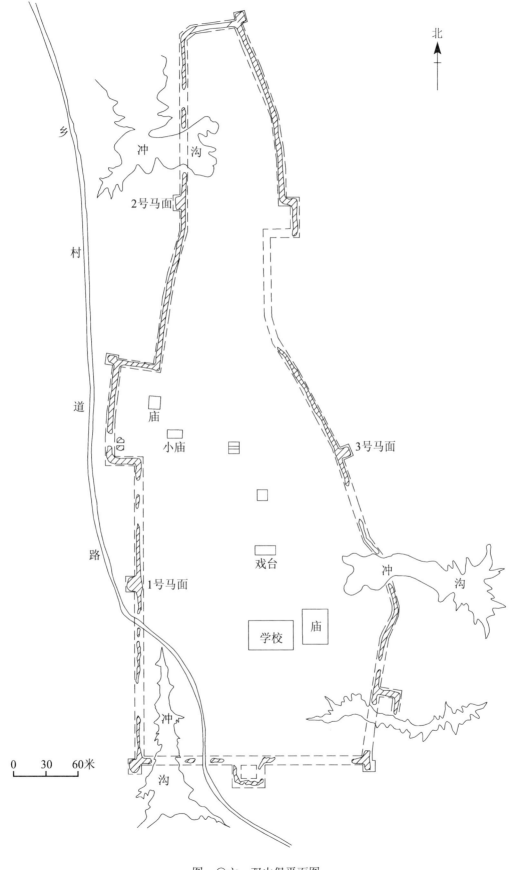

图一〇六　双山堡平面图

四　城垣及其他附属遗迹

目前双山堡残存部分城垣及其附属设施，包括垣体、马面、角楼、城门残迹。

1. 城垣

南城垣　长 210 米，断续残存，西段有小路穿越垣体，路西有自然冲沟断开垣体。残存垣体顶宽 0.8、高 2～3 米，夯土内包含石块、料礓石、砖、瓦片等，夯层厚 10～14 厘米。南垣外侧坡底住有村民，内外坡上遗留大量砖块、料礓石块。南垣中部辟南门。

西城垣　依自然地形修建，全长 660 米。垣体于中部向内折，拐角处建一角楼。角楼以南垣体外壁明显，内侧与城内地面多成土坡，看上去呈一道土圪梁，其上生长柠条、杂草等。现存垣体外高 1～5、内高 1～3、底宽 4.5、顶宽 0.4～2 米。夯层 10～14 厘米。距城西南角 150 米处建有马面一座，编为 1 号马面，马面南侧村小路穿越垣体。垣中部角楼南 64 米处为一宽 10 米的豁口，其内遗存西门遗址。（彩图二七九）

1 号马面距城西南角 150 米，现存夯土台底部凸出垣体 7.9 米，南北边长 13 米，顶部凸出垣体 4 米，南北边长 6 米，台外高 9 米。夯层 6～13 厘米。台壁严重坍塌，台周散落大量砖瓦残片、料礓石块、瓷片等。（彩图二八〇）

西城垣中部角楼以北段垣体底宽 5、顶宽 1～2、垣高 5～8 米，北边城内为耕地，地面增高，垣体高出地面 0.4～2 米。垣内外侧村民于垣体内打窑修房。垣外坡地上遗留大量残砖块。距城西北角南 139 米处有一宽 119 米的深沟。沟南侧建一马面，编为 2 号马面。2 号马面夯土台坍塌严重，底部凸出垣体 4 米，边长 15 米，上部破损，台高 6.5 米。

北城垣　长 41 米，外壁遗迹特征明显，高 6 米，顶部与城内地面基本齐平。

东城垣　依自然地形而建于沟畔上，全长 700 米。垣体北段外壁明显，高 5～7 米，垣外侧村民修窑住人，外底有乡村路顺垣体延伸。南段断续残存，有冲沟断开垣体。垣体周围遗留残砖瓦及大量料礓石块。东垣上建有马面一座，编为 3 号马面。东垣南端建东门。

3 号马面夯土台残破，台底部凸出垣体 8 米，边长 9 米；顶部凸出垣体 5 米，边长 6.5 米；台外高 7.4 米，内侧高出地面 3.2 米。夯土内包含瓷片、瓦片、料礓石等，台周遗留大量残砖块，台上生长枸杞等。（彩图二八一）

2. 城门

南门　城门不存，城垣上留一大豁口。瓮城轮廓清楚，垣体残破，底宽 3～5、顶宽 0.8～3、外高 2～5、内高 1～3 米。夯层厚 10～14 厘米。瓮城向东开门，所在城门及垣体均无存。瓮城内东西 14、南北 22 米。

西门　现存遗址与西垣相距 22 米，为一券洞残部。洞宽 3.64、深 5.3、两壁残高 2.7 米，仅存券洞下部，两侧残留砖垣。顶基本与地面相平，其上残存灰渣防水厚 0.3 米。据村民讲，西门顶上原建有老爷庙戏楼，毁于"文革"中。西门洞口与西垣上的 10 米宽豁口相对，显示此处似为西门瓮城遗址。（彩图二八二）

东门　城门不存，垣体现存豁口宽 50 余米，内外相通为耕地。瓮城垣体残存北垣及东垣北端 17 米长，垣外高 3～5 米，确认瓮城内东西 21 米。瓮城南垣破坏不存，原瓮城南门痕迹不辨，外侧坡上遗留大量残砖块。

3. 角楼

双山堡城四角上均建角楼，另在西垣转角处建一角楼。

西南角楼　台斜外凸，底部凸出 5～7 米，边长 12 米；顶部外凸 7.3 米，边长 5.2 米；台外高 8.2 米。夯土内包含残砖块及大量料礓石块，夯层厚 10～14 厘米。台建于沟畔上，现壁面残破，保存状况一般。（彩图二八三）

西垣中部角楼　台体坍塌严重，现存底部凸出垣体 3～5 米，东西边长 6、南北边长 10 米；顶部凸出 6.5 米，边长 2 米；台外高 5 米。夯土内包含大量瓦片、料礓石块、碳粒等，底周遗留大量残砖瓦。

西北角楼　夯土台坍塌破坏，形状不辨。（彩图二八四）

东北角楼　台体保存较好，底部凸出垣体 6 米，边长 10 米；顶部凸出垣体 4 米，边长 6 米；台外高 8.5 米，内与地面齐平。顶上遗留大量碎瓦片、砖块、瓷片等，台底周散落大量残砖块、料礓石块。

东南角楼　严重塌毁，仅残存一道矮土垣。台外坡上遗留残砖瓦。

双山堡内宗教类建筑发现有中心楼一座。（彩图二八五）

第二节　常乐堡

一　建制与历史沿革

常乐堡位于陕西省榆林市榆阳区牛家梁镇常乐堡村。北距大边长城 0.5 公里，东至双山堡 20 公里，西至榆林城 15 公里。明成化年间巡抚卢祥在岔河儿置堡（今榆阳区麻黄梁镇西南旧堡）。弘治二年（1489 年），巡抚刘忠因旧堡"地沙碛缺水，北徙二十里"，在今址建堡。堡垣周长"三里零五十步，楼铺一十五座"。万历六年（1578 年）重修。明代常乐堡屯驻军丁及守瞭军共 648 名，巡防大边长城"一十八里零一百七十六步，墩台三十七座"。康熙年屯驻守兵 110 名，设守备 1 员统辖。

常乐堡保存差。垣体大部分掩埋于流沙下，现在地面上的垣体断续存在。垣体附属设施马面、角楼部分保存较好，城门保存较好。堡城遭受人为破坏严重，垣体外包砖于 20 世纪 60～70 年代被拆毁用于他建，村民在垣上取土，修建窑洞，村公路穿越垣体等均对堡城造成严重危害。城内建筑多毁于"文革"时期。堡城受自然因素破坏亦相当严重，主要来自风沙侵袭、植物生长、雨水冲刷、鸟雀啃啄等。

二　地理人文环境

常乐堡位于陕西省榆林市榆阳区东部丘陵沟壑区，城堡所在地为一处地势较高的残塬，堡城北临榆溪河支流，东、南、西为地势较低的开阔地带。（图一〇七）

常乐堡所属区域气候上属于中温带半干旱大陆性季风气候类型，气候干燥，四季分明；冬季漫长寒冷，夏季短促，温差大；冬季少雨雪，夏季雨水集中，年际变率大；多西北风，风沙频繁，无霜期短，日照丰富，光能强，积温有效性大。本地处于丘陵地带，基本土壤为风沙土和绵黄土。地面植被乔木有榆树、杨树等，灌木以柠条、沙柳等为主，地面多生长沙生草本植物。役用家畜有马、驴、骡，另有家畜山羊、绵羊、黄牛、狗，野生动物有狐狸、野兔、山鸡、各种鼠类等。另外还有各种禽鸟、昆虫。城堡北侧 100 米处的河流为榆溪河的支流头道河，没有水文材料。在该遗存内为常乐村，隶属

图一〇七　常乐堡周边形势图

陕西省榆林市榆阳区牛家梁镇管辖，有居民近 200 人，以汉族为主，外来人口占多半，多为附近煤矿的工人。当地居民以务农为生。城堡外有榆林市通向神木高家堡的公路（榆西公路）一条，通向城堡有两条石子路，城内有多条生产生活道路。

三　平面形制及建筑布局

常乐堡建于平川内，因环境变迁，现处于沙漠边缘。城堡平面呈长方形，城垣周长 1680 米，总占地面积约 176400 平方米。城内东南部为近现代庙宇，其他建筑遗存已不可见。（图一〇八；彩图二八六）

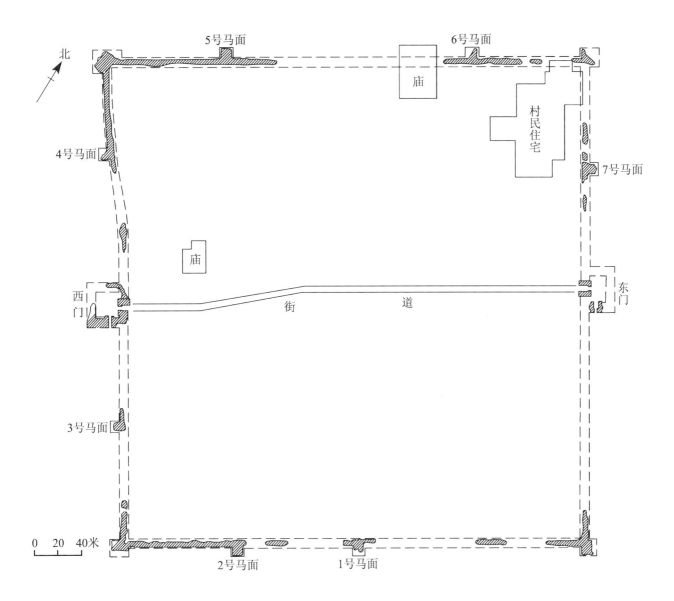

图一〇八　常乐堡平面图

四　城垣及其附属遗迹

城堡现仅存有城垣及其附属设施，城内古建筑多不存在，庙宇均为现代新修。

1. 城垣

南城垣　长414米，东段垣体部分被流沙掩埋，部分暴露于地面之上；西段垣体保存相对较好，上部见多处豁口。能看到的垣体顶宽2.5～2.7、外高2～6.5、内高3.2～4.2米。南垣上建2座马面，编号为1、2号。（彩图二八七）

1号马面距城东南角187米，台体残破严重，底部凸出垣体7米，边长11米；顶部凸出垣体6.3米，边长8米，台外地面以上高3米，夯土层厚10～14厘米。台顶部残存灰渣防水层，厚0.2米。（彩图二八八）

2号马面位于1号马面西侧，夯土台底部凸出垣体7米，边长11米；顶部凸出垣体6.4米，边长7.6米。夯土层厚10~12厘米，分层夹垫红胶泥。台顶保存灰渣防水层，村民于台内掏挖土洞，洞口宽1、高1.2米。台周散布大量残砖瓦、灰渣块，台东、西两侧淤积大量沙土成坡。

西城垣　长416米，大部分埋于流沙之下，地面上断续可见。因地面起伏不平，暴露出的垣体底宽6、顶宽0.7~4米，垣体内侧高3.6~4米，外侧壁面较为平整，高4.5~5.5米。垣体夯土层厚度有8~14、18~27厘米不等。西垣上建马面2座，编为3、4号。中部辟西门。

3号马面距城西南角89米，台体壁面残破，顶存防水层厚0.2~0.3米。台底部凸出垣体6米，边长6米；顶部凸出垣体4.5米，边长5米；台外高5.1米。夯层10~17厘米。台内凿有洞穴。

4号马面残破严重，仅存小土包，周围有村民围起的木栅栏，台上堆积玉米秆。

北城垣　长428米，西段垣体下部被流沙掩埋，呈现出一道沙圪梁，所见到的垣体顶宽0.6~1.6、外高1~4、内高0.5~7米。东段垣体断续显露，顶宽1~3.5米，保存好的垣内高5.7米，外高3.4米。北城垣外修建有房屋，稍远处即有榆神公路通过。垣内侧建有房屋，住有村民。西北角上村民住房破坏了城垣，东段一座庙宇跨越垣体修建。北垣上建马面2座，编为5、6号。

5号马面距城西北角83米，夯土台塌毁严重，东北角上残缺。现存台底部凸出垣体7米，边长10米，顶部凸出垣体6米，边长3米，台外高5.5米。

6号马面夯土台西边被村民取土破坏，残存东边夯土长度3.5米，马面凸出垣体7米，夯土层厚12~27厘米，夯层清晰。马面东侧有乡村路穿越垣体。

东城垣　长422米，南段垣体上多修建房屋，破坏不存，少数被流沙掩埋，内侧与现地面成缓坡。所见到的垣体底宽8.5、顶宽3.5、外高6.1，夯层厚8~16厘米，顶部残存灰渣防水层0.14米。北段垣体之上及内侧多建房屋，垣体因破坏而断续残存。垣体现存底宽4、外侧高3~7、内侧高5~7.5米，靠东门一段垣内壁齐整，局部发现外包砖。沿垣外侧有人行路一条。东城垣外侧坡上建有民房（若干）和庙宇一座。东垣上建有马面1座，编为7号。7号马面距城东北角98米。台体塌毁严重，底部凸出6米，底部边长9米，台高7米。

2. 城门

常乐堡设有东、西城门，均筑有瓮城。

东门　东城门保存基本完整，平面呈长方形，东西宽10.6、南北长12.8米，通高9.1米。外壁包砖东面完好，其下包石七层；西面包砖上部拆毁，下部保存，包砖下包石破损。顶部存灰渣防水层。门洞被村民利用，外口用砖砌封死，内口改装成门面，安装铁门。瓮城垣体破坏不存，范围不清，仅存南门。南门平面呈长方形，现存南北长9.86、东西宽9.6、通高9.1米。门洞内大外小，内洞口宽3.23、高4米，外洞口宽2.57、高2.16米，上部包砖，砖规格39.5×20.5×10厘米。南、北壁包砖厚0.6米，壁面整齐，南壁洞口上方嵌一石匾，上书"惠威"，铭文记载"乾隆三十六年……重修"。门洞内口用砖封死，外口安装铁栅门，洞内堆放杂物。下部砖石风化剥蚀严重。由东、西两侧与垣体断开的断面上可见，夯土内包含砖石块，局部规律整齐，夯层厚12~22厘米，各层间夹垫三合土。顶部灰渣防水层厚0.2米。（彩图二九○~二九三）

西门　位于西垣中部，下部被流沙掩埋，现地面以上东面高6.6米，西面高9米。门洞内堆积沙土。两壁外包砖下部完整，上部残缺，券洞完整。顶部东西5.3、南北10米，保存灰渣防水层厚0.3米，中央保存石砌房屋基础。瓮城内东西17.8、南北约22米。瓮城南垣多数被沙覆压，顶宽0.8~2.6米，地面上内侧高4.5米，北垣及西垣被铲土机取土破坏。瓮城向南开门，流沙覆压外侧，洞口仅露出顶部，内侧洞口及上部显露，洞内填充沙土。（彩图二九四、二九五）

3. 角楼

堡城建制规整，四角均建有角楼。

东南角楼　台体内侧被流沙掩埋，台上生长沙蒿等杂草。外壁面残破，底部边长 14 米，顶部边长 8 米，凸出东垣 1 米，凸出南垣 2 米，台外高 9 米。（彩图二八九）

西南角楼　台底部向西凸出垣体 6 米，向南凸出垣体 2 米，南北边长 13、东西边长 16 米；顶部向南凸出垣体 1 米，向西出垣 2 米，东西 5、南北 7 米；台外高 8.5 米。台壁面坍塌残破，西北角上夯土被挖取，台周地面遗留少量砖块、瓦片。

西北角楼　夯土台坍塌严重，底部堆积坍塌土，上部残存少量夯土。台底部凸出西垣 6 米，凸出北垣 7 米，东西边长 25、南北边宽 17 米。台外高 9 米。西北角楼内侧住有村民。

东北角楼　由于破坏严重，规模不清。现残存少部分夯土，被村民利用修成围墙，另残存一个小夯土台。角楼内侧建有民房，住村民。

五　相关遗物

常乐堡明长城边垣下，曾出土了一块边长为 30 厘米的正方形陶砖。砖面有陶文，内容为："陕西领班营军士九十九名，自办料物，修砌完成工一十七丈四尺，至北起地西立敌台（基）一座止。陕西领班千总西安卫指挥同知王道诚……万历二十四年八月吉日同立"。从砖文可知，榆林长城于万历二十四年（1596 年）进行了一次较大规模的修筑。此次兴工，是从邻域各卫抽调军士，组成若干领班营，划定修筑地段，自行解决修筑材料的。陕西领班千总西安卫属此次修筑榆林长城的一个施工营。故此铭文砖的出土，补充了榆林明长城修筑的史料。

第三节　常乐旧堡

一　建制与历史沿革

常乐旧堡位于陕西省榆林市榆阳区麻黄梁镇乔界村旧堡自然村，明成化二年（1466 年）巡抚卢祥始建于岔河儿地方，弘治二年（1489 年）巡抚刘忠因该堡"地沙碛，缺水，北徙二十里"，遂迁于常乐堡。

二　地理人文环境

常乐旧堡位于陕西省榆林市榆阳区东部丘陵沟壑区，城堡所在地为一处地势较高的塬上，地势开阔。堡城依自然地形而建，北高南低。

该城气候上属于中温带半干旱大陆性季风气候类型，气候干燥，四季分明；冬季漫长寒冷，夏季短促，温差大；冬季少雨雪，夏季雨水集中，年际变率大；多西北风，风沙频繁，无霜期短，日照丰富，光能强，积温有效性大。本地处于丘陵地带，基本土壤为风沙土和绵黄土。地面植被乔木有榆树、杨树等，灌木以柠条、沙柳等为主，地面多生长沙生草本植物。役用家畜有马、驴、骡，另有家畜山羊、绵羊、黄牛、狗，野生动物有狐狸、野兔、山鸡、各种鼠类等。另外还有各种禽鸟、昆虫。

城堡所在村为旧堡村，有居民 30 余户，130 余人。城堡外有土路一条，连接榆林市通向神木高家堡的公路（榆西公路）一条。

三　平面形制及建筑布局

堡城平面呈方形。城周山峦相连，旧堡处在地势相对低凹的腹地内，位置隐蔽。城周长 1000 米，占地面积约 62400 平方米。垣体大部分存在，但保存较差，垣上设施角楼、马面部分保存。（图一〇九；彩图二九六）

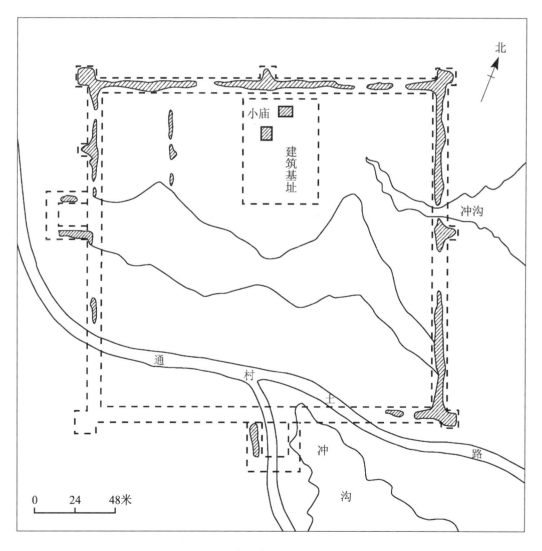

图一〇九　常乐旧堡平面图

四　城垣及主要历史遗存

1. 城垣

北城垣　全长 234 米。垣外为沙坡地，内为荒地和耕地。垣体底宽 2～8、顶宽 0.5～1.5、外高 2～4、内高 1.5～4 米。黄土夯筑，夯层厚 12～20 厘米。自然冲沟冲断垣体数处。垣体上有一高台，编为 1 号马面，底部凸出垣体 8 米，边长 4 米；顶部凸出垣体 4 米，东西边长 3.5 米；外侧高 9 米，内侧高 5 米。台外壁整齐，底周坍塌土堆积成坡，台周散落瓦片。（彩图二九七）

东城垣　垣体全长 218、底残宽 2～10、顶残宽 0.5～1、外高 6、内高 0～4.5 米。夯土混合红胶土和沙土，内包含料礓石。垣外有村小路，垣内为耕地。垣体建在自然原生沙层之上，下部基础为厚 1 米余的人工处理细沙层，纯净、质硬。垣体破损严重，有多处豁口。东垣上建有马面一座，编为 2 号，底部凸出垣体 6 米，南北边长 3 米；顶部凸出垣体 5 米，南北边长 5 米；高 6.5 米。（彩图二九八～三〇二）

南城垣　残存东段垣体约 20 米，西段无存。东段垣体断续残存，现底残宽 4、残高 2.5～4。在西段发现一段东西向垣体，长 21、残高 4 米，下部为黑淤沙、黄沙层，距现地面约 10 米，疑此处为南门瓮城遗址。（彩图三〇三）南垣外为南北向沟滩，靠垣体外侧修建有窑洞，住村民。

西城垣　北段垣体断续存在 160 米。垣体内与耕地面齐平，外临缓沟，高 1.5～2.5 米。内、外地面可见残砖瓦。垣外沟内住村民。进村道路破坏了垣体，在垣体断面上看出，建筑基础人工沙层厚 1～1.5 米，之下为自然黄沙层。道路所在豁口处疑为西门遗址。（彩图三〇四）西垣上有马面一座。（彩图三〇五）

2. 角楼

东南角楼　底部边长 6 米，顶部东西长 3、南北宽 2.8 米，高 5 米。夯层厚 10～15 厘米。坍塌严重。

东北角楼　底部边长 10 米，顶部东西 5、南北 6.5 米，高 8 米。塌毁严重。（彩图三〇六）

西北角楼　保存较好。底部边长 12 米，顶部东西 8.5、南北 7.5 米，外高 9 米。夯层厚 8～14 厘米。台外周为缓坡，顶上生长枸杞、杂草等。（彩图三〇七）

西南角楼　仅楼台基础位置可辨。

城堡内多冲沟，西边的山梁上有新建戏台。北垣上高台内侧建有两座小庙，（彩图三〇八）周围有古建筑基址，地面堆放大量砖、瓦等现代建筑构件。

第四节　归德堡

一　建制与历史沿革

归德堡位于陕西省榆林市榆林城南 22 公里的归德堡村。东至常乐堡 40 公里，西至响水堡 20 公里，南至鱼河堡 20 公里。明成化年间巡抚余子俊在居虎都伯言寨的基础上建堡，嘉靖年间筑关城，万历五年、六年（1577 年、1578 年）重修，堡垣周长"二里六十七步，楼铺一十五座"。属二边长城城堡。明代该堡屯驻军丁 408 名，配马骡 117 匹，设操守、坐堡、把总各 1 员。清康熙年屯驻守兵 50 名，设把总 1 员统辖。

二　地理人文环境

该堡所在兼有丘陵与河川地貌。城堡的东部位于山峁之巅，地势东高西低，逐渐过渡到榆溪河的二级河床。山峁的东侧为自南向北的冲沟，该冲沟绕城堡的东北，然后从城堡的北侧向西注入榆溪河；城堡的南侧也有一条冲沟，也向西注入榆溪河。（彩图三〇九、三一〇）

该地属温带大陆性季风半干旱草原性气候。日照长，温差大，降水少，风沙多，年平均气温 8.6℃。周围为沙性黄土。城堡附近植被较好，野生植物有芨芨草、芦苇、狗尾草、苦菜等；地面有大量的酸枣、狼牙刺等灌木。栽培植物有乔木柳、杨、榆、槐等，另有梨、桃、杏、枣、桑树等果树，近年人工种植了大量的柠条、沙柳等灌木。

城堡西侧为无定河支流榆溪河。城堡内现为归德堡村，属于陕西省榆林市榆阳区管辖。城内有居民 150 人。以农业生产为主。农作物主要有禾谷类如谷子、高粱、玉米、糜子，豆类如绿豆、豌豆、黑豆，另有薯类如洋芋以及油料、瓜类、蔬菜、饲料作物等。

城堡西侧为由西安到包头的 210 国道。从国道通向城堡有土路两条。

三　平面形制及建筑布局

归德堡建在三面环沟、一面依水的独立山梁上，地势东高西低，分布于半山半川地带，平面形似簸箕，上小下大。城垣轮廓清楚，周长 1324 米，面积约 9 万平方米。（图一一〇）

四　城垣及其附属遗迹

现在城堡仅存城垣及其附属设施，还发现一处水门遗存。

1. 城垣

东城垣　长 184 米，保存相对较好，外临村公路。现存垣体底宽 4.5、顶宽 0.6 ~ 2、外高 4.7 ~ 6.2、内高 1 ~ 5 米。夯土内包含石片、砖块等，夯层厚 10 ~ 15 厘米。垣体外壁较为平整，内壁与城内地面呈坡状，周围散见砖、瓦、石残块。城垣顶上生长大量柠条、杂草等。东城垣中部设东门，外筑瓮城。东门仅存豁口，宽 6.6 米，南边残存三层包石，厚 0.75 米。豁口两侧垣体高 4.5 米。瓮城东西 15、南北 26 米，残存北垣、东垣，外侧残高 5 米，内壁与积土成坡状。瓮城向南开门，城门及整道南垣均无存。（彩图三一一、三一七、三一八）

北城垣　长 410 米。东段 180 米呈直线分布，垣体保存较好，顶宽 0.8 ~ 2 米，垣外高 1.5 ~ 5.6 米，内侧略高出城内地面，周围散见大量砖瓦残件、瓷片、石片等。西段保存较差，断续残存，部分因村民取土而仅余外包基石。北垣西端建有水门，保存完好。北垣东段建有马面一座，编为 1 号马面。（彩图三一二）

1 号马面东距城东北角 71 米，夯土台保存较差，台体坍塌严重。台底部凸出垣体 5 米，边长 9 米；

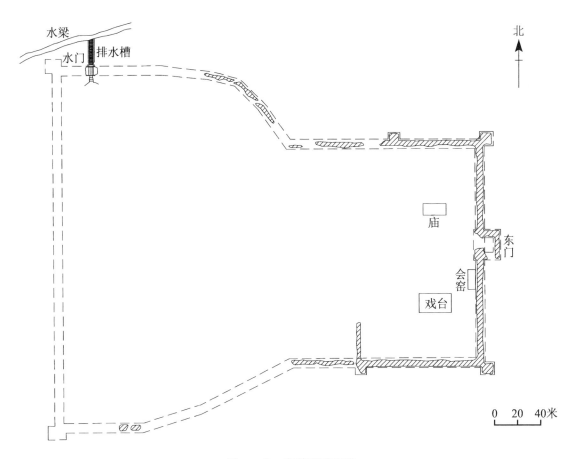

图一一〇　归德堡平面图

顶部凸出垣体 4.4 米，边长 3.4 米；台外高 6 米。台中部塌毁断面上见有砖石块。

　　西城垣　破坏不存，据村民讲，原址当在水门西侧约 10 米处，现遗址上建房住人。

　　南城垣　残长 180 米，推测应长 410 米，西段破坏基本不存，东段 180 米保存较好。残存垣体底宽 5、顶宽 0.5~2、外高 2~6、内高 1~2 米。黄土夯筑，夯层厚 10~15 厘米，局部垣体夯土内含砂石块、料礓石等，分层夹垫石片夯打。（彩图三一三、三一四）

　　南垣上中部原建南门，外筑瓮城，现遭毁无存，遗址处为人行道路穿越垣体。距城东南角 101 米处建有马面一座，编为 2 号马面。

　　2 号马面夯土台底部凸出垣体 6 米，边长 5 米；顶部凸出垣体 4.6 米，边长 1.3 米；通高 4.2 米。夯土分为上、下两部分。下部土质松散，土色发红，为胶土；上部为黄土夯打。上下两部分之间夹垫瓷片、石片。

　　2. 角楼

　　归德堡城垣四角原建角楼，现残存东北角楼和东南角楼。

　　东北角楼　夯土台保存一般，台壁较为平整。台体向东凸出垣体 7 米，向北凸出垣体 5 米，边长 9 米；顶部凸出垣体 4.3 米，边长 4.3 米。夯土内包含砖块、瓦片、瓷片、料礓石等。土台内侧略高出城内地面。（彩图三一五）

　　东南角楼　坍塌严重，顶部严重残破不平整。台底部向东凸出垣体 2 米，向南凸出垣体 5 米，东西边长 8、南北边长 9 米；顶部凸出垣体 3 米，东西边长 4.8、南北边长 7 米；台外高 6.4 米。（彩图

三一六）

3. 水门

该水门建于北垣西段，因该处地势南高北低，所以排水渠呈南北走向，水渠上建数座排水洞。排水渠用砂石块铺底，两壁亦用石块修砌，排水券洞以砖砌筑。（彩图三一九～三二一）水门洞通长 6.6 米，砖砌两批两券券洞，厚 0.8 米。洞内壁下砌三层砂石块，高 1.1 米，上部砌砖，砖规格 40×20×9.5 厘米。砖石风化剥蚀特别严重。洞口宽 1.36、高 1.8 米。水门洞顶部铺砌灰渣防水层。水门北边的排水坡宽 2.6 米。

五　宗教功能建筑

城东部有新建城隍庙，中部另有一座现代庙宇，当地人称为三娘娘庙。以前的旧庙宇已不存。

第五节　保宁堡

一　建制与历史沿革

保宁堡位于陕西省榆林市榆阳区芹河乡新湾滩村南。北距大边长城 0.5 公里，东距榆林卫城 12 公里，西距波罗堡 20 公里，南距归德堡 20 公里。明嘉靖四十三年（1564 年）巡抚胡志夔在旧古梁城基础上创修，堡垣周长"二里一百四十步，楼铺七座"。万历六年（1578 年）重修。万历九年（1581 年）参将藏士贤增筑东关。明代保宁堡为分守中路参将驻地，屯驻军丁及守瞭军共 1280 名，配马骡驼 675 匹，设操守、坐堡、参将各 1 员，守瞭巡防大边长城"二十里，墩台三十六座"。清康熙年间驻守兵 80 名，设守备 1 员统辖。

文献记载：保宁堡北距大边一里。现实测距大边 0.5 公里。城堡的西南方向有护城墩台 1 座。

二　地理人文环境

堡城位于陕西省北部、毛乌素沙漠南缘、无定河中游。地质结构属于祁连－吕梁－贺兰山字形构造马蹄形盾地的东翼与新华夏系第三沉降带之陕甘宁盆地的复合部位的东部，黄土高原向鄂尔多斯高原流沙、低梁、湖滩交错分布的东南洼地过渡带，地质构造单位大部分属于鄂尔多斯台斜部分。（图一一一）

保宁堡所在区域属于风沙地貌，城周及城内部分区域分布沙丘，有流动、固定之分。气候属温带大陆性季风半干旱草原性气候。日照长，温差大，降水少，风沙多，年平均气温 8.6℃。地面以细黄沙为主，较少见到黄土。植被较少，野生植物有芨芨草、酸枣、狼牙刺等灌木。野生动物有狐狸和野兔、黄鼠、田鼠、草兔等啮齿类动物；饲养动物有羊、牛、驴、猪、狗、鸡等。

城东 1 公里处为榆林市榆阳区芹河乡前湾滩村，有 20 余户、150 余口居民。城堡前有东西向土路一条，近年由于大修庙宇，由该土路向城堡有新修石子路一条。

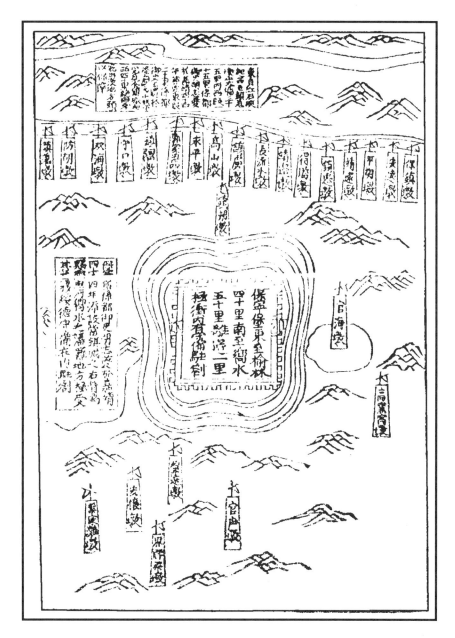

图一一一　保宁堡周边形势图

三　平面形制及建筑布局

保宁堡建在平地，因环境变迁，现处于沙海当中。城平面呈长方形，城垣轮廓清楚，周长 1424 米，堡城占地面积约 97400 平方米。（图一一二；彩图三二二）

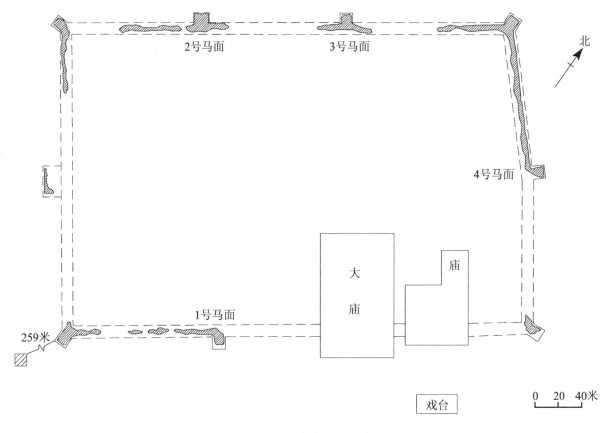

图一一二　保宁堡平面图

四　城垣及其附属遗迹

目前仅存有城垣及其附属的马面、角楼。

1. 城垣

南城垣　长412米，仅存西段140米垣体，垣体外壁残高2.7米，其余均被流沙掩埋。南垣东段建有祖师殿、观音庙。观音庙建于垣体马面上，残留10层外包砖，厚0.6米。观音庙西侧垣体上建有马面1座，编为1号马面。

1号马面距城西南角122米，夯土台保存一般，底部凸出垣体8米，东西边长10米；顶部凸出垣体8.5米，东西边长9米；台外侧高4.2米。台体夯土内包含石块、料礓石等，夯层厚20~22厘米。台内侧被流沙覆压，底周被流沙掩埋。台顶及周围生长柠条、杂草。（彩图三二三）

西城垣　长266米，大部分被流沙掩埋，北段垣体在地面上保存较好的约有72米。该段垣体顶残宽1、外高2~5.6、内高0.5~2米。夯层厚11~20厘米，顶上遗留少量砖块，垣外沙梁上散见残砖瓦。西垣中部现存一高地，西壁夯土较为清楚，残高4.8米，留存少量外包砖。该遗址南北边长24、东西边长16米。由于流沙覆压，遗址具体为何设施，仅凭目测无法确定。疑此处为西门瓮城。

北城垣　长386米，多被流沙覆盖。西段垣体于地面上无显露。中段垣体断续可见，垣外高1.4

米，顶残宽 4.4 米，内侧与城内沙梁呈坡状，顶上可见残砖瓦。（彩图三二九、三三〇）东段垣体相对保存较好，顶残宽 2～3 米，垣外高 1～2 米，内与沙梁相连，顶生柠条。北垣上建有马面 2 座，分别编为 2、3 号马面。

2 号马面西距西北角楼 108 米，位于北垣中部，保存较好。夯土台底部凸出垣体 10 米，东西边长 14 米；顶部凸出垣体 8 米，东西边长 9 米；台外高 7 米。夯土内包含料礓石等，夯层厚 12～16 厘米。台外壁包砖厚 0.9 米，现残存部分包砖厚 0.4～0.6 米，表面一层被剥离。台内侧与城内沙梁基本相连，台周沙坡上遗留大量残砖块，砖规格为 42×21×7.5 厘米。（彩图三二四）

3 号马面东距城东北角 127 米，台底部西侧凸出垣体 8 米，东侧凸出 10 米，东西边长 10 米；顶部凸出垣体 7 米，东西边长 7.6 米；台外高 5.5 米。台顶建筑堆积厚 1.5 米，中部残留两道用残砖块、石块、料礓石垒砌的房屋垣基，高 0.4 米。台顶向内与沙梁相连。（彩图三二五）

东城垣　长 260 米，南段湮没于流沙当中，北段保存较好。现存垣体底部残宽 2～3、顶残宽 1.2、内高 2、外高 1.5～3.9 米。外壁较整齐。东垣上建有马面 1 座，编为 4 号马面。

4 号马面北距城东北角 114 米，夯土台保存较好。北侧底部凸出垣体 10 米，南部被破坏，南北边长 10 米；顶部凸出垣体 9 米，南北边长 8.2 米；台外高 4.2 米。台内侧与沙梁相连，顶上生长柠条等杂草。（彩图三二六）

2. 角楼

保宁堡建筑规整，四角均建有角楼。

西南角楼　夯土台整体保存相对较好，台壁较为破损，上部坍塌有多处窟窿。台底部凸出垣体 8 米，边长 11 米；顶部凸出垣体 8.7 米，边长 7.2 米；台外高 6.8 米。夯层厚 16～22 厘米。台顶上生长榆树，内侧被流沙掩埋，台周遗留少量残砖块。（彩图三二七）

西北角楼　底部凸出垣体 10 米，边长 10 米；顶部凸出垣体 8 米，边长 7 米；台外高 5.4 米。顶上及台周散见大量残砖瓦，顶上建筑堆积厚 0.4 米。（彩图三二八）

东北角楼　台体保存较好。台底部北侧凸出垣体 8 米，南侧凸出 10 米，边长 10 米；顶部凸出垣体 9 米，边长 7 米；台外高 5.7 米。西壁底部残存外包砖，厚 0.8 米。黄土夯筑台体，夯层厚 14～20 厘米。台周遗留大量残砖块。

东南角楼　破坏严重，现残存部分夯土台底部凸出垣体 4 米，顶部凸出 3 米，底边长 5 米，外残高 3 米。

3. 护城墩台

堡城西南角楼外侧 259 米处建有护城墩台 1 座。

该墩台建于平地上，系一多层土质夯筑的台体结构。台分三层构筑，自下而上第一层为基座，平面呈长方形，东西 17、南北 15、高 2.2 米。第二、三层为墩台主体，二层底部东西 12、南北 9.5 米，高 3 米；三层底东西 6.2、南北 5 米，顶东西 4.3、南北 5 米，高 2.6 米。夯土内含碎砖、石块、料礓石等，土质松散。（图一一三；彩图三三一）

五　宗教功能建筑

目前附近村民在城堡内大规模修建了多座现代庙宇，致使城堡的风貌受到很大破坏，旧宗教建筑多已被覆盖或拆除。

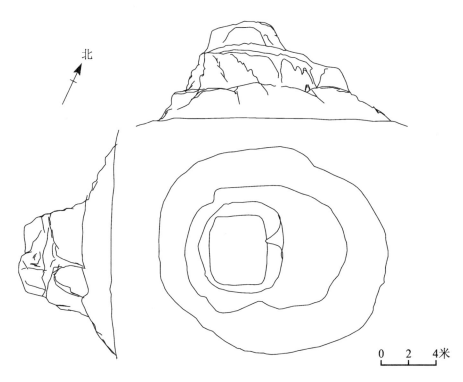

北

0　2　4米

图一一三　保宁堡墩台平、立面图

第六节　平邑堡

一　建制与历史沿革

平邑堡位于陕西省榆林市横山县白界乡平邑堡村。明正统八年（1443年），响水堡驻兵移守平邑堡；九年（1444年），巡抚余子俊撤平邑，仍守响水堡。

平邑堡保存较差。现城垣轮廓不清，残存少数垣体坍塌破坏严重。村民于垣体内凿建窑洞。年久自然风化等因素造成垣体残破不堪。

今测该堡北距大边垣体6.5公里。

二　地理人文环境

城堡所处区域呈现风沙地貌，城周及城内部分区域尚分布着沙丘，有流动、固定之分。该地属典型的温带大陆性气候。日照长，温差大，降水少，风沙多，年平均气温8.6℃。降水量为397.8毫米，平均无霜期146天。土壤以黄土为主，其次有风沙土、黑垆土等。

城内为横山县白界乡平邑堡村，只有20余户居民，百余人。以农业为主，农作物主要有禾谷类如谷子、高粱、玉米、糜子，豆类如绿豆、豌豆、黑豆及薯类（洋芋）。城内有村道多条，用于居民生活和农业生产。

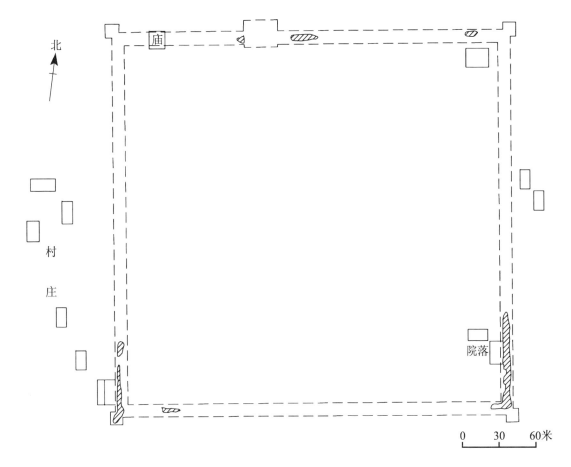

图一一四　平邑堡平面图

三　平面形制及建筑布局

堡城所处地域为风沙草滩区，破坏严重。城垣平面轮廓大致呈方形，城垣的具体规制不清，推测周长 1280 米，面积 102300 平方米。（图一一四）

四　城垣及其遗迹

目前残存部分城垣设施。（彩图三三二～三三五）城内建筑已不存在。

东城垣　残存南段 78 米，内侧残高 3.5 米。夯土呈灰褐色，质硬，夯层厚 16～22 厘米，分层夹垫夯土。

北城垣　仅发现三段垣体的基础，总长约 30 米。

西城垣　南段残存 45 米，夯土内夹垫灰渣层，夯层厚 10～20 厘米。由村民院落外堆积的夯土可见夯窝直径 12、深 4～5、间距 2 厘米，为平排平夯。

南城垣　西段残存长 12、宽 2 米的一段垣体。

五　宗教功能建筑

北垣上于 1981 年重建五海龙王庙一座。据碑记记载该庙原建于南城垣。庙上悬挂铁钟一口，上铸铭文"雍正五年□□吉日造"。

第七节　响水堡

一　建制与历史沿革

响水堡位于今陕西省榆林市横山县响水镇。东至归德堡 20 公里，西至波罗堡 20 公里。明正统初年巡抚郭智置，八年（1443 年）移守平邑堡，九年（1444 年）复守响水堡，堡垣周长"三里二百一十步，楼铺八座"。万历六年至七年（1578～1579 年）重修，东门称岳峙门，南门称望斗门，西门称渊停门，另有小西门。明代响水堡驻军丁及守瞭军共 786 名，配马骡驼 398 匹，设操守、坐堡、守备各 1 员，守瞭巡防大边长城"一十九里七十六步，墩台二十二座"。清康熙年间，驻守兵 100 名。民国时期和新中国成立后曾为响水地方政府所在地。1983 年，该堡被横山县政府公布为县级重点文物保护单位。

响水堡保存较好。城垣轮廓清楚，垣体保存一般，城门俱存，城内建筑庙宇及民居保存较好。堡城遭受人为破坏严重，主要因素来自战争、生产活动。如 1946 年解放军王震部攻打堡城，反苏修时拆除城垣包石包砖，20 世纪 70 年代乡镇建议拆毁城砖，村民打窑建房，在城垣上取土、修整道路、开辟耕地等。自然因素破坏亦较为严重，主要有风雨侵蚀、风沙侵袭、水土流失、植物生长等。

文献记载，响水堡东至归德堡四十里，西至波罗堡四十里，南至绥德州一百二十里，北至大边七十里。今测西北至大边 20.75 公里，西北至平邑堡 14.25 公里。

二　地理人文环境

堡城地貌属于芦河以东、无定河以南地区的黄土丘陵沟壑地貌，处于白于山东段在横山境内的延伸区域。由于受无定河北岸风沙的影响，地面也多覆盖黄沙。

响水堡所处区域为无定河二级台地，从大的环境上看城堡所处区域应该为黄土高原丘陵区残塬的一处梁地，当地人称凤凰山。现存城堡的东侧、西侧各有一条较大的沟道，城内也有一条沟涧，都为典型的"Ｖ"形沟。西侧沟人称井沟。北垣外及东垣北段外为近 30 米高的石崖。以下为无定河二级河床。（图一一五；彩图三三六）

响水堡所属区域气候属温带大陆性气候。日照长，温差大，降水少，风沙多，年平均气温 8.6℃。降水量为 397.8 毫米，平均无霜期 146 天。土壤以黄土为主。城内除居民的村庄外，大面积土地已辟为农田，种植粮食作物，如玉米、小米、土豆等。

城堡北侧 200 米外即为无定河。无定河，汉称奢延水，晋及南北朝后叫朔方水，自唐代始含沙量渐大，流水浑浊，溃沙急流，河床常迁，故名。发源于定边县东南长春梁东麓，经靖边县、内蒙古的

图一一五　响水堡周边形势图

巴图湾进入横山境内；自西而东呈"八"字形流经县境北部，在雷龙湾、鲍渠、三石磕处有较大的拐弯，依次接纳南北向的黑河、酒房沟、芦河、沙坪沟、黑木头河、柿子沟、盐子沟、马湖峪沟和由北南向的大二石磕河、浪木河、方河、畔家河等支流，从朱家沟出境经榆、米、绥、清注入黄河，县内流程95公里，是穿越横山最大的河流，亦是黄河中游的主要支流之一。

响水堡内有居民，属横山县响水镇响水村，共有1600余人，分为姚洼沟、梁上、沟底、南门外、南墩梁五个自然村。城内外居民以农业为主，城内个别居民兼营工商业。农作物主要有禾谷类如谷子、高粱、玉米、糜子，豆类如绿豆、豌豆、黑豆及薯类洋芋，还种植油料、瓜类、蔬菜、饲料作物等。堡内有入城村村通新修水泥路一条，土路多条，城外北侧为榆林－横山－靖边一级公路。

三　平面形制及建筑布局

响水堡平面呈长方形，南北长，东西窄。城堡东西宽约380、南北长671米，城周长2100米左右，面积约25.5万平方米。城堡的东、西垣位于两处山梁上，受地形限制，城内有两山之间的沟道一处，居民多位于两处山梁高处居住，现存庙宇也多位于此处。（图一一六）

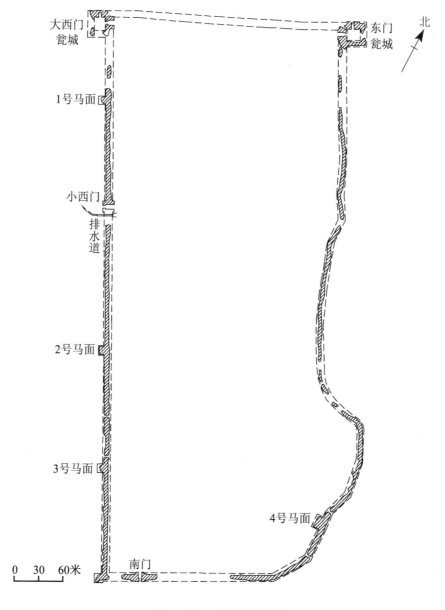

图一一六　响水堡平面图

四　城垣及其附属遗迹

目前响水堡残存大部分城垣及其附属设施，城内尚有大量的早期民居和旧庙宇。

1. 城垣

西城垣　长 676 米，城垣上有多处缺口，以西门南侧 57 米为最长。南段墙垣保存较好。（彩图三三七、三三八）城垣现存底宽 4~8、顶宽 1~3、外高 4~11、内高 3~8 米。垣体以黄土夯筑，夯层厚 12~20 厘米。底部铺一层厚 0.4 米的灰渣层，上部夯土垣外侧包砖石，由局部保存现状可知，下部条石包砌 12 层，以上包砖。垣体内侧亦包砌石头，但不如外侧的整齐。外包砖石厚 0.7~0.9 米。西垣上建大西门、小西门和 3 座马面。马面编为 1~3 号。1 号马面，距城西北角 72 米，坍塌严重，仅存凸出的垣体厚度为 4 米的夯土台。台高 8 米。顶部南北边长 7.7 米。台底堆积大量坍塌土。（彩图三三九）2 号马面，北距 1 号马面 300 米，由二层台组成。上部夯土台底部凸出垣体 5 米，南北边长 7 米；顶部凸出垣体 5 米，南北边长 6.8 米；外侧高 3.6 米。夯层厚 14~20 厘米。下部夯土台各边比上部台外凸 3.4 米，高 2.5 米，下部台体南北边长 10 米左右，夯层厚 4~10 厘米，顶上覆厚 0.1 米的灰渣散水。整个夯土台较为残破，台周散布大量残砖块。（彩图三四〇）3 号马面，距西南角楼 120 米，残破严重，仅辨位置，残高约 7 米。

南城垣　长 220 米，中部被破坏，有乡村路在其上穿越。现存垣体顶宽 2~4、外高 5~7、内高 4~5 米。纯黄土夯打，夯层厚 8~10 厘米。局部顶上残存灰渣防水层。南垣上建南门。（彩图三四一~三四四）

东城垣　长 734 米，有多处人为缺口。垣体南段保存较好，底残宽 4.5~8、顶宽 2~5、外高 4~7、内高 3~7.5 米。夯层厚 7~14 厘米。北段保存较差，内侧多略高出地面，外临沟畔，残破严重，高约 3~6 米。东城垣顶部多处残留灰渣防水层，宽者可达 3.7 米，厚 0.3~0.4 米。东城外侧沟畔上遗留大量残砖断瓦。另于东垣局部发现下部包石，夯土层厚 18~24 厘米，分层夹垫石片；上部包砖部分夯土层厚 12~18 厘米。东垣上建内马面 1 座，东门 1 座。马面编为 4 号。（彩图三四五、三四六）

4 号马面夯土台保存一般。台底部向垣内凸出 8 米，南北长 13 米；顶部南北 9.7、东西 10.3 米（连垣体一并计算）；台内侧高 6.6 米，外侧高出垣体顶部 2 米。台西北角村民取土破坏，上部夯土内包含大量残砖瓦。台北侧东城垣顶上堆积大量残砖块、瓷片、瓦片等。（彩图三四七）

北城垣　修建公路时被铲平，破坏无存，推测长 340 米。

2. 角楼

城垣上现存西南角楼，残破严重。底部凸出南垣 1 米，凸出西垣 7 米，东西、南北均长 9 米，现夯土台残高 8.2 米。夯土内包含料礓石等，夯层厚 10~20 厘米，土质疏松。台北边新修水泥路，破坏夯土台及垣体，豁口宽 14 米。

3. 城门　响水堡共建四座城门，均保存一般。

大西门　建于城西北角上，平面呈长方形，开内大外小的拱券洞，通高 5.6 米。内侧洞口宽 4.2、进深 7.83 米、距现地表 3.5 米，券洞下部以条石包砌八层，一顺一丁砌法，条石长 76~91、宽 30、厚 32 厘米。上部顺砖错缝平砌，砖规格为 39×19×7 厘米。砖石风化剥蚀严重。外侧洞口因地面增高，现洞口宽 6、进深 11、距地表 2.5 米，下部条石仅见三层。洞顶上方嵌一石匾，上书"大西门"三字。内外洞口以三批三券砌筑，厚 0.9 米。该大西门上部包砖拆毁，顶部灰渣防水层基本保存，厚

0.3 米。门洞内村民堆放了大量的玉米秆，行人过往并非经此洞，而是从北侧的瓮城城垣豁口处穿行。瓮城垣体仅残存北垣、西垣。瓮城内东西 14、南北 16 米。瓮城向北开门，结构同于大西门，现存高度 4.5 米，门洞下部被掩埋，外洞口被封堵，上方嵌一石匾，上书"渊停"二字，首尾竖行分别记载重修年代及人名："乾隆三十四年四月，怀远知县胡绍祖丞修。"（彩图三四八～三五三）

小西门　建于西城垣上，北距大西门 200 米。平面呈长方形，南北长 12.85、东西宽 11.4、高 6.5 米。开内大外小的券洞。外洞口宽 3.2、深 3.2、高 3.4 米；内洞口宽 4.1、高 6 米。洞内中部被村民封砌，且内洞被改装成窑洞，洞口安装门窗，现已废弃。外洞口上部嵌石匾，上书"小西门"三字，洞内下部包石，上部包砖。砖石风化剥蚀严重。小西门南侧地面下保存一排水渠，石砌渠道，砖砌券洞，水渠宽 0.7、高 0.8 米，两边包石宽 0.6 米，保存较好的水渠长 14 米。（彩图三五四、三五五）

南门　保存较差，外洞口被封堵，通高 6.8 米，顶上残存灰渣层。内洞口宽 4.15、高 5.8 米，下部包砌九层条石，上部包砖，夯土内分层夹垫石片，上部包砖拆毁。（彩图三五六、三五七）

东门　建于东垣北端，外筑瓮城，整体残破。东城门被村民利用作为民窑，现存外侧洞口宽 3.2、高 2.8 米，洞口上部夯土垣残存 4.7 米厚，夯土内分层夹垫残砖块等。券洞内下部包石，上部包砖。瓮城垣体残破，内高 2～5、外高 3～4、顶残宽 0.8～2 米。夯土内夹垫瓷片、瓦片等。瓮城向北辟门，现外洞口临悬崖畔，被封死。内洞口宽 3.2、深 5.8 米，外洞口宽 2.74 米。瓮城内南北 14、东西 16 米，现状破败不堪。（彩图三五八）

4. 护城墩台

城外有护城墩台两座，分别编为 1、2 号。

1 号墩台　位于响水堡西南角楼南 225 米，为带有方形夯土基座的墩台，可从北侧东部的踏步上到墩台顶部。由纯净黄土夯筑而成，夯层厚 10～13 厘米，密实度较高。基座东西 27.5、南北 22 米，高 2.8 米。其西侧呈弧形，外有沟状迹象，可能是壕沟，宽约 3、深 1.5 米。东侧平直，外侧当有垣的迹象，残长约 15 米，高、宽各 0.5 米。南侧偏东（正对台东南角）有一个小的缺口，可能是门。墩台底部东西 12、南北 11.5 米，顶部东西 7、南北 5（西）～7.5（东）米，高 7.2 米。（彩图三五九）

2 号墩台　位于响水堡东南角南 200 米，为建在一座自然土台上的夯土墩台。由纯净黄土夯筑而成，夯层厚 11～13 厘米，密实度一般。墩台底部东西 11、南北 12.2 米，顶部东西 6、南北 7 米，高 7 米。（彩图三六○）

五　宗教功能建筑

城内有庙宇多处，以城隍庙较为古老，为明清建筑。其他各处庙宇均为现代新修。

城隍庙位于响水堡东北部，东侧紧邻东城垣。庙宇残破，到处堆积塌落的木构件、残砖断瓦、石块和部分石柱础等。

城隍庙由正殿、配殿、耳房、戏楼等部分组成。平面呈方形，东西长 33、南北宽 22.7 米。中部院落东西长 14.05、南北宽 9.6 米。（图一一七；彩图三六一）

正殿三间，通面阔 9.7 米，其中明间宽 2.83 米，次间宽 2.62 米，山墙厚 0.66 米，进深两间，通进深 10.76 米。前为卷棚顶，后为硬山式，顶上覆琉璃瓦。正殿保存状况不佳，梁柱倒塌，屋顶残破，房檐上的彩绘漫漶不清。硬山房顶正脊保存较好，中间太公楼保存完好。（图一一八、一一九；彩图三六二）

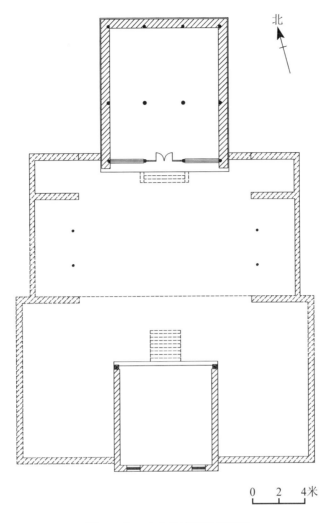

图一一七　响水堡城隍庙平面图

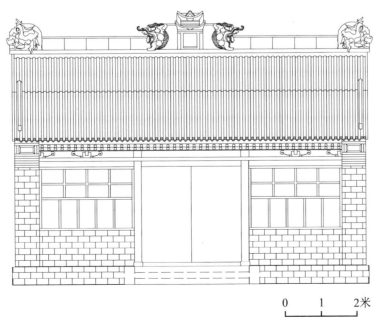

图一一八　响水堡城隍庙正殿立面图

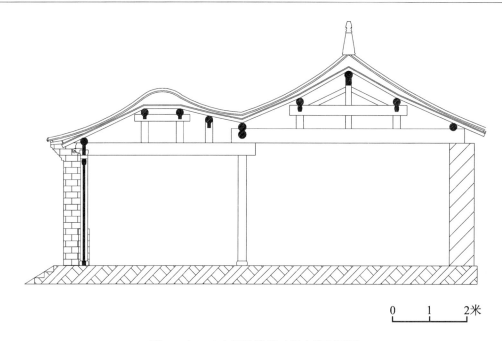

0　　1　　2米

图一一九　响水堡城隍庙正殿南侧剖面图

北

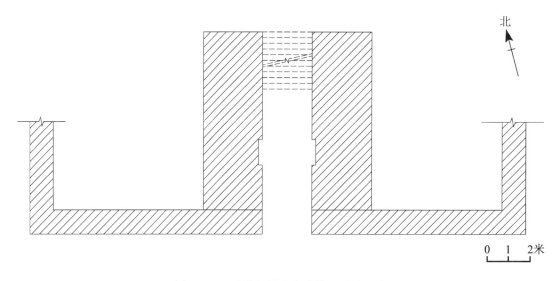

0　1　2米

图一二〇　响水堡城隍庙戏楼一层平面图

　　配殿建于正殿左、右，各三间，对称分布，面阔 7.2、进深 3.34、山墙厚 0.48、通高 4、檐高 2.6 米。现存南配殿，屋顶一部分尚存，垣基、梁架部分残存，后垣壁上隐约可见壁画。

　　耳房与配殿相连，靠近正殿，比正殿退后 1.7 米，面阔 3.4、进深 3.3 米。现存北耳房断垣。

　　戏楼与正殿相对，建在山门顶上。屋顶已不存，梁架倒塌，地面上堆积梁、檩、砖瓦等，整体破烂不堪。后垣壁上开有两窗，面外的垣壁上书写"灵"字。戏楼两侧原建房屋，现已塌毁，地面上堆积大量残砖断瓦。(图一二〇、一二一；彩图三六三～三六六)

0　　1　　2米

图一二一　响水堡城隍庙戏楼立面图

　　山门利用自然地形修建，处在城隍庙底层，东西长8.12、南北宽7.9、高5米。中间的门洞面西，拱券顶，宽2.3、进深8.1、高3.44米。门洞内下部用条石包砌高1.2米，上部包砖，破损严重。门洞底部有石级可登上城隍庙，现被村民用砖石垒砌封堵。门洞上方嵌一石匾，长2.02、高0.76米，书"创建山门，鉴察祠，乾隆二十二年囗月吉日立"。山门砖雕出檐已残。砖的规格为31.5×14×6.5厘米。

　　山门左、右两侧为人工垒砌的台子，南北长23.2米，凸出山门外1.1米，高2米，外包砖，顶部用灰渣砌成斜坡散水。

　　城隍庙曾被学校占用，现已无人居住，也无人管理。

　　城隍庙西北20米处有娘娘庙一处，为现代新建。

六　民　居

　　城内保存有古旧风貌的民居多处，其中以曹家大院整体保存较好，136号院大门较有特色，分述如下。

　　曹家大院位于响水堡西城垣内侧响水村138号，为晚清民主人士曹雨山的故居。故居为四合院布局，平面呈方形。大院由正窑、偏房、倒座房、暗窑、大门、影壁等组成。正窑为六孔窑洞，偏房北为单面坡屋顶，五架梁结构，南为平顶；倒座房为牲畜圈和厕所。大门为硬山式，宽2.86、深2.94、檐高3米，北脊兽残，其余保存较好。影壁建于大门对面，顶部残，其余保存完好。（图一二二、一二三；彩图三六七～三七〇）

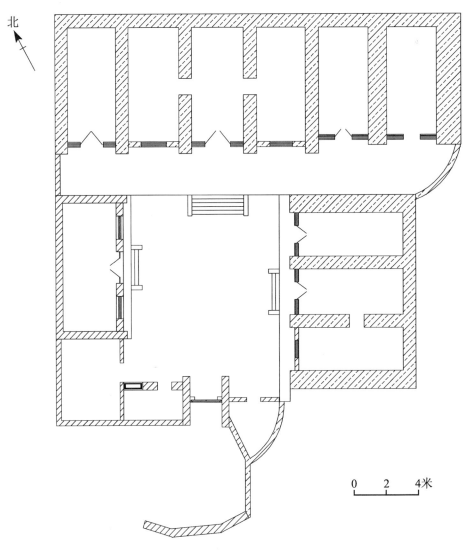

图一二二　响水堡曹家大院总平面图

北

0　2　4米

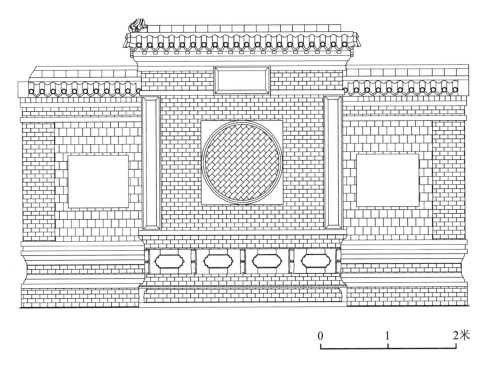

0　1　2米

图一二三　响水堡曹家大院影壁正立面图

　　136号院较有特色的是大门部位。大门用青砖垒砌，石灰勾缝；整体南北长7.38米，呈二层结构。一层分为左、中、右三部分，中部较宽，为券式门洞，两侧稍窄，主体部分为长方形壁画；二层仅附加于一层的中间部分之上，作垛口式结构。整座门头建筑具有清末民国时期风格。（图一二四、一二五；彩图三七一）

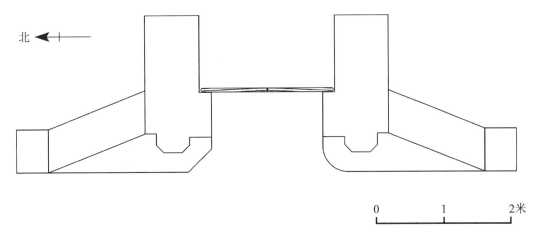

图一二四　响水堡136号院大门平面图

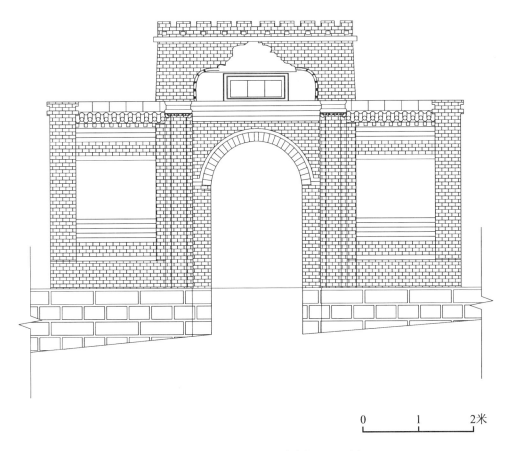

图一二五　响水堡136号院大门正立面图

第八节　波罗堡

一　建制与历史沿革

波罗堡位于陕西省榆林市横山县波罗镇。文献记载该堡东至响水堡四十里，西至怀远堡四十里，南至绥德州二百五十里，北至大边十三里。汉为白土县地。明正统十年（1445 年），巡抚马恭置，城设在山畔，系极冲中地。周围凡二里零二百七十步，楼铺十座。万历年间重修，砖砌牌垣垛口。

波罗堡在陕北明代城堡中属于保存较好的一座。目前城堡残存四面城垣的大部分及其附属设施，其中北垣仍保留有大量的包石与包砖。城内保存有中心楼、三官楼等庙宇建筑，还保存有部分民居及铺面建筑。城堡的人为破坏因素主要是人为拆除与人为废弃以及近现代不合理的修缮等。自然破坏因素主要是风沙、雨水对垣体设施等的破坏。

《延绥镇志》载：波罗堡所辖边垣长三十五里零四十七步，墩台三十五座。现在实测城堡距大边长城 6 公里。

二　地理人文环境

波罗堡所处区域为无定河三级阶地，该处整体应该是黄土高原丘陵区的一处土塬，周围地势相对开阔，没有较大的山峁。现存城堡的东侧、南侧各有一条沟道，目前已积满黄沙，地势平缓，西侧沟道较深，为典型的"V"形沟，当地称为官井沟。北垣外及东垣北段外为近 50 米高的石崖。（图一二六；彩图三七二、三七三）

堡城地貌属于芦河以东、无定河以南地区的黄土丘陵沟壑地貌，为白于山东段在横山境内的延伸部分。由于受无定河北岸风沙的影响，地面也多覆盖黄沙。气候属温带大陆性季风气候，日照长，温差大，降水少，风沙多，年平均气温 8.6℃，降水量为 397.8 毫米，平均无霜期 146 天。土壤以黄土为主。城内除居民的村庄外，大部分土地已辟为农田，种植粮食作物，如玉米、小米、土豆等。

城堡北侧即为无定河。主要水文情况见响水堡中所述。波罗堡内有居民，城东为磁窑生产队，东垣内为一、二队，总计有 50 余户，人口约 200 人。城内居民原多为城镇居民，多以手艺、工商业谋生，后代多已安排工作搬离该城堡。城外附近居民以农业、工商业为主。堡内有入城土路两条，城外北侧为榆林 – 横山 – 靖边一级公路。

三　平面形制及建筑布局

波罗堡建在一处山梁上，东、西两面临沟，北面为无定河，南面为鞍部地形，平面呈不规则形，总体上小下大。城垣轮廓清楚，垣体基本保存，城周长 1410 米，占地面积约 12 万平方米。（图一二七）

图一二六　波罗堡周边形势图

四　城垣及其附属遗迹

波罗堡现存遗迹较多，有城垣及其附属设施，包括城垣、城门、马面、角楼以及城外护城墩台。

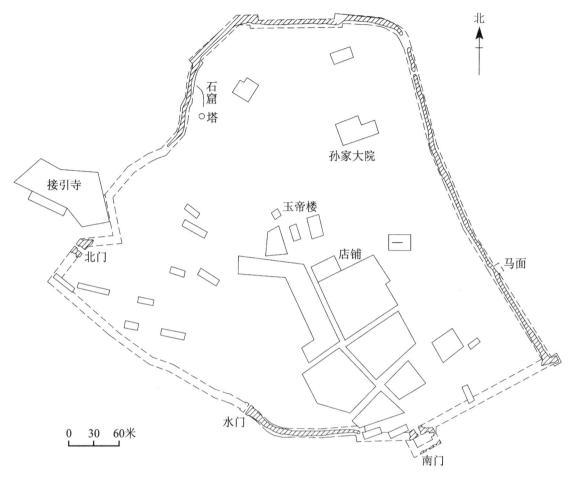

图一二七　波罗堡平面图

1. 城垣

西城垣　垣体全长486、底残宽5、顶残宽2~4、残高10米。下部外立面包砌条石11层，上部包砖、条石，总高2.7米，条石长84~95、宽32、厚26厘米。垣体顶部残存三合土防水层，厚0.3米，西垣外侧路畔保存石头垒砌的加固台长40、高2.7米，包石厚1.2米。西垣夯层为16~22厘米。局部利用山险，外用夯土加固，夯土内夹杂砖块、瓷片等，部分地段用三合土填充坑低处，厚处可达0.6米。下部条石风化严重，上部包砖仅残存部分。（彩图三七四~三七七）

南城垣　全长206米，断续残存，大部分基础及西南拐角被破坏，外高约2米，局部存外包砖，垣体底宽9.5米，内与现地面齐平。底台向东凸出2.2米，南北11、东西12.2米，凸出南垣6.3米。南垣遗址上遗留大量砖块。（彩图三七八、三七九）

东城垣　长420米，除局部被破坏外，大部分垣体保存较好，外壁部分保存有外包砖，外包砖层厚0.8米。垣两侧坡上散落大量砖石块。垣底残宽6、顶宽2~4、内高1~6.5、外高1~4米。外侧夯层9~13厘米，内6~20厘米。顶部部分地段保存三合土防水层。该段垣上发现一处马面，编为1号马面。距东南角楼158米。台底部凸出垣体7米，南北10.5米；顶部东西8.4、南北0.8米；台高6~7.3米，夯层厚8~12厘米。顶部残存灰渣防水层。台周散落大量顶上脱落的灰渣块、残砖块。台东壁面整齐，西侧垣体坍塌，台南、北两侧积土成坡。（彩图三八〇、三八四~三八八）

北城垣　全长298米。西段保存差,内侧比城内地面略高,外侧高3~5米,北垣上遗留大量砖石。部分垣体不存,中段垣体位于接引寺上部的山体上,保存稍好,东段90米垣体残存外包石,包石层厚0.8米。东段外侧沟畔坡上散落大量砖石块,垣体外高6、内高1.6~3.8、顶宽0.7~3.5米。夯土内包含大量砖石块、瓷片、碳粒,夯层厚12~18厘米。北垣上发现一处高台遗迹,遗迹外侧建在岩石上。一层高5.5米,底层包8层条石,中间包33层平砖,保存完好,上部二层基础包10层条石,北壁被破坏,其余保存,基础上铺灰渣防水层,外悬空,临沟畔。二层建筑基础东西13.7、南北9.5米,四边包砌10层大石条。风化严重,顶上建筑堆积厚1米,南北4.7、东西8.5米,靠南侧修建。建筑北边有石踏步,现残留一级。(彩图三八一)

2. 角楼

目前仅存东南、东北两处角楼遗迹。

东南角楼　夯土台保存一般。底座为利用自然地形建成的方台,高4.3米,向外凸3.8米,台顶铺厚0.3米的灰渣防水,东南角保存完整。基础台夯层厚17~22厘米,原外包石0.8米厚,现基本拆毁不存,周围散落大量石块。台体由纯黄土夯筑而成,夯层厚8~10厘米,顶部东西7.8、南北9米。顶上建筑堆积高1.4米。台体外高6~8.8米,内与地面成坡状。夯土台台壁残缺,台周堆积大量坍塌土和砖块、石头,尤以西面和北面积土成坡。(彩图三八二、三八三)

东北角楼　迹象不明显,该处垣体底宽6米,夯土内分层夹垫三合土,夯层厚12~20厘米,部分顶上残留厚0.2米的灰渣层,周围遗留大量砖石。

3. 城门

西门(大西门)　平面近方形,现从外、内侧分别描述其结构。

外(北)侧:中间洞口宽3.18、进深3.23、高3.56米,三批三券,两边垣宽4.75米,门洞外铺石头路面,上面有灰渣防水层。两边垣体底铺一层石头作基础,上部包砌七层条石,条石长75~94、宽30~35、厚26厘米,一丁一顺平砌。砖的规格为40×19.5×8.5厘米,北壁面收分4.5厘米,外包砖石厚0.6~1米。外侧通高(一层)8.6米,距地面4.8米处嵌一石匾,边框宽0.3米,内高0.8米,石头壁刻边框,内嵌整石,上书:"叁拾伍年肆月吉旦凤翥"。二层底部铺散水,南北10.6、东西8.4米。上有二层建筑基础,一圈石头铺砌,灰渣层厚0.3米。东壁面外堆积石渣等,西壁面中部及上部外包砖石不存。夯土内夹杂石块,夯层厚12~18厘米。(图一二八~一三〇;彩图三八九、三九〇)

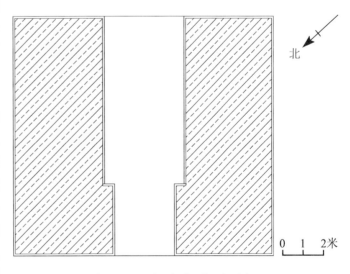

图一二八　波罗堡大西门平面图

内(南)侧:洞口宽4.14、深7.89米,高出现地表3.8米,洞壁下部可见七层条石包砌。洞内存放玉米秆,南侧有后来人工垒砌的石路,门东侧建有一排房屋,住村民。内壁面洞口上方镶石匾,经破坏,上书字体剥蚀不可见。

小西门(通顺门)　于2002年维修。通高8.5米。内侧门洞上方石匾书"西门",外侧石匾书"通顺",门洞宽2.56、通深11、高3.6米。(彩图三九一)

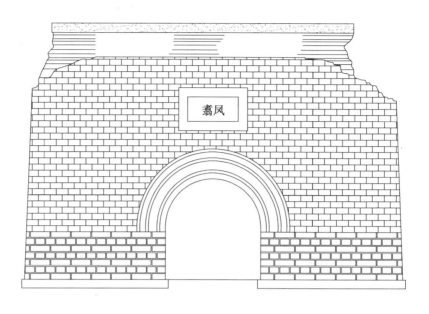

0　　1　　2米

图一二九　波罗堡大西门立面图

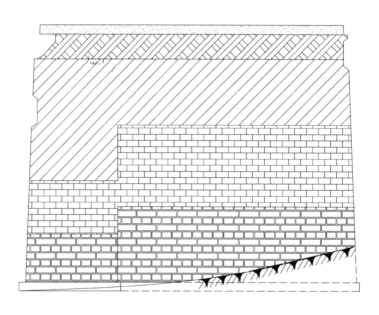

0　　1　　2米

图一三〇　波罗堡大西门侧剖面图

南门　下部包砌十一层条石，风化严重，上部包砖，内洞口三批三券，宽4.16、深7.9、高3.03米，南门通高7.6米。现南门顶部残留灰渣防水层，外包砖大部分拆毁。瓮城垣体西垣破坏不存，南垣保存较好，南门两侧垣体呈豁口。瓮城东门内洞口宽3.18、深5.33、现高3.2米，下部包石，上部包砖，砖石风化剥蚀特别严重，东门顶部残宽2.4、残长6米，外洞口宽2.54、深2.2、现高3.2米，

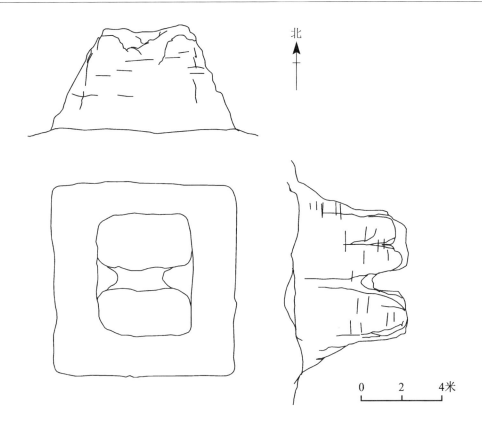

北

0　　2　　4米

图一三一　波罗堡护城墩台平、立面图

三批三券，洞顶上部包砖拆毁，顶部灰渣层厚 0.2 米，夯土内包含大量砖石块、瓦片、砖块、瓷片等
生活垃圾，夯层厚 12 ~ 18 厘米。南门外洞口封堵，顶部东西 8.6、南北 9.9 米，顶上灰渣层之上建筑
为条石砌筑的基础，散落砖石块。瓮城东西 30、南北 15 米，垣体底宽 7、顶宽 2.3 ~ 3、内高 6、外高
5.5 米，垣外壁坍塌严重，夯层厚 8 ~ 14 厘米。(彩图三九二 ~ 三九五)

4. 护城墩台

距东南角楼 240 米。由纯净黄土夯筑而成，高 5 米，夯层厚 7 ~ 13 厘米。顶南北 5.8、东西 4.3
米，底南北 9.3、东西 9 米。台南壁残破，人可登至台顶。西壁上有一宽 0.6 米的壕槽，有多处裂缝，
东壁破损，底堆积大量坍塌土，壁上生长柠条。(图一三一；彩图三九六 ~ 三九八) 墩台西侧有两座
窑址，均为填土埋压，仅可辨部分窑壁和红烧土。

五　宗教功能建筑

堡城内的宗教建筑现存有玉帝楼(灵霄殿)、老爷庙、三官楼等，其中玉帝楼、老爷庙保存较好，
三官楼仅存台基。

玉帝楼(灵霄殿)　始建于民国九年，2005 年补修。二层顶上另外还有一座太公楼，上有"琉
璃"二字，殿内绘有壁画，2005 年维修，壁画未动，像为新塑，佛龛为原有。顶绘八卉图，前、后、
左、右、东、西、南、北八天帝神位夹杂其间。(彩图三九九 ~ 四〇一)

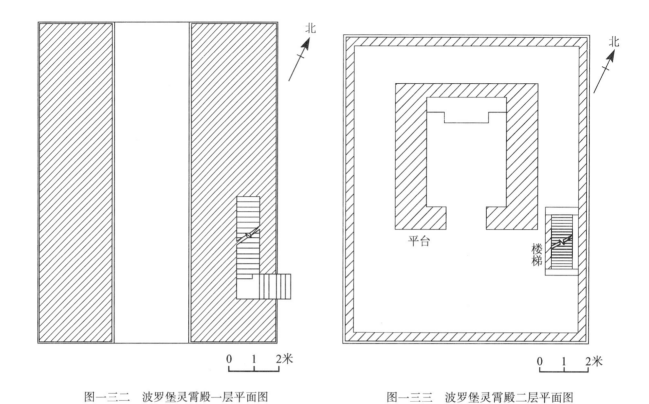

图一三二　波罗堡灵霄殿一层平面图　　　　　　　图一三三　波罗堡灵霄殿二层平面图

台基系明代建筑。洞口宽3.15米，为东西向券洞，两边垣宽3.46米，深12.3、高3.8米，一层通高4.57米，洞口三批三券，砖的规格为32×16×5.5厘米，一层东壁面有登台券洞，洞口宽0.97、高2.1米，石踏步19级。二层檐高4.2米，硬山顶，四角挑檐，砖雕斗拱。二层边砌花栏垣，中间庙"灵霄殿"，四角砖挑檐，2005年补修。二层平面南北12.08、东西9.84米，花栏宽0.34米，南距花栏内侧4.1米，西距花栏内侧1.7米建灵霄殿。殿址平面呈方形，边长5.8米，洞口宽1.64、深0.9、高2.48米。窑内宽3.25、进深4.36、高3.26米。（图一三二～一三四）

三官楼　结构一层砖砌，中开券洞，洞口三批三券，两边垣宽3.35米，洞口宽2.07、进深11.2、高3.4米，洞口上部现存高1.4米，顶部残破，屋顶上三官庙被毁。包砖风化剥蚀严重，砖的规格为32×16×5.5厘米。

六　民居

波罗堡街道南段尚保存有铺石，测得其宽为4.6米，街道两旁店铺现多保存不好，存有残迹的计有六处。（彩图四〇二、四〇三）这些店铺分布于街道两侧，其中三官楼、玉帝楼之间有五处，三官殿南面街道西侧保存店铺一处。

图一三四　波罗堡灵霄殿正立面示意图

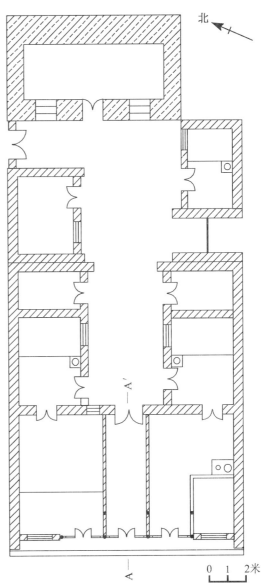

图一三五　波罗堡梁家油坊平面图

铺面以梁家油坊为代表。现存门面房面阔五间，西边的两间砌砖面，开窗户；中间三间为木板门窗，门窗破烂，顶瓦破损残缺，屋檐残缺。为硬山式屋顶，五架梁带前廊。门前下铺两层石头作门台，每层高 0.15 米，门台宽 0.56 米。左梢间宽 2.2 米，次间宽 2.38 米，明间宽 2.38 米，右梢间宽 2.15 米，山墙宽 0.52 米。窗台距地表 1.24 米，宽 1.02 米。檐高 2.82 米，出檐 0.68 米，门高 1.84 米。后院北面五间单面坡房，檐高 2.9 米；南面有三间单坡房，檐高 2.8 米。有大门一间，高 2.8 米，另有小窑两间，东面石头砌横枕头窑，面阔三孔，通高 3.9 米，两边开窗，开间开门，一批一券洞口。大门为硬山式，向外封死，后改为房，用作其他。外为拱券洞口，整个院落破败不堪，门窗残缺不齐，屋顶破烂，屋内堆积杂物和脊废弃的砖石、瓷缸、瓷罐等，砖石风化剥蚀严重。此院已废弃十多年。（图一三五～一三七；彩图四〇四～四〇七）

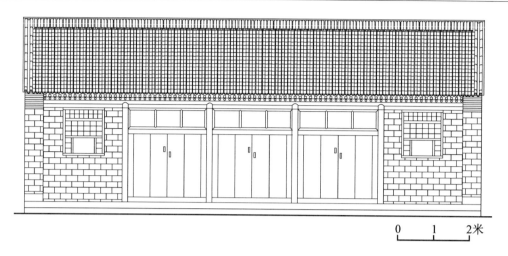

0　　1　　2米

图一三六　波罗堡梁家油坊立面图

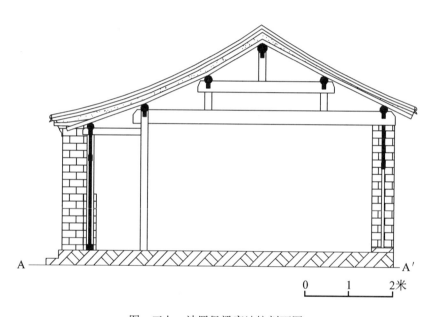

0　　1　　2米

图一三七　波罗堡梁家油坊剖面图

第九节　鱼河堡

一　建制与历史沿革

　　鱼河堡位于陕西省榆林市榆阳区鱼河镇，北距归德堡 10 公里，西距响水堡 20 公里。明正统二年（1437 年）巡抚郭智置鱼河寨于九股水。成化十一年（1475 年），巡抚余子俊迁筑于今地，建鱼河堡。万历四年（1576 年）用砖包砌城垣垛口，城垣周长"三里三百步，楼铺一十五座"。鱼河堡属二边长城堡寨。明代屯驻军丁 500 名，配马骡 117 匹，设操守、坐堡、把总各 1 员，清康熙年间驻守兵 100 名，配守备 1 员统辖。清康熙年起，鱼河堡逐渐成为集镇。

二　平面形制及现存遗迹

堡城建在平川内，因遭到严重破坏，现仅存北城垣大部及北门。（图一三八）残存北门以西垣体底宽 9.6、顶宽 0.8～7.2、内侧高 2～6.3、外侧高 1.5～4 米。部分夯层厚 8～14 厘米，夯土内包含大量料礓石，部分夯层厚 22～26 厘米，含沙量大，内含砖块等。北门西侧垣体外侧残留外包砖四层，砌筑整齐，一顺一丁砌法。北门以东垣体残存长 75、底宽 5、残高 1～2 米。垣体保存状况较差，壁面残破，顶上生长杨树、榆树及杂草。

北门名为"永昶门"，于 2000 年维修。一层平面呈长方形，南北 11.1、东西 12.7、通高 8.03 米。门洞内大外小，通深 11.1 米。内门洞宽 4.12、深 7.9、高 4.87 米，外门洞宽 3.16、深 3.17、高 3.49 米。现门洞仍为通行之道，内安装有木门。门洞三批三券，厚 0.9 米，内侧洞口上方嵌石匾，上书"永昶门"三字。瓮城西垣残长 8、底残宽 5、顶宽 2.3 米。北门东依新修的城隍庙，由城隍庙到北门二层修有踏步。（彩图四〇八、四〇九）

该堡在维修城门时挖出北门西侧马道。马道宽 3.28 米，路面为三合土夯筑而成，通长 13.95 米。该马道底部有门址，马道底部至门 7.3 米。外侧有马道墙护住马道，该墙高 0.7、厚 0.43 米，用砖错缝平砌。共发现六层砖，砖长 32～40、宽 19.5、厚 9.5 厘米。马道垣前端砾石区长 86、宽 30、厚 21 厘米。马道门北侧门墩高 1.4、宽 0.87 米，错缝平砌，现残留十五层砖。门墩石长 43、宽 24、厚 13 厘米；门轴直径 0.09 米；门槛槽宽 0.09 米。南北门墩石对称，南侧门墩残高 0.46、宽 0.87 米，现存五层砖。

鱼河堡城内外修建大量民居建筑。据村民讲，城西北角恰处于新旧公路之间。城内古建筑荡然无存。

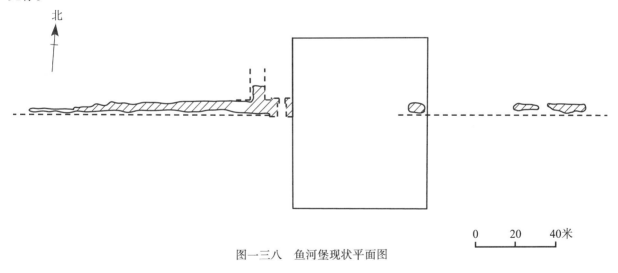

图一三八　鱼河堡现状平面图

第十节　镇川堡

镇川堡位于陕西省榆林市榆阳区镇川镇，北距鱼河堡 25 公里。明嘉靖二十九年（1550 年），巡抚张王行修建，城垣周长"一里三分"。该堡在明代设把总领兵 50 名，隶属保宁堡参将管辖，清代隶属波罗堡营守备管辖。

堡城建在平川内，1946 年以后城垣渐被拆除，现在已找不到城垣的任何痕迹。城内南北大街为堡城原街道，街道两旁仅少数店铺、民居尚存早期建筑风貌，但也多为清末民初或解放前的风格。(彩图四一〇～四一三)

第十一节　怀远堡

一　建制与历史沿革

怀远堡位于陕西省榆林市横山县城南 1 公里处的芦河东岸白家梁山上。东北距波罗堡 20 公里，西南距威武堡 20 公里。明天顺二年（1458 年）延绥镇巡抚徐垣由土门寨（今横山县殿市镇土壑马村南之雪山）移建于今址，隆庆六年（1572 年）加高城垣，万历六年（1578 年）用砖包砌城垣垛口，堡垣周长"二里零一十七步，楼铺十二座"。当时建有三座城门，东曰"怀远"，南门不明，北曰"振远"。明代怀远堡屯驻军丁及守瞭军共 739 名，配马骡 357 匹，设操守、坐堡、守备各 1 员，守瞭巡防大边长城"四十三里零三十七步，墩台二十七座"。清康熙年间驻守兵 100 名，设守备统辖。清雍正九年（1731 年）设怀远县，该堡即为县城。民国三年（1914 年）怀远县改称横山县，县政府仍设于此。1955 年县城迁建于堡东北 1 公里处的芦河川后，此城堡逐渐废弃。

怀远堡保存较差。城垣轮廓清楚，垣体断续残存；城垣上附属设施角楼、马面仅存部分；城门有北门和东门；城内保存玉帝楼。堡城受人为破坏严重，主要原因有战争、生产生活活动等。自然破坏主要来自风雨冲刷、风沙侵袭、植物生长等。

文献记载：怀远堡东至波罗堡四十里，西至威武堡四十里，南至安塞县三百里，北至大边二十里。今测西北距大边垣体 7.75 公里。

二　地理人文环境

该堡所处区域地貌属于芦河以东、无定河以南地区的黄土丘陵沟壑地貌，为白于山东段在横山境内的延伸部分。怀远堡坐落在芦河东岸的一处山峁上，西侧为芦河二、三级台地，南、东、北侧各有"V"形沟。(图一三九)

该地气候属温带大陆性季风半干旱气候。日照长，温差大，降水少，风沙多，年平均气温 8.6℃，降水量为 397.8 毫米，平均无霜期 146 天。地表土壤以沙黄土为主。地面植被较少。

城堡西侧 1 公里左右为芦河，芦河主源于白于山北麓的靖边县新城乡柴嶙岘村，有西芦与东芦两大支流汇流于镇靖，经新农村乡折东过杨桥畔乡出境入横山县。在横山县的石码圪注入无定河。在怀远堡流过时正常河宽 8 米，水深 0.4 米。

怀远堡内目前有数十户居民，约有 200 口人。以城镇居民为主，多为横山县城的企事业单位职工及郊区农民，全部是汉族，其中城镇男性比例稍高。堡内有入城石子路一条，城外为横山县县城，交通方便。

图一三九　怀远堡周边形势图

三　平面形制及建筑布局

　　城堡建在山上，四面临沟，平面呈不规则长方形。城垣轮廓清楚，垣体断续保存，城周 1502 米，占地面积约 125800 平方米。（图一四〇；彩图四一四）

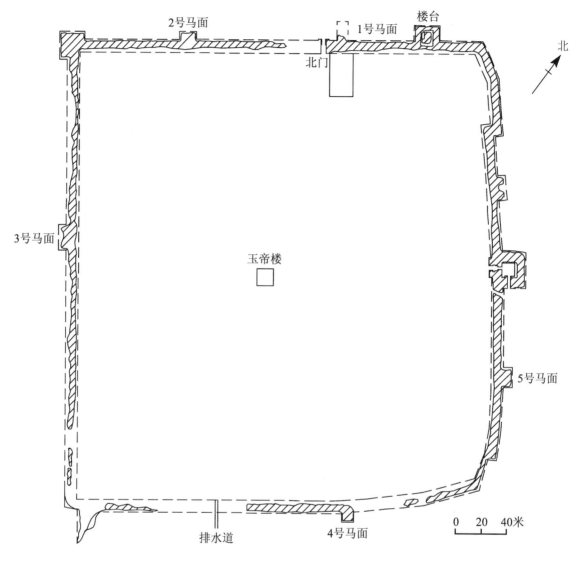

图一四〇　怀远堡平面图

四　城垣及其附属遗迹

目前残存城垣及其附属设施。

1. 城垣

北城垣　长 340 米，保存相对较好。垣体坍塌现象明显，部分被村民用石块垒砌填补。现存垣体底宽 4~7、顶宽 3.5~7.2、外高 8、内高 2~4 米。垣体外侧有村路一条。北垣上建有马面 2 座，楼台 1 座，并设北门。马面编为 1、2 号。1 号马面，西距北门洞仅 9 米，底部凸出垣体 5 米，边长 6 米，坍塌严重，上部呈土丘状。2 号马面，西距城西北角 77 米，底部凸出垣体 6 米，边长 14 米；顶部凸出垣体 5 米，边长 10 米；台外高 7 米。台体外围被破坏，西侧建有民房四间。北垣上还有一处楼台建筑，距城东北角 34 米，夯土台为二层建筑。一层台底部凸出垣体 12 米，边长 18 米；顶部东西残宽

11、南北残长 15 米；台外高 7.5 米，内侧坍塌土淤积成坡，边上暴露有包石块，夯土内夹杂大量石块、瓦片、砖块等。二层台建于一层顶内侧，高 5.2 米，东西 5、南北 9 米，夯层厚 8 ~ 14 厘米。台底西侧设有石铺步道，残破严重，宽 1.6 米。二层台西壁上向内凿有窑洞。（彩图四一五）

西城垣　长 374 米，破坏严重，现存仅见基础部分，外侧滑落成坡，顶与城内地面齐平。西垣中部外侧发现残存的外包红砂石块五层，由此处判断垣原高约 10 米，夯土内包含瓦片、瓷片、红砂石块等。西垣南段有村公路穿越垣体。西土垣上现残存马面 1 座，编为 3 号。3 号马面，夯土台残破严重，底部凸出垣体 6 米，边长 18 米；顶部凸出垣体 4.3 米，边长 17 米；台外高 6.5 米。夯土内包含大量碎石块、砖块。

南城垣　长 334 米，断续残存，外侧局部残存包石。现存垣体顶宽 1 ~ 4、外高 3 ~ 6、内高 2 ~ 4 米。夯层厚 12 ~ 20 厘米，夯土内包含红砂石块、瓷片、瓦片、砖块等。据村民讲，南垣西端原建有南门及瓮城，现痕迹不辨，垣外底部修建有村民住宅。南垣中部保留有原排水道。南垣上残存马面一座，编为 4 号。4 号马面，残破严重，底部凸出垣体 8 米，边长残存 8 米，顶部残存 8 米，外侧坍塌成坡。

东城垣　长 354 米，南段保存较好，黄土夯筑垣体，土质纯净。垣体顶宽 1 ~ 7 米，外高 7 ~ 8 米，内局部高出现地面 1 ~ 2 米，外壁局部残存红砂包石，夯土内可见部分用石块填充。东垣上建马面一座，并设东门。马面编为 5 号。5 号马面，夯土台底部凸出垣体 6 米，边长 16 米，顶部凸出 5 米，边长 13 米，台外高 8.4 米。台外包砖被拆毁。

2. 角楼

怀远堡城角上现存有西北角楼，夯土台底部凸出垣体 5 米，南北 22、东西 19 米；顶部东西 18、南北 17 米；台外高 8.5 米。夯土内包含石块，夯层厚 12 ~ 20 厘米。台顶上生长杂草，散见瓦片，台周壁残破，下部堆积大量坍塌土。（彩图四一六）

3. 城门

东门　建于东垣中部，外筑瓮城。东门门洞宽 2.85、深 8.75 米，高出现地表 2.36 米。券洞口三批三券，砖砌，上部夯土内夹垫砖层，两壁用红砂石包砌。瓮城保存较好，原向南开门，现存豁口宽 3.2、深 8.6 米，两侧垣高 6 米，垣体内外均包砌红砂石。瓮城大约为方形，边长 30 米，曾被村民利用为住房，现已废弃，东北边存有修建的房屋。（彩图四一七、四一八）院内残存龙形碑首，上刻"碑记"、"皇恩"，碑残，字迹漫漶不清。另见一石柱础，为毕业纪念刻石，上书"进德之基"等字。

北门　门洞保存较好，现存通高 6.1 米，门洞内大外小，内门洞宽 3.25、深 5.6 米，高出现地表 2.2 米，外门洞宽 2.45、深 4.4 米。门洞外口被封死。门洞全部用红砂石包砌。门洞两侧垣体宽 4 米，残破，夯土内包含红砂石块、砖块、瓷片等，夯层厚 12 ~ 22 厘米，门洞上部的夯土内分层夹垫灰渣层，洞口两边垣体残存部分外包红砂石条。北边砖券不存，南边保存较好，砖的规格为 38×19×9 厘米，红砂石大约长 105、宽 41、厚 35 厘米。北门西侧垣体上有村小路穿越破坏垣体。（彩图四一九、四二〇）

4. 墩台

因离城较远，未测量。（彩图四二一、四二二）

五　公共功能建筑

中心楼　为二层砖木结构建筑，一层保存原貌，二层为近年维修。（图一四一、一四二；彩图四二

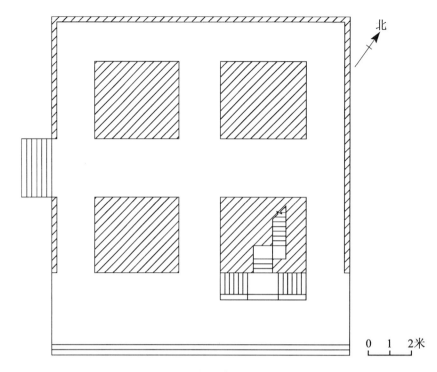

北

0　1　2米

图一四一　怀远堡中心楼一层平面图

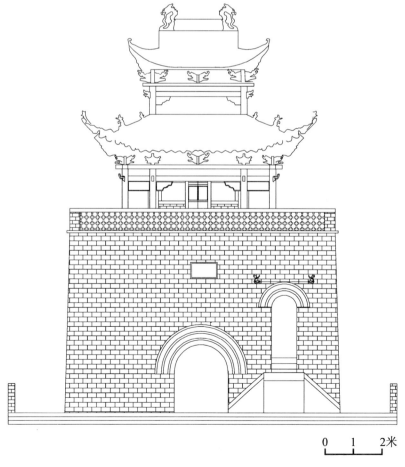

0　1　2米

图一四二　怀远堡中心楼正立面图

三~四二七）一层平面呈长方形，东西14.6、南北13.7米，一层总高6.2米。中有"十"字穿心洞，东西向券洞宽1.9、深9.43、高2米，南北向券洞洞宽2.6、深9.72、高2米。一层南壁面上嵌石匾，上书"永绥斯□"四字；西壁上亦嵌石匾，上书二字，剥蚀不辨；北壁上石匾书"拱辰"二字；东壁上石匾已毁。南壁门洞东侧设有登攀二层的小券洞。此楼券洞内存放木椽等杂物，不能通行。一层下部保留了明代旧砖，规格为39.5×18.5×8.5厘米，风化严重。

现存楼台一层基本保存了原状，上部更换了缺损的砖面等，四面石匾风化剥蚀严重。

六 宗教功能建筑

城内有新建庙宇三座。城内距北城垣170、西城垣190米处保存有玉帝楼一座。

第十二节 威武堡

一 建制与历史沿革

威武堡位于陕西省榆林市横山县塔湾乡杨小川沟口东山畔上，东北距怀远堡20公里，西南至清平堡20公里。明成化五年（1469年）巡抚王锐由大兔鹘（在今横山县艾蒿峁乡一带）移建于今址，筑威武堡，城周长"二百八十步，楼铺一十四座"。隆庆六年（1572年）加高城垣，万历六年（1578年）用砖砌牌垣、垛口，并建南、北、东三门，分别称"威武"、"镇朔"、"震福"。明代威武堡驻军丁及守瞭军共640名，配马骡274匹，设操守、坐堡、守备各1员，守瞭巡防大边长城"四十三里零三十七步，墩台二十七座"。清康熙年间驻守兵50名，设把总1名统领。民国年间，该堡曾为威武地方政府的驻地。

《延绥镇志》载："威武堡东至怀远堡四十里，西至清平堡四十里，南至安塞县三百里，北至大边四里。"另载："（威武堡城垣）四十三里零三十七步，墩台二十七座。"今测城堡北距大边垣体8公里。堡城南、北面各建有护城墩台一座。城东部较远处另有墩台一处。

二 地理人文环境

该堡所属区域地貌为芦河以东、无定河以南地区的黄土丘陵沟壑地貌，为白于山东段在横山境内的延伸，表现为丘陵沟壑区的梁峁景观。威武堡坐落在芦河东岸的一处长梁上，梁宽约有600米。堡城所在的位置，当地人称为"衙门滩"，西侧为芦河的二级河床；南侧与北侧都是流向芦河的支流所形成的沟涧，南侧沟涧流向西，称为小川沟，北面为暗米峁壕；东侧为一鞍形地带，当地人称为大寺洼，大寺洼东为窑沟。（图一四三；彩图四二八~四三〇）

该地气候属温带大陆性季风半干旱气候。日照长，温差大，降水少，风沙多，年平均气温8.6℃，降水量为397.8毫米，平均无霜期146天。地表土壤以沙黄土为主。地面植被较少。

城堡西侧1公里左右为芦河，芦河主源于白于山北麓的靖边县新城乡柴嵝岘村，有西芦与东芦两大支流汇流于镇靖，经新农村乡折东过杨桥畔乡出境入横山县。在横山县的石码圪注入无定河。

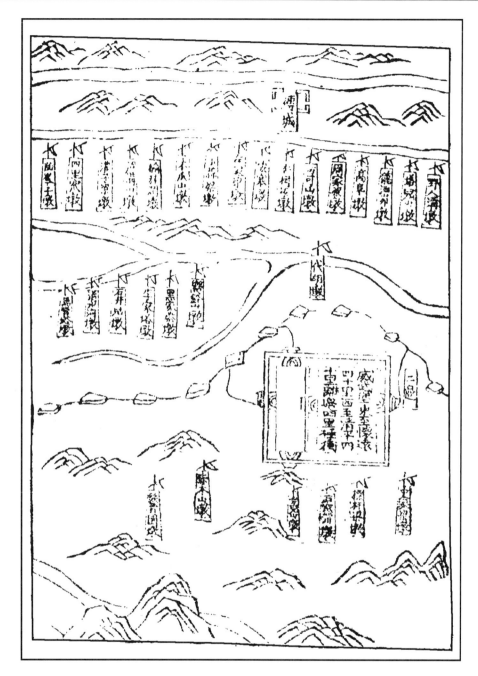

图一四三　威武堡周边形势图

威武堡内目前没有居民，城西为威武堡村，有数十户居民，约有 100 余口人。产业经营以农业生产为主，农作物主要有禾谷类如谷子、高粱、玉米、糜子，豆类如绿豆、豌豆、黑豆，薯类有洋芋，以及油料、瓜类、蔬菜、饲料作物等。

堡内有入城土路一条，城外西侧 1 公里处为靖边县至横山县一级公路。

三　平面形制及建筑布局

堡城建在四面临沟的山梁上，西面深沟内有小河流经。堡城所在区域被流沙覆盖，现城垣断续残存，轮廓清楚，平面呈方形，周长1460米，占地面积约139400平方米。(图一四四)

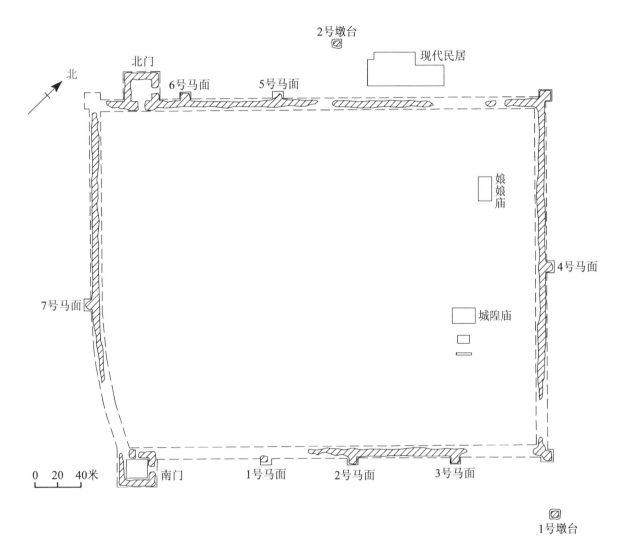

图一四四　威武堡平面图

四　城垣及其附属遗迹

该堡目前仅残存城垣及其附属设施。

1. 城垣

南城垣　长383米。垣体保存不好，西段从瓮城到2号马面130米基本不见垣体，仅残存1号马面；中段现保留垣体约140米；东段60米垣体被流沙埋压。目前露出地面的垣体高度为1～4、顶残宽

0.4~2 米，部分垣体内分层夹垫石片和三合土。南垣上共建有 3 座马面，分别编为 1~3 号。

1 号马面建于南垣西段，西距南门遗址 90 米。夯土台坍塌严重，底部现存向南凸出垣体大约 5 米，东西边长 6 米；顶部东西边残长 5、南北边残宽 2.8 米；残高 3 米。

2 号马面西距 1 号马面 70 米。夯土台保存一般，台壁破损。底部凸出垣体 5 米，东西边长 9 米；顶部凸出垣体 4.5 米，东西边长 7.5 米；台外侧高 5 米，台底两侧积压沙土。夯土内分层夹垫石片和三合土，夯层厚 8~14 厘米。

3 号马面西距 2 号马面 80 米。夯土台保存较差，台底部向垣体外凸出 6 米，东西边长 9 米；顶部凸出垣外 5.8 米，东西边长 7 米；台体外侧高 4.6 米，台周见大量砖石块和瓦片等。夯土内分层夹垫石片、三合土。

东城垣　　长 337 米。垣体保存不好，南段部分垣体缺失，中段、北段垣体坍塌严重，流沙积压，保存下来的垣体呈凸起地面的土圪梁。东垣外侧临沟畔，坡上散落大量碎砖块，内侧多略微高出地面。东垣以内有建筑遗址，地面遗存大量残砖断瓦。东垣上建有马面 1 座，编为 4 号。（彩图四三三、四三四）

4 号马面残破严重，夯土台底部凸出垣体 6 米，南北边长 9 米；顶部东西残长 4.4、南北残宽 3.3 米；台外高 7 米。

北城垣　　长 410 米，保存较差，中部有村公路穿越垣体，破坏掉 14 米，垣外侧村民凿挖土洞存放粮草，东段垣体缺失近 60 米。现存垣体高出城内地表 0.8~2 米，高出城外地表 3~5.4 米，垣体顶残宽 2~4 米。垣体外缓沟内住有村民，沙梁上散见砖石块、瓷片、瓦片等。夯土内分层夹垫石片、三合土，夯层厚 8~18 厘米。由坍塌土可辨识夯窝直径 9~10、间距 4~5、深 2.5~3.5 厘米。北垣上现存 2 座马面，编为 5、6 号。

5 号马面残破严重，台北部被村民取土破坏。夯土台底部凸出垣体 5 米，东西边残长 8 米；顶部凸出 3 米，东西边长 5.3 米；台外高 2.6 米。

6 号马面夯土台底部凸出垣体 4 米，东西边长 9 米；顶部凸出 3 米，东西边长 8.6 米；台外高 2.1 米。台内侧沙坡上遗留大量残碎砖瓦。

西城垣　　长 340 米。北段保存较好，南段保存差，几乎被风沙掩埋，仅呈沙圪梁，缺失长度近 60 米。垣内高 5.5、外高 5.5~7、顶残宽 2~2.8 米。夯土内夹杂石片。周围散见砖、石、瓦、瓷片等。西垣上建马面一座，仅辨位置，形制规模无法确认。（彩图四三五）

2. 角楼

城堡原应有三座角楼，现存两座。

东南角楼　　保存较差，外高 6.2 米，内与地面基本齐平。台底向东凸出垣体 3 米，南北边长 10、东西边长 8 米，西南面残破。夯层厚 9~13 厘米。

东北角楼　　台体保存较好。底部向东凸出垣体 3.7 米，向北凸出垣体 3.3 米，南北 9、东西 11 米；顶部东西 4.7、南北 6 米；台外高 5.7 米。黄土夯筑，夯层厚 4~16 厘米。西壁上残存夹杂三合土夯层，北壁下部残留加固的石块。

西北角楼破坏无存。

3. 城门

威武堡设南、北两座城门，均外筑瓮城。

南门　　位于南垣西端。城门垣体以三合土分层夯打，夯层厚 10~18 厘米。门洞残宽 3.2、进深 6 米，高出现地表 1.8 米。门洞内堆积大量坍塌土和石块。瓮城垣体残破，内侧高出现地表 0.2~1.5

米，南、西垣外侧垣高6.8米，垣下部基础经人工夯打，高4~6米。瓮城向东开门，豁口宽4、深8.2米。瓮城内东西17、南北15米，城内种植高粱。（彩图四三六、四三七）

北门　距城西北角12米。北门豁口宽5、进深10米，西侧垣高2.6米，夯土内包含红砂石块，夯层厚10~15厘米，壁面破损。地面散布大量石块、砖块。瓮城呈方形，城内南北15.3、东西15.4米。垣体底宽7米，顶部保存最好的宽4.5米。瓮城西、北垣体内侧略高出地面，外侧高3~5.4米。东垣上开门，豁口宽5、进深7米，两侧垣高3.4~4米，夯层厚10~16厘米，内包含石块等。紧临北城垣外侧，瓮城垣体被人为挖开宽1.2米的缺口。北门遗址上可见大量砖、石、瓷、瓦片等。

4. 护城墩台

堡城南、北面各建有护城墩台一座，分别编为1、2号。1号墩台位于堡城东南角外48米处，建在土圪梁上，北边坍塌缺失，台底部南北9、东西7.7米，顶部南北4.8、东西4.6米，台高6.5米。（图一四五）台周散见砖瓦残块。台西耕地内有一处建筑遗址，地面遗留大量瓦片和琉璃构件。（彩图四三一）

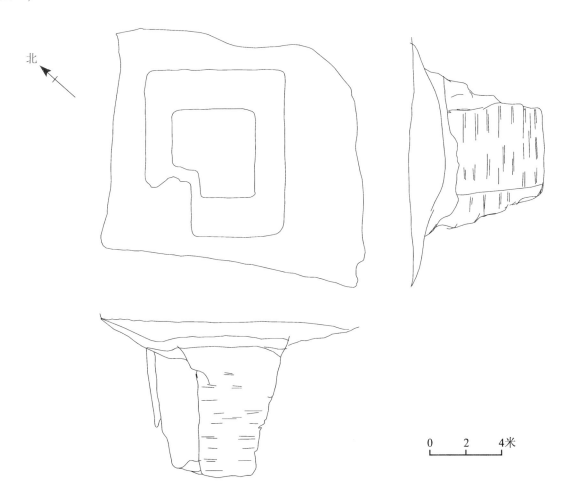

图一四五　威武堡1号墩台平、立面图

2号墩台位于堡城北垣外45米处，村公路东侧的小土梁上。台体坍塌严重，底部积土成堆。现存底南北6.4、东西6.6米，顶部南北2.8、东西2.5米，台高2.5米。夯层厚8~14厘米。（图一四六）2号墩台保存较差，台体残破严重。（彩图四三二）

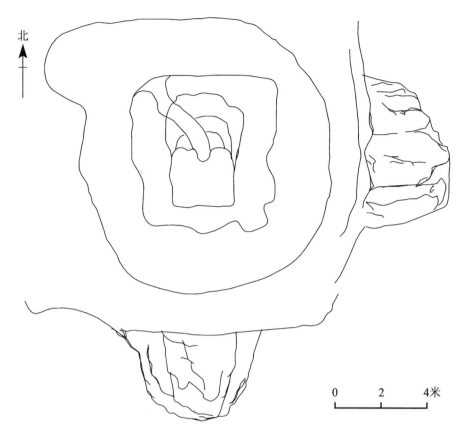

北

0　　2　　4米

图一四六　威武堡2号墩台平、立面图

五　宗教功能建筑

城内中部新建庙宇三座，分别为城隍庙、三官庙等。南城垣外建有娘娘庙、老爷庙。西城垣外建庙宇一座，内供奉杨四郎，门上有木匾"宋为良相，民国二十七年七月十五日立"。

第十三节　清平堡

一　建制与历史沿革

清平堡位于陕西省榆林市靖边县高家沟乡南门沟村西的土塬上，东距威武堡20公里。明成化四年（1468年）巡抚王锐由白洛城（位于今横山县石湾镇白狼城村）移建于今址，筑清平堡，城周长"三里八十四步，楼铺一十三座"。隆庆六年（1572年）加高城垣，万历六年（1578年）砖砌城垣。明代该堡屯驻军丁及守瞭军共2224名，配马骡驼1598匹，设操守、坐堡、守备各1员，守瞭巡防大边长城"三十一里零二百六十九步，墩台三十一座"；清康熙年间驻守兵100名，设守备1员统领之。该堡所在地原属横山县，1942年划归靖边县。

　　清平堡保存较差。城池基本湮没于黄沙当中，现仅看到少部分垣体及3座角楼、1座马面夯土台，均残破。城内建筑全毁。堡城受人为因素破坏严重，垣体包砖被拆除，城内建筑被拆毁。受自然因素破坏亦非常严重，城堡基本被流沙掩盖，暴露的垣体受风沙侵袭、雨水冲刷、植物生长等因素破坏日益残破。

　　《延绥镇志》载："清平堡北至大边十五里"。今实测清平堡北距大边垣体10.5公里。调查发现堡城西50米处有两座墩台及一处建筑遗址，城东南1公里处徐家湾村有明代砖拱桥一座。（图一四七）

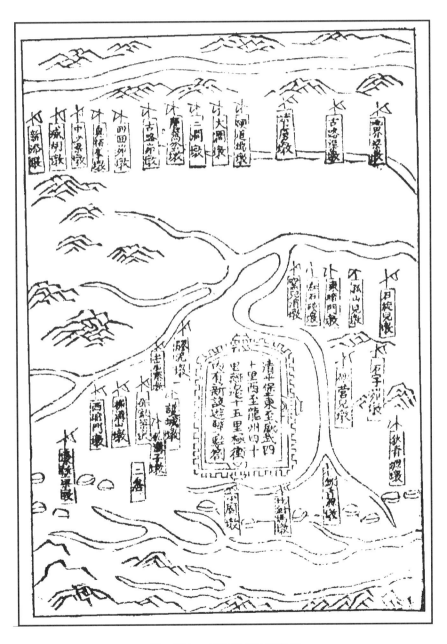

图一四七　清平堡周边形势图

二　地理人文环境

　　目前城堡大部已被黄沙所覆盖，沙丘起伏延宕，高几米到几十米不等，流动性很大，地面植被稀少。

　　靖边县属半干旱内陆性季风气候，四季变化较大：冬季主要受西伯利亚冷气团影响，严寒而少雪；春季因冷暖气团交替频繁出现，气温日较差大，寒潮霜冻不时发生，并多有大风，间有沙暴；夏季暑热，雨量增多，多以暴雨出现，同时常有夏旱和伏旱；秋季多雨，降温快，早霜冻频繁。由于受沙漠影响，一日之内，气温差异悬殊，故当地有"早穿皮袄午穿纱，晚抱火炉啃西瓜"的民谚。目前城内已被流沙所覆盖，很少见到黄土。

　　城内有不少沙生乔木，流沙上生长少量的地面低矮的草本植物。城外人工种植有大面积的柳、杨等树。目前城堡内可见一些野生动物，如野兔、山鸡及鼠类等。城南有小河，经城堡的东侧、北侧向西注入芦河。

　　城内无居民。距城堡的南垣 300 米处有一处村落，有 20 余口人居住，属靖边县高家沟乡南门沟村。

三　平面形制及建筑布局

　　清平堡建在平原上，但三面临沟。堡城废弃后，流沙逐年淤积，现基本将城堡湮没。由地面上断断续续显露的垣体尚可辨识城垣轮廓。堡城平面呈不规则长方形，城周大约 1793 米，占地面积约157500 平方米。（图一四八；彩图四三八）

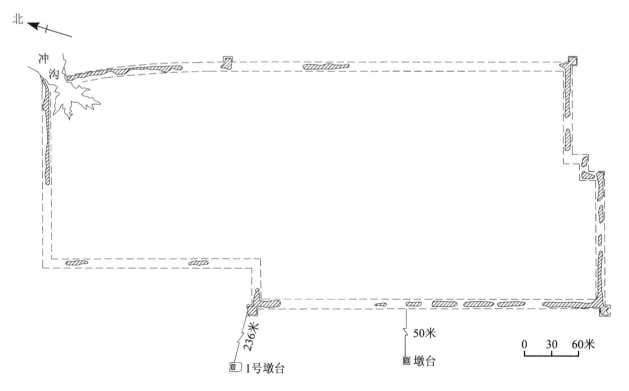

图一四八　清平堡平面图

四　城垣及其遗迹

目前仅存部分垣体及其附属设施。

1. 城垣

南城垣　长 315 米。分为三段，东、西段较直，中段为三段 18 米长呈直角的折曲垣体。东西段垣体保存较好，中段似为瓮城的残存部分，具体形制结构已不清。（彩图四三九~四四二）

东城垣　长 600 米。南段、中段较直，北段稍向内弧。北段残存一马面遗迹。夯土台底部凸出垣体 5 米，南北边长 8 米；顶部南北长 4 米；台外侧高出地面 3.5 米，内侧与城内现地面齐平。（彩图四四三）

北城垣　长 210 米。沿沟畔修建，现存东段垣体，西段淹没于黄沙之中。

西城垣　总长 668 米。分两段，北段垣体内收 40 米，垣体有零星保存，南段垣体保存较好。（彩图四四四）

保存较好的垣体有堡城西南角垣体、北垣东段垣体和西垣中段拐角处垣体，底残宽 4~7、顶残宽 1~5 米，垣内侧高出地面 3~7 米，外侧高出地面 3.3~7.5 米。黄土夯筑垣体，夯层厚 12~15 厘米，内包含少量砖块、瓦片和料礓石等。大多数暴露的垣体仅可看到外壁面和顶部，均残破严重。

2. 角楼

堡城保存有三座角楼。

东南角楼　夯土台严重坍塌，底部边长 7 米，台外高 7.5 米。台北侧地面上遗留一道长 1.5 米的整段包砖，厚 0.9 米，砖规格为 12×20×7.5 厘米。（彩图四四五）

西南角楼　夯土台保存较好，西面凸出垣体 3 米，东面与南垣相连，底边长 9 米，顶部成小包状，台高 6 米。台东南侧有冲毁壕槽。（彩图四四六）

西垣中角楼　西垣中部转折处还有一处角楼，夯土台保存较好，台底凸出西垣 8 米，北边凸出垣体 6 米，东西边长 6、南北边长 11 米；顶部基本呈方形，边长 6 米；台残高 6 米。

3. 墩台

堡城西 50 米处有一座墩台建筑。（彩图四四七、四四八）

4. 古桥遗存

城东南 1 公里处徐家湾村有明代砖拱桥一座。该桥建于红砂岩上，长 15、宽 6、高 12、拱长 8 米，顶部五批五券砌筑。（图一四九）该桥现仍为利用，于 2000 年由县政府公布为县级重点文物保护单位。（彩图四四九~四五三）

五　公共功能建筑

城外侧东北部有数处大型建筑遗址，其中一处较大。该遗存位于城堡西侧的高地上，主体部分为北部的高台与南部的方形平台。北部高台建筑东西 20、南北约 15、高 10 米，台体现风化严重；南部的平台呈方形，边长 30 米左右。两部分之间为一宽近 30 米的凹地。地面散布少量砖瓦残片。在这处大型建筑西北、东北侧另有多处类似于墩台式的建筑，人为活动迹象较少。从这些建筑的结构、形制特点以及遗物推测，其时代大约为宋元时期。（图一五〇；彩图四五四~四五七）

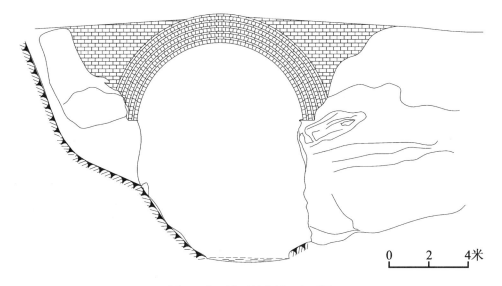

图一四九　清平堡古桥正立面图

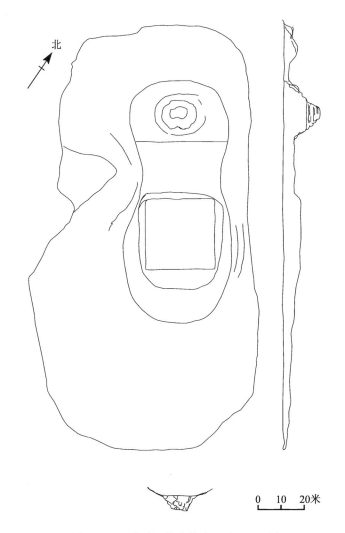

图一五〇　清平堡外建筑遗址平、立面图

第四章

西路营堡

第一节　靖边营

一　建制与历史沿革

靖边营又称新城堡，位于陕西省榆林市靖边县新城乡新城村，为该乡乡政府驻地，东北距镇罗堡 20 公里。北宋初为夏州兀剌城。陕西经略副使范仲淹曾在此驻兵防守，并筑东、西哨马营，故俗称范老关。明景泰四年（1453 年）巡抚陆炬始筑城垣，由此俗称新城。成化十一年（1475 年）余子俊设置为靖边营，撤保安兵守之。嘉靖二十四年（1545 年）、三十四年（1555 年）两次拓筑维修，城垣周长达"八里，楼铺二十九座"。隆庆六年（1572 年）加高城垣，万历六年（1578 年）用砖包砌城垣。明代靖边营堡驻军丁及守瞭军共 2255 名，配马骡 920 匹，设操守、坐堡、守备各 1 员，守瞭巡防大边长城"四十五里，墩台三十二座"。清康熙年间驻守马兵、步兵共 203 名，设游击、千总各 1 员统辖。清雍正九年（1731 年）靖边营改设为靖边县，即为县城。同治六年（1867 年），回民武装攻破县城，城内建筑尽毁，八年（1869 年）县城移置镇靖堡。民国时期，该城堡曾为苏维埃县政府驻地。

《延绥镇志》载："（靖边营）东至镇罗堡四十里，西至宁塞营四十五里，南至延安府三百二十里，北至大边一里。"今测靖边营北至大边垣体 3.75 公里。

二　地理人文环境

靖边营地质上属堆积剥蚀地形。海拔 1300～1600 米，相对切割深度 100～200 米，地表堆积多层黄土及更新世洪积、坡积、冲积物覆盖，基底为白垩系砂页岩，出露较少。地表形态以黄土梁峁为主，梁缓涧宽，梁涧相间。该区地貌上总体上属梁峁涧地貌，该营堡所在之处结合了山峁与河谷地貌。城堡的西部坐落在山梁上，当地称为牛山梁；东部位于芦河的二级台地上，地势平坦开阔。（图一五一）

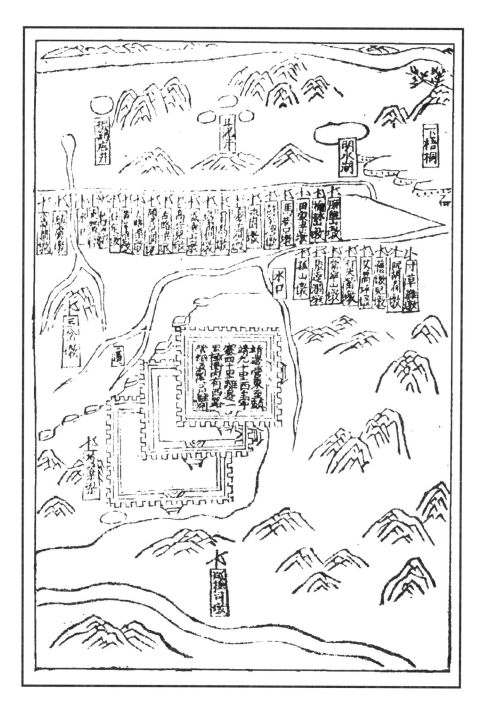

图一五一　靖边营周边形势图

　　气候属半干旱内陆性季风气候，四季变化较大：冬季主要受西伯利亚冷气团影响，严寒而少雪；春季因冷暖气团交替频繁出现，气温日较差大，寒潮霜冻不时发生，并多有大风，间以沙暴；夏季暑热，雨量增多，多以暴雨出现，同时常有夏旱和伏旱；秋季多雨，降温快，早霜冻频繁。由于受沙漠影响，一日之内，气温差异悬殊。土壤为黄沙土。城内多树木，田间有少量的地面低矮的草本植物，城外有柳、杨等树。目前城堡内居民多饲养家畜家禽，野生动物有野兔、山鸡、各种鼠类等。城堡的西侧、北侧、东侧各有一沟，其中东侧沟常年有水，无水文资料。

城堡内为靖边县新城乡新城村，城南部为一、二组，城内东北、西北部为三、四组，共有400余口人。城内有新城乡政府机构、乡政府直属单位，还有靖边采油三场。这些机构常驻和临时居住人口约千余人。以农业为主，兼营牧业、工商业。种植有玉米、向日葵、土豆等。

靖边至新城乡公路通过该城，城内还有多条石子路和土路。

三　平面形制及建筑布局

靖边营选址于西山东川的自然地形，平面呈不规则形，城垣轮廓清晰，垣体多数保存，局部破坏无存。城址分为南、北城两部分，南城仅存西垣、南垣，东垣不存，北垣即北城的南垣。南城周长目前残存810米，占地面积约145800平方米；北城周长2278米，占地面积约为24万平方米。（图一五二；彩图四五八、四五九）

四　城垣及其附属遗迹

目前仅存城垣及其附属设施。现存城垣分为南北两个部分。

（一）南城
1. 城垣

现存西城垣及南城垣垣体、南门瓮城。

西城垣　垣体全长540，保存较差，位于山上，多以土圪梁状态存在。（彩图四六〇）西垣上有内马面1座，编为1号。另有外马面2座，编为2、3号。1号马面建于山坡上，南距3号马面28米。夯土台保存一般，台壁残破。台底凸出垣体14米，南北边长10米；顶部东西4、南北11.5米；台外高7米。（彩图四六一、四六二）

南城垣　现存长度270米。山上垣体100米，有马面1座，编为4号；川地垣体长170米，建有南门及瓮城一座。垣体底残宽9.3、顶宽2～6、外高5～7、内高3米。黄土夯筑，夯层厚8～20厘米。垣体内面南顺垣凿建大量窑洞，部分住人。公路从山底穿越垣体，垣被破坏44米的长度。南垣一直向东延伸至沟畔。（彩图四六三）

2. 城门

南门　位于川内南垣中部，城门已遭破坏，遗址处村民建有房屋。外筑内外两道瓮城。内城东垣保存，残宽2米，残高2.4～4米；西垣宽6米，大部分破坏，垣体上原建有城门；南垣为一规模宏大的夯土台，台南北13、东西18米，北高5米，南高7.3米，顶上生长杂草，有数个烟囱。城内东西17、南北15米。外瓮城垣体残存东垣、南垣和西垣大部分，沿沟畔上垣体塌毁。垣体底宽5～7、顶残宽1～2、外高6、内高5米。夯层厚8～14厘米。城内东西89、南北66米。垣体内夯土台内凿建有大量窑洞，内、外瓮城共有10户村民的院落。（彩图四六七）

（二）北城
1. 城垣及城门

南城垣　在清代向北移修，总长374米。现存垣体山上部分约70米，保存较差，川内部分保存较

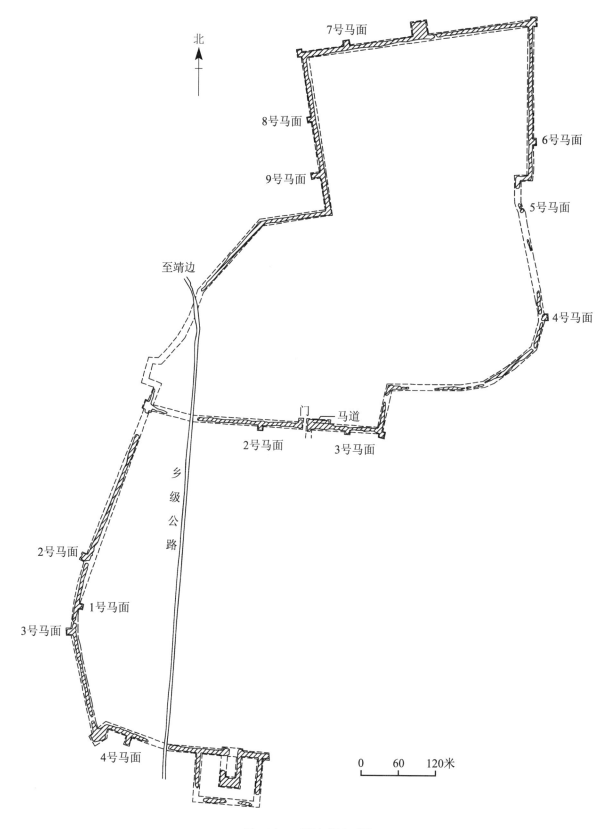

图一五二　靖边营平面图

好，有 300 米。垣底残宽 6～8、顶残宽 1～3.5、内高 3～5、外高 5.5 米。垣体夯筑就地取土，内包含大量瓷片、瓦片、石块、动物遗骨、砖块、铁片等，夯层厚 8～20 厘米。顶面局部存有灰渣防水层。（彩图四六九）垣体南面铲削修建大量房屋，住有村民。该段南垣上建有马面 2 座和南门 1 座，马面编为 2、3 号。2 号马面，西距公路 108 米。夯土台保存一般，底部凸出南垣 4 米，东西边长 8 米；顶部南北 4.4、东西 5.3 米；高 7 米。台西壁上凿两孔小窑存放杂物。台内面南建窑住人，顶上有烟囱。3 号马面，东距沟畔 50 余米。夯土台底部凸出南垣 4 米，东西边长 9 米；顶部东西 6.7、南北 5.5 米；台高 6 米。夯土内包含大量瓷瓦片等。台体侧面凿有一孔窑洞住人。（彩图四六四、四六五）

南门　门址已不存在，豁口宽 6、进深 10 米，两壁垣残高 4 米。内侧东边有马道，斜长 23、宽 4、高 4 米，保存一般。（彩图四七〇）

东城垣　全长 850 米，顺沟畔修建，多数塌毁，现仅于北段可看到断续相连的垣体，保存很差。垣体为黄土夯筑，土质纯净，夯层厚 10～20 厘米。（彩图四七一）

东城垣在清代亦向西移建，现保存较好。根据北段残存新、旧垣体可知，西移距离大约 10 余米。该东城垣因自然地形呈多处曲折，极不规则。垣体底残宽 6～8、顶残宽 0.5～5、外高 2～10、内高 2～8 米。夯土内包含大量瓦片、瓷片、遗骨、红砂石块、砖块等。垣体内、外侧住大量村民，垣体内多凿有窑洞或凿过洞以通行，南部有乡村路穿越垣体。东垣上保存有 3 座马面，编为 4～6 号。4 号马面，位于清代修东垣内侧，台壁破损，下部凿一窑存放干草。台体规模较大，顶部南北 13、东西 8 米，高 8 米。5 号马面，位于清代修东垣中部，底部凸出垣体 6 米，南北 11 米，残高 2 米，坍塌呈丘包状。6 号马面，位于清代修东垣北段，距城东北角 174 米。夯土台底部凸出垣体 3 米，南北边长 12 米；顶部南北 8、东西 6 米；高 9.2 米。夯土内包含大量瓦、瓷片及骨、石残块，夯层厚 8～12 厘米。台整体保存较好，东壁上凿一小窑存放干草。

北城垣　保存较好，全长 370 米。内侧顺垣凿建窑洞住人。垣体底残宽 5～8、顶残宽 1.5～3、外高 5～8、内高 5.5～7 米。纯净黄土夯筑垣体，夯层厚 10～14 厘米。顶上生长柠条和杂草等。北垣中部保存有敌楼夯土台，规模宏大。台底东西 27、南北 30 米；顶东西 25、南北 23 米；台南侧高 6 米，北侧高 11.6 米。夯层厚 8～20 厘米。台周及顶部散见瓷片、砖块。东边地面上堆大量砖瓦残件，并见有一红砂柱础石。（彩图四七五）北垣上另还建有一马面，编为 7 号。7 号马面，东距敌楼夯土台 100 米，夯土台保存较好。台底部凸出垣体 8 米，东西边长 11 米；顶部南北 10、东西 6 米，散见瓷瓦碎片；台外侧高 9 米。

西城垣　全长 684 米，可分为三段。北段 244 米分布在川内；中段 110 米连接南北段呈东西向；南段 330 米分布在山上，顺应自然地形呈曲线走向。北段垣体外侧顺垣凿建窑洞，住有村民，内侧建有乡政府和村小学等。垣体坍塌较为严重，顶残宽 0.6～6、外高 5～7、内高 4～8 米。山下公路穿越处为西门遗址，原西门建筑特别宏大。南段垣体保存一般，顶残宽 2～4、外高 6～8.4、内高 2.6～6 米。黄土夯筑，内含少量瓦、砖块，夯层厚 6～12 厘米。垣体分布在山梁顶部，内侧陡坡种植杨树等，外侧坡上种有荞麦等作物。（彩图四七二）西垣上共建有 2 座马面，编为 8、9 号。8 号马面，位于川内，北距城西北角 94 米，保存一般，台内住人。台底凸出垣体 6 米，南北边长 10 米；顶部东西 7、南北 4 米；高 10 米。顶不平，内侧成坡，顶上有烟囱和电杆。9 号马面，位于川内，北距 8 号马面 78 米。台保存一般，底部凸出垣体 14 米，南北边长 10 米；顶部南北 6、东西 8 米。夯层 8～14 厘米。台内住人。

2. 角楼

堡城初建时各角上均建有角楼，清代移建城垣时又增设 3 个，所以共有角楼 7 个。

西南角楼（明）　建在北高南低的陡坡上，规模宏大，保存较好。台底凸出西垣 5 米，凸出南垣 14 米，东西边长 23、南北边长 18 米，顶部东西 13、南北 8.6 米，台外高 16 米。夯土层厚 6 ~ 12 厘米。台周散见瓦、砖块。根据其形制与遗物特征，应为明代所建。（彩图四六六）

西南角楼（清）　夯土台壁面破损，台南侧有宽 4.5 米的人行豁口。台底向西凸出垣体 4 米，向南凸出垣体 9 米，东西边长 15、南北边长 10 米，顶部东西边长 7、南北边长 6.3 米；高 8.6 米。夯层厚 6 ~ 14 厘米。台周散布砖块和瓦片。根据其形制与遗物特征，应为清代所建。（彩图四七四）

东南角楼（明）　破坏不存。

东南角楼（清）　夯土台保存较好，外临沟畔，底有小路。台底向东凸出垣体 4 米，向南凸出垣体 5 米，东西边长 8、南北边长 10 米；顶部东西边长 6.8、南北边长 6.2 米；高 6.2 米。夯土内包含大量瓦片、瓷片、砖块等。南壁上村民打洞存放干草。根据其形制与遗物特征，应为清代所建。

东北角楼（明）　夯土台保存较差，底部残存南北边长 15、东西边长 6 米。顶部残破。根据其形制与遗物特征，应为明代所建，并与清代增修的角楼间保存有垣体。

东北角楼（清）　夯土台保存较好。底部凸出东垣 2 米，凸出北垣 3 米，东西边长 10 米；顶部南北边长 4、东西边长 6 米；高 8 米。台北壁面上可见一行纵向排列的清砖。

西北角楼　台保存较好，南侧有羊圈，壁上有小窑。台底凸出西垣 6 米，凸出北垣 3.5 米，东西边长 8、南北边长 15 米；顶部东西边长 7、南北边长 7 米；台高 10 米。顶部不平，与城内地面成坡状，坡上堆积瓦片、石块、砖块等。

3. 城内建筑基址

靖边营堡内古建筑全部被毁坏，城西北角与垣体相连有一大型土台，为庙宇基址。城北部有一自然山形土堆，当地村民称之草草山。乡级柏油路两次穿越西垣，南北向延伸，乡镇街道贯通城内南北。单位及村民住宅主要分布在城西部，东部为耕地。城内地面上，特别是耕地内随处可见瓷片、瓦片等，可辨识的有宋、明、清时期瓷片标本。

城外东边山梁上有两座墩台，西边山梁上有一座墩台。因距城较远，未作调查。

第二节　定边营

一　建制与历史沿革

定边营位于陕西省榆林市定边县城，北距大边长城 200 ~ 300 米。东南距砖井堡 25 公里。明正统二年（1437 年）巡抚郭智筑城堡。万历元年（1573 年）展筑西关，三年至四年（1575 ~ 1576 年）加高城垣，六年（1578 年）用砖包砌城垣，城垣周长"四里一百七十五步，楼铺二十二座"。明代定边营驻军丁及守瞭军共 2690 名，配马骡 1565 匹，设操守、坐堡、延绥镇西协副总兵、守备、领班都司各 1 员，守瞭巡防大边长城"五十四里，墩台七十七座"。清康熙年驻守马兵、步兵、守兵共 535 名，设把总 2 名、西协定边副总兵 1 名统辖。清雍正九年（1731 年）在此开设定边县，迄今为县治。

《延绥镇志》载："（定边营）东至砖井堡五十里，西至花马池六十里，南至石涝池一百里，北至大边五十步。"今测长城垣体穿过定边县城城区，由于已被破坏，具体距离不清，应该大致如文献所记。

二　地理人文环境

　　定边营所处区域位于毛乌素沙漠南沿，属沙漠向黄土高原的过渡地带，也可称之为荒漠草原。定边营所在地地势较为平坦，城堡四周多碱滩和草滩区。附近无河流。（图一五三）

图一五三　定边营周边形势图

定边营现为定边县县城所在地，城内居民多为城镇居民。以工业、商业、手工业为生，基本没有农业生产；近年外来人口大量增多，有各乡进城的农民务工经商者，也有陪子女读书的。城内交通发达，街巷多为南北、东西向设置，多条公路穿过，城外北侧 1 公里处为青银高速公路。

三　平面形制及布局

定边营始建为正方形，东西长 660、南北宽 660 米，后又向西展筑 200 米成长方形城池。推测城周 3040 米，面积 567600 平方米（图一五四）。

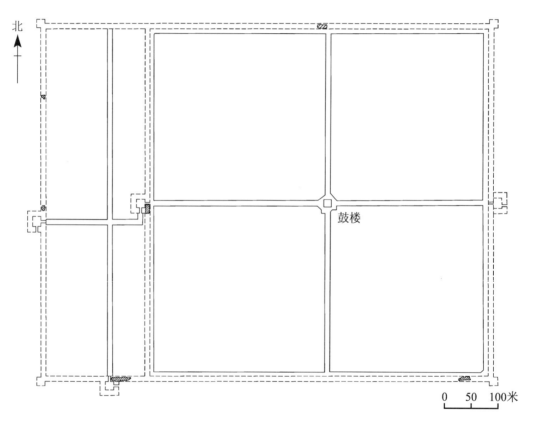

图一五四　定边营平面图

四　城垣及其附属遗迹

目前定边营的城垣及其附属设施基本不存，只发现了部分垣体残迹。城内旧民居基本没有，只有中心鼓楼一处较为重要的公用设施遗迹。（彩图四七七）

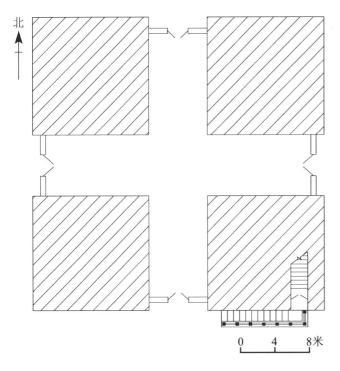

图一五五　定边营鼓楼一层平面图

堡城遭破坏特别严重，现北垣残存。其中北大街西侧垣体长 6.6、垣体底宽 4.8、高 6 米。（彩图四七六）西街保存明末拓展西关前的西城垣残垣长 51、底宽 8.5、高 7 米。西垣残存两道，西街南侧一段垣长约 8、底宽 3、高 5 米，下部见一红砂石。该西垣外堆积淤沙，高过城垣，沙梁宽达 30 米。（彩图四七九～四八二）南垣残存木业南街东、西侧垣体，长约 70、底宽 6.5、顶宽 2、高 4 米。夯层 8～15 厘米。（彩图四七八）现存垣体内、外均建住宅房，部分垣基上建有建筑。

城东、西门均毁。

定边营内明代建筑仅保存有万历三十八年（1610 年）重修的鼓楼一座。鼓楼为三层砖木结构，底面大致呈方形，边长 16.5 米，通高 16.9 米。一层为基础，砖砌，高 6.36 米；内部为四通攒尖式门洞，门洞宽 3.42、高 3.48 米。台上为二层木结构楼房，一层高 4.5 米，面阔三间，平面呈方形，边长约 5.15 米；二层高 3.5 米，平面亦呈方形，边长 4.25 米；其上还有 2.2 米的附加装饰层。（图一五五～一五八）

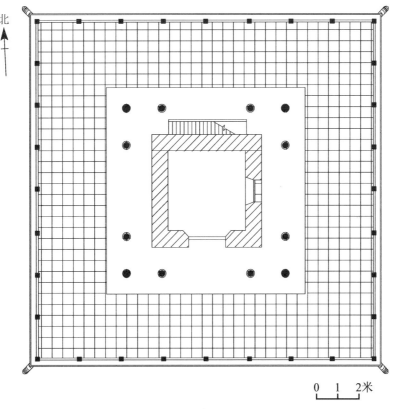

图一五六　定边营鼓楼二层平面图

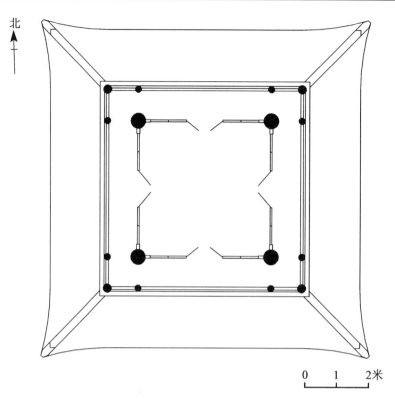

图一五七　定边营鼓楼三层平面图

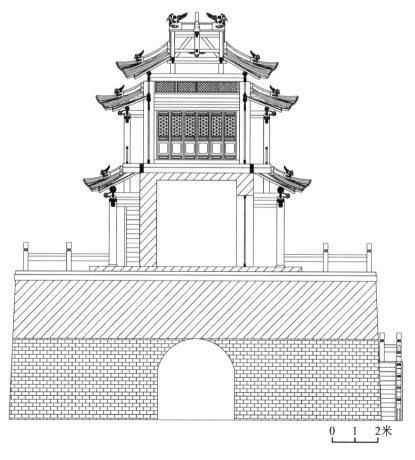

图一五八　定边营鼓楼侧剖面图

第三节　龙州堡

一　建制与历史沿革

龙州堡位于陕西省榆林市靖边县龙州乡大涧村。东距中路清平堡16公里，西至镇靖堡20公里。宋代为夏州石堡寨，范仲淹曾于这里设哨马营。明成化五年（1469年）巡抚王锐在龙州寨山下涧地筑城堡，周长"二里三百一十六步，楼铺九座"。隆庆六年（1572年）加高城垣，万历六年（1578年）用砖包砌城垣。明代龙州堡驻军丁及守瞭军共557名，配马骡247匹，设操守、坐堡、把总各1员，守瞭巡防大边长城"三十四里，墩台二十五座"。清康熙年驻守兵50名，设把总1员统辖。清乾隆三十四年（1769年）、嘉庆十四年（1809年）均有维修。同治六年（1867年），回民武装攻陷城堡后废弃。

龙州堡整体保存较差，但城堡规整，垣体除北垣西端及东北角遭破坏外，其余保存尚好。角楼残存两个，马面保存较好，两座城门保存较好。堡城遭人为破坏严重，清同治年间，回民攻克城堡，建筑遭到严重毁坏；城垣上凿建的大量窑洞使垣体受到极大威胁。村民修建灌溉渠穿越垣体，严重破坏城垣。堡城受自然因素破坏，原因主要有：风雨冲刷，植物生长，鸟虫安家等。

《延绥镇志》载："龙州堡东至清平堡三十五里，西至镇靖堡四十里，南至延安府三百里，北至大边五里。"目前发现城堡的东北侧有墩台1座。今测城堡北距大边长城3公里。

二　地理人文环境

堡城总体上属梁峁涧地貌。城堡的西部坐落在芦河支流（现为土桥水库）的二级台地上，地势平坦开阔（图一五九；彩图四八三）。

靖边县属半干旱内陆性季风气候，四季变化较大。冬季主要受西伯利亚冷气团影响，严寒而少雪；春季因冷暖气团交替频繁出现，气温日较差大，寒潮霜冻不时发生，并多有大风，间以沙暴；夏季暑热，雨量增多，多以暴雨出现，同时常有夏旱和伏旱；秋季多雨，降温快，早霜冻频繁。土壤为黄沙土。城内树木较少，田间有少量的地面低矮的草本植物，城外有柳、杨等树。

目前城堡内已无居民，城堡南侧及东侧各有一个自然村，附近居民多饲养家畜家禽，野生动物有野兔、山鸡、各种鼠类等。城堡的北侧为土桥水库，该水库原为芦河的支流。目前没有水文资料。

城堡的东垣、南垣外为靖边县龙州乡龙州村一组、二组，现有300余口人。以农业为主，兼营牧业。种植有玉米、向日葵、土豆等。城堡南垣外为靖边县至龙州乡的柏油路，城内有两条田间生产路。

图一五九　龙州堡周边形势图

三　平面形制及建筑布局

　　龙州堡城建在四面山峦围绕的平川内，北临土桥水库。新修的乡村公路绕城南而过向东延伸。堡城布局规整，平面基本呈平行四边形，城垣周长约 1300 米，占地面积约 8.4 万平方米。（图一六○；彩图四八四）

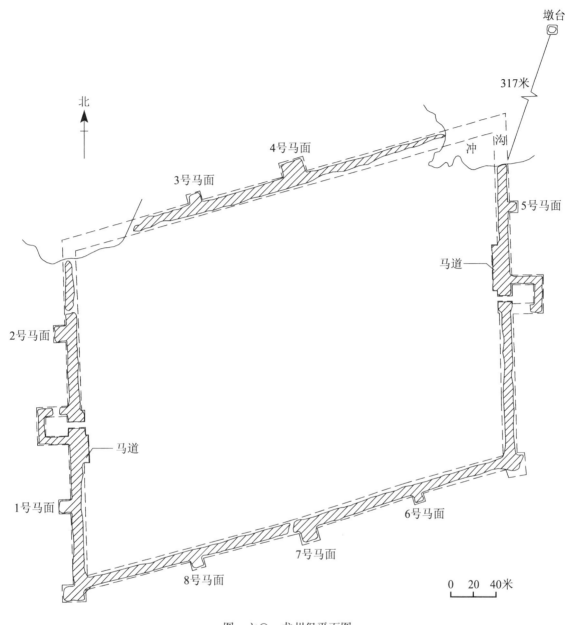

图一六〇　龙州堡平面图

四　城垣及其附属遗迹

城堡目前存有大部分垣体及其附属设施。

1. 城垣

西城垣　原应长240米，现存220米，除北段因修灌溉水渠遭毁坏外，其余保存较好。垣体底宽10、顶残宽6.5、内高6.5、外高9米。黄土夯筑垣体，夯层厚8～14厘米。垣体南端下部凿洞通水渠，北段开挖水渠，垣体顶上栽有电杆一根。西垣上建有马面2座，编为1、2号。1号马面，南距城西南角楼50米，保存较好。台底凸出垣体6米，南北边长8米，顶东西10.5（连垣体）、南北4.5米，高 6.5 米。台底北面堆积坍塌土，南壁面上二次维修加固痕迹明显。（彩图四八五）2 号马面，南距 1 号马面 110 米，夯土台保存很好，四壁面异常整齐。台底凸出垣体 8 米，南北边长 11 米，顶部东西 11.8（连垣体）、南北 6.4 米，高 9 米。（彩图四八七）

北城垣　长 336 米，外临水库沟畔，北垣垣体东西两端被破坏。垣体内壁面破损较为严重，内侧凿建了大量窑洞，今已废弃。垣体底宽 4 ~ 8、顶残宽 2 ~ 4、外高 7 ~ 9.1、内高 6 ~ 7.2 米。夯层厚 7 ~ 20 厘米。北垣东段塌陷不存。（彩图四八六）外垣上建有马面 2 座，编为 3、4 号。3 号马面，保存较好，底部凸出垣体 6 米，东西边长 9 米，顶部南北 10.5（连垣体）、东西 3.2 米，高 9.6 米。（彩图四八八）4 号马面，西距 3 号马面 71 米，外壁保存较好，内侧坍塌严重，有小通道可上台顶，台东侧垣体亦有小道可上台顶。台底凸出垣体 10 米，东西边长 18 米，顶南北 11.2（连垣体）、东西 11 米，高 9.6 米。（彩图四八九）

东城垣　长 254 米，北端塌陷无存。垣体保存较好，底宽 6、顶宽 2 ~ 4、内高 5 ~ 6.5、外高 4 ~ 9 米。夯层厚 7 ~ 12 厘米。垣外底为缓坡地，种有杨树、榆树。东垣上现存 1 座马面，编为 5 号。5 号马面，南距瓮城北垣 44 米，保存一般，台南边坍塌严重。现存夯土台底凸出垣体 6 米，南北边长 7，顶东西 8.2（连垣体）、南北 2.3 米，外高 7 米。（彩图四九〇）

南城垣　长 354 米，垣体保存较好，外侧凿建大量窑洞，已废弃，垣体上有多个圆形烟道。垣底宽 6 ~ 7、顶宽 3.5 ~ 5.5、内高 4.8 ~ 7.2、外高 8 米。夯层厚 7 ~ 14 厘米。南垣上建有 3 座马面，编为 6 ~ 8 号。（彩图四九一）6 号马面，东距东南角楼 81 米，保存较好，台底凸出垣体 5 米，东西边长 7 米，顶部南北 10（连垣体）、东西 4 米，高 8.5 米。（彩图四九二）7 号马面，东距 6 号马面 73 米，保存较好，台底凸出垣体 8 米，东西边长 14 米，顶部南北 11.2（连垣体）、东西 9 米，高度 8.5 米。台内面东凿建一孔窑洞，烟道通顶。台西侧有一宽 3 米的人行豁口。（彩图四九三）8 号马面，西距西南角楼 78 米，保存较好。台底部凸出垣体 6 米，东西边长 8 米，顶部东西 4.8、南北 10（连垣体），高 7.6 米。台内面西凿有一孔窑。

2. 角楼

龙州堡城四角原各有一座角楼，现仅存西南角楼和东南角楼。

西南角楼　现存夯土台，保存较好。台底西面凸出垣体 8 米，南面凸出垣体 8 米，东西边长 16、南北边长 13 米，顶部东西 9.7、南北 8.4 米，台高 6.8 米。台内侧踩踏成坡，人可行至台顶。（彩图四九四）

东南角楼　夯土台坍塌严重。台底凸出东垣 4 米，南侧被公路破坏，凸出南垣 1 米左右，东西边 6、南北边 7 米，顶部残，东西 3、南北 3 米，台外高 8.9 米。（彩图四九五）

3. 城门

龙州城堡建有东、西两座城门，分别外筑瓮城。

东城门　位于东垣中部。平面呈长方形，东西 24、南北 26 米，城内东西 22、南北 24 米，瓮城向南开门，现存豁口宽 10 米。垣体底宽 5、顶残宽 0.5 ~ 1.6、外高 4.2 ~ 6.4、内高 2 ~ 6 米。内门部位垣体总高 5.4 米，土门洞宽 4、进深 10、残高 3.2 米，两壁夯土层厚 8 ~ 16 厘米，内侧坍塌严重。两城门间有人行路一条。（彩图四九六、四九七）东门内侧北边建有马道，残迹斜长 32、宽 3、高 5.4 米。（彩图四九八、四九九）马道上栽有电杆一根。东门南侧有新修寺庙一座。

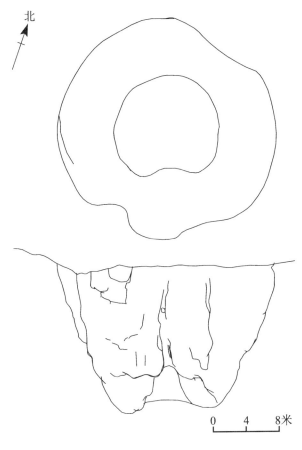

北

0　4　8米

图一六一　龙州堡护城墩台平、立面图

西城门　位于西垣中部，平面呈长方形，南北长 36、东西宽 24 米，城内边长 15 米。垣体底宽 12、顶宽 8、总高 6.5 米，顶部散见残瓦片、瓷片。两壁垣体黄土夯筑，夯层清晰，厚 5~18 厘米。门洞内侧堆积了大量坍塌的夯土。瓮城垣体底宽 6.2、顶宽 2~3.5、高 6.5 米。瓮城向北开门，现存豁口宽 4.8、进深 6.2 米。（彩图五○○、五○一）西门内侧南边原建有马道，底部因修建水渠破坏，现残斜长 18.5、宽 4.2、高 6.5 米。

4. 护城墩台

城外东北方向 317 米处建有墩台 1 座。台体平面呈圆形，立面呈梯形。底面直径 13、顶残径 6.3 米，台体高 8.5 米。台体以黄土夯筑，夯层厚 16~22 厘米，内含致密的黏土粒、植物根系等。墩台周边种植黑豆、荞麦等作物。（图一六一；彩图五○二）

五　宗教功能建筑

城内已无建筑遗存，目前在城堡的东垣外村民新建了大量的庙宇，为村民节日举行宗教活动的场所。

第四节　镇靖堡

一　建制与历史沿革

镇靖堡，原为靖边县城，位于陕西省榆林市靖边县镇靖乡政府驻地。北距大边长城 0.5 公里，东距龙州城堡 20 公里，西南距靖边营 40 公里。唐长庆四年（824 年）在此筑乌延城。明成化五年（1469 年）巡抚王锐维修加固，现称镇靖堡。成化八年（1472 年）巡抚余子俊扩筑镇靖堡垣，周长"四里三分，楼铺一十九座"。隆庆六年（1572 年）加高城垣，万历六年（1578 年）用砖包砌城垣。明代该堡驻军丁及守瞭军共 2537 名，配马骡驼 1789 匹，设操守、守备、坐堡各 1 员，守瞭巡防大边长城"四十九里，墩台四十三座"。清康熙年驻守兵 110 名，设守备 1 员统辖。清同治八年（1871 年）城堡得到维修，此后至 1942 年县政府移驻张家畔前，镇靖堡一直为靖边县城。

镇靖堡保存一般。城堡现保存有主城垣、障城大部分城垣及其所附属的马面、角楼，主城保存有2座城门，均为瓮城，东门稍好，北门破坏殆尽；城内建筑设施只保有两座楼台，均为晚期建筑；城外还有护城墩台1座。人为破坏主要为战争、生产、生活等原因，对城堡建筑造成了极大的破坏。自然破坏多为雨水冲刷、植物生长等造成的严重水土流失，城堡设施坍塌现象较重。

《延绥镇志》载："镇靖堡东至龙州城四十里，西至靖边营八十里，南至延安府三百里，北至大边二里。"现在城堡西侧仍有护城墩台1座。大边垣体在北侧、西北侧0.5公里处通过。

二　地理人文环境

营堡所在之处结合了山峁与河谷地貌。城堡的西部坐落在山梁上，当地称为西山或寨山；东部位于芦河的二级阶地上，地势平坦开阔。堡城北侧有旧城水库，基本干涸无水；东侧为芦河的张峁水库（图一六二）。

靖边县属半干旱内陆性季风气候，四季变化较大：冬季主要受西伯利亚冷气团影响，严寒而少雪；春季因冷暖气团交替频繁出现，气温日较差大，寒潮霜冻不时发生，并多有大风，间以沙暴；夏季暑热，雨量增多，多以暴雨出现，同时常有夏旱和伏旱；秋季多雨，降温快，早霜冻频繁。土壤为黄沙土。城内树木较少，田间有少量的地面低矮的草本植物，城外有柳、杨等树。城北侧原为西芦河，现正修建水库；城东为东芦河，或称芦河。芦河主源于白于山北麓的新城乡柴崾皖村，有西芦与东芦两大支流汇流于镇靖，经新农村乡折东过杨桥畔乡出境入横山县。县内流长102公里，流域面积1670平方公里，占全县总面积的32.8%，年径流量2366万立方米，最大为4593万立方米（1959年），年输沙量913万吨，最大为3440万吨。最大洪流量为720立方米/秒，最小为0.5立方米/秒，平均洪流量为0.75立方米/秒。两岸有宽窄不等的台地和川道，谷宽200～1000米，河床宽、深均在20～60米之间。

城堡的南垣外为靖边县旧城乡镇靖村三组，城内为一、二组。现有1000余口人。城内有乡政府、小学、医院各一处，小商店、食堂多个。城内居民以农业为主，兼营牧业。种植有玉米、向日葵、土豆。

靖边至旧城乡的公路穿越城堡，城堡内还有多条农业生产及生活道路。

三　平面形制及建筑布局

镇靖堡建造选址于背山面水、左右临沟的半山半川地带，规模宏大，风格独特。新修的靖边至杨米涧县乡公路从山底穿越，将堡城分割成东、西两部分，东部处于川内，西部处在山坡上，东西落差高达80米。堡城平面呈不规则长方形，东部规整，西部随自然地形分布。目前城堡残存两个部分，北部主城城垣周长2096米，占地面积28.4万平方米。（图一六三；彩图五○三）

图一六二 镇靖堡周边形势图

四 城垣及其附属遗迹

北部的主城目前仅存垣体及其附属设施，城内存中心鼓楼1处；西垣外有敌台1座。城外南侧的障城残存东、南、西三面城垣及垣体附属设施。

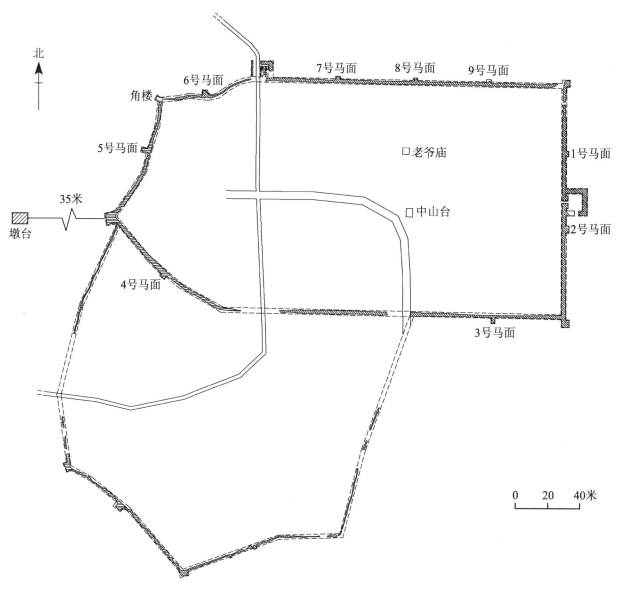

图一六三　镇靖堡平面图

（一）北部主城遗迹

1. 城垣及城门

东城垣　长413米，呈直线分布，保存一般。垣体底宽10、顶残宽1.2～4、外高6.6、内高6.7米。夯土内包含少量瓦片、砖块，夯层厚10～16厘米。垣外积土成坡，坡上生长柳树，内侧壁上生长少数榆树。（彩图五〇四）东垣上建有马面2座，编为1、2号。中部建有东门，外筑瓮城。1号马面，距城东北角115米，残存夯土台，保存一般。台底凸出垣体4米，南北边长9米；台顶南北4.7、东西9.3米（连垣体）；台内高6.3米，外高5米。台底周积土成坡，周围种有柳树。（彩图五〇五）2号马面，位于东门南侧，距城东南角144米。夯土台保存一般，周壁破损，台底堆积大量坍塌土。台底部凸出东垣5米，南北边长13米，顶部东西7.5（连垣体）、南北9米，台高5米。夯土层厚12～16厘米。台体内面东凿有一孔窑洞，早已废弃。（彩图五〇六）

东门　距城东北角181米。瓮城轮廓清楚，垣体保存较好，底残宽6、顶残宽3.5、内高4~6、外高5~6.8米。夯层厚10~14厘米。瓮城内南北29、东西24米，垣体下部面内凿建多孔窑洞，现已基本被土掩埋。城门洞遭破坏，现存豁口宽4、进深7.5米，两侧垣高5.7米，夯土内包含砖块、瓦片、瓷片等。瓮城向南开门，现存豁口宽6、进深9.6米，两侧垣高9米，黄土夯筑，内包含砖块、瓷片等，夯层厚8~14厘米。东门及瓮城南门间有人行小道一条。瓮城内外地面上散见残砖断瓦。东门北边垣体内侧残存马道，斜长22、残宽1.2、残高5.7米，城内部分因修整田地被破坏。（彩图五○七、五○八）

南城垣　长827米，垣体分为两部分，其中川内部分长591米，山上部分长236米。

川内部分：垣体保存一般，下部积土成坡。现垣体顶残宽2.8~4、内高4.5~4.8、外高3米。垣外种向日葵，垣内有一排杨树。垣体西段下部面外凿有大量窑洞，均已废弃。由3号马面东侧的一孔通垣体内外窑洞可知垣体结构情况：垣体为两次或三次加固成现状，中间部分夯土垣底宽5.1米，用红胶土与沙土混合夯打，夯层厚18~22厘米，断面呈梯形；内侧部分割面呈斜长方形，底宽1.8米，含黄土多，沙土少，夯层厚11~16厘米；外侧部分与内侧部分基本相同。三部分接缝清晰（图一六四）。中段垣体上建有马面1座，编为3号。南门及瓮城已于1958年建水库大坝时拆毁，现存豁口宽13米，出入城内外道路由此通行。3号马面，距城东南角114米，保存较好。台底部凸出南垣8米，东西边长7米，顶部东西4.5、南北10.3米（连垣体），台高4.7米。该马面南壁面可清楚地看出台体结构分为三部分：中间部分剖面呈梯形，黄土夯筑，底东西宽4.2、高3.5米，夯层厚10~16厘米；东侧部分底宽1.8米，土质含沙量大，夯层厚20~34厘米；西侧部分底宽1.1米，土质、夯层与东侧部分同。台体上部1.2米高土质同两边部分。该三部分夯土接缝清晰，充分表明堡城曾于历史上进行加固加高维修（图一六五；彩图五一○）。

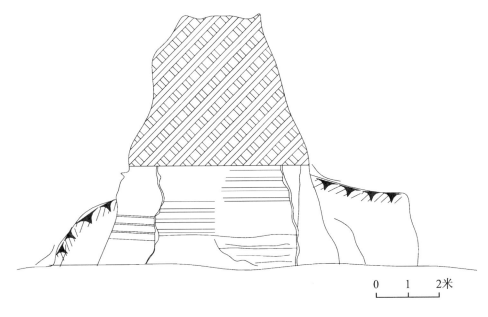

0　1　2米

图一六四　镇靖堡南垣垣体典型剖面图

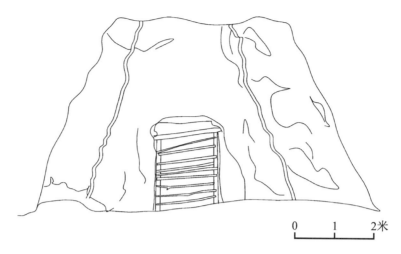

图一六五　镇靖堡 3 号马面南立面图

山上部分：垣体大部分坍塌严重，内侧成坡，外侧临沟。顶部凹凸不平，壁面破损严重。垣体顶残宽 0.8 ~ 4.4、外高 6 ~ 7、内高 2 ~ 4 米。夯层厚 8 ~ 14 厘米，夯土内包含瓦片、瓷片等，垣顶部亦散见少量瓦片、砖块、瓷片等。西段垣体建于山梁上，保存较好，顶残宽 1.5 ~ 4.5、外高 9、内高 5 米，内外壁面较平整。垣体上局部残存女垣高 0.4 ~ 0.6 米。（彩图五一一）该南垣上建有马面 1 座，编为 4 号。4 号马面距城西南角 113 米，保存较好。台体底部凸出垣体 6 米，东西边长 11 米，顶部南北 8（连垣体）、东西 4.2 米，台外高 10.4 米。台壁较为平整。

西城垣　长 200 米，略呈内弧线分布。整段垣体保存较好，内、外壁面较平整。垣体底宽 8.8、顶残宽 1 ~ 3.1、内高 6.6 ~ 7、外高 8.5 米，夯土内包含砖瓦残块，夯层厚 10 ~ 14 厘米。西垣局部顶残存垛垣，宽 0.5、残高 0.4 ~ 10.5 米。残存女垣宽 0.5、残高 0.3 ~ 1.4 米。西垣中部建马面 1 座，编为 5 号。5 号马面距城西南角 111 米，保存较好。台壁较平整，台体底凸出垣体 10 米，南北边长 7 米，顶部东西 12.6、南北 3.5 米，台高 9.3 米。夯土内含砖、瓦残块。（彩图五一二、五一三）

北城垣　长 697 米，分为两部分，其中川内部分长 495 米，山上部分长 202 米。

山上部分：西段垣体上部保存较好，下部坍塌严重。垣体底宽 8.5、顶残宽 2.7 ~ 3.5、外高 8.6、内高 3.4 米。垣顶上大部分残存女垣和垛垣。女垣宽 0.5、残高 0.4 ~ 1.1 米。垛垣宽 0.5、残高 0.4 ~ 1.5 米。垣外沟畔上顺山势有宽近 10 米的台地。东段垣体大部分利用山险，保存较差。该北垣上建有马面 1 座，编为 6 号。该马面外临沟畔，保存较差。台体下部基础高 2 ~ 8 米，东西边长 9 米，北边凸出垣体 7 米；上部夯土层顶部凸出垣体 7.4 米，东西边长 4.5 米；外高 7.4 米。台西边积土成坡，可登上台顶。台周散见残瓦、瓷片。

川内部分：垣体保存一般，镇靖逸夫学校在垣体中段内侧修建房屋，垣顶上伸出多个烟囱，村民开挖的水渠从学校东侧垣体内穿过。北垣东端人为破坏成一宽 4 米的豁口。该段北垣底宽 13.4、顶残宽 2.6 ~ 4.7、内高 7.5、外高 3.5 ~ 5 米。垣体顶部平坦，壁面较为平整，生长杂草。垣体外侧缓坡地宽约 16 米，生长杂草，坡北沟内有乡村路一条和水渠一道。由垣体东端豁口断面看出，垣体经过几次加固维修成现状。墙垣主体部分剖面呈梯形，底宽 7 米，用沙土与黄土混合夯打，夯层厚 15 ~ 30 厘米；主体以南垣厚 2 米，黄土夯筑，夯层厚 9 ~ 15 厘米；主体以北第一部分垣厚 1.1 米，黄土与沙土混夯，夯层厚 11 ~ 14 厘米；主体以北第二部分垣厚 1.2 米，黄土夯打，夯层厚 10 ~ 14 厘米。各部分土垣之间的接缝清晰。（图一六六）西端公路穿行处为北门位置。该段北垣上建马面 3 座，编为 7 ~ 9

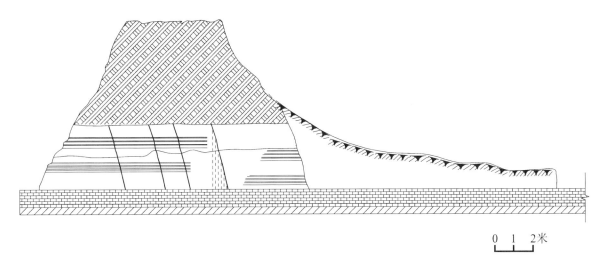

0　1　2米

图一六六　镇靖堡北垣垣体典型剖面图

号。7 号马面，西距北门 107 米，保存差，台底凸出北垣部分仅残存 1 米，底东西边长 8 米，顶部南北 5.6、东西 5.2 米，台外高 5.2 米。台体内侧及西侧均有人为踩踏小道可登上台顶。8 号马面，西距 7 号马面 125 米，保存差，坍塌严重，凸出北垣部分仅残存 2 米，底东西边长 8 米，顶部南北 5、东西 6.5 米，台外高 4.5 米。台内侧建有房屋，外侧东西边均有人为踩踏小道登上台顶。9 号马面，距城东北角 122 米，现存夯土台上部坍塌严重，壁面破损，底部西边凸出北垣 2 米，东边凸出东垣 4 米，东西边长 8 米，顶部东西 5、南北 6.4 米，台外高 4 米。夯层厚 10 ~ 18 厘米。

北门　城门无存，瓮城轮廓清楚，公路从瓮城内穿行，破坏北垣。北门豁口宽 23 米。瓮城垣体大部分残存，底宽 9、顶残宽 3、外高 5.8、内高 8 米。夯层厚 10 ~ 14 厘米。瓮城内东西 38、南北 36 米。瓮城向东开门，现存豁口宽 14 米。（彩图五一四）

2. 角楼

镇靖堡城垣四角均建有角楼，现存夯土台。

东北角楼　西半部坍塌破坏，残存夯土台，底部凸出东垣 6 米，东西边长 14、南北边长 12 米，顶部东西边长 6.8、南北边长 11 米，台外高 6.8 米。台外坍塌土堆积成坡，周围散见砖、瓦残块，夯土内夹杂瓦片。台南侧有宽 3 米的豁口。由西断面可看出，夯土分为两部分：南半部用黄土夯筑，夯层厚 10 ~ 16 厘米；北半部用黄土与红胶泥相间夯打，胶泥夯层厚 4.7 厘米，黄土夯层厚 7 ~ 11 厘米。（彩图五一五）

东南角楼　现存夯土台保存一般，壁面坍塌破损不平整。台底凸出垣体 6 米，南北边长 13、东西边长 14 米，顶部基本呈方形，边长 9 米，台高 6.4 米。台外侧南、北面积土成坡，东垣外有人行路一条。台外生长柳树。（彩图五一六）

西南角楼　夯土台保存较好，为二层建筑，通高 11 米。一层台底凸出西垣 19 米，凸出南垣 18 米，东西边长 21、南北边长 18 米，顶部南北边长 14.3、东西边长 13 米。二层台内侧距一层台边 3 米宽，南北边长 13、东西边长 12 米。黄土夯筑土台，夯层厚 9 ~ 12 厘米。台顶边高中低，顶上栽两根电杆。（彩图五一七）

西北角楼　夯土台保存较好，与垣体成 45 度倾斜。台底部凸出垣外部分长 7 米，边长 9 米，顶部凸出垣外 4.6 米，边长 2 米。（彩图五一八）

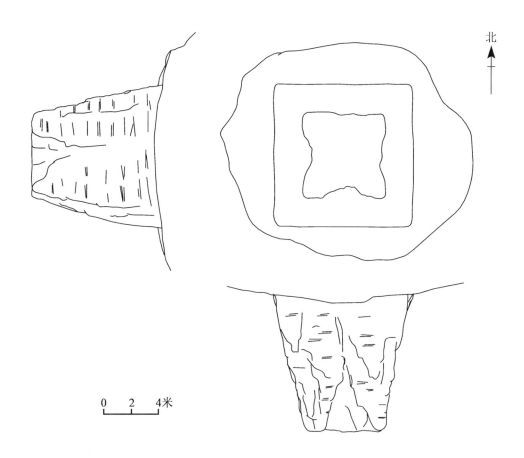

图一六七　镇靖堡墩台平、立面图

（二）南部障城遗迹

镇靖堡南侧障城，西与堡城西垣相连，东至城堡南门遗址东侧。障城平面呈不规则扇形，区域包括滩区和山上部分，垣体分布在堡城南的南关圪和滩地冈。垣体基本保存，破损严重，底残宽 3～7、顶残宽 1～2、高 3～6 米。夯层厚 10～20 厘米，夯土内包含砖块、瓦片、瓷片等。障城垣体上共有三座夯土台，均坍塌严重，保存一般。障城西南角垣体外侧 8 米处残存一道壕沟绕垣体外围分布，宽 3.5、长约 80 米，西边垣宽 3、高 2 米。障城内中部有冲沟，住有村民，靖边—杨米涧的乡镇公路从关城中部穿越。

西边山梁上建有护城墩台一座。该墩台位于镇靖堡西南角楼西侧 35 米处，台体建于山梁顶上，平面呈方形，立面呈梯形。目前仅存夯土台体。台底基础为高 3、边长 35 米的方形土台基。台体平面呈方形，底部边长 10 米，顶部边长 6 米，高 9 米。黄土夯筑，夯层 8～12 厘米，四壁面平整。（图一六七）

五　公共功能建筑

当地村民讲山上部分原有建筑，为衙署、兵营所在之处，目前仅存有依山崖而建的马面及寨门设施。

六　宗教功能建筑

城内与南门遗址相对的北部的街道上遗存有明清建筑老爷庙和民国时期建筑中山台。

老爷庙　老爷庙位于镇靖堡滩区内，与中山台分布于同一街道上，南距中山台90米。现存楼体为覆斗形建筑，砖木形式，底座呈方形，每面开一拱形门洞。在东北部台体内侧开有上下行走的楼梯间。台平面呈方形，边长10.5、高5.10米。

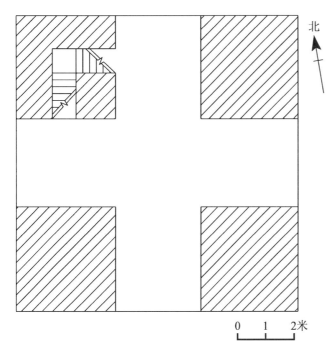

图一六八　镇靖堡老爷庙一层平面图

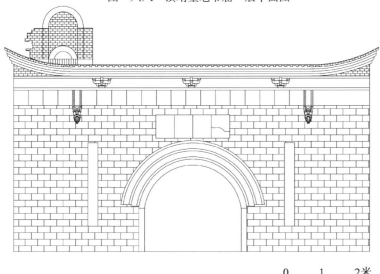

图一六九　镇靖堡老爷庙南立面图

底座部分也就是楼体的一层，底部边长10.5米，上部边长10米，通高5.10米；门洞为三券三批结构，宽3.07、通高2.55米。（图一六八）建筑所用青砖的规格为32×16×6.5厘米；门洞两侧原为楹联，现不存在，只留有原来镶嵌的基槽，高230、宽28厘米。门洞上部各有一块砖雕匾额，高64、宽210厘米，各面题字有所不同，南面为"□师义圣"，东面为"浩气凌云"，北面"一航湛月"，西面"节鼎天地"。

匾额上为一层上部的砖雕装饰部分，由两层方形砖雕图案条带构成，两层间为一层横铺青砖。楼体的东、北、西三面装饰基本一致。下层砖雕图案以中心的草龙为中心向两侧二方为界格，两侧的四组布局完整，图案的主体为丝带缠绕的海螺形法器，两侧各有一朵云形装饰，图案边缘装饰云气纹；整个装饰带两侧还各有一条垂花。南侧楼檐装饰与其他三面稍有不同，上层为三组砖雕斗拱，斗拱间的装饰已不存在；下层砖雕图案的主题为龙纹，垂花将其分为三个界格，中间部分最大，装饰二龙戏珠，龙体头向以中心的龙珠向两侧排布，垂花各压在一条头向外侧的龙体，外侧装饰蔓草。（图一六九、一七〇；彩图五一九）

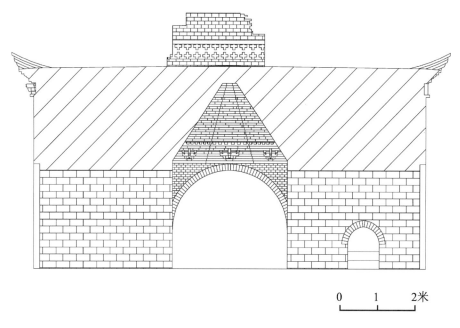

图一七〇　镇靖堡老爷庙侧剖面图

　　　　　　　　　　　　　　　　　　　第二层建筑已被破坏，结构不
清。目前仅可见其残存的飞檐。

　　楼体内部四个门洞形成八角攒尖顶的结构，每边各装饰一个砖雕斗拱，斗拱上部为砖雕飞头、檐头，下部为一层二方边续的砖雕，其图案主体为半个葵花。顶部为一铁质垂柱。

　　中山台　中山台修建于民国十九年（1930 年），利用东瓮城及城外墩台包砖砌筑，砖的规格 38 ×20 ×8 厘米，台平面呈长方形，东西长 10.65、南北长 13.4、高 5.45 米。台内有十字穿心洞，原四面相通，现洞口被村民用砖封砌。拱券洞口宽 3.25、深 3.7～4.85、高 3.27 米，上方均嵌石匾，上书"中山台"三字。推测该处原建钟鼓楼。（图一七一；彩图五二〇）

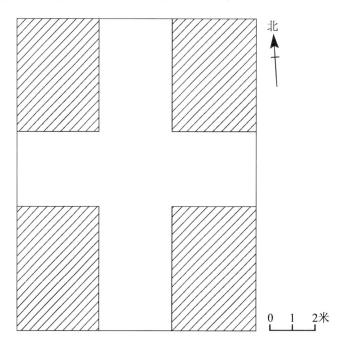

图一七一　镇靖堡中山台一层平面图

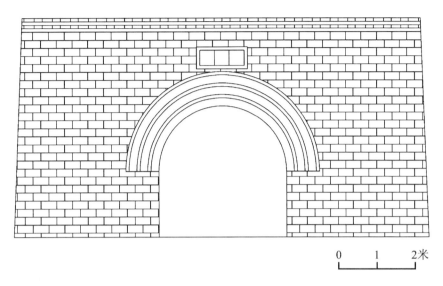

图一七二　镇靖堡中山台南立面图

第五节　镇罗堡

一　建制与历史沿革

　　镇罗堡位于陕西省榆林市靖边县杨米涧乡镇罗村。东北距镇靖堡20公里，西南距靖边营20公里。宋代为夏州地。明嘉靖二十九年（1550年）筑城，堡垣周长"三百七丈"。万历二十八年（1600年），在宋代鱼口寨旧址上建堡。明代该堡驻军丁及守瞭军共441名，配马骡160匹，设操守、把总各1员，守瞭巡防大边长城"三十里，墩台一十座"；清康熙年驻守兵50名，设把总1员统辖。清乾隆三十五年（1770年）、嘉庆十四年（1809年）均有维修。同治六年（1867年）被回民起义军毁坏，变为荒城。

　　镇罗堡保存较差。遗迹大部分残存，角楼残存2座，马面可辨别的有4座，均保存较差。城门无存，城内建筑无存。堡城受人为破坏严重。回民起义使城池遭到毁灭性破坏，村民修路种地等也对垣体造成一定的影响。堡城受自然因素严重破坏，垣体上生长茂盛的柠条等植物，强烈破坏了夯土的致密性；风吹、雨打也使夯土流失严重。

　　《延绥镇志》载："镇罗堡南至延安府三百里，北至大边半里，东至镇靖堡四十里，西至靖边营四十里。"今测大边垣体在西北方向1公里。城东侧山上有墩台1座。

二　地理人文环境

　　城堡位于西芦河的二级台地上，地势平坦开阔。

　　靖边县属半干旱内陆性季风气候，四季变化较大，冬季主要受西伯利亚冷气团影响，严寒而少雪。春季因冷暖气团交替频繁出现，气温日较差大，寒潮霜冻不时发生，并多有大风，间以沙暴。夏季暑热，雨量增多，多以暴雨出现，同时常有夏旱和伏旱。秋季多雨，降温快，早霜冻频繁。土壤为黄沙土。城内树木较少，田间有少量的地面低矮的草本植物，城外有柳、杨等树。目前城堡附近居民多饲养家畜家禽，野生动物有野兔、山鸡、各种鼠类等。

城堡的西侧为芦河的上游，或称西芦河。主要水文资料完整，见于镇靖堡所述。城堡的东垣外为杨米涧乡镇罗村，现有170口人，多为老弱妇孺。以农业为主，兼营牧业，种植有玉米、向日葵、土豆、麻籽等作物。

城东40米处为靖边县城至杨米涧乡的柏油路，村中有一条土路通向城堡，为村民农业生产之用。

三　平面形制及建筑布局

堡城建在山峰围绕的平川内，西临芦河沟，南靠自然冲沟，北、东面为滩地。城平面基本呈长方形，周长现存550米，现存面积约4.6万平方米。（图一七三；彩图五二一）

四　城垣及其附属遗迹

目前该城堡仅存垣体及其附属设施。

1. 城垣

北城垣　长230米，中部缺失48米，据村民讲此处为北门遗址，其余垣体保存较好。底残宽6.4、顶残宽3.3～4、外高4、内高4.7～6米。黄土夯筑垣体，夯层厚8～14厘米。垣体外及顶上生长杂草和柠条，十分茂密。（彩图五二二、五二三）北垣上保存2座马面，编为1、2号。1号马面，夯土台破坏严重，四壁残破，两侧有坡道。台底凸出垣体3米，东西边长11米，顶东西边长4.4、南北边长6.5米，高3.3米。（彩图五二四）2号马面，遭破坏严重，西边积土成台地。夯土台底部凸出垣体8米，东西边长9米，顶部东西边长4、南北边长10米，高4.3米。（彩图五二五）

西城垣　现存120米，北段保存较好，垣体底宽4～6、顶宽4.4、外高5.5、内高6米，壁面较平整，顶上散见瓦、瓷片，生长大量柠条。（彩图五二六）南段沿沟畔分布，保存较差，形同隆起的土脊梁。西城垣中部建一马面，编为3号。3号马面，残破，台底凸出垣体4米，南北边长3米，顶南北边长5、东西边长7米（连垣体），台高5.2米。

南城垣　外侧为自然冲沟，垣体多数仅存基础部分，中部沟畔上残留一马面基础部分。

东城垣　残存200米，整段垣体保存，内高5.5米，局部顶宽3.3米。断面上可见夯土层厚6～10厘米，内包含瓦片、瓷片等。垣体外侧淤积土几乎与垣同高，高度及垣体设施无法辨识。

2. 角楼

堡城现存两座角楼。

东北角楼　夯土台保存一般，底凸出北垣9米，凸出东垣9米，东西边长10、南北边长12米，顶部东西边长7、南北边长7.5米，高5.7米。台东有人行坡道。

西北角楼　保存较好。北侧为冲沟，台底凸出西垣9米，凸出北垣10米，东西边长11、南北边长14米，顶部南北边长7.3、东西边长6.7米，高8.2米。

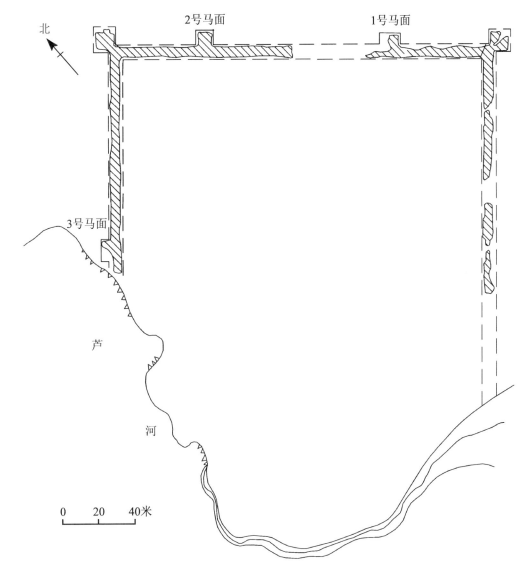

图一七三　镇罗堡平面图

堡城东 340 米山梁上建有墩台一座。

五　遗　物

堡城内建筑被毁坏殆尽，仅南部见有建筑基础。现城内种植麻籽、洋芋等作物。城内地面随处可见瓷片、瓦片，并见少量砖块。瓷片有白瓷、青花瓷、黑粗瓷等，青花瓷片中发现人物、海水船帆、房屋建筑、花卉等图案，以明清时期瓷片居多。

第六节 宁塞营

一 建制与历史沿革

宁塞营位于陕西省延安市吴起县长城乡宁塞村。东南距靖边营堡 20 公里，西南距把都河堡 12 公里。宋为夏州地，旧属栲栳城。明成化十一年（1475 年）余子俊撤三岔堡（北距宁塞营 20 公里）移筑宁塞营，城垣周长"四里三分，楼铺一十八座"。隆庆六年（1572 年）加高城垣，万历六年（1578 年）用砖包砌城垣。明代该堡驻军丁及守瞭军共 2445 名，配马骡 1571 匹，设操守、守备、坐堡各 1 员，守瞭巡防大边长城"五十四里零二百八十步，墩台五十四座"；清康熙年驻守兵 110 名，设守备 1 员统辖。1942 年，该堡所在地划归吴起县。

宁塞营整体保存一般。垣体大部分保存较好，垣体上残存 5 座马面和 3 座角楼。城内建筑除鼓楼保存外，其余被毁。堡城受人为破坏严重，垣上包砖被拆除，城内建筑被拆毁。自然破坏主要来自风雨冲刷、水土流失、植物生长等。

《延绥镇志》载："宁塞营东至靖边营四十里，西至把都河二十四里，南至保安县一百四十里，北至边垣二里。"目前城西 200 米处仍有护城墩台 1 座。长城垣体从城堡西北侧 0.5 公里处通过。

二 地理人文环境

城堡的西部坐落在山梁上，当地称为龙王庙梁。南北两侧各为大型"V"形沟涧，都向东注入霍家湾水库。城堡的东部位于水库的二级台地上。（图一七四）

该地气候上属中温带半干旱内陆性季风气候，四季变化较大，冬季主要受西伯利亚冷气团影响，严寒而少雪。春季因冷暖气团交替频繁出现，气温日较差大，寒潮霜冻不时发生，并多有大风，间以沙暴。夏季暑热，雨量增多，多以暴雨出现，同时常有夏旱和伏旱。秋季多雨，降温快，早霜冻频繁。土壤为黄沙土。城内植被多为树木，田间有少量的地面低矮的草本植物，城外有柳、杨等树。目前城堡内居民多饲养家畜家禽，野生动物有野兔、山鸡、各种鼠类等。

城堡的西侧、北侧、东侧各有一沟，其中东侧沟常年有水，无水文资料，现为霍家湾水库，系无定河上游的一条支流。

城堡内为吴起县长城乡宁塞村，共有 9 户人家，40 余口人。以农业为主，兼营牧业。种植有玉米、向日葵、土豆等。该村至长城乡的乡间公路从城下通过，为石子路，入城有农业生产生活土路一条。

三 平面形制及建筑布局

宁塞营建在山原上，东面临霍家湾水库，其余三面临自然冲沟，地理位置险要。城平面呈不规则三角形，地势西高东低，落差达 70 米。城垣轮廓清楚，垣体除东垣外大部分保存较好，城周长约 2300 米，占地面积约 30 万平方米。（图一七五；彩图五二七）

图一七四　宁塞营周边形势图

四　城垣及其附属遗迹

目前城堡仅存城垣及其附属设施，城内存中心鼓楼残迹。堡城西203米处的山梁上建有护城墩台一座。

1. 城垣

西城垣　总长709米，依西门圠自然冲沟地形而建，呈折线分布，可分为南、中、北三段垣体。（彩图五二八）

南段垣体长310米，大部分保存一般，垣体坍塌严重，壁面破损，以南端垣体保存为最好。南段

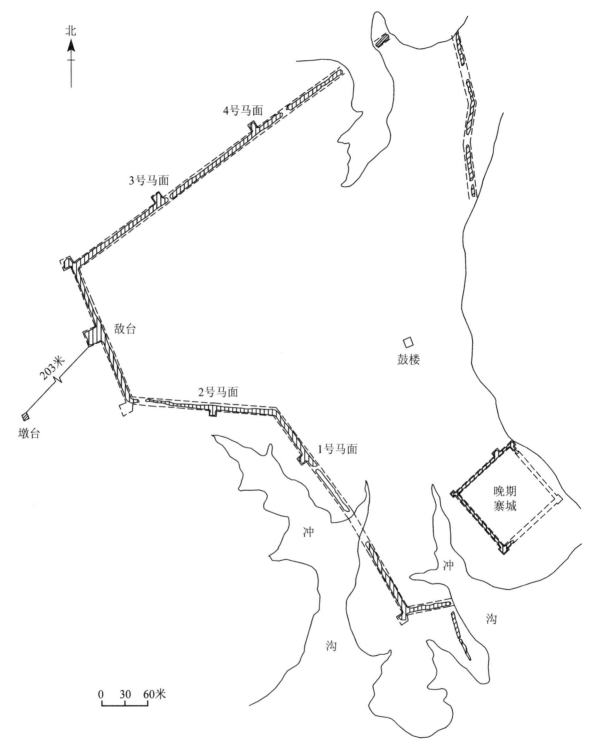

图一七五　宁塞营平面图

中部被自然冲沟断开，缓沟内种植荞麦。该段垣体外侧高 3～8 米，内侧基本与城内地面齐平，垣体上建有马面一座，编为 1 号马面。该马面坍塌严重，南距西南角楼 231 米。该马面两侧底部凸出垣体 4 米，南北边长 10 米，顶部东西边长 6.4、南北边长 3 米，台高 10.5 米。夯层厚 10～15 厘米。（彩图五

二九）

中段垣体长 184 米，保存较好，稍折向西北。垣体底残宽 5~8、顶残宽 3~4、外高 5~6、内高 4.6~6 米。黄土夯筑，内包含少量砖、瓦片，夯层厚 6~12 厘米。该段垣体上东距折角 75 米处建有马面 1 座，编为 2 号马面。夯土台底部凸出垣体 5 米，东西边长 9 米；顶部基本为方形，边长 6 米；台外高 7.3 米，台顶与垣体顶部成土坡状，高出垣体约 3 米。台西侧有人行通道。（彩图五三二）自 2 号马面向西的垣体保存较差，垣体夯土多已坍塌，残宽仅有 2~3 米，内部夯层也表现得比较明显。西段近角楼处有 10 米宽的豁口一处，豁口西侧垣体保存较好。

北段垣体长 184 米，保存最好。垣体底宽 8、顶残宽 4~5、外高 6~7、内高 8 米。（彩图五三〇）垣体中部有敌台。敌台南距角楼 92 米，北距西北角楼 83 米，南北长 20 米，外部两侧各凸出 17 米，垣内两侧各凸出 3 米，台体顶部长 18、宽 16 米，台体通高 11 米。台体南部有一宽 8 米的豁口。（彩图五三九）

西城垣顶上见有残砖块和瓦片，垣外沟畔上遗留大量村民从耕地内捡出的砖块、瓦片、瓷片、动物骨骼等。

北城垣　除了东段有一宽 65 米的冲沟截断垣体外，其余保存尚好，现存垣体长度达 520 米。垣体从山上西北角楼直到山下，非常笔直，底宽 8、顶宽 3~4、外高 8、内高 3.5 米。垣外壁平整，内壁坍塌现象较重。（彩图五三一）现垣体中部有一宽 6.9、深 8 米的豁口，当地人称为北门，似为后期断开。豁口两壁垣体壁面整齐，高 10 米，夯层清晰，厚 10~15 厘米。地面遗留大量残砖瓦。北垣上建有 2 座马面，编为 3、4 号。3 号马面，西距城西北角 133 米，底部凸出垣体 10 米，东西边长 12 米；顶部东西 4.5 米，南北凸出北垣 9.3 米；外高内低，外高 9 米。下部夯层厚 12~20 厘米，上部夯层厚 6~10 厘米。台东、西两侧积土成坡，人行可至台顶。台西堆积拆除的包砖，长砖规格为 41×19.5×7.5 厘米，楔形方砖规格为边长 33、厚 5.5~9.5 厘米。台东侧即为前述人行豁口。4 号马面，西距 3 号马面 147 米，保存较好。台底部凸出垣体 9 米，东西边长 12 米；顶部东西 4.4、南北凸出垣体 7 米；台外高 12 米。顶部北高南低，高出垣体。黄土夯筑垣体，下部夯层厚 10~20 厘米，上部夯层厚 6~10 厘米。台东、西两侧积土成坡。

东城垣　顺水库沟畔修建，现断续残存，垣体顶残宽 0.8~3、内高 4~7、外高 2~6.4 米。夯层厚 8~12 厘米。垣体坍塌，内侧成坡。北段有冲沟断开。

南城垣　残存山坡上东西向的垣体 60 米长，其东为宽 110 米的沟壑，沟底有公路穿过，垣体底宽 4~7、顶部宽 2~4、外高 5、内高 2~3 米。该段垣体向南折转，延伸 35 米长后被沟壑断开。（彩图五三八）

2. 角楼

堡城于城垣的转角处建有角楼，现保存有三座。

西南角楼　台体坍塌严重。底部凸出垣体 10 米，东西边长 11、南北边长 12 米，顶部东西边长 4.5、南北边长 14.5 米，台高 11 米。台内外侧为山坡地。（彩图五三三）

西北角楼　与城堡成 45°倾斜，保存较好。底部凸出垣体 11 米，边长 14 米，顶部凸出垣体 7 米。台建在高 8 米的夯土台座上，上部台体高 10 米。黄土夯筑，内包含残瓦片等。（彩图五三四）

东北角楼　残存夯土台底部凸出垣体 2 米，边长 6 米。台体上部坍塌严重，台高 6 米。

3. 护城墩台

位于宁塞营城西相对独立的山峁上，保存较好，距城堡西垣敌台 203 米。由台基及台体构成。下部台基平面近似圆形，直径约 22 米，台高 2 米。四边残存围垣，高 0.1 ～ 1.2 米。墩台平面亦呈圆形，底部直径 11.8 米，顶部直径 6 米，台高 9 米。由黄土夯筑而成，夯层厚 9 ～ 12 厘米。该墩台所在的山峁周围沟壑纵横。台底周山梁上退耕还林后，种植沙棘、柠条等植物，地表杂草茂盛。（彩图五三五、五三六）

宁塞营南城垣外有附墙，与明代城垣建筑规制不同，未测量。（彩图五三八）

五　公共功能建筑及宗教功能建筑

公共功能建筑目前城内发现一座明清时代的中心楼遗址，现仅残存台基。（彩图五三七）

宗教功能建筑只有一处现代修建的综合神庙，并附属一座戏楼。

第七节　把都河堡

一　建制与历史沿革

把都河堡，俗称旧城子，位于陕西省延安市吴起县周湾镇旧城子村。北距大边长城 10 公里，东距宁塞营 17 公里，西距永济堡 15 公里。属明代二边长城城堡。宋为夏州地。明成化九年（1473 年）巡抚余子俊置堡，城垣周长"三里一百八十步，楼铺一十一座"。隆庆六年（1572 年）加高城垣，万历六年（1578 年）用砖包砌城垣，明末该堡守兵并入宁塞营。

把都河堡保存较差。城垣轮廓模糊，垣体设施破坏严重，城内建筑荡然无存。堡城破坏因素有人为与自然两方面。人为破坏因素主要是战争、村民修路、整修梯田等生产生活活动、不合理利用等。自然破坏多为风雨冲刷、山体滑坡、植物生长、腐蚀、昆虫及啮齿动物破坏等。

《延绥镇志》记载："把都河堡东至宁塞营三十四里，西至永济堡三十里，南至保安县一百二十里，北至大边二十里。"今测把都河堡北距大边墙体约为 10 公里。城南有护城墩台 1 座。

二　地理人文环境

该营堡所在之处结合了山峁与河谷地貌。城堡坐落在山梁上，当地称为城塞梁。东西两侧各为大型"V"形沟涧，两沟于城堡的北侧汇合，向北注入水库。东侧为鱼不梁沟，西侧为伙场塞沟。（图一七六）

气候属中温带半干旱内陆性季风气候，四季变化较大。冬季主要受西伯利亚冷气团影响，严寒而少雪；春季因冷暖气团交替频繁出现，气温日较差大，寒潮霜冻不时发生，并多有大风，间以沙暴；夏季暑热，雨量增多，多以暴雨出现，同时常有夏旱和伏旱；秋季多雨，降温快，早霜冻频繁。土壤为黄沙土。城内少见树木。田间有少量的地面低矮的草本植物。目前城堡内居民多饲养家畜家禽。

城堡的西侧、东侧各有一沟，常年有水，无水文资料，系无定河的上游支流。

城堡内为吴起县长城乡旧城子村，共有 7 户人家，40 余口人。以农业为主，兼营牧业。种植有玉米、向日葵、土豆、小米等。从吴起县至周湾乡公路有一条土路可进入城堡，城内只有农业生产生活土路一条，蜿蜒曲折，交通不便。

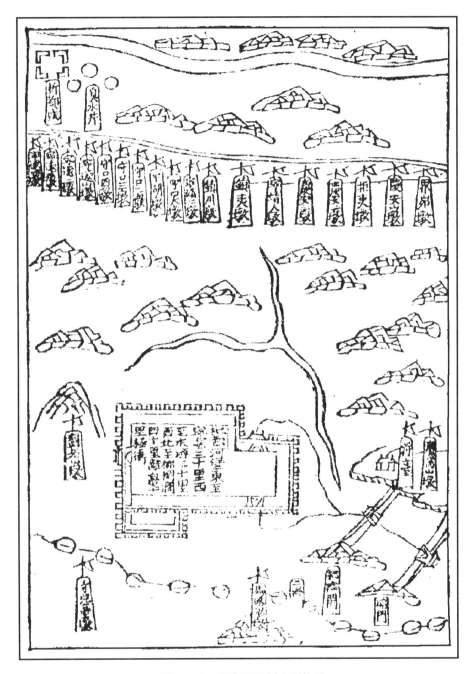

图一七六　把都河堡周边形势图

三　平面形制及建筑布局

　　把都河堡依山修筑，东、西临沟，北侧为旧城子沟。堡城建于半山半滩处，南高北低，地势落差80米，地形异常险要。城平面呈不规则形，破坏严重，城垣轮廓模糊。城周不清，面积不清。（图一七七；彩图五四〇、五四一）

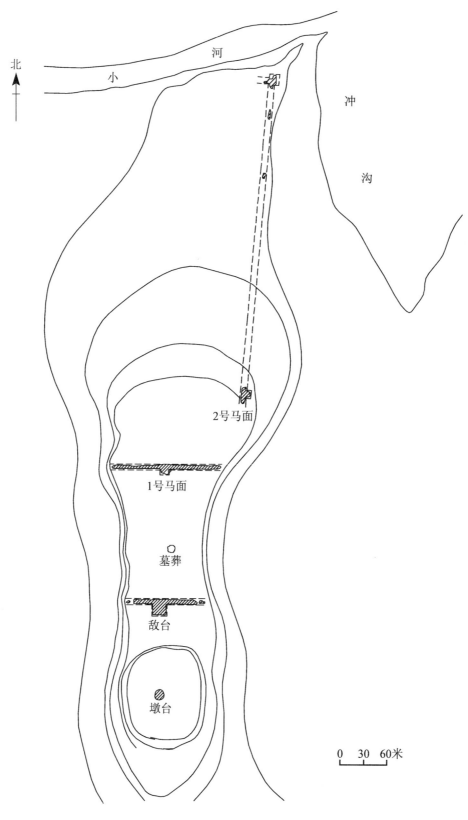

图一七七　把都河堡平面图

四　城垣及其附属遗迹

目前仅存部分垣体及其附属设施，城南残存挡垣、护城台等，城内建筑设施不存。

南城垣　保存长度 147 米，底宽 7、顶宽 1~4、外高 5~6、内高 8 米。外壁较平整，内壁坍塌，夯土滑落成坡，顶上及壁上生长大量柠条及杂草。黄土夯筑城垣，夯层厚 5~12 厘米，于西端垣体断面上清晰可见。（彩图五四二、五四三）该南垣上保存一马面，编为 1 号，底部凸出垣体 5 米，边长 13 米，顶部东西边长 8、南北边长 6 米，残高 7 米。该马面夯土台保存相对较好，壁面土质疏松，但台壁较整齐，顶上生长杂草。

东城垣　顺沟畔修建，山上部分现仅残存一座马面，编为 2 号。夯土台坍塌严重，底边凸出 6 米，残长 11 米；顶东西凸出 4 米，南北边长 2.5 米；残高 7 米。以纯净黄土夯筑，夯层厚 8~14 厘米。滩内部分断续残存，残宽 3~5 米，残高 1~4 米，夯土疏松，垣壁破损。（彩图五四四、五四五）

现存堡城东北角楼保存极差，底边长约 14 米，外残高 6.6 米，内侧顶与耕地面齐平，顶上散见瓦片和碎瓷片。

西城垣和北城垣具体位置无法确定。据老乡讲，城西大沟为近几十年洪水冲开，原为小沟，堡城西、北垣当跨过沟壑建于对面的沟畔上。

堡城南垣外 165 米处另有一道东西向垣体，残长 100 米。该垣体建于堡城所在的山梁顶上，底部宽 7、顶部残宽 3~4、外残高 4~5、内残高 5~7 米，垣体保存较好。（彩图五四六、五四七）该垣体中部外侧建有一座夯土台，为二层建筑。一层台底凸出垣体 12 米，东西边长 20 米，顶部南北边长 13、东西边长 17 米，台高 6.5 米。一层台顶中央建一平面呈近圆形的夯土台，现存底部东西向直径 14、南北向直径 10 米，台东边高 4 米，西边高 6 米。顶部平面呈"凹"字形，台北壁有一宽 1.6 米的缺口。台体夯土内包含残瓦片等。（图一七八；彩图五四八~五五〇）

该段垣体以北 61 米处，即堡城南垣外 95 米处有一座墓堆，底直径 10、高 2 米，当地村民讲，此墓为宋代潘仁美坟冢。垣体以南 100 米处建有墩台一座。

五　遗　物

耕地表面可见少量砖、瓦、琉璃构件等建筑遗物及白瓷、青花瓷等元、明、清时期瓷器标本。

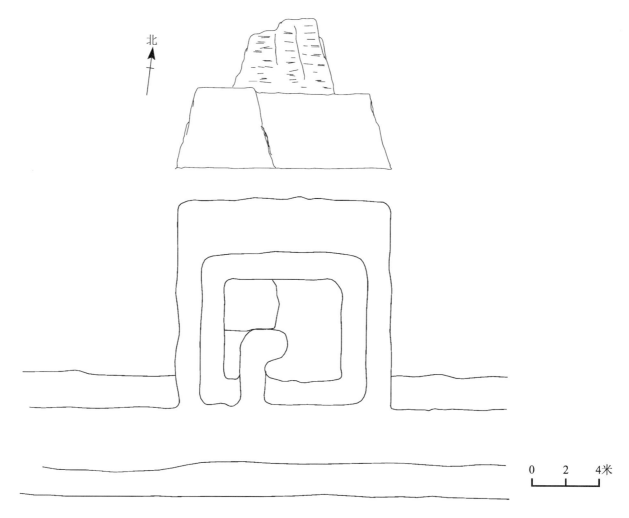

图一七八　把都河堡敌台平、立面图

第八节　永济堡

一　建制与历史沿革

永济堡位于陕西省延安市吴起县五谷城乡政府驻地。东北距把都河堡 15 公里，属明代二边长城城堡。成化九年（1473 年），余子俊将正统年间所建的永济堡"挪于迤南上红寺"今址，重建，并拨官军屯守。

永济堡保存较差。城垣轮廓清楚，但垣体及马面、角楼等设施残破严重。城内建筑无存。该城堡受人为破坏严重。村民于垣体上取土、修路、建房、行走等严重影响城堡的安全。自然破坏因素有山体滑坡、风雨冲刷、植物生长、昆虫及啮齿动物破坏等。

文献记载，永济堡北至大边十五里。城堡周边观察不到边垣和墩台等长城设施。

二　地理人文环境

该堡所属区域属堆积剥蚀地形。海拔 1300～1600 米，相对切割深度 100～200 米，地表堆积多层黄土及更新世洪积、坡积、冲积物覆盖，基底为白垩系砂页岩，出露较少。地表形态以黄土梁峁为主，梁缓涧宽，梁涧相间。总体上属梁峁涧地貌，该营堡所在之处结合了山峁与河谷地貌。城堡的西部坐落在朝东的山梁上，当地称为小城梁，与后面的大城梁之间有一鞍部地形。北侧为大型"V"形沟涧，向东注入东侧的永济川。城堡的东部位于该河二级台地上。（图一七九）

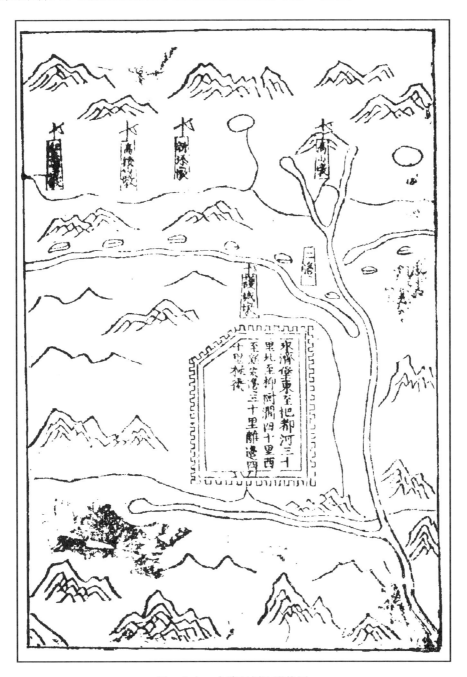

图一七九　永济堡周边形势图

气候属中温带半干旱内陆性季风气候，四季变化较大。冬季主要受西伯利亚冷气团影响，严寒而少雪；春季因冷暖气团交替频繁出现，气温日较差大，寒潮霜冻不时发生，并多有大风，间以沙暴；夏季暑热，雨量增多，多以暴雨出现，同时常有夏旱和伏旱；秋季多雨，降温快，早霜冻频繁。土壤为黄沙土。城内无多树木，田间有少量的地面低矮的草本植物，城外多为柳、杨等树。

城堡的东侧河流为洛河的上游支流永济川，水文资料不详。

城堡内为吴起县五谷城乡五谷城村，村民居住于城堡内外，共有 50 户，200 余口人。以农业为主，兼营工商业、牧业。种植有玉米、向日葵、土豆、小米、荞麦等。

城堡下即为定边县至吴起县的公路，入城有土路两条。

三　平面形制及建筑布局

永济堡建在陡立的山坡上，两侧临沟，地形险要。平面略呈簸箕形，上小下大，东西高差 100 米左右。城垣轮廓清楚，但垣体及附属设施残破严重，周长约 1000 米，面积约 6 万平方米。（图一八〇；彩图五五一）

四　城垣及其附属遗迹

目前仅残存城垣及其附属设施。

1. 城垣

西城垣　长 296 米，顺沟畔修建，垣体及其上马面整体滑坡现象严重。现存城垣严重坍塌，顶残宽 2~5.7 米，顶部不平，上有人行踩踏出的小路一条。垣外侧残高 3~7 米，内侧残高 3~5 米。内壁面多呈坡状，生长柠条及大量杂草。（彩图五五二、五五三）西垣上共建有 4 座马面，编为 1~4 号。1号马面，南距堡城西南角 26 米，台体残破严重，顶与城内地面齐平，台西台地上有豁口。台底部凸出垣体约 5 米，底边长 10 米；顶部呈长条形，宽 1.2 米，凸出垣体 8 米；台残高 8.7 米。（彩图五五四）2 号马面，南距 1 号马面 47 米，坍塌严重，东壁上部有人工铲削取土痕迹。台底部凸出垣体 5 米，底边长 8 米；现顶部宽 1.5 米，凸出垣体 7 米；台残高 7.8 米。夯层厚 8~12 厘米。台底谷地上种谷子。3 号马面，南距 2 号马面 55 米，坍塌严重。底部现存凸出垣体 6 米，底边长 10 米，顶部塌毁严重，台高 7.8 米。4 号马面，北距城西北角 26 米，台体滑坡现象严重。现存夯土台残高 6 米，顶部东西宽 3米，台周散见瓦片等。台顶上向外侧开挖有一条宽 2 米的通行道路。

北城垣　长 162 米，建于山背，保存相对较好。垣体夯土坍塌，与山坡基本成一体。现存垣体顶残宽 1~2、内高 7、外高 8 米。垣体内壁上生长有榆树，杂草遍布整个垣体。北垣中部建有马面1 座，编为 5 号。（彩图五五五）5 号马面，外临山坡，坍塌严重，底部积土成坡。台底部凸出现存垣体 8 米，边长 8 米；顶部凸出 7 米，宽 3 米；台高 7 米。夯层厚 6~10 厘米。顶上生长枸杞及杂草。

东城垣　长 362 米，顺沟畔修建，呈折线分布。垣体残破严重，顶宽 1~4、内高 3~7、外高 4~10.5 米。夯层厚 6~12 厘米。垣体顶部亦有一条踩踏出的小路。（彩图五五六、五五七）东垣建有 1座马面，编为 6 号。6 号马面，北距东垣中部转角楼 40 米，坍塌严重。台底凸出现存垣体 5 米，底边残长 5 米；顶部凸出垣体 5 米，宽 1~2 米；台外高 7 米。（彩图五五八）

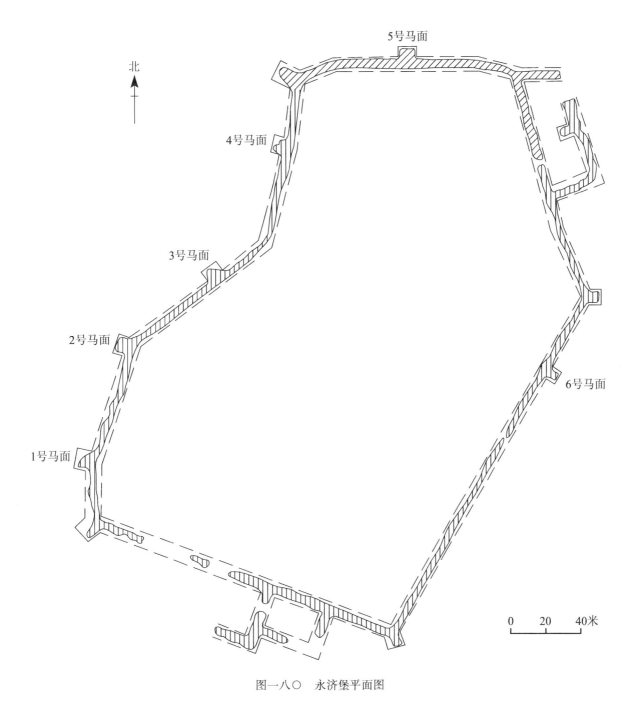

图一八〇　永济堡平面图

　　南城垣　破坏严重，推测长 184 米。垣体内侧大部分与城内地面齐平，外侧修建窑洞住人。中部被宽 50 米的冲沟断开，沟内住村民。残存垣体外侧高 7~10、内侧高 1~1.7、顶宽 1.5 米。夯层厚 8~23 厘米。南城垣东部现残存瓮城 1 座。（彩图五五九）

　　2. 角楼

　　城垣上各角建角楼，共 5 个。

　　东南角楼　残破严重，外高 7~10 米，夯层厚 8~20 厘米。下部有一废弃的小窑，台两边有坡道。（彩图五六〇）

　　西南角楼　建于山坡上，坍塌严重。台底部凸出垣体 7 米，边长 10 米，顶部边长 3.5 米，台外高

7 米。

西北角楼 底部伸出垣体 12 米，东西边长 9、南北边长 6 米；夯土台顶部伸出垣体 9 米，东西边长 9、南北边长 4 米；台残高 11 米。

东北角楼 台南侧村民建房铲削垣体，现残存宽 0.5、高 8 米。

东垣转角楼 破坏严重，台内侧为台。底部凸出垣 8 米，边长 8 米；顶部东西 5.5、南北 8.7 米；台外高 6.5 米。

3. 城门

永济堡建有东门及南门，均为瓮城结构。

东门 东门及瓮城建于东垣北段。东门西距城东北角 40 余米，现存豁口宽 6、进深 8 米，两侧垣体夯层厚 8~12 厘米。瓮城平面略呈葫芦形，并以城东北角楼作为瓮城的北垣。瓮城垣体坍塌严重，残存顶宽 1~2、内高 1~7、外高 4~6 米。瓮城内东西 16~26、南北 60 米。瓮城向北开门，现豁口宽 12 米。（彩图五六一）

南门 南门门洞具体位置无从辨识。瓮城形制同于东门瓮城，南北残长 20、东西残长 35 米，现残破严重，仅存北垣局部、东垣局部。残存南垣顶残宽 2~3、残高 10 米。残存东垣高出现地表 3~4 米，顶残宽 2~3 米。瓮城内北部住有两户人家，于垣体内凿窑建房；南部为荒芜台地，生长杂草。（彩图五六二）

第九节 柳树涧堡

一 建制与历史沿革

柳树涧堡位于陕西省榆林市定边县东南 70 公里的郝滩乡柳树涧村南 1 公里处。东至宁塞营 20 公里，西至旧安边营 20 公里，南至永济堡 15 公里。明天顺初年（1457 年）筑堡，成化九年（1473 年）弃之，驻军归并于永济堡。嘉靖三十七年（1558 年），董威修复旧堡，自永济移守于此，城"周围凡三里七分，楼铺一十八座"。隆庆六年（1572 年）加高。万历六年（1578 年）用砖砌牌垣垛口。明代驻军丁及守瞭军共 1082 名，配马骡 384 匹，设操守、坐堡、守备各 1 员。清康熙年驻军兵 110 名，设守备 1 员统辖。

柳树涧堡保存较差。上城城垣小部分保存较好，大部分坍塌残存，西城垣塌毁基本不存。城内建筑无存。下城城垣、马面保存较好，城内建筑不存。该城人为破坏严重，堡城在历史上曾遭受回族武装侵犯，城内居民被杀，城堡被焚烧。现在城堡破坏主要来自风雨侵袭、植物生长、昆虫噬咬等因素。

文献载，柳树涧堡东至宁塞营四十里，西至旧安边四十里，南至永济堡三十里，北至大边一里。今测城堡与大边长城最近距离为 100 米。（彩图五六五）

二 地理人文环境

柳树涧堡所在地总体上属于白于山区。白于山区地表支离破碎，为黄土沟壑地带，沟壑（山地）地貌发育较好。

　　城堡所在山梁当地俗称庙山，山上已无人居住。该山三面环沟，南侧所临沟壑较深，宽度近300米，目前深度约近100米，当地称为沟湾。城堡的西侧为柳树涧川的川道，地表已不见径流，目前已成为当地主要的耕作区域。西侧当地人称滥城沟，目前可见水流。柳树涧沟、滥城沟均向南注入沟湾。（图一八一）

图一八一　柳树涧堡周边形势图

　　白于山区属温带大陆性季风气候，年平均降水量316.9毫米，且主要集中在7、8、9三个月，年平均蒸发量为2491毫米，是年平均降水量的7.9倍。以冬春旱居多。白于山区的黄土层厚度达100多米，地表、地下水资源都非常缺乏，水质也比较差，多为高氟水和苦咸水，人畜不能饮用。地下水资源缺乏且分布极不均匀，环池华河组水位在350米以下，洛河组水位在700米以下，埋藏较深，开发利用难度大，部分水质超标不能使用。土壤为沙质黄土。植被稀疏，水土流失严重，自然灾害频繁。乔木有榆树、杨树等，灌木以柠条、沙柳等为主，地面多生长沙生草本植物，动物有野兔、山鸡、各种鼠类等。

目前该城堡内已无居民，城外为柳树涧村。该城遗址附近耕地、荒地均有，耕地种植的农作物有玉米、荞麦，经济作物有土豆、洋葱、西瓜等。城内目前只有羊肠小道，城外与村庄有一条土路相通。

三　平面形制及建筑布局

现存柳树涧堡遗址地势东高西低，北高南低，由上、下两个城郭组成，城郭中间有东西向自然冲沟相隔，东、西边有夯土垣体相连。（图一八二；彩图五六三、五六四）

四　城垣及其遗迹

（一）上城主要遗址

目前仅可见城垣及其附属设施，包括城垣、马面、角楼等。

上城建在山梁北部，现存城垣保存三面垣体，围成一长方形。上城残存垣体长度共720米，占地面积7.5万平方米。城垣保存一般，底残宽4~7、顶残宽0.5~3、残高2~6米。以黄土夯筑城垣，土质较纯净，夯层厚10~14厘米。垣体以东垣保存为好，顶宽2~3、外高3~4、内高5~6米。南、北垣西段垣体因建于陡峭的山坡上，坍塌严重，现断续残存。西垣建于崖畔，塌毁基本不存。（彩图五六六）

东北角楼建于冲沟畔上，北高南低，破坏较严重。底部向东凸出11米，向北凸出13米，东西边长15、南北边长10米；顶部东西长11.5、南北宽8.3米；台残高13米。夯土纯净，夯层十分清晰，厚10~14厘米。角楼台体与城垣为两次建筑，城垣土色发黑，土台土色发黄，且于相接处可见明显的斜线接茬。

北城垣保存较好。东西长330米，西段长158米，中部有折曲。东段长122米，中部建有一座敌台，距西北角楼158米，距东北角楼122米。（彩图五六七）敌楼骑垣而建，底部东西边通长15、南北边长31米；顶部东西边长25、南北边宽11米，东边建有一土坯砌庙宇，内有现代制作的龙王塑像，台顶地表散见残砖瓦；台西面高10米，东面高6.8米。西部坍塌较为严重，上部有穿洞和土坑。台周地面亦可见残砖断瓦。台体黄土夯筑，夯层厚8~14厘米。

西北角楼夯土台保存较好，目前残存形状近五边形，底部北面凸出垣体2米，西面凸出垣体9米，东西边长9、南北边长8，顶部坍塌较重，东西宽6、南北长7米，台残高9米。台外临陡坡，地势险要。

西垣南段建有一马面，保存状况一般。底部凸出垣体11米，南北边长13.3米；顶部南北凸出长8米，南北边长6米；台高7米。台体因坍塌壁面不平整。（彩图五六八）

该城垣体其他设施及城门因破坏现无法确认。城内地势落差大，地上种植洋芋等农作物。城中部有房屋建筑，原住村民，现此处新修庙宇，城外坡地亦辟为耕地。

城堡隔沟相望的对面山梁上有两座墩台，规模较大，保存较好，当为保护城池而建。

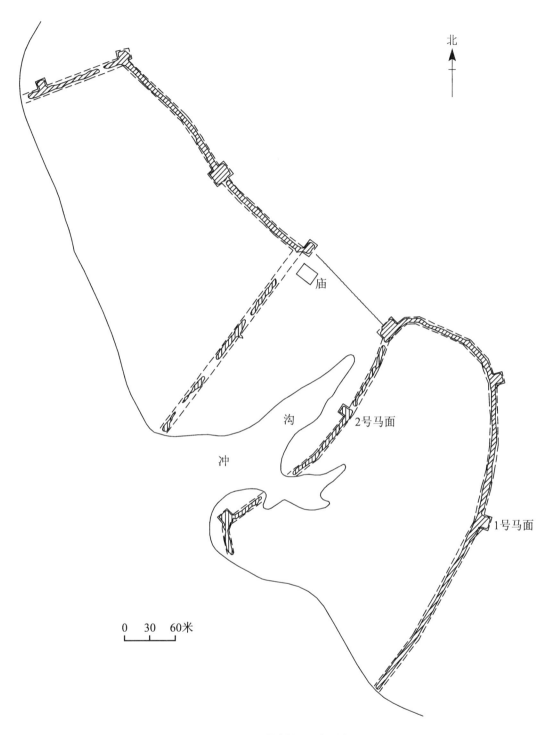

北

庙

沟

冲

2号马面

1号马面

0　30　60米

图一八二　柳树涧堡平面图

（二）下城主要历史设施

目前也仅见城垣及附属的马面、敌台等。

下城位于山梁南部，平面略呈圆角长方形，城周长现存约 1100 米（包括西垣残损部分），占地面积约 102500 平方米。该城城垣除南垣位于崖畔大部塌毁外，其余保存较好。（彩图五六九）

1. 城垣

北城垣　长 143、底残宽 5~8、顶残宽 0.3~5、外高 5~6、内高 4~6 米。黄土夯筑垣体，夯层清楚，夯层厚 5~8 厘米。（彩图五七○、五七一）

东城垣　位于东北角楼与南侧深沟之间，长 407 米，保存很好，垣体壁面平整，顶部整齐宽敞。底宽 7、顶宽 5、高 7~7.5 米。夯层均匀，厚 5~8 厘米。中部建有一马面，编为 1 号马面。距东北角楼 168 米，底部向东凸出 11 米，南北边长 17 米；顶部东西宽 8.4、南北长 9.6 米，东边最高处为 9.1 米。夯土质纯净，夯层均匀，厚 4~8 厘米。台南、北两侧堆积坍塌土，顶部建筑堆积厚 1 米，见残砖瓦。台北部有小路，人可攀爬至台顶，东壁上有雨水冲开的沟槽。马面南侧有一人为破坏豁口，宽 4 米，其南侧一小段垣体残破严重。

南城垣　大部分已损坏，仅见西段局部，到西南角楼止。根据自然地形建于崖畔，垣体仅存 35 米长，此段垣体利用山体作基础，用纯黄土夯筑，底部残宽 3~7、顶部残宽 0.5~5、外高 6、内高 7 米。夯层厚 4~8 厘米。南部垣基内外可见大量的砖瓦残块及碎瓷片。

西城垣　介于西南角楼与西北角楼间，长 260 米，底残宽 5~8、顶残宽 1~5、外高 5~7、内高 4~6 米。夯层厚 5~8 厘米。南段有一自然冲沟，沟宽 35 米，破坏南段的垣体。中段有一豁口宽 5 米，豁口内地面遗留残砖块。此豁口南侧即为马面，编为 2 号马面。此马面西边凸出垣体 10 米，南北边长 15 米，顶部与垣体齐平；台顶部长 13、宽 10 米；高 7 米。夯土台外壁坍塌较为严重。紧邻西北角楼有一豁口，宽 4 米，向里通废弃的道路，向外右转沿北垣外侧有人行小路。豁口外侧沟畔上见大量残砖瓦。此处是否为西门遗址，有待考证。

2. 角楼

堡城建有角楼，夯土台保存较好。

西北角楼　位于北垣西端，底部北面凸出垣体 5 米，南面凸出垣体 11.2 米，南北边长 25 米；顶部南北长 18.7、东西宽 13.8 米；台高 9.5 米。台体坍塌严重，北面积土成坡，西北角上有行人踩出的通道可登上台顶。台角壁上有两处缺口，人为掏洞深入台芯，顶上可见两个洞口。台周散布残砖块。台南有一宽 4 米的豁口，由此可进出城堡。

东北角楼　夯土台保存较好，底部向东凸出垣体 11 米，南北边长 15 米；顶部南北长 9.3、东西宽 8.4 米；台东边高 8.1 米。台外临沟畔，地形险要。

西南角楼　台底外凸出 10 米，南北边长 15 米；顶部东西长 12、南北宽 9 米；台高 10 米。角楼建于一高 2 米余的夯土台基础上，由台西垣体内侧窄路可登上台顶。

第十节　安边营

一　建制与历史沿革

安边营位于陕西省榆林市定边县城东 50 公里的安边镇。营城北距大边长城 0.9 公里，东距大边 1 公里，东南至柳树涧堡 20 公里，西北至砖井堡 25 公里，南至新安边营 30 公里。该营原名深井儿，明正统二年（1437 年）巡抚郭智置。成化十一年（1475 年）废弃，守军移驻新安边营。成化末年，以定边营孤立无援，复守此堡。城"周围凡四里三分，楼铺二十座"。隆庆六年（1572 年）加高城垣。

万历六年（1578 年）用砖砌城垣、垛口。明代安边营驻军丁及守瞭军共 1493 名，配马骡驼 1098 匹，设操守、坐堡、参将各 1 员，守瞭巡防大边长城"三十三里零二十三步，墩台五十一座"；清康熙年驻守马兵、步兵共 130 名，设守备统辖。此后，安边营逐渐成为商贸集镇。

安边营保存较差。垣体多数塌毁不存，残存垣体亦断续相连，坍塌破损。垣体上马面及角楼塌陷。城门均毁，城内建筑所剩无几。

营堡遭受人为破坏严重，20 世纪 30 年代军阀混战时，城垣上附属设施木构建筑彻底被毁；城内建筑主要毁于"文革"时期；20 世纪 70 年代，城砖被拆除用于城镇建设；村民修房建屋等亦剥取城砖，致使现存垣体完全看不到包砖的痕迹。村民在垣内侧、垣基上修建房屋，在城垣上打洞作贮藏室等，均对垣体造成极大破坏。城堡受自然因素破坏也较为严重。由于安边营地处风沙岸滩区，地势平坦，强劲的西北风以及肆虐的沙尘长年侵袭垣体，加之雨淋水冲，致使垣体满目疮痍。垣体上生长大量枸杞和杂草，更加速分解土质，夯土垣体随时都有坍塌之险。城内仅存的店铺也因风雨侵袭而面临倒塌之险。

《延绥镇志》载："安边营东至柳树涧四十里，西至砖井堡五十里，南至新安边六十里，北至大边一里。"今测北、东与大边长城相距不到 1 公里。

二　地理人文环境

安边营位于毛乌素沙漠南沿，属荒漠草原地貌，安边营所在地为滩地，地势较为平坦。城堡的东面和北面即为大面积的碱滩和草滩区。定边县由于所处地理位置和地貌的关系，大陆性气候显著，气温变化大，风沙日多，特别是春季，月最多大风竟达 15 次，平均两天一次。土壤系碱性土壤，不适宜农业种植。（图一八三；彩图五七二）

树木有小叶杨、合作杨、大关杨、旱柳、榆树、臭椿、刺槐、沙枣、沙柳、柽柳、柠条、紫穗槐等。动物家畜主要有驴、马、骡、牛、骆驼、羊等，羊有陕北细毛羊、滩羊、蒙古羊、陕北山羊等。附近的河流为两条人工水渠，分别位于城南和城北。

安边镇地处定边县东部，距县城 50 公里，始建于明正统二年（1437 年），是历史上有名的三边之一，1949 年撤县建区，素有"旱码头"之称，是东滩经济文化的中心，物资商品集散地。1998 年被省政府确定为省级小城镇建设试点镇，全镇辖 11 个行政村，1 个居委会，驻镇单位 30 个，总面积 240 平方公里（36 万亩），总人口 19677 人，其中农业人口 17151 人，人口密度为 82 人/平方公里。307 国道、青银高速横穿东西。近年来，安边镇经济迅速发展，2006 年乡镇企业总产值 4800 万元，农业产值 2800 万元，粮食总产量 8855 吨，人均纯收入 1710 元。

城内居民多为城镇居民，以商业、手工业为生，基本没有农业生产；近年外来人口大量增多，有各乡进城的农民务工经商者，也有陪子女读书的。城内两条公路穿过，城外北侧 1 公里处为青银高速公路。

城外为平坦开阔地，东、北面为草地，西、南面多为住宅。据安边镇年长者讲，城外原为海子，海子北侧有一条小河。现城内北垣以南 80 米仍为空闲草地，由此可想当时营堡周边环境。后来由于积水蒸发，沙土覆盖，城内外地面自然增高，残存城垣看上去矮了许多。大边长城自营堡北边折转于营堡东面沿南北方向延伸。

城内原有钟鼓楼，已于"文革"期间破坏。以钟鼓楼为中心，有两条垂直街道，现仍为安边镇主要街道。街道两端东、西门均无存。城内庙宇等均毁于"文革"期间。东大街现存晚清—民国时期店铺四处。东大街 26 号北侧穆成德家门前现存一口明代水井。该井为圆形，上小下大，井口直径 0.6 米，井内直径 1.4 米，井内有水，井口距水面深 3.4 米。井壁用顺砖竖砌，井口上现用石盘、木盖保护。城内遗有"新安边营"碑一块。

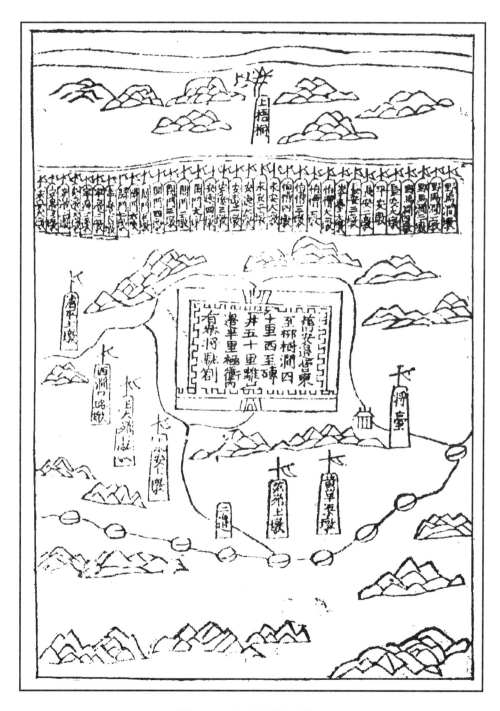

图一八三　安边营周边形势图

三　平面形制及建筑布局

营堡建于开阔的平川内，平面呈规则的长方形，城垣东西宽 576、南北长 615 米，周长 2382 米，占地面积 35.4 万平方米。现城垣坍塌严重，仅断续残存，垣体附属设施破坏严重，城内建筑基本毁坏殆尽。（图一八四）

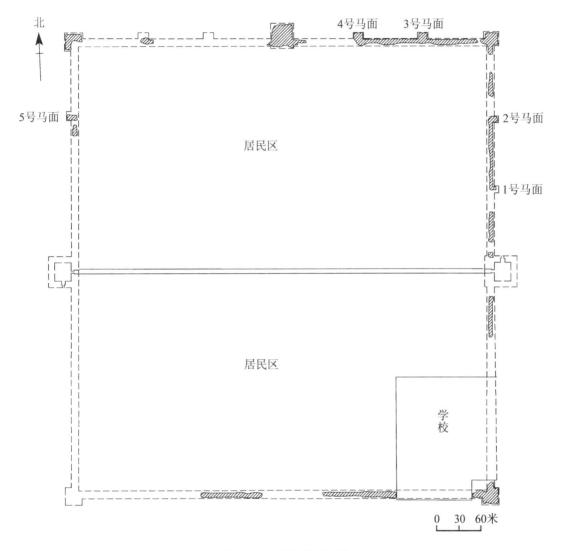

图一八四　安边营平面图

四　城垣及其附属遗迹

目前仅存有部分城垣及其所附属的马面、角楼，城内建筑、旧民居基本没有，只发现一处时代稍晚的店铺。

1. 城垣

东城垣　全长 612 米。南段被住宅、道路破坏，中段断续残存，垣体底宽 2 ~ 4、顶宽 0.3 ~ 2、残高 3 米。夯土含沙土、胶泥，质较硬，夯层厚 8 ~ 12 厘米。城内东西向街道从此穿越，向东连通城外的二级公路，东门遗址即位于此处。（彩图五七三）北段破坏成几段独立的垣体，最高处 7 米，底残宽 5 米，顶残宽 3 米，垣内侧有掏挖的土洞并有土洞穿通垣体。东垣建筑时每 5 ~ 6 米为一段夯筑，各段相接处有明显的纵向接缝。现垣体塌毁严重，生长大量枸杞。垣基之上、垣体内外建有民房，城东北角上亦有废弃建筑。北段建有 2 座马面，分别编为 1、2 号。1 号马面北距东北角楼 175 米，夯土台向东垣外凸出 4 米，南北边残长 3 米，台高 5 米。马面南 28 米垣体消失。2 号马面北距东北角楼 82 米，底部南面向东垣外凸出 7 米，北面向东垣外凸出 5 米，南北边长 7 米，顶部东西长 8、南北宽 5 米，台残高 4.2 米。马面以北有 27 米宽的豁口，垣体被毁消失。

北城垣　全长 574 米，垣体断续残存，底部残宽 5 ~ 8、顶部残宽 0.4 ~ 1.8、内高 5、外高 6 ~ 7 米，夯土层厚 7 ~ 12 厘米。垣内外散布砖、瓦残块，完整砖规格为 41×20×10 厘米。（彩图五七四）北垣上建有 2 座马面，分别编为 3、4 号。3 号马面东距东北角楼 78 米，夯土台保存较差，现底部向北凸出 6 米，东西边长 14 米，顶部东西长 10.8、南北宽 6.7 米，台外高 5.7 米。台四壁坍塌严重，壁面上布满水冲壕槽，土质疏松，生长枸杞，由台边可登上台顶。（彩图五七五）4 号马面东距 3 号马面 72 米，破坏严重，台壁上水冲痕密布，台西南塌毁，上部夯土悬空。现存台体底部向垣外凸出 6 米，东西边残长 13 米；顶部基本呈方形，边长 7.8 米；台外侧残高 6 米。（彩图五七六）马面西 60 米垣体不存。

北垣上建有敌台，西距城西北角 255 米。现存夯土台两层，一层台底部凸出垣体 19 米，东西边长 29 米，顶部东西长 25、南北宽 24 米，台高 8 米。二层台居于一层台顶中央，东西边长 11.5、南北边长 11 米，台高 4.8 米。台以黄土夯筑，夯层厚 8 ~ 14 厘米。原二层台上建有文昌阁，今毁坏无存。（彩图五七七、五七八）此敌台东、北侧均有大量坍塌土，并见大量残砖断瓦。台西 158 米长垣体无存。北垣西端残存垣体 22 米，与西垣北端 18 米垣体相连成城西北角，此处垣体底宽 8 ~ 10、顶宽 4.5、残高 7 米。北垣外侧有一道壕沟，为 1958 年挖掘的排碱沟。（彩图五七九）

西城垣　全长 612 米，大多拆毁，遗址上建有住宅房。现存北端垣体被掏挖窑洞，住有一户人家。南距此段垣体 82 米处，在村民宅院内残留 1 座马面，编为 5 号。现存夯土台残宽 2 ~ 3、南北边长 6、残高 2.4 米。马面南即为该院大门。大门南侧又可见残垣长 1.5、宽 2.2 米，夯层厚 10 ~ 15 厘米。西城垣外侧为现巷道。（彩图五八○）

南城垣　全长 574 米，于中部残存垣体 82 米长，垣体底宽 5 ~ 7、顶宽 3.5、残高 1 ~ 5.5 米。垣外为住宅院落。东部残存垣体 102 米，垣体底宽 6 ~ 8、顶残宽 0.4 ~ 2.4、残高 6.8 米。该段垣内侧为住宅院落，外侧为住宅房和人民广场。南城垣保存部分多坍塌严重，多处裂缝、滑落，生长大量枸杞。无存垣体之处多为住宅建筑，东南角楼西侧 103 米垣体则被安边营第二小学的院墙破坏。

2. 角楼

现存东北角楼和东南角楼。

东北角楼　现存夯土台底部向东凸出垣体 5 米，向北凸出垣体 4 米，东西边长 19、南北边长 16 米；顶部向东凸出 4 米，向北凸出 3 米，东西长 15.4、南北宽 12.6 米；台高 6.8 米，夯层厚 10 ~ 14 厘米。台顶上建筑堆积厚 1.5 米，包含大量砖瓦残块。该角楼外壁上有多处裂缝和凹坑，壁面及顶上生长大量枸杞。台西有宽 1 米的人行缺口，台东有住宅房。（彩图五八一）

东南角楼　建筑规模宏大，遭严重破坏。现存夯土台二层。一层台底部向东凸出 6 米，向南凸出

11米，南北边长20、东西边长22米。其中台东北角5米×7米塌毁残缺。现一层台顶部东西长16、南北宽14.8米，台高9.2米。夯土内夹杂零星砖块，夯层厚8~22厘米。台底堆积大量坍塌土，并见残砖断瓦。台壁四面坍塌，风化、流失特别严重，到处坑坑洼洼。二层台建于一层台顶之上，与下层夯土台成45°角，现存夯土台底部呈方形，边长11米，顶部边长8.5米，台高4.8米，夯层厚6~12米。台体受风雨侵蚀，夯土流失严重。因一层台被掏挖取土，二层台东、南面已悬空。台顶上原建魁星楼，解放前被毁坏。（彩图五八二、五八三）

五　民居

仅店铺一处较具价值，位于旧安边营东大街8号，面北临街。原为皮坊，后易其主，不再经营。现房主通过购买得到。现无人居住，只存放杂物。店铺为晚清—民国时期两面坡土木结构建筑，与西侧两间（维修改变原状）连为一体，内部结构相对独立。该建筑建立在砖砌基础之上，土墙墙体，外裹泥皮，泥覆屋顶。店铺面阔两间4.56米，每间2.28米，前廊深1.13米，带有明柱，前后分别出檐0.75米，檐高2.6米，房内进深6间，通进深10.4米，临街一间深1.38米。五架梁结构，通高3.4米。正面木板门面，旧扇板门，背面开门和窗户。（图一八五、一八六；彩图五八四）

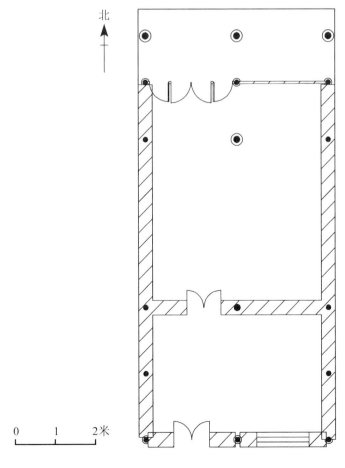

图一八五　安边营店铺平面图

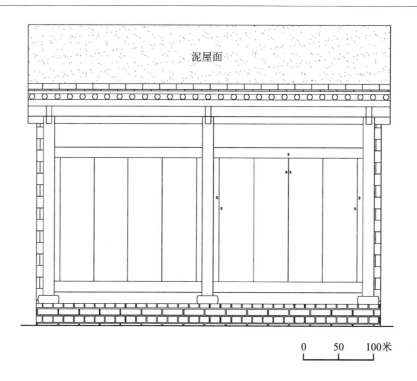

0　　50　　100米

图一八六　安边营店铺北立面图

第十一节　砖井堡

一　建制与历史沿革

砖井堡位于陕西省榆林市定边县东南 12 公里的砖井乡政府驻地北 1 公里处。北距大边长城 70 ~ 120 米，东距安边营 20 公里。明正统二年（1437 年）巡抚郭智创筑，因附近有砖砌古井而得名，即旧新兴堡。新兴于成化十一年（1475 年）南移至 80 公里外的东海螺城。嘉靖中修复旧堡防守，万历六年（1578 年）增高并用砖砌城垣，清乾隆三十四年（1769 年），知县徐观海维修，堡垣周长"三里二百五十步，楼铺一十二座"。明代该堡驻守军丁及守瞭军共 850 名，配马骡 433 匹，设操守、坐堡、守备各 1 员，守瞭大边长城"一十七里，墩台二十二座"；清康熙年驻守兵 110 名，设守备 1 员统辖。

砖井堡保存较好。垣体除东垣断续残存外，其余尚好。垣体上马面及角楼均存。城门已毁，瓮城范围明确。

堡城的破坏主要来自人为因素。城垣上的包砖从 1958 年至"文革"前全部被剥毁，大部分包石亦于此期被拆除。城垣上的建筑以及城内古建筑毁于 20 世纪 70 年代。垣体上修建了大量的窑洞，直接严重危害堡城的安全。堡城受自然因素破坏相对较轻，主要有风沙侵袭、雨水冲刷、植物生长等方面。

文献载，砖井堡东至旧安边四十里，西至定边营五十里，南至新兴堡一百里，北至大边一里。今测城堡北与大边长城相距 70 ~ 120 米左右，其北部大型敌台与边垣的附属设施基本相连。

二　地理人文环境

砖井堡位于毛乌素沙漠南沿，属荒漠草原类型地貌，砖井堡所在地原为洪积冲积平原的滩地。（图一八七）现在呈现平原景观，地势较为平坦开阔。城外北侧呈现荒漠景观。

定边县由于所处地理位置和地貌的关系，大陆性气候显著，气温变化大，风沙日多，特别是春季，月最大风竟达 15 次，平均两天一次。土壤为黄沙土。附近无河流。

城内目前没有居民，城外北、西、南各有一个生产队，均属于砖井村。村民以农业为主，多种植玉米，还有蔬菜，在附近的砖井镇出售。城内有多条农耕路穿过，城外北侧 1 公里处为青银高速公路。

图一八七　砖井堡周边形势图

三　平面形制及建筑布局

营堡建于开阔的平川内，异常规整，平面呈正方形，边长450米，四角设角楼，垣上有马面8个，北垣正中有高台。城建有东、西、南三座城门，均外筑瓮城。堡城周长1960米，面积239700平方米。（图一八八；彩图五八五、五八六）

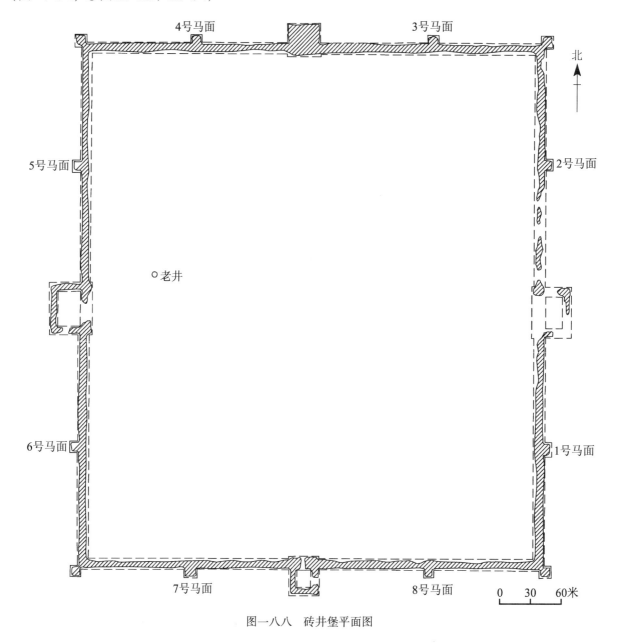

图一八八　砖井堡平面图

四　城垣及其附属遗迹

目前该堡仍保留有较为完整的城垣设施，城垣及其所附属的马面、角楼、敌台、城门基本完整。

1. 城垣

东城垣　保存相对较差。垣体长度510米，现断续残存六段垣体，其中南部140米及瓮城以北土垣体保存相对较好。垣体底残宽8、顶宽0.7~4.5、高6~8米。夯土较纯净，含少量料礓石，夯层厚8~14厘米。其他垣体坍塌严重，壁面零散不整，生长大量枸杞，垣底堆有坍塌土，部分地段散见残砖块。东垣上见有一道拉筋，垣宽0.7米，凹槽内砌砖仍存。上部距顶面0.4米处局部可见平铺砖一层。南段垣体外侧残存下部包砖6层，包石厚1米。村民在东垣上建造居住窑洞，现仍可见到的约30多孔，仅南面4孔内有人居住，其余废弃，窑洞宽约3、深6、高3米。垣体内侧为耕地，外侧建有少量民房，空闲处多种蔬菜。东垣上建2座马面，编为1、2号。1号马面南距东南角楼124米。土台底伸出垣体4~6米，南北边长11米，顶部南北长11、东西宽8.2米，台高5.3米。台外壁较平整，台内面西、面东均建有窑洞。（彩图五八七）2号马面北距东北角楼125米，底部伸出垣体6米，南北边长10米，顶部南北边宽7、东西边长7.8米，台高7.8米。夯土内包含大量料礓石，夯层厚6~12厘米。台内面东、南建窑洞，住有人家，门外用城垣上剥取的砖建猪圈、厕所等。（彩图五八八）

北城垣　保存较好，长468米。夯土垣体底宽6、顶残宽1~3.3、内外侧均高8米，外侧保存下部包红砂条石5~10层，高2~6、厚0.8~1.1米。条石长80、宽26、厚24厘米。（彩图五八九）部分垣体顶宽4.5米，垣内高8.6米，外侧因坍塌土堆积成坡，高2~4米。东北角楼西侧开有一宽5米的行人豁口。北垣上有窑洞一孔，已废弃。垣内外为耕种地。北垣上有2座马面，编为3、4号。3号马面东距东北角楼100米，底部伸出垣体7米，东西边长8米；顶部因破坏平面呈"凹"字形，伸出垣3.5米，东西边长8米；台高6.2米。夯土坍塌严重，夯层厚7~12厘米。台外侧西北角上残存包砌条石。（彩图五九〇）4号马面距西北角楼100米，保存较差，外壁面成坡状，台高2.8米。台底伸出垣体6米，东西边长10米；台顶伸出垣5.8米，东西边长9.7米。台下周围地面散布残砖块。北垣中部现存一夯土台，底部伸出垣体外20米，东西边长36米，顶部东西长27、南北宽15~20米，台高11米。夯土内夹垫砖块夯筑。台体保存东、北面大部包石，高3米，西面被坍塌土覆压。台底四周地表散见大量残砖瓦，顶上可见明显的建筑基址，规模宏大。（彩图五九一）

西城垣　保存较好，现存长度510米，垣底宽8米，北段顶宽2~4.5、高6米，外侧底部积有大量沙土，垣上有两孔废弃窑洞。南段外侧有明显的加厚帮筑痕迹，垣顶1~3、内高5.5、外高7.6米。（彩图五九二）西垣上建2座马面，编为5、6号。5号马面北距西北角楼110米，底部伸出垣体6米，南北边长8米，顶部南北宽8、东西长10.7米，台高6.2米。（彩图五九三）6号马面南距西南角楼110米，壁面残破，底周见残砖块。台底伸出垣体6~7米，南北边长8米，顶东西长7.7、南北宽7米，台高8.5米。（彩图五九四）

南城垣　保存稍差，现存长度472米。垣底宽6~8、顶宽3.5、外高8米，内侧几与地面成斜坡。垣体上建近20孔窑洞，部分废弃，另住有四户人家。（彩图五九五）南垣上亦有2座马面，编为7、8号。7号马面西距西南角楼104米，底部伸出垣体8米，东西边长11米，顶部伸出垣体7.5米，东西边长9.2米，台高9.7米。台体内建窑洞，村民仍在内居住。（彩图五九六）8号马面东距东南角楼106米，底部伸出垣体8米，东西边长8米，顶部南北长10.5、东西宽6米，台高5.3米。（彩图五九七）

2. 角楼

东南角楼　保存一般，外壁较平整。台底东面伸出垣体6米，南面伸出垣体6米，东西边长9.5、南北边长10米；台顶南北边长9.8、东西边宽9米，顶上建筑堆积厚1.5米；台高7.7米。夯层厚7~12厘米。台内面东、面西均有窑洞，仍有村民居住。（彩图五九八）

东北角楼　保存较好，台底向东伸出垣体 8 米，向北伸出垣体 8 米，东西边长 11、南北边长 10 米；顶部南北长 8.8、东西宽 7.5 米，顶上有建筑堆积；台高 8 米。台东南角下部残存包石七层，高 1.9 米，条石长 90、宽 26、厚 28 厘米，一丁一顺砌法。台土风化剥蚀严重，壁面凹凸不平，台内面北建一窑洞，砖券接口，宽 4、深 6、高 2.5 米，已废弃。

西北角楼　外壁保存较好，台内有面东窑洞，烟囱通顶，窑已废弃。台体底西面伸出垣体 5 米，北面伸出垣体 8 米，东西边长 9、南北边长 11 米；顶部南北长 10.5、东西宽 9 米；台高 6.8 米。台体略向西倾斜。（彩图五九九）

西南角楼　坍塌严重，内侧成坡地。台底部西面伸出垣体 7 米，南面伸出垣体 7 米，东西边长 9、南北边长 8 米；台顶东西 6.7、南北 6.4 米；台高 9 米。（彩图六〇〇）

3. 城门

西城门　瓮城平面呈长方形，外侧南北长 48、东西宽 30 米，内侧南北长 36、东西宽 24 米。城门现存豁口，今为道路，两侧垣高 10.5 米。瓮城垣体底宽 6、顶 0.4 ~ 2.6、高 6 米。夯层厚 6 ~ 12 厘米。夯土垣体裂缝，破损严重。瓮城向南开门，今存豁口宽 6 米。瓮城内为堆积坍塌土。（彩图六〇一）

东城门　已毁，现仅存豁口道路，宽 36 米。瓮城垣体残存东垣及南垣局部，垣残宽 6、残高 3.4 米。瓮城平面呈长方形，外侧南北长 48、东西宽 26 米，内侧南北长 36、东西宽 22 米，现城内有村民围起的土垣。瓮城外东面建有砖砌的窑洞住人。

南城门　南垣门洞及瓮城东门洞俱毁，今有豁口，供村民通行。瓮城垣体均存，底宽 6、顶宽 1 ~ 3.5、外高 3 ~ 6、内高 1 ~ 6 米。夯层厚 10 ~ 14 厘米。垣体上共有七孔窑洞，已废弃。瓮城平面呈长方形，外侧东西长 28、南北宽 24 米，内侧东西长 8、南北宽 8 米，瓮城内地面因坍塌而增高，人可由斜坡登上垣顶。（彩图六〇二）

第十二节　新安边营

一　建制与历史沿革

新安边营位于陕西省榆林市定边县新安边镇政府所在地北侧的脑畔山上。北距安边营 30 公里，东距永济堡 15 公里。原为明代二边长城城堡，宋代为夏州深沟儿中山坡。明成化十一年（1475 年），巡抚余子俊置堡，撤旧安边兵守之，遂称新安边营。分守西路参将府驻扎于此，统辖 14 座城堡。隆庆六年（1572 年）加高城垣，周长"四里一百三十五步，楼铺一十四座"。明代新安边营驻军丁及守瞭军共 591 名，配马骡 152 匹，设操守、坐堡、把总各 1 员，守瞭二边长城"一十二里，墩台一十七座"。

新安边营保存较差。堡城遭人为破坏严重，城垣除东垣北段保存较好外，其余保存较差。西、南垣上建窑住人，严重破坏垣体。城垣上的角楼残缺不全，马面残破。北城门及瓮城保存较好，南城门、东城门及瓮城保存较差。城内建筑全毁，仅于地面可见残瓦、砖和碎瓷片。自然破坏多系城垣为土筑，易遭风雨冲刷，导致水土流失严重，另外夯土上生长杂草，致使垣体壁面破损。

《延绥镇志》载："新安边营东至永济堡三十里，西至新兴堡七十里，南至庆阳府五百里，北至旧安边六十里。"现城堡仍有护城墩台 1 座，位于城北，南距北瓮城 180 米。今测至二边垣体 30 公里。

二　地理人文环境

城堡所在区域为黄土高原丘陵沟壑区，该区位于陕北黄土高原的西北边沿地带。在地质构造上，为一古老的陆地板块，由于第四纪以来地壳经历多次升降运动和海陆变迁，地面沉积了一层较厚的黄土层，形成了黄土高原；由于地势较高，坡度较大，除部分河流下切的河槽断崖有砂岩出露外，其余皆为黄土层堆积物覆盖，土层最厚为 100 米。经流水的冲刷及其他外因力的侵蚀，完整的黄土高原被切割成梁、峁、塬、涧和河谷等各种不同的地貌景观。长期的水土流失，使地表支离破碎，千沟万壑，纵横交错。尤其是白于山分水岭以南地段最为明显。其北坡多较为平坦开阔呈长条状分布的宽梁、斜坡与涧地地形。（图一八九）

新安边营坐北朝南，位于一处山梁上，当地人称之为仓房梁，城内目前包括两个小型山梁。南临洛水，距洛水源头约 10 公里。该处河段宽 30 米左右，目前仍有 3 米宽的水流。城堡所在的山梁两侧各有一条冲沟，可作为城堡的天然保障。西侧沟上宽约 240 米，底宽 5～15 米，深度约 50 米，当地人称之为西洼沟；东侧冲沟宽 50 米左右，深度在 30 米左右，当地人称桥沟。桥沟的一支即从城堡的北门处发源。

定边县由于所处地理位置和地貌的关系，大陆性气候显著，气温变化大，风沙日多，特别是春季，月最多大风竟达 15 次，平均两天一次。土壤为黄沙土。植被稀疏。目前城内居民多饲养家畜家禽，野生动物常见有野兔、山鸡、鼠类等。

城堡的南侧即为新安边河，旧称白鹰河，系洛河一级支流，向东南流入吴起县。在定边县境内 27 公里，流域面积 340.66 平方公里，常流量 0.1～0.2 立方米/秒，河流比降 1.00%，最大洪流量 1300 立方米/秒，水质总硬度小于 250 毫克/升，河谷狭窄，河床深陷。旧志载："洛源出县东琉璃庙石缝中"，即"定边古八景"之一，名曰"石峡流长"。

三　平面形制及建筑布局

新安边营依自然山势建在北高南低的山坡上，占据了整个山头，规模宏大。营堡四面环沟，周围峰峦突起，沟壑纵横，洛河的上游新安边河从堡南沟内流经。堡城因自然地形，南北高程落差 175 米。城平面形似簸箕，下大上小。城垣轮廓清楚，垣体大部分保存一般，少数较好。城垣周长 2110 米，占地面积约 24.8 万平方米。（图一九〇；彩图六〇三）

四　城垣及其附属遗迹

目前该城只保存有城垣及其附属设施，城北有护城墩台 1 座。

1. 城垣

东城垣　总长 840 米，可分为三段。南段现存 200 米，保存一般，推测原长 260 米；中段长 540 米，垣体保存较好；北段长 40 米，保存较好。垣体顶残宽 0.3～2 米，残高 1.5～5.1 米；垣外临桥沟，垣内因土地平整而成梯田地，城垣多数略高于地面起到围墙作用，残高 0.4～4.8 米。黄土夯筑垣体，夯层不均匀，厚 8～20 厘米。北段垣体外壁较平整，内壁坍塌较重，夯层异常清晰，厚 10～14 厘

图一八九　新安边营周边形势图

米。垣体顶残宽 2~4.8 米，外临缓沟，残高 5.2~8.5 米，内高 3~6 米。东垣现存 4 座马面，编为
1~4 号。（彩图六〇四）1 号马面，南距东门 101 米。东北部被铲削，整体破坏严重；残存夯土台底凸
出东垣 4 米，南北边长 12 米，顶残，平面呈三角形；台外高 5.7 米，内高 1.8 米。2 号马面，南距 1
号马面 61 米，保存较好。底凸出垣体 8 米，南北边长 9 米，外壁平整；顶部南北长 8.6、东西宽 6.7
米，散见残瓦、瓷片；台外高 7 米。夯层厚 10~17 厘米。3 号马面，南距 2 号马面 167 米，台东壁保
存较好，南北壁破损严重，下部呈坡地，可登台顶。台底凸出垣体 9 米，南北边长 13 米；顶部略呈方
形，边长 9 米，与垣体同高。夯层 10~15 厘米。顶上见有瓷、瓦片。4 号马面，南距 3 号马面 163 米。
台高 9 米，坍塌严重。底部凸出垣体 9 米，东西边长 15 米；顶部东西长 9、南北凸出宽 6 米。夯层厚

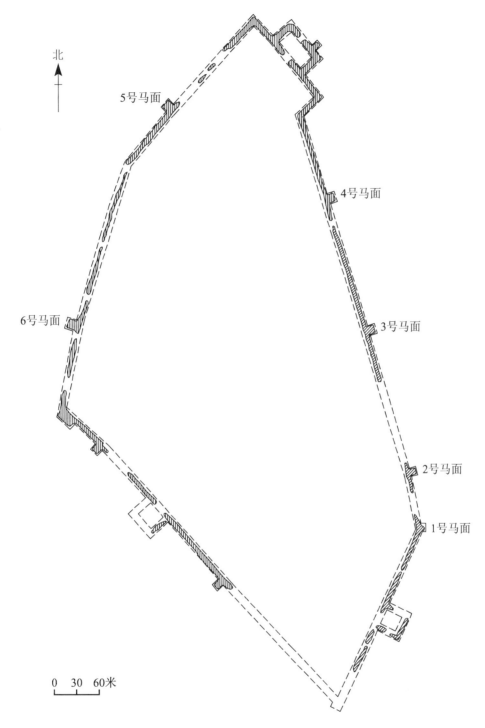

图一九〇　新安边营平面图

10~14 厘米。（彩图六一〇）

　　北城垣　长 140 米，以瓮城为界分为东、西两段。东段保存相对较好，西段保存较差。西段外临西圪沟，垣内侧与地面基本齐平。垣体坍塌严重，外成坡，残高 6 米，内侧局部可见残高 2 米，顶残宽 0.5~2 米。东段垣上有一人行豁口，由此可通城内外。垣外沟畔上有村道路一条，坡地上多种植玉米。（彩图六〇五）

西城垣　全长590米，可分为南、北两段，北段垣体保存较好，（彩图六〇六）南段垣体遭人为破坏特别严重，现断续残存。垣外高4.6米，垣体内凿多孔窑洞，住人和存放粮草。西城垣外的西圪沟内住有村民。西城垣现存2座马面，编为5、6号。5号马面，位于西垣北段，西距南门120米。因台内修建窑洞，台体被人为破坏严重。现台高9米，台顶破损，南北长7.4、东西宽4.5米，顶周散见大量瓦片。6号马面，位于西垣南段，距西南角楼155米。夯土台底部凸出垣体13米，南北边长16米，顶部南北宽8、东西长13米，台高9米。台内西北建窑洞两孔，住有村民。（彩图六一一）

南城垣　推测长540米，现存西段部分垣体，垣外即为新安边镇中心地带。南城垣上建有房屋，垣外底凿大量窑洞住人，东部因取土将城垣破坏。残存垣体外壁严重破损，残高3~8米，内侧与城内地面多数齐平，局部残高0.5~1.6米，顶残宽0.6~3米。南城垣现残存两座马面，破坏较甚。

新安边营城垣建筑方法有别于其他营堡，该堡夯筑层面随自然地形倾斜。

2. 城门

堡城设东、北、南三座城门，均外筑瓮城。

东门　位于东垣南段，城门无存，豁口宽5米，被城内的耕土填充。瓮城南、东垣残存，外临沟畔，残高4米，垣内侧高出地面1~2米。北垣被毁。瓮城内地面平坦，东西长21、南北宽19米，种植洋芋。瓮城于南垣上辟门，现存豁口宽5米。（彩图六〇七、六〇八）

北门　现存北门豁口宽7、进深9米，两壁垣残高5.5米，垣体夯层厚11~18厘米。瓮城垣体底残宽6~8、顶残宽0.8~5.5、外残高4~6、内残高3~5.5米。城内南北宽25、东西长43米，平整为耕地，种洋芋。瓮城向北开门，与北门相对略微西偏。北门东侧垣体夯层厚10~16厘米，每层夯面上夹垫一层红砂石夯打，层次分明。瓮城东北角垣外侧（瓮城门东侧）存有一圆形高台，与垣体相连。台体底直径8米，顶东西长9、南北宽3米，高9.5米。台体系黄土夯筑，夯层厚8~20厘米，质地纯净，台体外壁残损。（彩图六〇九）

南门　位于南垣中段，遭人为破坏特别严重，现城门具体位置、规模不辨，瓮城仅残存东垣局部，轮廓不清。

3. 角楼

可辨有西南角楼和东南角楼。

西南角楼　残存夯土台，破坏严重。台底西侧不再凸出，向南侧凸出9米，底部东西长23米，顶部东西20、南北10米，台高9米。

东南角楼破坏严重。

4. 护城墩台

1座，位于城北，南距北瓮城180米。（图一九一；彩图六一二、六一三）

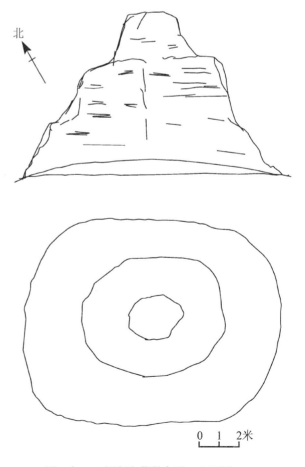

北

0　1　2米

图一九一　新安边营墩台平、立面图

第十三节　石涝池堡

一　建制与历史沿革

石涝池堡位于陕西省榆林市定边县王盘山乡政府驻地东南 3.5 公里处的石涝川河源头。北距定边营 50 公里，东至"二边夹墙"新兴堡 20 公里，西北至三山堡 30 公里，属明代"二边夹垣"城堡。因堡址"地皆碱卤，东有石涝池，储雨雪水，人赖汲饮，故名"。明成化十一年（1475 年），巡抚余子俊在宋代石涝池寨旧址筑堡，分砖井戍兵驻守，万历三年（1575 年）加高，堡垣周长"三里一百八十四步，楼铺三座"。明末该堡守兵并入定边营。明代堡城屯驻军丁及守瞭军共 442 名，配马骡 319 匹，设操守、坐堡、把总各 1 员，巡防二边长城"九里零二百七十四步，墩台一十四座"。

石涝池堡保存较差。城垣轮廓清楚，但垣体破坏严重。城内仅见建筑遗址，其余无从了解。（彩图六一四）堡城于明末便移兵于定边营，距今年代久远，受自然人为破坏严重。

文献记载，石涝池堡东至新兴堡四十里，西至三山堡六十里，南至庆阳府三百里，北至定边营一百里。今测堡城东距二边长城不到 10 米。该段二边垣体连续可见，呈南北向延伸。城北二边上有高台，底东西长 18、南北宽 14 米，顶东西长 9、南北宽 6 米，台高 8.4 米。北侧建有障城，与二边垣体相连。障城南北长 53、东西宽 29 米，垣体完整，北垣上存北门豁口。（彩图六一五、六一六）

石涝池堡北面隔沟的山梁顶上建有墩台，距堡城 147 米。台平面呈方形，底边长 10 米，顶边长 3 米，残高 8 米。城下西侧为省道定（边）铁（角城）公路。

二　地理人文环境

城堡所在之处为一山峁，该处山峁北与更高的山峁通过鞍部地形相连，其余三面均为深沟。附近为石涝川河，或称页河，亦系洛河源头之一，起于定边县王盘山乡，向东南经吴起县入洛河。水质苦涩，无利用价值。县境河道长 27 公里，流域面积 251.3 平方公里，常流量 0.01 ~ 0.1 立方米/秒，河流比降 1.28%，最大洪流量 1500 立方米/秒。（图一九二）

三　平面形制及建筑布局

石涝池堡建在山顶部。城四面深沟环绕，周围峰峦突兀，沟壑纵横，地势特别险要。城垣依自然地形呈不规则圆形，周长 440 米，面积 1.1 万平方米。（图一九三；彩图六二三）

四　城垣及其附属遗迹

目前该堡仅存垣体及其部分附属设施，城内残存建筑台基。（彩图六一七 ~ 六二〇）

垣体破坏特别严重，内侧与城内地面基本齐平，外高 2 ~ 4 米，局部可见顶残宽 0.5 ~ 2 米。由

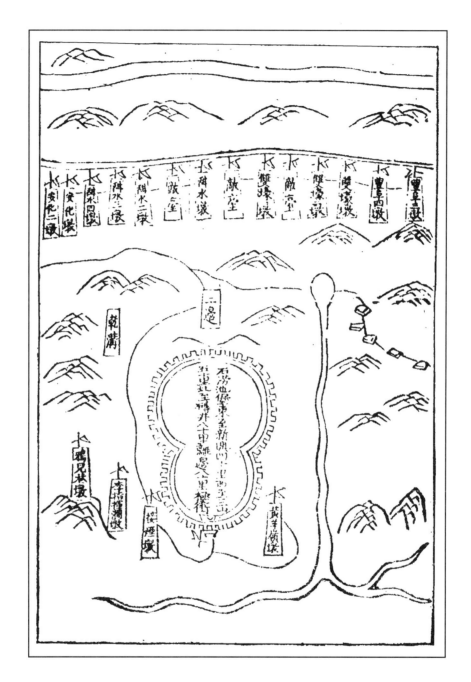

图一九二　石涝池堡周边形势图

外壁看出，夯土内包含少量石块、瓦片，经粗夯，夯层厚 8~12 厘米。城垣北端建一台，夯土坍塌严重，台东、西两侧积土成坡。台高 3.6 米，底部东西长 33、南北宽 4~12 米，顶部残，呈三角形。

　　城垣南段垣体有两处包含大量瓦片，该处似曾另有建筑。堡城中央有建筑台基，东西长 52、南北宽 22、高 2 米，遗址上遗留大量砖瓦残块，砖规格为 32×16×6.5 厘米。城垣内侧地面多见残瓦。（彩图六二一、六二二）

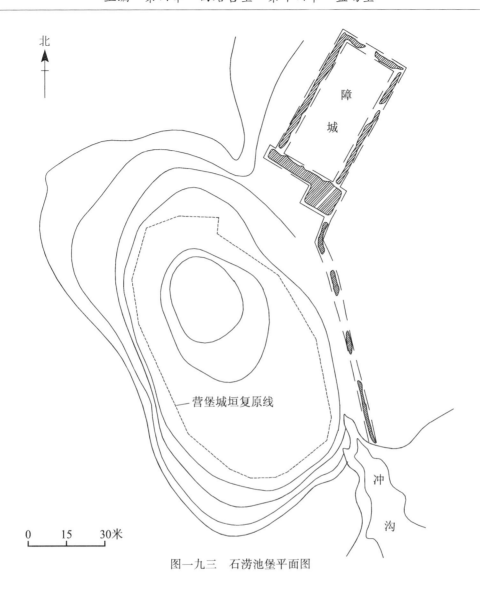

北

障
城

营堡城垣复原线

冲
沟

0　15　30米

图一九三　石涝池堡平面图

第十四节　盐场堡

一　建制与历史沿革

盐场堡位于陕西省榆林市定边县城西北 15 公里的盐场堡乡政府驻地北。东北距大边长城 2.5 公里，西距宁夏花马池堡（今盐池县城）10 公里。明成化十三年（1477 年）余子俊置堡，弘治四年（1491 年）巡抚刘忠增修，万历三年（1575 年）加高城垣，城垣周长"二里三分，楼铺九座"，是榆林大边长城线上最西的城堡。明代该堡驻军丁 120 名，配马 8 匹，设操守、坐堡、把总各 1 名。清康熙年驻守兵 50 名，设把总 1 名统辖。

盐场堡保存较差。现仅残存北城垣及东城垣北段部分，且垣体塌毁，破损严重。南门仅存基址。堡城遭到人为毁灭性破坏，城垣轮廓无法确定，城内建筑更是了无痕迹。残存垣体受人为破坏严重，村民于垣体内凿建窑洞，于垣内侧修建房屋以及厂房，均使垣体遭受重创。受自然因素破坏也相当严重，特别是暴雨冲刷使夯土严重流失，垣体随时有坍塌之险。

《延绥镇志》载："盐场堡东至定边营二十里，西至花马池二十里，北到大边五十里。"今测北与大边长城相距约为1.5公里。

二　地理人文环境

该区位于毛乌素沙漠南沿，属荒漠草原类型，盐场堡所在地区原为滩地。（图一九四）现该地呈现为湿滩地景观，地势较为开阔。城堡的北侧还有大面积的盐场。

图一九四　盐场堡周边形势图

盐场堡与定边县气候基本一致。由于所处地理位置和地貌的关系，大陆性气候显著，气温变化大，风沙日多。土壤为盐土。

该地植被稀少，以耐盐碱、耐湿的矮生草本植物为主，地面生长野生的盐蒿。高大的木本植物只有少数的杨、柳等树种。目前城内居民较少，家畜只有村民饲养的30多只山羊。野生动物主要有各种鼠类等。附近无河流，多盐池，水文情况不详。

城堡内现在没有常住居民，只有城内几家工厂的工人临时居住。还有外地村民租住于此，以养羊为生。

目前城内为定边长城盐化公司生产车间所占，长城盐化公司是一家大型的盐化企业；另外还有一家小型的化工企业。城内有一条公路，为盐化公司的生产用路。城外南侧1公里处为定边至宁夏的一级公路。北侧有一条盐场生产用路。

三　平面形制及建筑布局

盐场堡设在平川内，原为方形或长方形城池。（图一九五；彩图六二三）

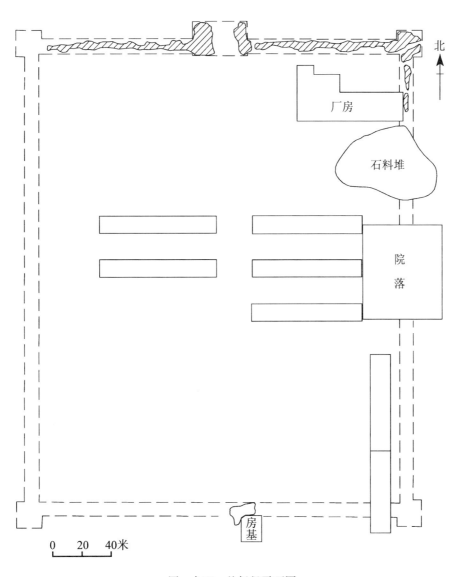

图一九五　盐场堡平面图

四　城垣及其附属遗迹

目前仅存部分垣体遗迹。

因堡城人为损毁特别严重，现仅存北城垣 250 米及东城垣北段 27 米垣体。南门遗址上可见夯土基础，由此及北垣现存遗迹大致可确定堡城南北长 306 米左右。

残存北城垣下部为夯土基础，宽 10 米，外凸 2 米，高 4 米。上部垣体底宽 8、顶宽 0.5 ~ 3.2 米。黄土夯筑，内包含少量石块，夯层厚 8 ~ 14 厘米。于东段城垣外壁可看出下部夯层厚 8 ~ 12 厘米，上部夯层厚 4 ~ 7 厘米。垣体外高 7.5、内高 4 米，个别地方存有海墁砖两层，海墁以上堆积厚 1.4 米。由于城内地面升高，垣体内向南而凿建的大量窑洞只露出地面一小部分。（彩图六二四、六二五）北垣中部建一高台，底部东西长 38、南北宽 23 米，凸出垣体外 10 米，残高 7.8 米。现高台中部断开 18 米，成为人行豁口。推测该处为北门遗迹所在。残存东城垣因厂区建设遭到特别严重的破坏，现濒临塌毁。城东北角上建角楼，现夯土台残破，中开豁口。台底向北垣外凸 6 米，东西边长 18 米，残高 8 米。垣体上及底周遗留大量残砖瓦，所见砖规格有 33 × 16 × 7 厘米、42 × 19 × 9 厘米、40 × 18 × 8 厘米等几种。

第十五节　三山堡

一　建制与历史沿革

三山堡位于陕西省榆林市定边县冯地坑乡新城滩村。东北距定边营城 45 公里，东南距“二边夹垣”石涝池堡 30 公里，南距饶阳水堡 35 公里，是榆林“二边夹垣”线上最西的城堡。明成化九年（1473 年）在原宋三山儿寨基础上扩筑堡城，万历三年（1575 年）加高城垣，堡垣周长“二里二百四十步，楼铺三座”。明代该堡屯驻军丁及守瞭军共 372 名，配马骡 221 匹，设操守、坐堡、把总各 1 员，守瞭巡防二边长城“五里，墩台八座”。明末该堡守兵并入定边营。

文献记载，三山堡东至石涝池六十里，西至花马池一百五十里，南至饶阳水堡七十里，北至定边营九十里。今测北与二边长城相距 2 公里左右。

二　地理人文环境

城堡坐落于白于山区的一处山间盆地之中，城堡的四周都为平坦的滩地，远处即为山塬。（图一九六；彩图六二六、六二七）因所处地理位置和地貌的关系，大陆性气候显著，气温变化大，风沙日多。

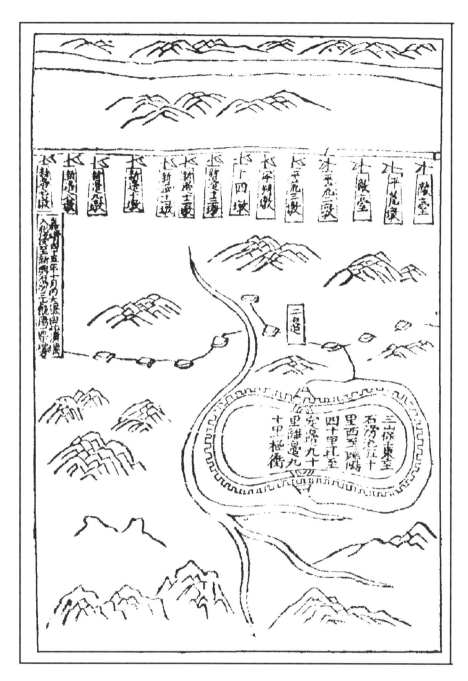

图一九六　三山堡周边形势图

土壤为黄沙土。植被较少，树木主要有杨树、旱柳、榆树等，果木类有苹果、沙果、梨、桃、杏、葡萄等。目前城堡附近居民多饲养家畜家禽，野生动物有野兔、山鸡、各种鼠类等。附近无河流。附近为冯地坑乡新城滩村，现有居民 280 人左右。生产经营以农业为主，兼营牧业。城内已辟为农田，目前没有道路，城外北侧有一条乡村土路。

三　平面形制及建筑布局

三山堡所在地势平坦，四周山地环绕。城平面基本为方形，形制规则，垣体完整。周长 1320 米，占地面积 108800 平方米。（图一九七）

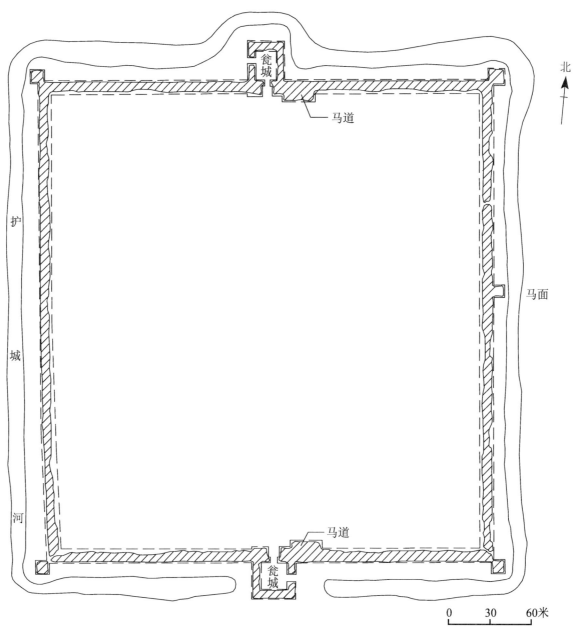

图一九七　三山堡平面图

四　城垣及其附属遗迹

三山堡城垣及其附属设施保存完整，四角设角楼，东垣上设马面一座，南、北垣上分别辟城门，外筑瓮城。城外四周设有护城河，河堤宽 12 米，河床宽 6～10 米。护城河及河堤已辟为农田，种植洋芋。北门外似有桥的遗存。城内建筑不存。

1. 城垣

东城垣　长 336 米，垣体底宽 8～10、顶残宽 0.6～2、外高 7、内高 8 米。夯土内包含大量砂石块，夯层厚 10～18 厘米。垣体坍塌壁面不平，外壁上还留有五个宽 4 米的铲削面，上刻"农业学大寨"字样。（彩图六二八、六二九）东垣上有三处人为小豁口。有一个马面，马面距东北角楼 141 米，保存较好。底凸出垣体 9 米，南北边长 8.4 米，顶部东西长 9、南北宽 3.4 米，台高 11 米。黄土夯筑，较纯净，夯层厚 6～10 厘米。台周壁平整，东壁下部有掏挖土洞一个。台南、北侧积土成斜坡。

北城垣　长 320 米，底宽 8.5 米。北门以东垣体顶残宽 0.4～2.6、外高 8.5、内高 8 米；北门以西垣体顶残宽 3.6、外高 9.9、内高 9.7 米。垣体夯土流失严重，壁面不平整，且有多处人为破坏壕槽，顶上有多处凹坑。（彩图六三〇）

西城垣　长 340 米，保存极好，壁面异常平整。垣体底宽 4～8、顶宽 2～4、内高 9.5、外高 10 米。垣体顶部有十余处塌陷凹坑，个别地方残存防水碎石板。（彩图六三一）

南城垣　长 320 米。垣体底宽 7～9、顶宽 2.5、内高 7.5、外高 8 米。夯层厚 8～15 厘米。外壁面平整，内壁面较平整。顶上有多处凹坑，局部可见破烂石板，南门以东垣体内面南凿建窑洞近 30 孔，今已废弃。（彩图六三二）

2. 角楼

堡城四角均建角楼，方向与城对角线一致，均保存较好。

东北角楼　台底部向东凸出垣体 8 米，向北凸出垣体 9 米，南北边长 12、东西边长 8 米；顶部南北长 5.5、东西宽 5.2 米；台外高 10.3 米。台夯土流失严重，上部残损。台东、北侧堆积坍塌土成坡状。（彩图六三三）

西北角楼　夯土台底部向西凸出垣体 6 米，向北凸出垣体 8 米，东西边长 10、南北边长 10 米；顶部呈方形，边长 6 米；台外高 10.1 米。（彩图六三四）

西南角楼　台底向西面凸出垣体 8 米，向南面凸出垣体 7 米，南北边长 11、东西边长 10 米；顶部方形，边长 6 米；台外高 9 米。夯层厚 8～10 厘米。台壁上有水冲壕槽，顶部靠垣体处塌陷较重。

东南角楼　台底向东凸出垣体 8 米，向南凸出垣体 4.5 米，东西边长 10、南北边长 9.3 米；顶部东西 4、南北 3 米；台高 9 米。夯层厚 10～20 厘米。夯土台上部坍塌较重，壁面不平整。台内面南凿一窑洞，洞口宽 2、高 1.8 米，窑内宽 3.4、深 7、高 3 米，已废弃。（彩图六三五）

3. 城门

南门　位于南垣中部，外筑瓮城，残存夯土垣，包砖全毁。瓮城内呈方形，边长 19 米。瓮城垣体底宽 5.4、顶残宽 1、内高 4、外高 7.8 米。南门内外凸出垣体 0.4 米，通高 7.4 米，进深 8.8 米。顶部平面呈方形，边长 6.8 米。门洞内小外大，内宽 4.3、外宽 5.4、残高 5.5 米。顶部可见夯打平面，可看出建筑方式为每隔 5~10 厘米厚便以通排夯打黄土，行距 10~13 厘米，夯窝间距 10 厘米，直径 6、深 1 厘米。由于垣体坍塌，瓮城内四周地面升高，地表及门洞内遗留大量残砖瓦。瓮城向东开门，门洞宽 4、深 5、残高 6 米。南门东侧垣体内侧建有马道，破坏严重，宽 3、高 8、斜长 23.3 米。（彩图六三六~六三九）

　　北门　位于北垣中部，外筑瓮城，现残存夯土垣，包砖全无。瓮城保存较好，除四角垣体破坏成豁口外，其余垣体完整，底宽 5.4、顶残宽 1~2.8、高 7 米。瓮城内南北长 19、东西宽 17 米，地面平整，散见残砖块。北门内外凸出垣体 0.4 米，通高 8.5、进深 8.5 米。顶部平面呈"凹"字形，东西长 8.7、南北宽 7 米。门洞宽 4.2 米，外侧顶部塌陷，残高 3 米余。纯黄土夯筑垣体，夯层清晰，厚 8~20 厘米。由于城门坍塌严重，下部堆积坍塌土厚约 2 米，周围地面遗留大量残砖块。瓮城向西开门，现存豁口宽 4 米。北门东侧垣体内侧建马道，保存较好，马道宽 4、高 7.5、直线长 20.5、斜长 21.5 米。（彩图六四〇~六四三）

第十六节　新兴堡

一　建制与历史沿革

　　新兴堡位于陕西省榆林市定边县油房庄星星堡村。北距大边长城的砖井堡 40 公里，东距"二边夹垣"新安边营 35 公里，西距石涝池堡 20 公里，属明代"二边夹垣"城堡。明成化十一年（1475 年），巡抚余子俊将城堡从砖井堡移置于东海螺城，重建新兴堡城。隆庆六年（1572 年）维修，万历六年（1578 年）加高城垣。堡垣周长"一里一百四十六步，楼铺八座"。明代新兴堡屯驻军丁 448 名，配马骡 319 匹，设操守、坐堡、把总各 1 名，守瞭巡防二边长城"七里，墩台一十一座"。明末堡裁守兵并入定边营。

二　地理人文环境

　　城堡所在之处为白于山区的黄土梁峁地区。城堡的西侧为该处山梁的一部分，当地人称为西台，西台与城堡所在处有一鞍部地形结构，向南北两侧各有一条沟，北侧沟较深，称为西沟，南侧沟汇入东侧的大沟。（图一九八；彩图六四四）

　　该城堡大陆性气候显著，气温变化大，风沙日多，特别是春季。土壤为黄沙土。城内为农业用地，没有树木。田间有少量的地面低矮的草本植物。城外有柳、杨等树。目前城堡附近居民多饲养家畜家禽，野生动物有野兔、山鸡、各种鼠类等。附近无河流，无水文记录。城堡的西垣外为星星堡村，现有 10 余户、40 余口人，多为老弱妇孺。生产经营以农业为主，兼营牧业。种植有玉米、向日葵、土豆。有一条土路通向城堡。

图一九八　新兴堡周边形势图

三　平面形制及建筑布局

新兴堡建在山梁上，四面环沟，其中南面地势较缓，沟内种植农作物和杨树等。城堡地势平坦，平面呈不规则形，城垣周长962米，占地面积47650平方米。（图一九九；彩图六四五）

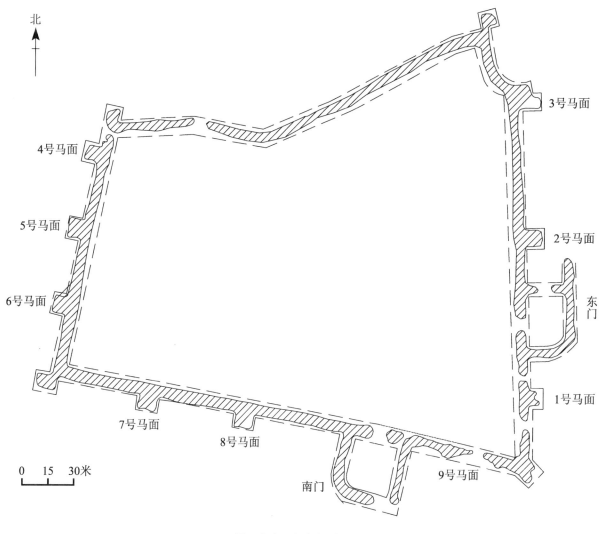

图一九九　新兴堡平面图

四　城垣及其附属遗迹

目前该城只保存有城垣及其附属设施。（彩图六四六）

1. 城垣

东城垣　长 250 米，基本保存，但垣体破坏较为严重，壁面残破。垣底宽 9～10、顶残宽 3.5～4、外高 9、内高 7 米。黄土夯筑，内含少量石块，夯层厚 8～16 厘米。东垣中部建有东门，东门以南垣体底部凿八孔废弃的土窑洞，上部有两处人为缺口。垣外坡地上种植洋芋。（彩图六四七～六四九）东垣上共建有 3 座马面，编为 1～3 号。1 号马面，距城东南角 28 米，破坏严重。台底部凸出垣体 2～4 米，南北边长 11 米；顶部略呈方形，边长 3.8 米；台外高 9 米。夯层厚 10～20 厘米。2 号马面，位于东门北侧 20 米处，台体破坏较重，南、北侧下部成坡，壁面坍塌严重，顶部堆有石、瓦残块。台底部凸出垣体 10 米，南北边长 9 米；顶部东西长 10、南北宽 6 米；台外高 10 米。夯层厚 10～18 厘米，台内面东有一孔窑洞，已废弃。3 号马面，建于近城东北角上，北距东北角楼

6米，残破严重，内侧成缓坡，外侧塌毁壁面凹凸不平。台底凸出垣体11米，南北边长12米，顶东西9.4、南北4米，台外高7米。台周坡地上散见大量瓦、瓷、石片。台与东北角楼间相连的垣体呈内弧分布。

　　北城垣　长250米，坍塌严重，内外呈坡状。垣体分为两段，东段长140米，西段长110米。垣体外临沟畔，底宽4~8、顶残宽1.5~3、外高9.5、内高5米。夯土内包含少量红砂石、瓦片，夯层厚8~16厘米。（彩图六五〇）北垣西段现存一宽6米的豁口，地面堆有石、瓦、砖残块和碎瓷片、兽骨等。调查时发现一残砖，残长22、宽15、厚5.5厘米。另见一残石夯，直径20、高6厘米，内孔直径3.5、深5.5厘米。北垣东端垣外侧基础夯层内发现一具完整的人骨。（彩图六五一）

　　西城垣　长184米，保存较好，外壁整齐陡直。垣体底宽6~8、顶残宽1~2.5、外高9、内高6米。夯土内见红砂石、瓦片、砖块，夯层厚10~16厘米。（彩图六五二）西垣上建有3座马面，编为4~6号。4号马面，北距城西北角23米，夯土台保存较好，南、北边积土成坡。台底北侧凸出垣体6米，南侧凸出垣体9米，南北边长13米；台顶东西7、南北5米；台高11.5米。（彩图六五三）5号马面，北距4号马面31米，破坏较重。台壁破损，顶上散见瓦、瓷片，台内侧地面堆有村民捡拾的砖、石、瓦块。台底部两侧凸出垣体8米，南北边长13米；顶东西7、南北3.5米；高11米。台体正面有一窑洞，贯通于城内外。（彩图六五四）6号马面，南距城西南角32米，台顶及上部残甚。底部南北边长13米，凸出垣体8米，上部形制与5号马面相仿，高9米。（彩图六五五）

　　南城垣　长280米，保存较差，村民于垣体下部面南凿建窑洞20余孔，部分废弃，多数住人或存放粮草、杂物。垣体外壁被修整平，内壁下部积土成坡，上部较平整，生长大量杂草。底宽4~7米，顶部修整平坦，宽0.3~3米，有多个烟囱；垣外高10、内高7米，夯层厚8~18厘米。垣上设南门。（彩图六五六）南垣上亦建有3座马面，编为7~9号。7号马面，西距城西南角47米。台底部凸出垣体8米，东西边长13米；顶部东西3、南北5米；高10米。台下部凿窑住人。（彩图六五七）8号马面，西距7号马面45米，台底部凸出垣体8米，东西边长13米；顶部外小内大，南北7、东西4.5米，见有砖瓦残块，生长杂草，台高9米。村民利用台体制作了一个两层的窑洞。9号马面，东距城东南角38米。破坏较严重，台底部凸出垣体1米，东西边长5米；顶部呈方形，边长3.5米；台高9.2米。台内建窑洞住人。（彩图六五八）

2. 角楼

新兴堡建置规整，四角均建楼台，现存土台遗址。

　　东南角楼　现存夯土台底部向东凸出垣体12米，向南凸出垣体12米，东西边长15、南北边长15米；顶部东西边长4.7、南北边长13米；台外高13米。夯层厚5~10厘米。台上部塌陷严重，壁面不平，生长杂草，顶上见有少数残瓦片。台内凿有土窑，存放杂物。（彩图六五九）

　　东北角楼　夯土台上部破损严重，内侧与城内地面呈缓坡，坡上散见大量瓦、瓷、砖、石块。台底向北凸出垣体8米，向东凸出垣体5米，东西边长8、南北边长5米；顶部东西边长7、南北边长4.6米，见一红砂石块，长75、宽35、厚11厘米。台外高10米，夯层清晰，厚8~12厘米。（彩图六六〇）

　　西北角楼　台上部坍塌呈山包状，整体保存一般。底部向西面凸出垣体2米左右，向北凸出垣体8米，东西边长10、南北边长10米；顶部南北边长9、东西边长4.8米；台外高5.6米。夯层厚8~14厘米。台周见大量残板瓦。

　　西南角楼　台底向西凸出垣体8米，向南凸出垣体8米，东西边长15、南北边长11米；顶部东西

10、南北3米；台高12.5米。顶上堆有石、瓦、砖残块，台内侧地面散见瓦片、红砂石。台体内凿窑三孔，住人。（彩图六六一）

3. 城门

堡城设东、南两座城门，均外筑瓮城。

东门　门洞遭破坏，现存豁口宽4、进深6米，两壁垣高6.8米。瓮城平面呈圆角长方形，南北长70、东西宽30米，城内南北长56、东西宽24米。瓮城垣体均存，底宽6~7、顶残宽1.5~3、外高6~8.8、内高2~5米。上部呈多处豁口，夯土内夹杂少量石块，城内种植玉米。瓮城向北开门，豁口宽6米。瓮城东垣向北延伸9米，底宽11米，上部坍塌严重。该垣与瓮城北侧的2号马面又形成一个小瓮城。（彩图六六二、六六三）

南门　瓮城垣体基本残存，底宽6、顶宽1~2、内高1.5~5、外高8米。夯层8~14厘米。瓮城平面呈长方形，城内南北24、东西29米，地面不平整，生长杂草，种蔬菜等，散见瓦、砖、石块等。内门已毁，现存豁口宽8、进深6米。瓮城南垣现存豁口宽4米，两壁垣内高6米，外高9米，内侧地面积土成坡。瓮城垣体内凿建10余孔窑洞，窑口面外，住人或存放杂物。瓮城西垣上有一宽2米的豁口。瓮城东南角垣外向东外接垣体，作用不明。（彩图六六四~六六七）

五　宗教功能建筑

堡南有新修龙王庙一座，内存铁钟一口，上铸铭文"砖井堡东西二路新兴堡大钟一口，重六十斤，乾隆五十一年造"。

第十七节　饶阳水堡

一　建制与历史沿革

饶阳水堡位于陕西省榆林市定边县姬塬乡辽阳村，北距三山堡20公里。饶阳水头，古萧关。明成化十三年（1477年）始在饶阳水（即今十字河）头建堡，隶属庆阳卫。成化十五年（1479年）巡抚丁川改属延绥镇领辖，为二边长城城堡，万历二年（1574年）重修。城垣周长"二里三十步，楼铺八座"。明代该堡屯驻军丁227名，配马骡85匹，设操守、坐堡各1员统辖。明末该堡守兵并入定边营。

辽阳村有人口100余户，500余人，多住在河川西岸。现堡内仅住两户人家。

在城址南面相距337米的山顶上建有墩台一座。城址东北面相距223米处的山顶上亦建墩台一座。

二　地理人文环境

该堡所属区域位于陕北黄土高原的北部边沿地带，在地质构造上，为一古老的陆地板块，由于第四纪以来地壳经历多次升降运动和海陆变迁，地面沉积了一层较厚的黄土层，形成了黄土高原。由于地势较高，坡度较大，除部分河流下切的河槽断崖有砂岩出露外，其余皆为黄土层堆积物覆盖，土层最厚为100米。经流水的冲刷及其他外力的侵蚀，完整的黄土高原被切割成梁、峁、塬、涧、崾崄和河谷等各种不同的地貌景观。长期的水土流失，使地表支离破碎，千沟万壑，纵横交错。尤其是白于山分水岭以南地段最为明显。其北坡多较为平坦开阔呈长条状分布的宽梁、斜坡与涧地地形。（图二〇〇；彩图六六八）

图二〇〇　饶阳水堡周边形势图

饶阳水堡坐北朝南，城址建在山坡上，北高南低，西南面临水。

定边县由于所处地理位置和地貌的关系，大陆性气候显著，气温变化大，风沙日多，特别是春季。土壤为黄沙土。植被稀疏。目前城堡内外居民多饲养家畜家禽，野生动物常见有野兔、山鸡、鼠类等。

三　平面形制及建筑布局

城堡平面呈不规则形，北宽南窄。城周 1696 米，占地面积约 17.92 万平方米。（图二〇一）

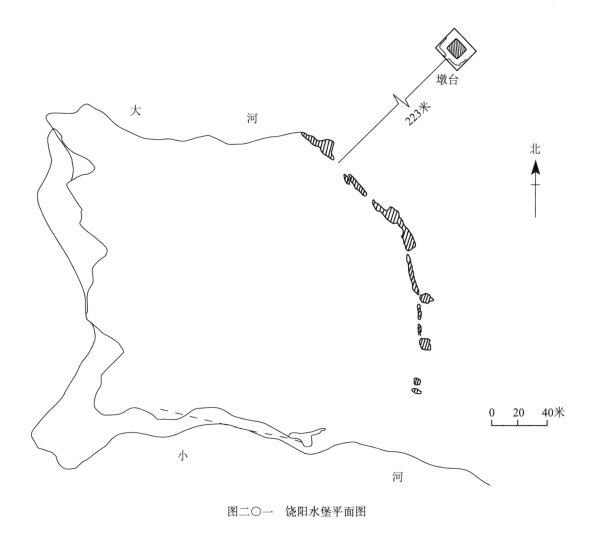

图二〇一　饶阳水堡平面图

四　城垣及其附属遗迹

现存垣体多已破败不堪，底残宽 5~7、顶残宽 1~3、残高 2.5~6 米。夯层厚 11~16 厘米。河畔上的垣体已塌毁无存。北垣上保存一马面，夯土台伸出垣外 3 米，台外底边长 12 米，外侧高 10.5 米，内侧高 6 米。台顶南北向长 6.7（含垣体）、东西向宽 2.1 米。夯土大量坍塌堆积于台底周。城内根据地势可分为南、北二层平台，北边的台上可见砖瓦残块，似为建筑遗物。

在堡城东北面 223 米处山顶上建墩台一座。(图二〇二；彩图六六九～六七一)

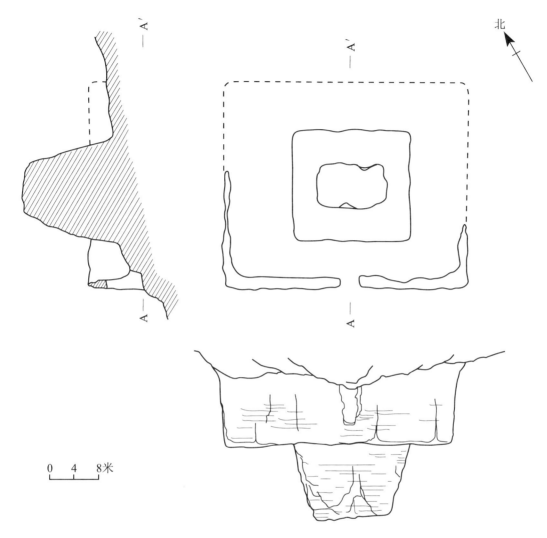

图二〇二　饶阳水堡墩台平、立、剖面图

五　遗　物

多见城砖及城垣包石等。堡城垣体内外散落大量板瓦、筒瓦、砖块等建筑材料，特别是在城周堆积了大量的村民捡拾的瓦、砖残块。南边的大台辟为耕地，地面可见龙山时期篮纹红陶片和商周时期绳纹陶片，并随处可见明代板瓦、筒瓦、砖石、瓷、骨等残件，遗物相当丰富。

下 编

陕西省明长城营堡相关研究

第一章

延绥镇的地理环境与明长城营堡局域环境

第一节 延绥镇长城所处的地质构造

中国各地区具有不同的地质构造特征和发展演化历史，从构造、地层、岩浆岩、变质岩、成矿等角度考虑，可将全国划分为天山—兴安地区、塔里木—华北地区、昆仑—秦岭地区、川滇青藏地区、华南地区五个区域，这些分区内有密切的联系，并具有一致性的特点。[1]

其中塔里木—华北地块由两大陆块组成，二者作东西向排列，呈楔形相连，是我国克拉通化程度较高的两大块体，构成古亚洲构造域的中轴。

华北陆块是我国最古老的陆块，在冀东、鞍山均已获得38亿年左右的同位素年龄值，晚太古代已出现了不同的古老地体，大致在阜平期粘合为太古宙克拉通。本区由高级变质区与一些花岗岩、绿岩带组成。此后地壳即进一步刚性转化，于吕梁期固结为陆块。现今陆块大致呈一东宽西窄的横卧三角形，并被贺兰山、吕梁山、太行山以及郯庐断裂等纵向构造带分割为阿拉善、鄂尔多斯、冀鲁、胶辽等块体。它的北部（燕辽）与南缘均为中元古裂谷。北缘的"内蒙地轴"最近发现可能是一个复杂的地体拼贴构造带。[2]

华北地台包括两个陆核，即东部的冀鲁陆核与西部的鄂尔多斯陆核。陕北明长城大部分区域就坐落在西部的鄂尔多斯陆核上。

第二节 延绥镇长城营堡所处的地形地貌

一 陕北明长城营堡地形地貌概要

中国自然地理的特征，是中国地质构造在长期发展中，经受了各种内、外地质作用综合结果的集中反映。中国地形地貌景观万千，高山、平原、丘陵、盆地等均有分布。全国山地占陆地面积约

---

〔1〕 程裕淇：《中国区域地质概论》，中国地质出版社，1994年，第1页。
〔2〕 同上，第456页。

33%，高原占 26%，盆地占 19%，平原占 12%，丘陵占 10%，地势西高东低，自西而东，明显分为四个梯级。位于横断山脉以西的青藏高原，平均海拔 4000 米以上，山高峪宽，湖泊广布，为地势最高的梯级，素有"世界屋脊"之称。向北跨过昆仑山至秦岭，向东越过横断山脉和龙门山脉，地势下降到海拔 1000～2000 米，属于第二梯级；区内包括南部的云贵高原、四川盆地，北部的黄土高原、内蒙古高原以及塔里木盆地、准噶尔盆地和柴达木盆地；新疆吐鲁番盆地海拔最低点低于海平面 156 米，为我国最低的地方，也是世界著名的洼地。自大兴安岭、太行山及雪峰山以东，为海拔 1000 米以下的丘陵和 200 米以下的平原，属于第三梯级；区内分布有三江平原、松辽平原、华北平原以及长江中下游平原等，构成了以第三纪和第四纪沉积物为覆盖的北东向巨型隆起带。隆起带以东，进入广阔的海域，属于第四梯级。自北而南分布有渤海、黄海、东海和南海，海水自北而南逐渐变深。[1]

陕北地区位于黄土高原的中北部。对于黄土高原的范围，学界有不同的认识。从大的范围上看，黄土高原，系指甘肃东部、陕西北部和山西吕梁山以西，由厚层黄土堆积而成的高原，它是新生代以来由于该区大面积隆起和黄土堆积相结合形成的高原。[2] 有些学者更从人文地理的角度指出黄土高原的范围：青海日月山与甘肃乌鞘岭以东，山西太行山以西，晋陕长城以南，甘陕秦岭及豫西北崤山西北；大致在北纬 34°～40°，东经 101°～114°，包括山西省全境、河南省西北部、陕西省北部及关中地区、甘肃省东部及中部、宁夏回族自治区南部、青海省东部河湟流域，共计 6 省（自治区）268 县（市、区），面积 44.91 万平方公里，约占全国土地总面积的 4.6%。[3]

根据地貌组合特征，黄土高原可划分为以下四个区域：山西高原、陕北高原、陇中高原、汾渭谷地。陕北高原，包括吕梁山与六盘山之间的广大地区，较山西高原起伏小，海拔 1000～1500 米，古近纪以来为一显著大面积上升地区。基岩地形为唐县期侵蚀的准平原，侵蚀面经风化并堆积了红土，再经后期侵蚀堆积形成现今陕北黄土高原的地貌。第四纪堆积物以黄土为主，几乎连续覆盖了整个陕北高原。黄土的堆积使高地叠高，侵蚀则使河谷、沟谷降低，最终形成局部落差 200～300 米的黄土丘陵和黄土塬等地貌景观。[4]

二 陕北明长城营堡地貌特征

陕北明长城所处地带虽位于黄土高原的北部，但黄土高原的典型特征表现得较为集中而突出。主要的特征表现如下所述：

①沟谷众多、地面破碎。中国黄土高原素有"千沟万壑"之称，多数地区的沟谷密度在 3～5 公里/平方公里以上，最大达 10 公里/平方公里，比中国其他山区和丘陵地区大 1～5 倍。沟谷下切深度为50～100 米。沟谷面积一般占流域面积的 30%～50%，有的地区达到 60% 以上，将地面切割为支离破碎的景观。地面坡度普遍很大，大于 15 度的约占黄土分布面积的 60%～70%，小于 10° 的不超过 10%。

②侵蚀方式独特、过程迅速。黄土地貌的侵蚀外营力有水力、风力、重力和人为作用。它们作用

---

〔1〕 程裕淇：《中国区域地质概论》，中国地质出版社，1994 年，第 1 页。

〔2〕 《中国地质学》扩编委员会：《中国地质学（扩编版）》，地质出版社，1999 年，第 13 页。

〔3〕 朱士光：《历史时期黄土高原自然环境变迁及其对人类活动之影响》，《黄土高原地区环境变迁及其治理》，黄河水利出版社，1999 年，第 30 页。

〔4〕 同注〔2〕，第 14 页。

于黄土地面的方式有面状侵蚀、沟蚀、潜蚀（或称地下侵蚀）、泥流、块体运动和挖掘、运移土体等。其中潜蚀作用造成的陷穴、盲沟、天然桥、土柱、碟形洼地等，称为"假喀斯特"。强烈的沟谷侵蚀或地下水浸泡软化土体，使上方土体随水向下坡蠕移形成的泥流，只有在黄土区才易见到。黄土的抗蚀力极低，因而黄土地貌的侵蚀过程十分迅速。黄土丘陵坡面的侵蚀速率为 1～5 厘米/年，高原区北部沟头前进速率一般为 1～5 米/年，个别沟头达到 30～40 米/年，甚至一次暴雨冲刷成一条数百米长度的侵蚀沟。黄河每年输送到下游的大量泥沙中，有 90% 以上来自黄土高原。黄土高原河流输沙量大于 5000 吨/平方公里·年的区域约占黄土高原面积的 65.6%，其中陕北窟野河的神木水文站至温家川水文站区间输沙量达到 35000 吨/平方公里·年。

③沟道流域内有多级地形面。一般有三级：各流域的最高分水岭为第一级，其顶面高程彼此相近，为黄土的最高堆积面；降低 60～80 米为第二级；再降低 40～60 米为第三级。各级地形面的地层结构互不相同。构成第一级地形面的黄土地层层序完整；第二级地形面离石黄土上部地层（中更新世晚期）较第一级地形面趋薄，甚至消失；第三级地形面多数地面只有马兰黄土（晚更新世）堆积。第二级和第三级地形面可以分别构成完整的谷形，第三级地形面之下是现代沟谷。此外，在较大的河沟沟谷内，还有两级发育不良的沟阶地，其中第二级阶地比较明显，第一级阶地仅见于局部地点。沟道流域黄土地貌层状结构，是黄土地貌发育历史过程的记录。

三　陕北明长城营堡所处的地貌类型

陕北明长城城堡坐落地区包括黄土高原、风沙草滩过渡地带两大类地貌形态。

黄土高原地貌类型　黄土高原地区主要的地貌类型有黄土沟间地、黄土沟谷和独特的黄土潜蚀地貌。这些地貌类型也在明长城城堡所处地带有所分布。

黄土沟间地　又称黄土谷间地，包括黄土塬、梁、峁、坪地等。黄土塬、梁、峁是黄土地貌的主要类型，它们是当地群众对桌状黄土高地、梁状和圆丘状黄土丘陵的俗称，黄秉维于 1953 年首先将其引入地理学文献，罗来兴于 1956 年给予科学定义。

黄土塬为顶面平坦宽阔的黄土高地，又称黄土平台。其顶面平坦，边缘倾斜 3°～5°，周围为沟谷深切，它代表黄土的最高堆积面。目前面积较大的塬有陇东董志塬、陕北洛川塬和甘肃会宁的白草塬。塬的成因多样，或是在山前倾斜平原上黄土堆积所成，如秦岭中段北麓和六盘山东麓的缓倾斜塬（称为靠山塬）；或是河流高阶地被沟谷分割而成，如晋西乡宁、大宁一带的塬；或是在平缓分水岭上黄土堆积形成，如延河支流杏子河中游的杨台塬；或是在古缓倾斜平地上由黄土堆积形成，如董志塬、洛川塬；或是黄土堆积面被新构造断块运动抬升成塬（称为台塬），如汾河和渭河下游谷地两侧的塬。

黄土梁为长条状的黄土丘陵。梁顶倾斜 3°～5° 度至 8°～10° 度者为斜梁。梁顶平坦者为平梁。丘与鞍状交替分布的梁称为峁梁。平梁多分布在塬的外围，是黄土塬为沟谷分割生成，又称破碎塬。六盘山以西黄土梁的走向，反映了黄土下伏甘肃系地层构成的古地形面走向，其梁体宽厚，长度可达数公里至数十公里；六盘山以东黄土梁的走向和基岩面起伏的关系不大，是黄土堆积过程中沟谷侵蚀发育的结果。

黄土峁为沟谷分割的穹状或馒头状黄土丘。峁顶的面积不大，以 3°～10° 向四周倾斜，并逐渐过渡为坡度 15°～35° 的峁坡。若干个峁大体排列在一条线上的为连续峁，单个的叫孤立峁。连续峁大多是河沟流域的分水岭，由黄土梁侵蚀演变而成；孤立峁或者是黄土堆积过程中侵蚀形成，或者是受黄土下伏基岩面形态控制生成。

黄土沟谷　有细沟、浅沟、切沟、悬沟、冲沟、坳沟（干沟）和河沟等七类。前四类是现代侵蚀沟；后两类为古代侵蚀沟；冲沟有的属于现代侵蚀沟，有的属于古代侵蚀沟，时间的分界线大致是中全新世（距今 7000 ~ 3000 年）。

细沟深几厘米至一二十厘米，宽十几厘米至几十厘米，纵比降与所在地面坡降一致。大暴雨后，细沟在农耕坡地上密如蛛网。

浅沟深 0.5 ~ 1.0 米，宽 2 ~ 3 米。纵比降略大于所在斜坡的坡降，横剖面呈倒"人"字形，在耕垦历史越久，和坡度与坡长越大的坡面上，浅沟的数目越多。它是由梁、峁坡地水流从分水岭向下坡汇集、侵蚀的结果。

切沟深一两米至十多米，宽两三米至数十米。纵比降略小于所在斜坡坡降，横剖面呈尖"V"字形，沟坡和沟床不分，沟头有高 1 ~ 3 米的陡崖。它是坡面径流集中侵蚀的产物，或者是潜蚀发展而成，多出现在梁、峁坡下部或谷缘线附近，其沟头常与浅沟相连。如果浅沟的汇水面积较小，未能发育为切沟，汇集于浅沟中的水流汇入沟谷地时，常在谷缘线下方陡崖上侵蚀成半圆筒形直立状沟，称为悬沟。

冲沟深十多米至四五十米，宽二三十米至百米，长度可达百米以上。纵剖面微向上凹，横剖面呈"V"字形，其谷缘线附近常有切沟或悬沟发育。老冲沟的谷坡上有坡积黄土，沟谷平面形态呈瓶状，沟头接近分水岭；新冲沟无坡积黄土，平面形态为楔形，沟头前进速度较快。大多数冲沟由切沟发展而成。

坳沟又称干沟。它和河沟是古代侵蚀沟在现代条件下的侵蚀发展。它们的纵剖面都呈上凹形，横剖面为箱形，谷底有近代流水下切生成的"V"字形沟槽。坳沟和河沟的区别是：前者仅在暴雨期有洪水水流，一般没有沟阶地；后者多数已切入地下水面，沟床有季节性或常年性流水，有沟阶地断续分布。

黄土潜蚀地貌　流水由地面径流沿着黄土中的裂隙和孔隙下渗进行潜蚀，破坏了黄土的原有结构或使土粒流失、产生洞穴，最后引起地面崩塌所形成。包括以下类型：

黄土碟　为湿陷性黄土区碟形洼地。由流水下渗浸蚀黄土，在重力的影响下土层逐渐压实，引起地面沉陷而成。形状为圆形或椭圆形，深一至数米，直径 10 ~ 20 米，常形成在平缓的地面上。

黄土陷穴　为黄土区漏陷的溶洞。由流水沿黄土层节理裂隙进行潜蚀作用而成，多分布在地表水容易汇集的沟间地边缘和谷坡。根据形态分为三种：①漏斗状陷穴，口大底小，深度不超过 10 米。②竖井状陷穴，呈井状，深度可超过 20 ~ 30 米；③串珠状陷穴，几个陷穴连续分布成串珠状，各陷穴的底部常有孔道相通。它与黄土碟不同，各种陷穴都有地下排水道和出水口。两个或几个陷穴由地下通道不断扩大，使通道上方的土体不断塌落，未崩塌的残留土体形如桥梁，称为黄土桥。

黄土柱　为黄土沟边的柱状残留土体。由流水不断地沿黄土垂直节理进行侵蚀和潜蚀以及黄土的崩塌作用形成，有圆柱状、尖塔形，高度一般为几米到十几米。

从区域组成特征看，延安以北地面切割严重，是以峁为主的峁梁沟壑丘陵区，绥德、米脂一带最为典型；延安、延长、延川是以梁为主的梁峁沟壑丘陵区；西部为较大河流的分水岭，多梁状丘陵。延安以南是以塬为主的塬梁沟壑区。洛川原是保存较完整、面积较大的黄土塬。宜川、彬县、长武一带，因沟谷蚕食，形成了破碎塬。在榆林地区的定边、靖边、横山、神木等县的北部，长城沿线一带是风沙滩地。著名的毛乌素沙漠，从定边至窟野河，东西长约 420 公里，南北宽 12 ~ 120 公里，主要是植被遭受破坏后就地起沙的结果，也和强风从内蒙古伊克昭盟搬运沙粒有关。冬、春季多强劲的西北风，使沙丘向东南移动。沙丘之间或低洼地方，分布有大小不等的湖盆滩地。滩地中部平坦，夏季水草茂盛，为重点农牧业基地。

风沙草滩过渡地带

陕北地区，在黄土高原的北部边缘为风沙草滩向沙漠地带的过渡区域。陕北明长城也有一部分墙体与城堡坐落于这一地带。这一地带的地貌形态与典型的黄土地貌有明显的不同。

第三节　陕北明长城营堡区域水文

陕北明长城城堡所处区域主要为黄土高原，兼有一些沙漠草滩地区。黄土高原地貌独特，其黄土分布连续而深厚，地貌形态的复杂也导致了严重的水土流失。另外黄土高原的季风性气候，致使干旱和降水高度集中，黄土土壤蓄水、调水能力等自然因素相互作用，使得黄土高原的水文具有明显的区域特征。黄土高原降水偏少和降水保证率低，降水由东南向西北递减奠定了地区植被呈森林—森林草原—草原—干旱草原的过渡特征和植被生态系统的脆弱特性。[1] 本节重点介绍陕北明长城所处区域的水文特征，并讨论在这种区域水文特征下，陕北明长城营堡所处区域的自然与人为选择。

一　陕北明长城营堡所处水系综述

陕北榆林地区的河流均属黄河水系，这些河流为黄河一级支流或二、三级支流。

黄河的支流从东向西依次为黄甫川、清水川、孤山川、窟野河、秃尾河、无定河。这些河流地跨榆林地区大部分县区，包括府谷县、神木县、榆阳区、横山县、靖边县、定边县，部分流域还位于延安地区的吴起县，有的河流北部还伸到内蒙古自治区的鄂尔多斯地区。

榆林西部的定边地区还有渭河的支流洛河的源头新安边河、石涝川河，主要位于白于山区的南坡。

在陕北榆林地区所有的黄河一级支流中，无定河流域面积最大，流域内有多条支流，如位于定边县的为红柳河（把都河），位于靖边县、横山县的芦河（东、西芦河），位于榆阳区的榆溪河等。

延绥镇长城营堡多位于这些河流及其支流的附近。从榆林地区的水系资料看，东部地区的府谷、神木多黄河的支流，位于这两个县的城堡的选址也多与这些支流有关；中西部地区以白于山区为界，南坡为渭河水系，北坡属无定河流域，中西部城堡的选址多与这两大水系有关。

二　陕北明长城营堡所处河流水文特征

黄甫川　发源于内蒙古自治区准格尔旗牛武城点半沟，自内蒙古自治区小石拉塔流入府谷县境，流经该县的古城、麻镇、黄甫三个乡（镇），在黄甫乡下川口汇入黄河。府谷县境内流长48公里，占该河全长127公里的37.8%。县内流域面积418平方公里，占全流域面积3241平方公里的12.9%。该河年平均流量为6.43立方米/秒，年径流总量2.028亿立方米，7~9月占70.9%。年输沙量6120万吨，7~9月占91.3%。最大流量8400立方米/秒（1972年7月19日），最小流量为0，大部分年份均可出现。从水文资料上看黄甫川还是与黄土高原上的大部分河流相似，属于季节性河流，丰水期与枯水期交替明显。

---

〔1〕　穆兴民：《黄土高原生态水文研究》，中国林业出版社，2001年，第34页。

清水川　发源于内蒙古自治区准格尔旗五浪五素沟，自内蒙古自治区二里半流入府谷县境，途经哈镇、大岔、清水、黄甫、海则庙等乡（镇），在海则庙乡沙尧则村汇入黄河。府谷县境内流长 47 公里，占全长 77 公里的 61%。县内流域面积 567 平方公里，占全流域面积 883 平方公里的 64.2%。年平均流量 1.65 立方米/秒，年径流量 0.520 亿立方米，7～9 月占 81.7%。年输沙量 1080 万吨，7～9 月占 95%。最大流量 1980 立方米/秒（1979 年 8 月 11 日），最小流量 0，多在每年 1 月出现。县内有 26 条水沟道注入清水川。清水川与黄甫川在水文特征上基本一致，也属于季节性河流。

孤山川　发源于内蒙古自治区准格尔旗绝立概川，自内蒙古自治区羊市塔入府谷县境，流经府谷县庙沟门、三道沟、孤山、傅家塔、高石崖、府谷六个乡（镇），由高石崖乡高家湾村汇入黄河。县内流长 57 公里，占全长 79 公里的 72.2%。县内流域面积 1018 平方公里，占流域面积 1272 平方公里的 80%。年平均流量 3.48 立方米/秒，年径流总量 1097 亿立方米，7～9 月占 69.8%。年输沙量为 2760 万吨，7～9 月占 94.9%。最大流量 10300 立方米/秒（1977 年 8 月 2 日），最小流量为 0，大部分年份均可出现。府谷县境内有 172 条有水沟道注入孤山川。从水文特征上看，孤山川与清水川、黄甫川大体相似。

窟野河　窟野河是黄河中游右岸的多沙支流，发源于内蒙古自治区东胜市的巴定沟，流向东南，于陕西省神木县沙峁头村注入黄河，干流长 242 公里，流域面积 8706 平方公里。据温家川水文站 1954～1980 年实测资料统计，年径流量 7.47 亿立方米，年输沙量 1.36 亿吨，平均含沙量高达 182 公斤/立方米，是黄河平均含沙量的 6.4 倍，流域输沙模数每平方公里高达 1.56 万吨，中下游的黄土丘陵沟壑区每平方公里竟高达 2～3 万吨，是黄河流域土壤侵蚀最严重的地区。泥沙颗粒粒径大于 0.05 毫米的粗泥沙占总沙量的 60%。因此，窟野河流域是黄河粗泥沙的主要来源区之一，对黄河下游河道淤积有严重影响。窟野河流域地势西北高东南低，海拔从 1500 米降至 740 米，流域平均比降较大。水系分布为乔木树枝状，在神木房子塔以上分为两大支，西支为正流称乌兰木伦河，东支称牛川，是最大的支流，河长 109 公里，集水面积 2274 平方公里，占流域面积的 26%。两河合流后称窟野河，两岸为黄土丘陵沟壑区，支沟甚多，水土流失特别严重。流域西北部地区属风沙和干燥草原区，植被稀少，风蚀严重。流域内出露的岩层多为砂岩或砂页岩互层，呈水平排列，强度低，易风化。基岩上部为红土、红色土与新黄土。新黄土由风积而成，中值粒径大于 0.045 毫米。窟野河流域是黄河中游常见的暴雨中心地区之一，短历时暴雨强度可达每分钟 2 毫米以上，往往形成涨落迅猛的大洪水，含沙量极高。温家川水文站实测，1976 年最大洪峰流量达 14000 立方米/秒，1958 年 7 月曾出现过 1700 公斤/立方米的高含沙量。窟野河流域属黄土高原与荒漠地带接壤地区，气候干燥，生态环境脆弱。流域内煤炭资源蕴藏丰富，著名的东胜及神（木）府（谷）煤田已有相当规模。加速治理窟野河，对改善生态环境，促进流域经济发展，以及减少输入黄河的粗泥沙都有很重要的作用。

无定河　无定河是黄河中游右岸的一条多沙支流，发源于陕西省北部白于山北麓定边县境，流经内蒙古自治区伊克昭盟乌审旗境，流向东北，后转向东流，至鱼河堡，再转向东南，于陕西省清涧县河口村注入黄河，全长 491 公里，流域面积 30261 平方公里。据川口水文站 1957～1967 年实测资料统计，无定河平均年径流量为 15.35 亿立方米，年输沙量 2.17 亿吨，平均含沙量 141 公斤/立方米，输沙总量仅次于渭河，居黄河各支流的第二位。无定河流域地处黄土高原北部和毛乌素沙漠边缘，兼有这两种地貌特征。按地貌和水土流失的特点，流域内可分为三个类型区：一是风沙区，位于流域西北部，面积 16446 平方公里，占流域面积的 54.3%，地面为第四系松散的沙土和沙质黄土所覆盖，地貌形态有流动、半固定、固定沙丘和滩地，水蚀轻微，风蚀剧烈。二是河源梁间区，位于流域西南部，面积 3454 平方公里，占流域面积的 11.4%，沟蚀特别严重，年侵蚀量占流域年输沙量的 21.4%。三是黄土丘陵沟壑区，位于流域中下游，面积 10361 平方公里，占流域面积的 34.3%，水土流失严重，年侵蚀量占流域年输沙量的 72.6%，是流域泥沙的主要来源区，侵蚀模数每平方公里高达 1.77 万吨。多年来，无定河被列为水土保持治理的重点，全面开展综合治理，已经取得显著成效。其中，榆林地区治沙成绩很大，流域内支流上修建了大量拦泥淤地坝库工程，特别是在无定河上游建成一系列蓄水拦泥的库坝，有效地拦减了泥沙。通过综合治理，流域的水沙已经有所改变，据川口水文站实测资料分析，1971～1980 年比 1952～1960 年平均径流量减少 25.3%，年输沙量减少 62.4%（含降雨偏小影响）。

北洛河　发源于陕西省定边县白于山南麓，至大荔县境汇入黄河，河长 680 公里，自西北流向东南，北洛河水系分布为乔木树枝状，支流众多，流域面积 26905 平方公里，其中大于 1000 平方公里的较大支流有三条，即葫芦河、沮水和周水河。葫芦河是北洛河最大的支流，发源于甘肃省华池县的子午岭，河长 235 公里，流域面积 5449 平方公里，流域内植被良好，水蚀轻微。据壮头水文站资料统计，北洛河年径流量为 9.24 亿立方米，年输沙量为 0.98 亿吨，流域的上游地区属黄土丘陵沟壑区，沟深坡陡，地形破碎，植被稀少，水土流失严重；据刘家河水文站资料统计，上游地区控制面积只占全河的 30%，年输沙量却占全河的 90%。流域的中游地区，尤其是西部的子午岭和东部的崂山、黄龙山，因有大面积的森林，水源涵养条件好，是流域的主要产水地区。北洛河尾闾段离黄河很近，历史上由于黄河摆动西侵，曾一度直接入黄。

三　明长城营堡选址对河流因素的考虑

水是人类生存的必要条件，靠近水源是人类居址选择中最重要的因素；同时河流所形成的自然险峻地势也给防御提供了便利，因而城址或聚落也多利用河流所形成的险要地形，增加军事上防御的优势；另外，河流边缘所形成的台地有时也是通行的必经之地，具有战略意义。这些在陕北明长城城堡选址上表现尤其明显。

在已调查的陕北明长城城堡中有 28 座城堡的选址与河流有密切的关系。下表是各城堡所处河流的统计资料（表 1）。

表 1　陕西省明长城营堡与其所临河流统计表

所处河流		营堡
黄甫川		黄甫川堡
清水川		清水营
木瓜川		木瓜园堡
孤山川		孤山堡、东村堡
窟野河		神木营、麟州故城、大柏油堡、永兴堡
秃尾河		高家堡、建安堡
无定河	榆溪河	常乐堡、榆林卫城、归德堡、鱼河堡
	无定河	镇川堡、响水堡、波罗堡、怀远堡、威武堡、清平堡、龙洲堡、镇靖堡、镇罗堡、靖边营、把都河营、宁塞营、柳树涧堡
	北洛河	新安边营、石涝池堡、永济堡

在东路的神府地区，河流多为黄河的一级支流，这些支流多呈南北向，流域面积较小，因而明长城城堡多选在各一级支流边缘，典型的如黄甫川堡、清水营、神木营、高家堡等。

中路地区，横跨榆阳区、横山县到靖边县的东部，主要区域为无定河的中游地区及其主要支流榆溪河流域。横山县的几处城堡均坐落于无定河的南岸二级台地，如响水堡、波罗堡，而榆林卫城、常乐堡、归德堡则坐落于无定河的支流榆溪河的二级台地。

西路地区，纵跨定边、靖边、吴起三县，以白于山区为界，分为北洛河流域和无定河流域，少数城堡如新安边营、永济堡、石涝池堡坐落于北洛河的支流，大部分的城堡扼守无定河上游各支流的要害部位。

第四节　陕北明长城营堡选址的环境类型

就目前调查发现的明长城城堡所处的小区域地理环境看，营堡选址的环境可以分为以下几种类型：

1. 据山临水型

目前发现有大多数营堡处于这种地理环境之中，共有23座，占53.4%。城堡前的川道一般为蒙古军队南下的主要通道；城堡从川道延伸到山顶上，地势居高临下，高程变化较大。城堡的形状一般因地势而有所变化，大多数城堡上小下大，呈簸箕形；也有部分城堡呈长方形或长圆形。典型的有大柏油堡、黄甫川堡、清水营、木瓜园堡、新安边营、神木旧城等。

2. 土塬型

这些城堡多建在比山梁要大的塬上，城堡周围有多条川道环绕或半环绕，川道多为自然形成，也有部分系自然冲沟人工改造而成。此类城堡有6座，占13.9%。城堡的平面形状多随地势状况选择，一般为方形，双山堡为长条形，龙州堡为平行四边形。

3. 河谷型

此类城堡一般建在河谷地带，地势平坦。目前发现5座此类城堡，占11.6%。如高家堡、神木县城等。

4. 荒漠滩地型

城堡所处位置是黄土高原与沙漠草滩的过渡地带，主要地貌为沙丘、碱滩和草滩。目前位于此类区域的城堡有7座，占16.2%。如定边营、砖井堡、安边堡、盐场堡等。

5. 周山环绕型

目前只发现三山堡一座城堡属于此型，位于群山环绕的一处山间开阔平原地带，周遭之山坡度不大，拥有大面积的土地资源。

6. 山头型

目前只发现石涝池堡一座为此类城堡。城堡占据整个山头，城堡平面也因地势而为圆形，并在城堡的前面设有一座障城。

第二章

河套地区文明的变迁——以中原文明为视觉

延绥镇所处及其北面所对的区域——河套地区，在人类文明发展历程中居于重要位置。由于其独特的地理区域位置，早在史前时期，这里已与中原其他地区有着同样发达的人类文化。随着中原地区进入青铜文化，这里也成为北方系文化发展的重要地区之一，另一方面这里也成为草原文明向中原文化过渡的区域之一，由此奠定了这一地区文化发展的主基调。以下就从中原文化视觉对这一地区人类活动进行介绍，通过对这一地区文化发展的地理历史背景的了解，对明代延绥镇地区的冲突纷争有宏观的认识。

第一节　行政与地理概况

鄂尔多斯位于内蒙古自治区西南部，泛指黄河"几"字形大折曲南北地区，折曲以内为鄂尔多斯高原，在行政区划上包括内蒙古自治区鄂尔多斯市（原伊克昭盟）、乌海市、陕西省榆林地区、宁夏回族自治区吴忠地区。东、北、西三面被黄河环绕，南与黄土高原相连，东、南、西与晋、陕、宁接壤。在鄂尔多斯高原北端，东流黄河以北，阴山以南，就是著名的河套平原。河套平原的西部是由黄河支流乌加河冲击成的后套平原。后套平原西部为巴彦淖尔市（原巴彦淖尔盟）、包头市。匈奴早期的统治中心头曼城，即在今后套平原西部的包头市固阳县境内。河套平原的东部，是黄河支流大黑河冲击平原——土默特平原（前套平原），是自治区首府呼和浩特市和乌兰察布盟所在地。鄂尔多斯与草原钢城包头以及首府呼和浩特隔河相望，地理位置大致在北纬 35°35′～40°15′之间。它地处蒙古草原南部，海拔一般在 1000～1300 米左右，自然地理环境的显著特点是：地势起伏不平，西北高东南低，地形复杂，地貌类型多样，既有草原，又有高原；平原约占土地总面积的 4.33%，余为丘陵山区、波状高原，地表植被以草为主，所以有鄂尔多斯草原之称；毛乌素沙地、库布其沙漠和大大小小数百处湖泊、沼泽点缀其中；处在内、外流域的过渡地带，河流、湖泊变化多端，有些河流常年无水，但偶发洪流，即形成灾害，有些河流虽然常年流水不断，但流量变化甚大，高达平均值的几倍或低于平均值的几倍。正因为处在过渡地带，风蚀、水蚀、风水蚀交错，冻融侵蚀普遍发育，由于蒸发量大于降水量，造成了严重的水土流失和土地沙化，一些湖泊已经变成咸水湖和碱湖。

鄂尔多斯地区是南北两大地理区域的交界地带，属大陆性季风气候区，处于中国北方季风尾闾区及其边缘，受东南季风、西南季风和西风环流共同作用，是我国北方生态环境变化最敏感的地区之一。

冬季严寒漫长，夏季干燥短促；光照充分；温差大，1 月平均气温在 −15℃ ~ −13℃，7 月平均气温为 17℃ ~ 20.5℃，年平均气温为 2℃ ~ 5℃。年平均降水量极不稳定，平均值在 250 ~ 450mm，但年际变率较大，平均达 25% 以上。年内降水量极不均匀，雨量少而降雨期集中，6、7、8 三个月的降水量占全年降水总量的 66.1%，而 11 ~ 12 月只占 2.8%，平均湿度为 0.3 ~ 0.6。年蒸发量是年降水量的 5 ~ 5.3 倍，降雨量的年变率也比较大，降雨的最多年与最少年相差 3.5 倍，有时甚至达 6.5 倍，因此很容易出现旱灾和涝灾。这是导致本区农牧业生产不稳定、农牧交错带空间摆动的根本原因。在整个作物生长期内约有三分之二的时间处于干旱和半干旱状态。冬春季节多风，4 ~ 6 月，这里的起沙风速为 5 米/秒，最大风速为 23 米/秒，风沙活动频繁，给农牧业生产造成一定危害。

鄂尔多斯北部为黄河冲积平原区，总面积约 5000 平方公里，分布于杭锦旗、达拉特旗、准格尔旗沿黄河 23 个乡、镇、苏木内。海拔 1000 ~ 1100 米，地势平坦，水热条件极好。该地区土壤类型可分为草甸土、沼泽土、盐碱土、风沙土四个类型，其中以草甸土为主，土壤质地与生产性能良好，适宜耕种。整个黄河冲积平原区，土壤中有机质的含量在 1% 左右，耕地面积大，水源条件好，黄灌、井灌结合，有充足的水源保证。东部为丘陵沟壑区，包括鄂尔多斯市、伊金霍洛旗、准格尔旗和达拉特旗南部，海拔为 1300 ~ 1500 米，面积约 2.6 万平方公里。地表侵蚀强烈，冲沟发育，水土流失严重，局部地区基岩裸露，是典型的丘陵沟壑区。土壤种类以栗钙土为主，大多不宜耕作，属宜林宜牧地区。西部是坡状高原区，包括鄂托克旗大部和鄂托克前旗、杭锦旗的部分，总面积约 2.1 万平方公里，地势平坦，起伏不大，海拔 1300 ~ 1 500 米。这里气候较为干旱，降雨稀少，年平均降水量在 200 毫米左右，属典型的半荒漠草原。土壤成分以钙土为主，部分地区也有不少风积沙，植被以野生植物为主，适宜发展草原畜牧业。

在鄂尔多斯最北部，濒临黄河分布着一条东西走向的大沙带，即库布齐沙漠；在鄂尔多斯中南部与陕西省北部交界处，分布有著名的毛乌素沙漠。库布其沙漠北临黄河平原，呈东西条带状分布。毛乌素沙漠地处鄂尔多斯市腹地，分布于鄂托克旗、鄂托克前旗、伊金霍洛旗部分和乌审旗。两大沙区总面积约 3.5 万平方公里，其中库布其沙漠面积为 1 万多平方公里，毛乌素沙漠 2.5 万平方公里。这一地区大多为固定半固定沙丘，流动性的新月形沙丘及沙丘链极少。库布其多为细、中沙，而毛乌素则以中、粗沙为土，地下水贮存条件很好，宜林宜牧。在鄂尔多斯西部黄河以西分布在阿拉善境内的是乌兰布和沙漠。

据地质学研究，在遥远的地质年代形成的古风成沙，在晚更新世玉木冰期的影响下，出现流动沙丘，进入全新世以后，气候温暖，冰雪消融，水资源充沛，植物繁茂，鄂尔多斯出现了湿润的草甸草原和灌丛草原，发育了黑垆土，草原动物增加，由于生物作用，原先的流动沙丘变成了固定、半固定沙丘，形成了植被繁茂的鄂尔多斯草原。只是进入历史时期以后，由于人类的开发破坏，尤其是汉以后的过度开垦，导致原生态平衡被打破，沙漠之间的距离不断缩小，甚至形成人造沙漠（乌兰布和沙漠下埋藏的新石器及战国、秦汉时期遗迹遗物说明它的发生和发展当在汉以后），沙漠化的进程越来越严重。

由于鄂尔多斯地处温带草原和荒漠草原的过渡区，山地、丘陵、高原、沙漠、台地多种地貌形态兼具，过渡性的生态地带使得系统内生物多样性增加，种群密度提高，有利于物种变异和进化，往往构成人类生存活动的"理想生境"。在气候条件适宜的情况下是早期人类生存的理想地域，可耕、可牧、可渔、可猎，容易形成多元性经济。这里主要植被为温带丛生禾草草原，即典型的干草原，间有少量森林。干草原植物种群是冷蒿、长芒草、帽头刺、狭叶锦鸡；荒漠草原的植物群落是苓蒿、胡枝子、沙生针茅；草甸草原的植物群落有芨芨草、角果碱蓬、海乳草。乔木、灌木的分布范围比较小，仅限于水土条件较好的小区域。主要农作物有小麦、莜麦、谷子、玉米、高粱、土豆、胡麻等；饲养牛、羊、马、驴等家畜。盖山林先生自1976年以来对阴山山脉西段—狼山地区的岩画进行了多年的调查。在已调查的阴山—狼山地区岩画中，动物题材约占全部画面的90%。阴山西段，即今大青山、乌拉山和狼山是匈奴活动的主要地区，所以其中属于匈奴的岩画必不会少。据统计，阴山—狼山地区岩画中的动物共有40余种：狐、狼、虎、豹、黑熊、家犬、野马、野驴、家马、岩羊、盘羊、北山羊、羚羊、藏羚羊、黄羊、绵羊、梅花鹿、马鹿、麋鹿、驼鹿、驯鹿、狍、白唇鹿、大角鹿、野牛、家牛、牦牛、羚牛、双峰驼、单峰驼、野猪、野兔、跳鼠、蛇、草蜥、龟、鸵鸟、鹰、扇形海螺、锥形海螺等等。这些岩画中的动物形象，是当时当地自然生态环境的真实反映，因为它们是当时游牧民的猎捕对象和生活来源，作者对他们所描绘的野生动物的形象特征十分熟悉，能够准确地刻画出它们的某些细微结构。由此看来，阴山—狼山地区，在匈奴驻牧时期，曾经有过茂密的森林。在刚刚进入人类历史初期阶段，从贺兰山地、鄂尔多斯高原、阴山山系，直到大兴安岭山地，全都覆盖着原始森林，适合人类畜牧养殖和狩猎。至春秋战国时，人口剧增，各部族、诸侯之间争夺自然资源及生存空间的战争连年不断，从而揭开了大规模破坏森林的序幕。

历史上，鄂尔多斯甚至整个长城地带，一直处于旱地农业和畜牧业两种经济交错分布的状态，正是由于它处于复杂的地理环境和特殊的生态过渡地带，其气候、植被的过渡性和不稳定性特征直接制约着生产活动、经济结构及其发展水平。当气候温暖适宜、雨量充沛时，农业经济发展；当气候恶化，气温急剧下降时，森林草原向灌木草原转变，农业衰退或南移。人类要想在这里生存和发展，只得适应新的自然环境，调整土地利用方式和传统的经济结构，畜牧业经济形态就是在这样的生态背景下显示出它顽强的生命力和优越性，从而被北方民族的先民们选择的。畜牧业在北方草原地区的产生和定形是自然选择的结果，这是鄂尔多斯地区由农向牧过渡的内因，而外因可能与北方蒙古草原游牧人的陆续南下及其与当地居民之间的文化交流密切相关。

根据近年的野外古土壤剖面、孢粉分析、地球化学特征、沉积相分析，明长城基本与当时牧区和农区的分界线相当，大致相当于当时年降水量250～300毫米的雨量线，正是雨养农业与灌溉绿洲农业的雨量分界线，今天这条界线大致与荒漠草原与草原分界线相一致。在内蒙古高原西部，秦长城基本与当时农区和牧区的分界线相当。长城的修筑除了当时军事、政治、社会原因外，也反映了当时农业文化区与牧业文化区的分异。而这种分异又与当时的民族分布有很大关系。当时长城一线外侧，以从事牧业活动的游牧民族为主，而长城内侧，则以从事农业活动的农耕民族为主。

从这个意义上讲，长城是恢复这一地区农、牧区分界的重要考古证据，不同时期环境的变迁，由环境演变所重建的降水量分界线的摆动，长城的南迁，是完全相互吻合的。这说明，长城也是一条重要的自然地带的分界线。战国、秦汉至明代长城的南迁，不仅说明历史上游牧文化的地区变迁，而且也证明了自全新世暖湿期以来这一地带向干旱化方向发展的总体趋势。[1]

第二节　人文环境的变迁概略

在人类文明史上，鄂尔多斯以其灿烂的文化闻名于世。著名的"河套人"即发源于此。汉、匈奴、敕勒、突厥、党项、蒙古等民族均先后在这里生息繁衍。

近年来的文物普查和研究，在农牧交错的鄂尔多斯地区具有萨拉乌素文化（旧称河套文化）以来

---

〔1〕　马利清：《原匈奴、匈奴历史与文化的考古学探索》，内蒙古大学出版社，2005年。

完整的考古学文化序列，特别是在这里可以清楚地观察到从农业向畜牧业过渡的一系列文化特征的演变。它与中原地区一样，是中华文明多元不平衡发展的一个重要文化中心。鄂尔多斯的历史，是一部灿烂辉煌的文明进化史，又是一部丰富多彩的社会发展史。可将其文化序列概括如下：

（1）萨拉乌素文化（距今50000～35000年），旧石器时代晚期文化，以发现晚期智人"河套人"而著称。

（2）水洞沟文化（距今35000～1 3000年），旧石器时代晚期文化。

（3）旧、新石器之间的过渡文化（1 3000年）

（4）仰韶时代文化（距今7000～5000年），初期农业文化。

（5）龙山时代文化（距今5000～4200年），早期农业文化。

（6）早期青铜时代文化—朱开沟文化（距今4200～3500年）。早中期为农业文化，晚期转农牧文化。

（7）青铜文化（距今3500～2200年），牧业文化。

（8）秦汉时期农业文化。

（9）魏晋南北朝时期的牧农交错文化。

（10）隋唐时期的农牧交错文化。

（11）西夏、元代时期牧农或农牧交错文化。

（12）明清以来的农牧交错文化。

特殊的地理环境使得鄂尔多斯地区人类文化的发展呈现出截然不同于中原文明的发展模式，由于这种生态过渡带抗干扰能力差，是生态脆弱带，相邻生态系统之间界面容易发生变异，且恢复周期长。文化的变迁、不同文化之间的关系都呈现出十分活跃的状态。文化的断裂也是十分普遍的现象。[1]

〔1〕 马利清：《原匈奴、匈奴历史与文化的考古学探索》，内蒙古大学出版社，2005年。

第三章

陕北明长城营堡的形制与格局

第一节 陕北明长城营堡的平面形制

从目前调查的陕北明长城营堡的平面形制看，主要有规则的方形或长方形与不规则形两大类。究其原因，平面形制与城堡所处的自然环境有关。在地理环境允许的情况下，在河谷地带、山间盆地、荒漠滩地等处，无一例外城堡均为规整的方形，甚至在一些源上也采用这种平面形制。这说明在开阔之处，传统的城堡平面形制仍是当时人们的主要选择。而那些平面呈不规则形的城堡，主要是由于受到小区域地形地貌的制约，因地势而建筑城垣。《史记·蒙恬列传》："始皇二十六年，秦已并天下，乃使蒙恬将三十万北逐戎狄，收河南。筑长城，因地形，用制险塞，起临洮，至辽东，延袤万余里。"不仅秦代，以后历代都将"因地形，用险制塞"作为修建这类军事设施的一条重要准则。城堡的修建也不例外，这样就导致了城堡平面形制因随地形变化而呈不规则形。

一 平面规则的营堡

如前所述，平面形制规则的城堡主要位于开阔地带。城堡所处区域相对平坦，地势的落差较小，这是此类城堡选址的突出特点。如高家堡、神木营所处为河流的河床地带，为河流形成的小型冲积平原；选址于风沙草滩区的陕北明长城西段的定边、砖井、安边等诸堡也均位于地势落差较小的地带；三山堡位于周山环绕的一处山间盆地，地势几乎没有落差。这类城堡地形的另一个突出特点是地势开阔，城堡的四周均有充足的缓冲地带，这有利于城堡的军事防御。基于以上特点，这些城堡平面总体都为规则的方形或长方形，但是城堡的个体之间还是稍有差别，大致可分为方形、长方形、平行四边形，还有一个特殊的城堡，在方形平面的基础上一个角有折曲。以下分别介绍。

方形：大致呈方形，四面城垣比较规整，相邻两城垣间夹角在90°左右，四边城垣长度大致相等。此形城堡有神木营、定边营、三山堡等。

神木营，现存墙体只有西墙的大部分及南墙东段的局部，但是除东北角楼位置经现代人指出外，其他的三个角楼仍有遗迹存在，经过测算城堡城垣南北为680、东西710米，大致呈方形。定边营，始建为长方形，东西长660、南北长660米，后又向西展筑200米成长方形城池。三山堡，城平面基本为方形，东城垣长 336 米，北城垣长 320 米，南城垣长 320 米，西城垣长 340 米。

长方形：平面呈长方形。此类城堡有高家堡、定边营、保宁堡、安边营、砖井堡、镇羌堡等。

保宁堡，呈东西向长方形，其中南城垣长 412 米，西城垣长 266 米，北城垣长 386 米，东城垣长 260 米，基本上呈长方形。安边营，现存北垣、东垣部分墙体，但是四角楼位置仍在，平面东西向稍长于南北向，其中东城垣全长 612 米，北城垣全长 574 米，西城垣全长 612 米，南城垣全长 574 米。砖井堡，呈南北向的长方形，其中东城垣保存较差，垣体长度 510 米；北城垣保存较好，长 468 米；西城垣保存较好，现存长度 510 米；南城垣保存稍差，现存长度 472 米。

平行四边形：只发现龙州堡为这种特殊的平面形状，城垣周长约 1300 米，占地面积约 8.4 万平方米。该城虽建制规整，但东西向远大于南北向，而且各城垣间的夹角不一致，平面类平行四边形。其中西城垣长 240 米，北城垣长 336 米，东城垣长 254 米，南城垣长 354 米。

特殊的方形：镇羌堡比较特殊，平面呈长方形，但是城堡的东北角向内缩回，北垣长 300 米；东垣共长 400 米，北段从北垣最东端向南延伸 100 米后向东垂直折转，延伸 74 米后又向南延伸；南垣长 370 米；西垣长 324 米。该城的东北角之所以内缩，是受到城形限制的结果。

二　平面不规则形的营堡

此类城堡之所以采用不规则形的平面形制，主要原因是受到环境制约，平面形状随地形的变化而变化。此类城堡所选择的环境不外两类：一是据山临水，二是山上。这两类环境的具体地貌情况均对城堡的平面形状有着制约作用。综合比较这些城堡，大致有长条形、长圆形、圆形、簸箕形、其他不规则形五类，以下分别予以描述。

1. 长条形布局城堡

典型的如清水营、双山堡、大柏油堡、清平堡、把都河堡、镇靖堡。

清水营，平面长条状，中部还有折曲，形似刀把，周长 1974 米，面积约 14.72 万平方米。西垣长 134 米；北垣长 726 米，中部略向外鼓；东垣长 266 米，中部外折；南垣总长 848 米，由东南角西向 310 米有一处折曲，转折处发现角楼遗址一处，由角楼向北延伸 92 米，又向西 446 米到营堡的西南角楼。

大柏油堡，城垣周长 1094 米，占地面积约 43630 平方米。西城垣长 126 米，南城垣长 456 米，东城垣长 68 米，北城垣长 444 米。南、北城垣依沟畔自然地形而建。

清平堡，城周大约 1793 米，占地面积约 15.75 万平方米。南垣长 315 米，分为三段，东、西段较直，中段为三段 18 米长呈直角的折曲墙体；东垣长 600 米，南段、中段较直，北端稍向内弧；北墙长 210 米，沿沟畔修建，现存东段墙体，西段淹没于黄沙之中；西垣总长 668 米，分两段，北段垣体内收 40 米。

镇靖堡，分为南北二城，其中北部主城为明清时期所使用。北城呈长条形，城垣周长 2096 米，占地面积 28.4 万平方米。东城垣长 413 米；南城垣长 827 米，墙体分为两部分，其中川内部分长 591 米，山上部分长 236 米；西城垣长 200 米，略呈内弧线分布；北城垣长 697 米，分为两部分，其中川内部分长 495 米，山上部分 202 米。

2. 长圆形布局城堡

典型的如孤山堡、柳树涧堡下城等。

孤山堡，城平面呈不规则长方形，南北宽，东西窄，周长约 1520 米，面积约 12 万平方米。北垣长 166 米，东垣长 580 米，南垣长 240 米，西垣长 540 米，其中北城垣与东西城垣无明显的折曲，过渡部分为圆弧状。

柳树涧堡下城位于山梁南部，平面略呈长圆形，城周长现存约 1100 米（包括西墙残损部分），占地面积约 10.25 万平方米。东城垣长 143 米，南城垣长 407 米，西城垣墙体仅存 35 米长，北城垣长 260 米。

3. 不规则圆形布局城堡

典型的如石涝池堡。

石涝池堡，发现的城垣依山顶的自然地形呈不规则圆形，周长 440 米，面积 1.1 万平方米。是所有城堡中比类特殊的一类形态。

4. 簸箕形布局城堡

典型的如黄甫川堡、木瓜园堡、新民旧堡、东山旧城、宁塞堡、永济堡、新安边堡、柳树涧堡下城等。采用该形制的城堡一般位于山峁的一面山坡，山坡下即为河水。位于山峁顶端的一般为一段较短的城垣，在这段城垣上建有大型敌台，由此段城垣两端顺着山势向山脚下修筑两侧的城垣，在山脚临水处修筑连结两侧墙体的城垣。

以黄甫川为例介绍。该城堡的西垣长 103 米，由西北、西南两个角楼遗存以其之间的垣体组成，两个角楼之间有一个马面，三者间的距离大至为 50～53 米。永济堡、宁塞堡位于山峁上的部分角楼、马面组合与黄甫川堡完全一致。但是新安边、新民旧堡却在这个部位设有瓮城。柳树涧下城上部的墙体较长，马面与角楼的距离则较大。黄甫川堡南垣长 490 米，西段略向北内弧，西端 60 米的垣体已不存在。南垣的东段设南门瓮城一座。北垣长 501 米，西段向南收缩，北垣设有城门一座。连接南北垣的东垣长 561 米，沿黄甫川西畔修建。其他的各堡临川的城垣长度都远大于位于山顶上的城垣，所设的马面也较多，但是一般也设有城门。

5. 其他不规则形布局城堡

典型的如靖边营、永兴堡、新兴堡等。

这些城堡平面没有固定的形状，主要受地形影响，城垣的形状随山势而走，形成了一些特殊的形制。如靖边营城址选在两条河流的交汇之处，城垣首先受到河流的走向限制；而又将西城垣选在地势较高的山上，山梁的走势又决定了城垣的走向；再加上城堡多次扩建，城堡的面积不断增加，导致城堡的平面形状成为这种不规则形。再如城垣保存较好的新兴堡，坐落在一处山塬上，南侧、北侧均为大型冲沟，地形非常险要，北面、东面为小型冲沟，城堡的选址看重的就是其地形的优势，因而城垣的走势也就随冲沟的边缘而设，在西南角形成弧形的一段，整个城堡的平面近似三角形。

第二节　陕北明长城营堡的建筑格局

一　影响陕北明长城营堡建筑格局的因素

明清时代已是我国古代城市建筑充分发展的阶段。从史前时代最初的城市出现起，经过商周、秦汉时期，城市建筑格局的基本形式已确定下来，有些学者称之为城市规划体系。贺业钜先生认为在西周建立之初，随着大规模的都城营建工程，便奠定了城市营建体系的基础，这一体系的基本内容是《周礼》中的营国制度。在城市的规划上，"左祖右社、面朝后市"作为总的原则。在营国制度体系发展过程中经过两个大阶段，从春秋战国到秦汉时期为第一阶段，自东汉到明清为第二阶段，其中后者又以唐宋市坊制度的变革为转折分为前后两段[1]。

城市的规划中作为都城的城市与一般市镇虽有明显的不同，但是在总体结构上遵循基本相同的原则，明清时代的都城北京城的布局对一般城市的布局有着重要的影响。这一时期明清北京城的布局就是依照古代社会礼制的"左祖右社、面朝后市"的格局来进行规划与建筑的，以皇城为主体，以南北中轴线作为布置建筑要素的线索。在南北中轴线两侧分布的均为国家礼制建筑，在紫禁城前左侧建有太庙，前右侧建有社稷坛，并在城外四方建有天、地、日、月四坛。地方上的各省、州、府、县城市建筑上分别在与其地位对应的模式下设计其建筑格局[2]。

二　陕北明长城营堡平面格局特点及形式

陕北明长城城堡在明代城市建筑体系中处于最基层，其建筑格局具有古代城市建筑最基本的特点；另外，长城城堡作为军事据点，还需要满足战争的要求，所以城堡内设有与军事相关的设施；同时还需满足军队与居民的基本生活要求，所以还有大量的生活设施及满足精神生活需要的宗教设施。

陕北明长城城堡格局形式源自里坊制度，但又有所变化。这种变化一方面受其军事性质的影响，作为对敌防御的重要军事据点，以战时需要来安排建筑单元的布局，同时又考虑到行政、生活以及信仰等方面的需求；另一方面，明长城城堡也有等级的差别，根据层级的不同，城堡内的设施也不尽相同，也影响了城堡内的布局形式。就目前残存下的迹象而言，陕北明长城城堡以街道作为衡量的标准，有以下几种布局形式：

（一）一条或两条主要街道式

此类城堡最典型的就是榆林卫城，其他的有黄甫川堡、波罗堡、大柏油堡等。榆林卫城有两条主要大街东西平行分布，分别被称为大街和二街。大街为主要街道，居于城内偏东部，南端起于南门瓮城，一直向北延伸到北门；二街居于偏西部，修建稍晚。在大街上从明成化八年（1472 年）起，至清乾隆十九年（1754 年），从南大街至北大街先后建有六处楼阁：文昌阁、万佛楼、星明楼、钟楼、凯歌楼、鼓楼，形成"六楼骑街"的街景。与南北向大街、二街垂直的是东西向的小巷，分别被大街和二街分成上、中、下巷。榆林镇内的衙署、兵营、公共建筑、民居就分布于各街巷中。

黄甫川堡现存主要建筑位于山下，山上和半山的部分街巷布局已不清。山下部分现存一条主要街道，南北向设置，分别通向南、北城门，另外在靠近东墙处还有一条次要的南北向街道，作来主街的辅助。主街上设有过街的钟鼓楼，在两条街道之间为居民区和公共建筑区，通过小巷与主要街道相通，在巷道与主街交汇处原来还设有牌楼，现仍存有遗迹。

再如波罗堡，一条主要街道位于灵霄殿与三官楼之间，三官楼之南 30 米处即为南门瓮城。街道两侧为铺舍和民居，还有一些公共建筑。其他城门通过一些小路连接到这条主要街道上。

〔1〕　贺业钜：《中国城市规划史论丛》，中国建筑工业出版社，1986 年。
〔2〕　罗哲文：《中国古代建筑》（修订版），上海古籍出版社，2001 年。

（二）十字街道式

大多数平面呈长方形、方形的城堡均采用此种街道布局模式。这些城堡所处的地势也多为平坦之地，从地形上提供了规划的优势。属此种布局方式典型的城堡有镇羌堡、神木营、高家堡、建安堡、怀远堡、定边营、安边堡、砖井堡等。此类城堡一般在城中心有一座标志性建筑，以此建筑作为十字形布局街道的中心点，这些街道也相应地分别被命名为东、西、南、北大街。最典型的是神木营的布局。

（三）棋盘式

棋盘式布局来自古代城市的里坊布局，但是由于城市的规格不同，里坊的数量、街道的布局也有所不同。明长城城堡中只有少数城堡目前还保留有这种布局模式，如镇靖堡。该堡目前残存中兴楼、师义圣楼两处中心楼性质的建筑，以这两处建筑为中心，堡内的建筑单元按照里坊的布局形式排列，但是由于近现代的破坏，布局、排列的初始情况已不得而知。

第四章

陕北明长城营堡的主要建筑遗存

第一节 主要发现与遗存保存情况

一 主要发现

本次调查中,首先的一项工作就是调查记录陕西段明长城城堡的保存现状。此前陕西省榆林市文物部门也曾对各自所辖的城堡进行过相关保存现状的调查工作,但仅限于各地所属的城堡。长城、古建筑、历史地理学者也曾进行过这方面的工作,其中天津大学的张玉坤先生所做的工作比较科学规范。

经过近两年的工作,目前在陕北地区共发现明长城城堡45座,其现状情况不一,保存下来的遗存有多有少。仅以简单的保存现状标准来衡量,并不能反映城堡遗存的保存现状,因而我们考虑以城垣设施及相关附属建筑、公共建筑、民居、宗教建筑等为参照因素来综合考察。

(一)城垣设施及相关附属建筑

城垣设施 大多数城堡的夯土城垣得到保存。

东路营堡中的黄甫川、清水营、木瓜园堡、新民古堡、永兴堡、神木东山旧城、大柏油堡、高家堡等堡四面城垣的夯土得到部分保留;镇羌堡、柏林堡、建安堡四面城垣基本得到保留;木瓜园堡、清水营、孤山堡、柏林堡等还保存有部分墙体包砖及包石遗迹;只有神木营破坏严重,只残存西墙、南墙部分墙体及两个角楼遗迹。

中路营堡中的双山堡、常乐旧堡、常乐堡、归德堡、保宁堡、响水堡、波罗堡、怀远堡、威武堡等四面夯土城垣得到部分保留;榆林卫城大多数城垣保存较好,外面的包砖在局部墙体也得到保存;波罗堡的西墙也保存了大量的包砖包石;但是鱼河堡、镇川堡的城垣及相关设施已被破坏殆尽。

西路营堡普遍保存较差,其中定边营、饶阳水堡、把都河堡等城堡破坏殆尽;四面墙垣保存较好的只有靖边营、龙州堡、靖边营、三山堡、砖井堡等少数城堡;其他城堡则保存了部分墙垣及附属设施。

墙垣附属设施　墙垣附属设施包括马面、敌台、角楼、城门等。基本上各城堡均有以上城垣附属设施，另外在黄甫川堡、孤山堡、镇羌堡、归德堡的墙垣上还发现有水门遗迹，其中孤山堡、镇羌堡的两处水门遗迹保存较好。在高家堡、三山堡城垣外还发现有城壕。

（二）公共建筑

明代城堡内的公共建筑有许多类型，保存下来的多为中心楼，这些中心楼一般作为钟鼓楼使用，目前这些中心楼多已被用作庙宇。这些城堡中，作为镇城的榆林卫城、作为路城的定边营、神木营城目前仍保存有较好的中心楼，其他城堡如黄甫川堡、镇羌堡、大柏油堡、高家堡、建安堡、怀远堡、宁塞营等仍残存有部分中心楼建筑。

（三）宗教建筑

目前各城堡均不同程度地遗留有一些宗教建筑，但是这些遗存的时代、保存状况各不相同。多数城堡的宗教建筑为明代以后的建筑，甚至还有民国时期和近年新修的建筑。如前所述，这些建筑还有利用公共建筑作为祭祀场所的情况存在。祭祀的对象包括佛教、道教和民间信仰诸神，有些城内还有西方宗教信仰的教堂，如定边县城内的天主教堂。

（四）民居建筑

在一些级别较高的城堡保存有大量的民居建筑，如榆林卫城、神木营等。这些民居早的建筑于明代，清代民国多有增修，大部分修建于清代、民国，目前大多数保留有原貌。另外在一些保存较好的城堡如黄甫川堡、高家堡也保留有一些清代、民国时期的民居，也有重要的历史价值。

二　城堡的破坏情况与破坏因素

通过这次长城资源调查，陕北明长城各城堡都受到程度不同的破坏，具体情况各不相同。总体看，城堡的破坏既有自然原因，也有人为原因；这些破坏既有发生在现代的，也有相当多的破坏发生在明代至晚近。从破坏的总体情况看人为的破坏远甚于自然破坏，近现代的破坏也远甚于既往的破坏。

现存城堡多为各级政府所在地，人为活动频繁，也影响城堡的历史风貌。

第二节　军事建筑

我们将城垣、城垣附属的城门瓮城、角楼、马面等相关设施统一称为军事建筑，以下分述之。

一　城垣

明代，我国已进入文明发展的高级阶段，此时城垣不仅是一座城的外在屏障，更是一座城的标志。每一座城最直观的表现就是都拥有封闭的城垣，借以起到分隔内外、防御外敌的作用。作为军事堡垒的明长城各级城堡，城垣建筑尤其重要。以下就陕北明长城城堡城垣本身的一些特点，初步进行专题研究。

（一）城垣的规格

目前发现的陕西明长城城堡墙垣剖面均为下宽上窄的梯形结构；自下而上逐渐有收分。以下我们从墙垣的底宽、顶宽、高度、收分四个方面对墙垣的数据作进一步分析。

1. 墙垣的底部规格

目前发现保存较好的城堡底宽最大为11米，这是从府谷县的清水营测得的数据。该堡的西墙、南墙的西段、北墙的西段保存相对较好，而且城墙外的包石得到部分保存；从其最基础部分测量最宽处为11米，这应是城堡增修后的宽度。

其他墙垣基础部分保存较好的城堡，底宽数据也多在8~10米。如东路城堡的木瓜园堡、孤山堡、镇羌堡、建安堡，中路的常乐堡、响水堡、波罗堡等，西路的三山堡等。

墙垣的宽度低于这个数据的，多为受到破坏的城堡，有的地方甚至地面上已无墙体存在，得到的数据资料并不能反映明代墙垣的本来面貌。

2. 墙垣的顶部规格

怀远堡的东墙和北墙顶宽目前在所有城堡中是最宽的，达到7米左右；其他保存较好的城堡顶部宽度数据一般在4米左右。顶部宽度小于这个数值的多为破坏导致。

3. 墙垣的高度

墙垣之所以可以起到阻挡敌人进攻的作用，除了墙体的厚实外，还更多地仰仗其高大。墙垣的高度分为两个方面：内高与外高。修筑城堡时，对墙垣的外高犹为重视，除了墙垣本身必须达到一定高度外，还尽量利用地形的优势，尽可能增加墙体的相对高度。长期以来，很多城堡墙垣的内部墙体塌坍、黄沙淤积严重，目前测得的内部高度数据已失去意义；但是个别保存较好的城堡还保留原有高度，对认识墙垣的高度有一定的意义。

墙垣保存较好的城堡，如清水营南墙测得所有调查城堡的墙体外部高度的最大数值，达到12米，而该堡的西墙外部最大高度值也达到10米，北墙外部最大高度值11米。三山堡位于山间平原，四周地势平坦，城堡内外地势一致，该堡北墙和西墙墙体高度内外均为10米左右，此数值当为墙垣的原始高度。

其他保存较好的城堡外部高度值也多在8~10米。个别城堡，如柏林堡，墙垣保存也较好，但墙垣的外部高度仅在6米左右，这与墙垣外部的坍塌有关；其他低于这一数值的墙垣，多为破坏所致。各堡墙垣的具体数值见各城堡相关部分。

4. 墙垣的收分

目前残存的所有墙垣均有收分，即随着墙垣的升高而将宽度减小，这也是古代夯土建筑增加其稳定性的必要手段之一。从各城堡保存较好的城垣测量，其收分的数据大体一致。

春秋战国时期随着修筑了大量的城邑，城垣建筑也进入成熟阶段。城垣建筑工程中的一些技术要求也逐渐为匠人所掌握，《考工记》载："墙厚三尺，崇三之。"《九章算术·商功篇》："今有城，下广四丈，上广二丈，高五丈。"这些记载反映了墙垣修筑时宽高的比例关系，早期文献中的这种比例关系目前尚无法与现存的遗迹对应起来。北宋熙宁年间的《营造法式·卷三》则规定："筑墙之制，每墙厚三尺高九尺"，这一规定也与明代长城城堡的城垣建筑的比例不一致。

（二）城垣的建筑结构

城垣建筑在结构上分为基础、墙体、顶部建筑三个主要部分。

1. 基础部分

这部分包括夯土墙基、散水等。由于没有发掘，墙垣基础部分的具体结构不明。在孤山堡、建安堡、清平堡等城堡墙垣的外侧发现有大量的灰碴遗存，这些可能是墙垣的基础或散水遗迹。

2. 墙体部分

包括夯土墙体、包砖、包石等。

夯土墙体　文献记载明代中期的城堡墙垣为夯土墙体，明代晚期才在夯土墙体的外侧和内侧包砌砖石，夯土墙体是墙垣的主要部分。

墙体多由比较纯净的黄土夯打而成，说明用于修筑城堡的黄土经过一定程序的选择；个别墙体中夹杂有少量石块、料礓块，夹杂陶片的情况较为少见，仅在大柏油堡等处发现夹杂有瓦片；新兴堡墙体中曾发现有一具人骨架，这种情况仅见此一例，推测可能与施工中的酷刑或战俘祭祀有关。

各城堡墙体多采用平层夯筑的构建方式。墙体的夯层厚度基本一致，大多数夯层厚度的数值集中在 8~15 厘米，个别夯层薄厚数量略有增加，最大厚度可达 20 厘米左右，最小厚度达 5~6 厘米。在许多城堡的夯土层中可以观察出夯窝迹象，例如黄甫川堡的北墙夯窝直径 5.5、深 1.2 厘米，木瓜园堡的北墙夯窝直径 6、深 1.4 厘米，此外在神木营、新兴堡等处也发现了大量的夯窝迹象，这些夯窝间距多为 3~5 厘米。综合各处迹象特征，城堡墙体应该为集束式夯具夯筑而成。

墙体剖面形式为上窄下宽的梯形，通过观察孤山堡西墙、镇靖堡南墙两处剖面，可以发现墙体的修筑顺序。

包石　设在墙体外立面的下部，其上再予以包砖。多数城堡残存有包石遗迹。其中保存较好的有木瓜园堡西墙、高家堡北墙、波罗堡、榆林卫城等城堡城垣。包石主要位于墙体外侧的底部。各城堡墙体包石的层数不同，这其中有后期破坏的因素，也有当时修建的因素。木瓜园堡西墙、波罗堡西墙等保存有包石的原状。

包砖　一般位于墙体包石层之上。榆林卫城、孤山堡、波罗堡等保存有完整的包砖遗迹，在柏林堡还保留有反映城墙内部包砖构造的迹象。

3. 墙垣顶部建筑

许多城堡墙垣的上部还残存一些上部建筑遗存。主要遗存包括防水层、铺石、女墙、垛口等。

防水层　墙体上部的防水层在响水堡东墙上部有所发现，该墙上残存有 0.3~0.4 米的灰碴层，残迹似还可分层，内部由石灰碴组成，呈灰白色，由其宽度与墙体上部的宽度一致。孤山堡北墙局部残存少量防水层，厚度仅 0.12 米，仅保存有少量的白灰灰碴。

铺石　此类迹象发现于清水营西墙、孤山堡的北墙、波罗堡东墙等城堡，石块呈棕红色，砂岩质地。孤山堡墙顶残存防水石板，原应为方形或长方形，现已风化严重，失去原形，残石厚 0.02~0.03 米。

女墙　只在镇靖堡西墙上发现了少量的残存遗迹，局部墙体顶部外侧残存的垛墙，宽 0.5、残高 0.4~1.5 米，内侧残存的女墙宽 0.5、残高 0.3~1.4 米。

二　马面

马面，《墨子》一书称"台城"，亦有称其为战墩台，它是凸出在城垣外侧的一种台状的城垣附属性设施。马面的功能，既可以加固城体，又利于观察和防御。中国历代马面使用情况，尤其是宋之前的马面情况，古文献记载很少，故对其产生与发展的研究应主要依据考古材料。叶万松、李德方先生认为从目前的考古资料分析，马面当产生于夏代及其前后的中国北部地区，秦汉至魏晋的马面在中国北部的边远地区较为流行，中原地区所见尚少，长江以南地区初有存在。北宋至明清，是中国古代马面的昌盛期。在北部地区，诸多的城堡、边堡、界墙均筑有马面，诸多的中原地方城市也筑有马面。[1]

陕北明长城边墙墙体与城堡建筑中发现了大量的马面遗迹，通过对这批材料的分析可以对这一时期长城城堡这一特定对象的马面使用相关问题进行专题研究。

陕北明长城各城堡墙垣上均发现有马面遗迹，但是马面在各墙体上的分布情况并一致。各城堡马面的具体位置见下表（表2）。

表2　陕西省明长城营堡马面统计表

营堡名称	数量	马面编号	垣体位置	营堡名称	数量	马面编号	垣体位置
榆林卫城	10	1～3	北垣	建安堡	1	1	西垣
		4～10	东垣	双山堡	3	1、2	西垣
麟州故城						3	东垣
神木旧城	1	1	东垣	常乐堡	7	1、2	南垣
黄甫川堡	2	1	西垣			3、4	西垣
		2	南垣			5、6	北垣
清水营	4	1.5	南垣			7	东垣
		2～4	北垣	常乐旧堡	2	1	北垣
木瓜园堡	1	1	东垣			2	东垣
孤山堡	3	1	北垣	归德堡	2	1	北垣
		2	东垣			2	南垣
		3	西垣	保宁堡	4	1	南垣
东村堡	8	1、2	西垣			2、3	北垣
		3、4	北垣			4	东垣
		5、6	东垣	平邑堡			
		7、8	南垣	响水堡	4	1、2、3	西垣
镇羌堡	1	1	西垣			4	东垣
永兴堡	1	1	南垣	波罗堡	1	1	东垣
大柏油堡				鱼河堡			
柏林堡	2	1	南垣	镇川堡			
		2	北垣	怀远堡	5	1、2	北垣
高家堡						3	西垣
						4	南垣

〔1〕　叶万松、李德方：《中国古代马面的产生与发展》，《考古与文物》2004年第1期。

续表2

营堡名称	数量	马面编号	垣体位置	营堡名称	数量	马面编号	垣体位置
怀远堡	5	5	东垣	宁塞堡	5	5	西垣北段
威武堡	7	1、2、3	南垣	把都河堡	2	1	东垣
		4	东垣			2	南垣
		5、6	北垣				南侧挡垣
		7	西垣	永济堡	6	1~4	西垣
清平堡	0					5	北垣
靖边营	10	1	南城南垣			6	东垣
		2、3	北城南垣	柳树涧堡 上城	1	1	西垣
		4	北城东垣	柳树涧堡 下城			
		5、6	北城东垣	安边营	4	1、2	东垣
		7、10	北城北垣			3、4	北垣
		8、9	北城西垣	砖井堡	8	1、2	东垣
定边营						3、4	北垣
龙州堡	8	1、2	西垣			5、6	西垣
		3、4	北垣			7、8	南垣
		5	东垣	新安边营	6	1~4	东垣
		6、7、8	南垣			5	西垣
镇靖堡	9	1、2	东垣			6	南垣
		3、4	南垣	石涝池堡			
		5	西垣	盐场堡			
		6、7、8、9	北垣	新兴堡	9	1~3	东垣
镇罗堡	3	1、2	北垣			4~6	西垣
		3	西垣			7~9	南垣
宁塞堡	5	1、2	西垣	三山堡	1	1	东垣
		3、4	北垣				

（一）马面的分类

目前发现的城垣墙体马面绝大多数设置于墙体的外侧，但是调查中发现了两例设于墙体内侧的马面，分别位于响水堡的南墙及靖边营（新城堡）南城的西墙。推测这种马面的功用与传统的外马面有所不同，这种马面主要用于观察城墙内侧的情况。

（二）马面的形制与规格

马面在平面上呈方形或长方形，立面上多呈上小下大的梯形，总体上是附加于墙体外侧的一个台体结构。

以马面的平面形状为标准可分为长方形马面、方形马面两种类型。

长方形马面

这类马面平面呈长方形，又可分为两型：

　　A 型：台体底部凸出长度小于马面与墙体平行部分长度，平面上为一个长方形台体贴附于墙体。发现的大多数马面属于这一类型。具体数据见城堡墙垣马面统计表。

　　B 型：台体底部凸出长度大于马面与墙体平行部分长度，平面上为一个长方形台体垂交于墙体。这种类型的马面发现不多，常乐旧堡发现的两座马面均属此种类型，该马面顶部大致呈方形，但是下部凸出部分的长度远大于与墙体平行的部分。其他类似的马面还发现于常乐堡的北墙 6 号马面、镇靖堡西墙 5 号马面、镇罗堡西墙 3 号马面、归德堡南墙 2 号马面。

　　近方形马面

　　此类马面发现较少，仅发现于常乐堡西墙 3 号、保宁堡东墙 4 号、怀远堡北墙 1 号、永济堡东墙 6号、砖井堡南墙 8 号以及新兴堡东墙 2、3 号等马面。

（三）马面的建筑结构

　　马面的建筑结构与墙垣的基本一致，也可分为基础、台体、上部建筑三部分。

　　基础部分：由于马面与墙垣建筑相连，所以它与墙垣的基础部分在建筑结构上一致。

　　台体：马面本质是附贴于墙垣的台体建筑，台体建筑的本身也与墙垣的结构一样。

　　上部建筑：多数马面的高度与墙体相同，个别高出墙体；一些马面上还发现有建筑遗迹，说明其上当时还有建筑的存在。

三　敌台和敌楼

　　在调查中除了马面，我们还发现了一类附属于墙垣的建筑遗迹。由于大多数没有发现其上部的建筑遗迹，台体形制与马面类似，多数情况下将其视为马面；但是这类建筑每座城堡只出现一个，而且规模远大于一般马面，显然属于具有特殊意义的建筑，我们后来将其估且定名为敌台。柏林堡发现了一座敌楼建筑，这是我们认为的传统意义的楼铺建筑。因而这两类建筑我们暂且放在一起介绍。

（一）发现的主要遗迹

　　主要发现于清水营西墙、靖边营（新城堡）北墙、宁塞堡西墙、把都河堡南墙（该堡南侧还有一道挡墙附有一座敌台）、柳树涧堡上城北墙、安边堡北墙、砖井堡北墙。以上这些敌台上多已无建筑遗存，只在新城堡敌台上发现有建筑残迹，证明当时其上应有建筑。柏林堡的南墙发现一座完整的敌楼建筑，但是为民国年间重修。

（二）规格与形制

　　这些敌台的规格远大于一般的马面，这是与马面的主要区别。具体规格见下统计表（表 3）。

表3　陕西省明长城营堡敌台统计表　　　　（夯层：厘米；其余：米）

营堡名称	在各城堡的编号	所处墙垣位置	底部凸出长度	底部与墙体平行长度	上部凸出长度	上部与墙体平行长度	高度	夯层	备注
清水营		西墙	22	12			10		
柏林堡	1	南墙	10.15	13					
靖边营（新城堡）	10	北城北墙	30	27	23	25	6～11.6	8.0～20	顶部有建筑
宁塞堡	5	西墙北段	17	20	16	18	11		
把都河堡		南侧挡墙	下层12	20	13	17	6.5		
柳树涧堡上城	1	西墙	11	13.3	8	6	7		
安边堡		北墙	下层19	29	24	25	8		
砖井堡		北墙	20	36	15～20.0	27	11		

在所有的敌台中，靖边营北墙上的最大，这与靖边营作为西路营城的地位有一定的关系；其次是安边堡、砖井堡敌台。柳树涧堡的最小。但即便如此，这些敌台的规格也远大于同一城堡中的其他马面。

这些敌台平面一般呈方形或长方形，均为上小下大的台体建筑。大多数为单层台体建筑；安边堡、把都河堡台体分为上下两层，与其他台体结构稍有不同，具体见各堡详述。

（三）设置特点

从这些敌台设置的位置看，绝大多数位于城堡北墙或西墙中部。把都河堡由于城堡破坏严重，城堡的结构形制不清，南墙之外还有一道挡墙，两道墙上分别设有大型敌台；柏林堡南墙上的为敌楼建筑，这种敌楼是不是与其他城堡敌台建筑类似还不一定。

设置于北墙或西墙居中的位置，应是这种敌台的主要特点。

（四）功用

从这些敌台设置的特点看，其功用应该有以下几种：

1. 防御　这种敌台与马面的形制一致，并且凸出墙体很多，在城垣的防御中可以起到马面的作用；在实际的设置中，修筑者也考虑到了其马面功用，如靖边营北墙这种敌台两侧还有一般的马面各一座，三者在防御时可以配合使用；这些设在北墙或西北墙的敌台也正处于与蒙古士兵征杀的前沿，敌台设于北墙和西墙的用意正因于此。

2. 楼铺的承载体　从靖边营敌台上发现有建筑遗迹看，这种敌台上部原建有楼铺。从靖边营残存的迹象看，这种敌台上的建筑规模宏大，应该不是一般的楼铺建筑。

3. 威仪　这种敌台规格较大，最大的靖边营北墙敌台凸出墙体30米，远大于一般的马面，给人以气势雄伟的印象。尤其是这种敌台位于要冲的北墙或西墙，对从西、北方向而来的蒙古部族的进攻可以起到威慑作用。

四　角楼

（一）发现的主要遗迹

目前除了保存较差的鱼河堡、镇川堡、定边营、盐场堡、饶阳水堡等城堡外，各城堡均发现有角楼建筑。由于上部建筑基本已不存在，目前只是保存有附属于城堡墙垣夯土的台体建筑，我们考察的重点也即是这些台体。各城堡保留下来角楼的见下统计表。

大多数墙垣保存较好的城堡发现有角楼建筑，部分保存有包砖包石。具体情况见下表（表4）。

表4　陕西省明长城营堡角楼统计表

营堡名称	位置	存否	备注	位置	存否	备注	位置	存否	备注	位置	存否	备注
镇羌堡	东北角楼	√		东南角楼	√		西南角楼	√		西北角楼	√	
黄甫川堡	东北角楼			东南角楼			西南角楼	√		西北角楼	√	
清水营	东北角楼			南墙中部角楼	√		西南角楼	√	包石，包砖	西北角楼	√	
木瓜园堡	东北角楼	√	包石	东南角楼			西南角楼	√	包石，包砖	西北角楼		
孤山堡	东北角楼	√		东南角楼	√	包石包砖完整	西南角楼	√	包石	西北角楼		
东村堡	东北角楼	√		东南角楼	√		西南角楼	√		西北角楼	√	
永兴堡	东北角楼		仅存遗迹	东南角楼		仅存遗迹	西南角楼		仅存遗迹	西北角楼		仅存遗迹
麟州故城	东北角楼			东南角楼			西南角楼			西北角楼		
神木旧城	东北角楼			东南角楼			西南角楼			西北角楼		
神木营	东北角楼			东南角楼			西南角楼			西北角楼	√	
大柏油堡	东北角楼			东南角楼			西南角楼	√	残存包砖	西北角楼	√	
柏林堡	东北角楼	√	残存包砖	东南角楼	√	包石，包砖	西南角楼	√	残存包石9层	西北角楼	√	
高家堡	东北角楼	√		东南角楼			西南角楼			西北角楼		
建安堡	东北角楼	√		东南角楼	√		西南角楼			西北角楼	√	
双山堡	东北角楼	√		东南角楼			西南角楼	√		西北角楼		
常乐旧堡	东北角楼			东南角楼			西南角楼			西北角楼		
常乐堡	东北角楼			东南角楼	√		西南角楼	√		西北角楼	√	
榆林卫城	东北角楼	√		东南角楼	√		西南角楼			西北角楼		
归德堡	东北角楼	√		东南角楼	√		西南角楼			西北角楼		
保宁堡	东北角楼	√		东南角楼			西南角楼	√		西北角楼	√	
鱼河堡	东北角楼			东南角楼			西南角楼			西北角楼		
镇川堡	东北角楼			东南角楼			西南角楼			西北角楼		
平邑堡	东北角楼			东南角楼			西南角楼			西北角楼		
响水堡	东北角楼			东南角楼			西南角楼	√		西北角楼		
波罗堡	东北角楼			东南角楼	√		西南角楼			西北角楼		

续表4

名称	位置	存否	备注	位置	存否	备注	位置	存否	备注	位置	存否	备注
怀远堡	东北角楼			东南角楼			西南角楼			西北角楼	√	
威武堡	东北角楼	√		东南角楼	√		西南角楼			西北角楼		
清平堡	东北角楼			东南角楼		残存包砖	西南角楼			西墙中部角楼	√	
龙州堡	东北角楼			东南角楼	√		西南角楼	√		西北角楼		
镇靖堡	东北角楼	√		东南角楼	√		西南角楼			西北角楼	√	
镇罗堡	东北角楼	√		东南角楼			西南角楼			西北角楼	√	
靖边营	东北角楼			东南角楼			西南角楼	√		西北角楼	√	
宁塞营	东北角楼	√		东南角楼			西南角楼	√		西北角楼	√	
把都河堡	东北角楼			东南角楼			西南角楼			西北角楼		
永济堡	东北角楼			东南角楼			西南角楼	√		西北角楼	√	
柳树涧堡	上城　东北角楼	√		东南角楼			西南角楼			西北角楼	√	
	下城　东北角楼	√		东南角楼			西南角楼	√		西北角楼	√	
安边营	东北角楼	√		东南角楼	√	顶部还有一台体建筑	西南角楼			西北角楼		
新安边营	东北角楼			东南角楼			西南角楼	√		西北角楼		
砖井堡	东北角楼	√	包石	东南角楼	√		西南角楼	√		西北角楼	√	
定边营	东北角楼			东南角楼			西南角楼			西北角楼		
盐场堡	东北角楼			东南角楼			西南角楼			西北角楼		
石涝池堡	东北角楼			东南角楼			西南角楼			西北角楼		
三山堡	东北角楼	√		东南角楼	√		西南角楼	√		西北角楼	√	
新兴堡	东北角楼	√		东南角楼	√		西南角楼	√		西北角楼	√	
饶阳水堡	东北角楼			东南角楼			西南角楼			西北角楼		

（二）角楼的形制与规格

考察各城堡发现的角楼，并不是独立存在于城堡墙垣之外的台体，但也完全等同于两个墙垣之间的拐角。一般情况下台体都凸出于城堡的墙垣，形成一个半独立式的台体结构，这些角楼台体内部与墙垣相连，一般平面上只表现出三个拐角。这些台体目前多与墙垣高度平齐，少数高于现在的墙体。调查中发现少数角楼上残存有建筑遗迹；推测这些转角楼体上原应高于墙垣本身，其上有楼铺建筑。

从现场调查看，这些城堡角楼台体平面上分为近方形和长方形两类。

A型：近方形。大多数城堡的角楼属于此类型。典型的如保存较好的镇羌堡东北角楼，其底部北、东向各凸出 7、5 米，底部近方形，边长 23 米；顶部也近方形，边长为 22 米。建安堡四个角楼平面也为方形，保存较好的东北角楼底部边长 19.1、19.2 米，底边分别凸出 7、9 米；顶部边长分别为 15.4、15.2 米。以上两处城堡的角楼平面规格较大，大多数城堡角楼底部的边长多大于 10 米，也有一些城堡的角楼平面规格稍小。如保宁堡的东南角楼，底部分别凸出墙体 4 米，底部的边长分别为 5 米，顶部边长分别为 3 米。

B型：长方形。典型的有柏林堡的东北角楼，底部向北凸出3.5米，向东凸出5.5米，底部东西长16、南北宽13米；顶部东西长14、南北宽12米。其他的如威武堡、清平堡、龙州堡、镇靖堡等也多属此类型。

（三）角楼的建筑方式与建筑结构

角楼与墙垣、马面等建筑方式基本相同，也为夯土建筑，台体的外部包石包砖；在建筑结构上角楼也可分为基础、台体、上部建筑三个部分。

五　瓮城与城门

（一）发现的主要遗迹

目前大多数陕北明长城城堡仍残存有城门设施。陕北明长城城堡城门大多数为瓮城结构，就是在主城门外另筑一个小城，将城门包围起来，称为瓮城或月城。《武经总要》："城外瓮城，或圆或方，视地形为之，高厚与城等，唯偏开一门，左右各随其便。"陕北明长城各城堡中城门的残存情况与形制结构具体情况以下列表予以描述（表5）。

表5　陕西省明长城营堡瓮城及瓮城城门统计表

名称	位置	结构	现存遗迹
黄甫川堡			
清水营	东门	瓮城	现存北墙
	南门	瓮城	完整
木瓜园堡	南门	瓮城	均现存部分墙体
	西门	瓮城	
孤山堡	北门	瓮城	保存较好，现存东墙门洞
	西门	瓮城	残存内门
东村堡	北门	瓮城	
	南门	瓮城	仅存西墙局部和东南角墙基
镇羌堡	东门	瓮城	
	南门	瓮城	
	北门	瓮城	现存北门洞西侧基础外包石三层
永兴堡	南门	瓮城	
大柏油堡	西门	瓮城	
柏林堡	东门	瓮城	现存东、北墙
	西门	瓮城	现存东、南墙
高家堡	东门	不清	被破坏
	西门	瓮城	
麟州故城	北门	瓮城	
	东门		
	南北		

名称	位置	结构	现存遗迹
建安堡	东门	瓮城	
	南门	瓮城	
	北门	瓮城	
双山堡	南门	瓮城	
	西门	不清	
	东门	不清	
常乐堡	东门	瓮城	
	西门	瓮城	
常乐旧堡		不清	
榆林卫城	南门	瓮城	经维修，结构完整
	东门		
响水堡	大西门	瓮城	
	小西门	瓮城	
	南门	瓮城	
	东门	瓮城	
波罗堡	北门（大西门）	瓮城	
	西门		
	南门	瓮城	
鱼河堡	北门	不清	
怀远堡	北门	瓮城	
	东门	瓮城	
威武堡	南门	瓮城	
	北门	瓮城	
归德堡	南门	无存	
清平堡			
靖边营（新城堡）	南城南门	两道瓮城	
	北城南门		
龙州堡	东门	瓮城	
	西门	瓮城	
镇靖堡	东门	瓮城	
	北门	瓮城	
永济堡	北门	瓮城	
	南门	瓮城	
新安边营	东门	瓮城	
	北门	瓮城	
砖井堡	东门	瓮城	
	西门	瓮城	
	南门	瓮城	
新兴堡	东门	瓮城	
	南门	瓮城	
三山堡	北门	瓮城	
	南门	瓮城	

（二）平面形制与建筑规模

陕北明长城城堡瓮城的发现与文献记载基本一致，有瓮城和月城的不同，这种名称上的不同也与平面形制的不同有关。各城堡发现的瓮城平面上大致有两种形制：矩形和半圆形。大多数城门瓮城属于矩形结构，传统上称此类为瓮城；极个别城堡瓮城为半圆形结构，上文所引称之为月城。景爱先生认为应该规范统一称之为瓮城，必要时称之为月城[1]。我们因而统一称之为瓮城。分为矩形和半圆形。

矩形瓮城：又可分为长方形、近方形。大多数瓮城为长方形，但是二者间并没有明显的形制区别。城堡的正门通常与瓮城的城门不在一条直线上，多开在长方形瓮城与城堡城垣对交的某一墙垣上，但是新安边营北门瓮城城门与城堡城门几乎相对设置，只是二者稍有错开。

保存较好的此类瓮城有孤山堡北门、榆林卫城东门等。孤山堡北门位于北墙中段，瓮城墙体、内外城门都保存较好。瓮城平面呈长方形，城内东西长 19、南北宽 16.1 米。墙体底宽 9 米，顶残宽 1.5～4.5 米，局部保留顶上防水石板，墙内残高 6 米，外残高 9.3 米。墙体外侧包砖，表面残缺；内侧不包砖，坍塌严重。瓮城东墙墙体偏南处开设进出瓮城的门洞，宽 3.13、进深 6.7、高 4.52 米，砖规格 38×39×9 厘米。典型的还有砖井堡西门，该瓮城平面呈长方形，外侧南北长 48、东西宽 30 米，内侧南北长 36、东西宽 24 米。城门的两侧墙高 10.5 米。瓮城墙体底宽 6、顶宽 0.4～2.6、高 6 米，夯层厚 6～12 厘米。夯土墙体裂缝，破损严重。瓮城向西开门，今存豁口宽 6 米。瓮城外堆积坍塌土。

新安边营北门瓮城如前所述不同于其他矩形瓮城，城内南北长 43、东西宽 25 米，瓮城向北开门，与城堡的北门相对而略微偏东。现存北门豁口宽 7、进深 9 米；瓮城墙体底残宽 6～8、顶残宽 0.8～5.5、外残高 4～6、内残高 3～5.5 米。值得注意的是瓮城东北角墙外侧（瓮城门东侧）存有一圆形高台，与墙体相连。台底周直径 8 米，顶东西长 9、南北宽 3、高 9.5 米，夯层厚 8～20 厘米。台系黄土夯筑，质地纯净，台外壁残损。

新兴堡东门也与其他城堡瓮城结构稍有不同。瓮城平面呈长方形，拐角处稍圆，南北总长 70、东西宽 30 米，城内南北长 56、东西宽 24 米。瓮城墙体底宽 6～7、顶残宽 1.5～3、外高 6～8.8、内高 2～5 米。城门门洞现存豁口宽 4、进深 6 米；瓮城向北开门，豁口宽 6 米。瓮城东墙向北延伸 9 米，底宽 11 米，上部坍塌严重。该墙与瓮城北侧的 3 号马面又形成一个小瓮城。

半圆形瓮城：因其形半圆，故又称月城，目前仅发现榆林卫城南门瓮城为此类结构。该瓮城为南北向的半圆形结构，瓮城南北长 52、东西宽 47 米。瓮城城墙上部外侧设有垛口，内侧有女墙。外部包砖。内城门开在南墙上，外城门开在瓮城西墙。半圆形的瓮城墙体分为三段，其中东西两段为直墙体，南北长 22 米，南段为弧形墙体，外弧总长 57 米，瓮城墙体底宽 11.7 米，顶宽 8～9.5 米，至垛口通高 15.7 米。

（三）设置特点

城门是城堡防御的关键部位，因而城门的设置首要的考虑就是如何有效抵御、化解敌人的进攻。城门设置的位置体现了城堡修筑者在这方面的意图；由普通城门发展为瓮城结构也主要出于这方面的考虑；城门还是城堡内外交通的场所，也必须将这方面的因素纳入考虑之中；另外瓮城的设置需要一定的空间，自然环境的许可也是一个重要的方面。

---

[1] 景爱：《长城》，学苑出版社，2008 年。

1. 城堡城门的位置考虑

不同自然环境中的城堡设置城门的原则不尽相同。前文我们从所处的自然地理环境出发将陕北明长城城堡分为据山临水型、土塬型、河谷型、荒漠滩地型、周山环绕型、山头型六种类型。

数量最多的据山临水型城堡，这类城堡平面上又可分为不规则的上小下大型、长方形或长圆形。除东路的孤山堡、西路的新安边营位于山峁上部的墙垣设有瓮城外，其他城堡在这个部位一般不设城门；此类城堡一般面向河谷设有城门，推测取利于川道的交通方便。

位于风沙滩区的西路城堡基本上不在北墙设立城门，这应该出于军事上的考虑。再者这些城堡北墙正中设置了大型敌台，也没有设置城门的位置。

河谷型的神木营、高家堡平面形制为方形和长方形，在城垣的四边各设一门。榆林卫城面积较大，所依驼山也并不险要，城垣的四边也各设一门。

位于于山塬上的镇羌堡、双山堡、柏林堡、龙州堡等城堡，总体上城垣的东西均设有城门，只有镇羌堡仍设有北门。

处于山间盆地的三山堡，只设两座城门，南北墙垣各一。三山堡只有一座马面，设于东墙，因而东墙上不应再设城门；再者三山堡规模较小，该城南北 340、东西 320 米，两座城门已可满足交通需要。

2. 瓮城城门朝向的设计

瓮城城门的设置有两种情况。调查中发现瓮城城门多不与城堡正门的方向一致，《武经总要》指出"开门左右各随其便"，但是城门在城堡防御中具有重要地位，城门的设置应是相当慎重之事，并不可能随意而为。其侧门所处瓮城墙垣的位置应该是综合考虑多种因素的结果。此外除了在瓮城的侧墙开门外，目前还在新安边营北门瓮城发现其瓮城城门设在与主城门基本相对的位置上，不属于侧开类城门。

综合考察陕北明长城城堡，侧开的瓮城城门与主城门方向的位置大致有以下两种交互关系：

第一种：瓮城城门位于主城门的右方侧墙。按照此类方式开门的城堡较多，典型的如孤山堡北门、镇羌堡东门、榆林卫城东门等。

第二种：瓮城城门位于主城门的左方侧墙。此类方式开瓮城城门的城堡较少，典型的如砖井堡的东门、北门，三山堡的东西门等。

如前所述，瓮城城门的开门方向应该视需要而定，这种需要首先考虑的应该是地形因素，如响水堡的东西门，北侧为较高的悬崖，其瓮城城门则开在适于通行的一侧。而在平原地带，则更多地需要考虑战略上的要求。如处于风沙草滩区的砖井堡、安边营等城堡瓮城城门选在背向大边长城的位置，常乐新堡所处位置也较为平坦，其东西瓮城的外城城门均设在南墙上，这种设置显然着重考虑了一旦边墙失守后，城堡独立防御上的需要。

六　马道

（一）发现的主要遗迹

古代城墙建筑的马道有两种类型，一种是指修建于城垣内侧的斜坡道或阶梯状道，用于人员、马匹上下城墙及运送军械武器物品等，另一种是位于墙垣的顶部，内外女墙间的走道。本节所述马道仅指第一种类型。

陕北明长城城堡保存下的马道迹象较少，共发现孤山堡北门、柏林堡东门、靖边营（新城堡）北城南墙南门、龙州堡东门西门、镇靖堡东门、三山堡北门、鱼河堡北门八处马道遗迹。

各堡发现的马道遗迹具体情况如下：

孤山堡　北门西墙体内侧建有马道，斜坡长13、宽5米，今仅存土坡，不见所包砖石。

柏林堡　靠东墙内侧保存2米多宽的马道，局部残存顺砖错缝斜铺路面。

靖边营（新城堡）　北城南墙南门内侧东边有马道，斜长23、宽4、高4米，保存一般。

龙州堡　西门内侧南边建有马道，底部因修建水渠破坏，现残斜长18.5、宽4.2、高6.5米。东门内侧北边建有马道，残斜长32、宽3、高5.4米。

镇靖堡　东门北边墙体内侧残存马道，斜长22、残宽1.2、残高5.7米，靠城内部分因修整田地被破坏。

三山堡　北门东侧墙体内侧建马道，保存较好，马道宽4米，高与墙体相同，达7.5米，直线长20.5、斜长21.5米。与北门相接处有破坏的大小两个窟窿。

鱼河堡　马道保存较好，位于该堡北门西侧，马道宽3.28米，路面为三合土夯筑而成，通长13.95米。马道有门，马道底部至门7.3米。马道侧墙高0.7米，厚0.43米，用砖错缝平砌，六层。砖规格为：长32～40、宽19.5、厚9.5厘米。马道侧墙前端砾石宽30、厚21、长86厘米。马道门北侧门墩高1.4、宽0.87米，错缝平砌，现残留十五层砖。门墩石长43、宽24、厚13厘米；门轴直径0.09米；门槛槽宽0.09米。南北门墩石对称，南侧门墩残高0.46、宽0.87米，五层砖。

（二）马道的特点及功用

目前发现的马道形制均为传统的长斜坡状。

马道的规格各城堡有所不同，宽度最大的为孤山堡，最大宽度为5米，靖边营、三山堡、龙州堡马道宽度也在3～4米间，其他城堡马道的宽度1～2米。

马道的长度也有所不同，龙州堡东门内侧马道斜长达32米，这是发现的最长的马道，其他城堡的马道多长20米左右。

陕北明长城城堡的马道目前仅发现于城门附近的内侧，斜坡道通向城门上部的建筑物附近。这也说明马道不仅用于运送物资军械，也说明还用于军兵的调动以及作战将官在城楼处的指挥。

七　水门

（一）发现的主要遗迹

水门主要用于城堡内积水的排泄，也称水关。陕北明长城城堡现存明确的水门遗迹五处，分别发现于黄甫川堡东墙、孤山堡南墙、镇羌堡南墙、神木营西墙、归德堡北墙。

（二）水门的构造

从保存较好的几处水门观察，水门主体部分为墙垣下部的一道贯通内外的通道，俗称水洞，这条通道有两种形式，一种为长斜坡状，另一种为呈折曲状的两组台阶，水洞的顶部多起券；另外在城垣的内外侧各有引水与排水的附属设施。水洞及附属设施多用砖和条石砌筑而成。

（三）水门的功用

水门的功能首先在于排水，为了避免积水对城堡内的建筑以及城堡墙垣的破坏，修建这种水门成为城堡修建中的一种重要工程。

其次，水门还要具有防止敌人进入的功能，水门内除了要放置阻挡的栅栏外，有的城堡还利用地势将水门设置为折曲状，可增加敌人进入的难度。

八 城壕

目前只在高家堡、三山堡两处城堡外侧有发现。

高家堡北侧的城壕现在仍作为排水的河道使用，城壕的两侧残存有当初修建时的条石，城壕现在的宽度约有5米，由于后期的破坏，目前已无迹象显示原来的宽度。

三山堡外侧的城壕为四周环绕的宽8~15米的河道，现存深度1.5~2米，目前已干涸。

九 护城墩

我们将城周一些离城比较近的墩台称之为护城墩，这些墩台虽然在形制、结构、建筑方式上与墙、堡间的墩台基本一致，但是它们与其他墩台相比和城堡有着更密切的关系，可以视其为城堡的部分附属建筑，因而我们将其单独讨论。

（一）主要发现

大多数城堡的附近都发现有护城墩台。其与城堡的相对位置关系各不相同，有些墩台并不一定分布在城堡的北侧，而位于城堡的南侧及其他方位。各城堡附近发现的主要护城墩台数量见各城堡相关描述。

（二）结构与形制

总括发现的墩台，其建筑结构大致分为三部分，台基、台体及顶部建筑。台基大致为方形，以孤山堡2号墩台为例。台体分为方形与圆形两类，方形台体占大多数，极少数为圆形台体。如黄甫川堡1、2号墩台、清水营等，台体的侧面留有上下台体的通道，大部分台体外侧有包石遗存。台体顶部现在多残存有一些建筑迹象，如防水层，见于大柏油堡的西侧墩台。有些墩台顶部还有部分建筑设施的遗存。

（三）建筑方式

与城堡本体建筑一样，护城墩台的主要建筑方式为夯筑，辅以包石包砖，包石包砖以白灰勾缝。

第三节 公共建筑与宗教建筑

各城堡残存下来的公共建筑主要为中心楼，还有少量衙署遗存。这些中心楼原来多为钟、鼓楼，服务于整个城堡，目前这些中心楼均为民间人士改造，用于宗教祭祀的场所，其用途各不相同。调查中，我们发现各城堡中，包括中心楼在内，仅次于城垣建筑的大量建筑为各类宗教建筑，这些建筑分别用于佛教、道教、民间信仰的祭祀。

一 公共建筑

各城堡残存的公共建筑主要有衙署、中心楼等。

文献记载中榆林卫城、黄甫川堡等多座城堡内设有衙署，掌管行政、司法等事务。榆林卫城中的明清衙署建筑多已被破坏，其他城堡中仅在黄甫川堡发现一处建筑遗址，经群众指认，为旧衙署所在，但是地面不存迹象，已无法进一步研究。

目前各城堡仍残存的中心楼性质的建筑共发现有18处，其中5处位于榆林卫城，其余13座分别位于神木营、高家堡、黄甫川堡、镇羌堡、大柏油堡、柏林堡、建安堡、波罗堡、怀远堡、镇靖堡（2座）、宁塞堡、定边营。其中榆林卫城5座、神木营凯歌楼、高家堡中心楼、定边营鼓楼等新近经过文物部门重新修缮，镇羌堡中心楼、大柏油堡、建安堡、波罗堡、怀远堡等经过村民（当地庙会）维修。虽然各城堡的具体称谓有所不同，但是这些建筑修筑的最初目的仍是用于全城的钟鼓报时之用。由于这些建筑均处于城堡的平面或交通中心，我们以中心楼作为统称。

各城堡中心楼建筑具体情况见各城堡相关部分。

（一）中心楼的形制

从形制上看，中心楼建筑平面大多为方形或长方形，在南北两侧边或四边居中部位各开一门，南北门洞贯通分布或四门门洞呈十字形分布。有些中心楼在方形台体侧边另加一附属台体建筑。因而在结构上两类中心楼稍有不同。在台基之上，多在台基居中部分建有一层或多层砖木结构建筑，有的在四角建有小型砖木结构建筑。以下分述之。

第一类：方形台体中心楼。典型的如榆林卫城鼓楼、凯歌楼、万佛楼等。

第二类：方形加附属台体中心楼。典型的如镇羌堡鼓楼、高家堡中兴楼等。高家堡中兴楼南侧外接了三孔窑洞式建筑，从其基础判断，基础部分为原有建筑。

（二）中心楼的结构

这些中心楼由台体基础、上部建筑两部分构成。

台体部分最常见的为实心的砖石结构，实心台体四面或两面开券形门，内部对应呈十字券顶结构或券顶结构，多在台体的一隅开小门，内有台级供登临台体顶部。但是有些中心楼台体的基础部分为架空式结构，典型的如榆林卫城的星明楼、文昌阁，多设有木质台阶供上楼使用。

中心楼顶部建筑多为砖木结构或木构建筑。根据中心楼的规模，顶部建筑楼层分为一层或多层。

二 宗教建筑

陕北明长城城堡发现的明清宗教建筑主要分为佛教建筑、道教建筑以及民间信仰建筑。但是这些建筑保存状况不一，明代以后，包括近现代信徒及民间人士的增修扩建，大量的宗教建筑已失去了原有面貌。其中具有重要价值的相对较少。以下分述之。

（一）佛教建筑

佛教建筑是以供养佛教神像为主的宗教建筑。主要建筑类型有寺庙、佛塔、石窟等。这几类建筑在陕北明长城营堡均有发现。

（二）道教建筑

道教教徒修炼、生活和进行斋醮祈禳等仪式的场所，称为道教建筑。建筑类型有宫、观、殿、堂、府、庙、楼、馆、舍、轩、斋、廊、阁、阙、门、坛、台、亭、塔、榭、坊、桥等，按其性质和用途，可分为供奉祭祀的殿堂、斋醮祈禳的坛台、修炼诵经的静室、生活居住的房舍和供人游览憩息的园林建筑五大部分。陕北明长城城堡系统的道教建筑发现不多，目前大多数的建筑与其他宗教建筑基本相同，只是在供奉的对象上为道教神灵。

（三）民间宗教建筑

陕北地区明长城营堡中民间宗教建筑较多，祭祀的神灵除了各地均有的城隍庙外，还有一些本地的特有神灵。这些建筑中以城隍庙建筑最为常见，响水堡的城隍庙保存最好，其他城堡中如清水营、镇羌堡等也保存有戏楼等建筑。

第四节　民居建筑

本次明长城城堡调查中，我们发现了大量的明清晚近建筑，并对其中保存较好的民居建筑进行了详细记录。在现场调查中发现，目前榆林地区保存较好的民居主要分布于府谷、神木、榆阳区、横山等的城堡中，黄甫川堡、镇羌堡、神木营、高家堡、榆林卫城、波罗堡、响水堡等城堡中发现了一批具有研究价值的明清及近代民居，经过调查登记的有黄甫川堡李家大院、郝家院，神木营白家院、高家堡刘家院等。这些城堡中发现的民居具有陕北民居的基本特点，基本上反映了陕北榆林地区明清民居的概貌。陕北民居分为窑洞式民居和砖木结构民居两大类，前者较为常见，但是具有一定年代历史的较少，而且以寻常百姓居所为主；后者一般为具有一定身份地位者的居所，民居内建筑单元数量达到一定规模，平面结构清晰，具有重要的价值。以下我们从这些民居的建筑单元、平面布局、装饰艺术等方面对这些建筑进行初步整理。

一　明长城营堡民居的建筑单元

（一）大门

大门是宅院与街巷连通的建筑，一般的陕北民居大门包括门楼、门楼与二门间的过厅。大门正对的一般为一面山墙，这种山墙上设有砖雕图案，如果没有山墙则会修建一堵影壁墙，墙上也有砖雕图案。

大门的方向一般与街巷一致即平行于街巷，但也是个别民居的大门与街巷呈直角设置，如高家堡同心下巷1号刘家院。

大门门楼目前发现有三种建筑形式：广亮式大门、拱式大门、中西合璧式大门。

广亮式大门：一般为面阔一间式结构，榆林城吕二师巷4号院为面阔三间结构。面阔一间的在大门两侧还各设有类似耳墙的结构，也起到增加面阔的作用，如榆林城李学士上巷6号院大门。结构形式为垂花式，屋架多为三檩。实榻大门，门框上为走马板，大小不一，门心板多使用兽面装饰，较少发现有门钉者，下设门槛，现在保存较好的见于神木城白家院大门。大门两侧设有门墩或抱鼓，榆林城吕二师巷4号院还设有旗杆，目前仅残存石质底座。大门屋顶形式多为硬山式。此式大门明代到晚近一直使用，黄甫川堡李家大院大门年代可早到清代，其他的时代多较晚。

拱式大门：结构比较简单，门楼为拱形，此类建筑年代早晚不一，以晚近者较多。发现于镇羌堡、响水堡、榆林卫城，此种大门具有陕北窑洞式建筑结构的特点，且造价低廉，下层百姓使用者居多。

中西合璧式大门：如榆林卫城八狮上巷36号、后水圪坮中巷1号等，在传统的拱式大门上对称设置望柱及三角形、梯形装饰等，具有西方建筑特点，这些建筑为民国时期受西方思潮影响的结果。

（二）二门

二门是大门连结宅院的通道，一般不与大门正对，而是在其侧面。二门的结构分为两种形式，垂花式和拱式。

垂花式二门，见于榆林卫城田丰年巷3号。

拱式二门，见于神木营白家院。

（三）正房

正房为民居宅院中的主房，一般面南背北。分为窑洞式和砖木式两类。

窑洞式建筑，面阔可分五间式、七间式两种，形式上有出檐式和不出檐式两大类。目前发现的正房多为不出檐式结构，如黄甫川堡郝家院。

砖木式建筑，面阔三至五间。明间、次间、梢间宽度基本一致。多为硬山式屋顶形式。平面结构形式有两种，一种为"凹"字形，另一种为"一"字形。两侧多有耳室，面阔进深均小于正房。

"凹"字形正房：当地称为"穿廊虎抱"式，此式正房在中间的一间或三间设有廊檐，两端的房间为不出檐。典型的如榆林城田丰家巷3号院正房。

"一"字形正房：所有的房间都不出檐。典型的如黄甫川堡李家院正房。

（四）侧房（厢房）

即宅院中与正房垂直的两侧房，多房宅院设有。也分为窑洞式和砖木式。

窑洞式，面阔有三间、五间、七间不等，近代还有两间结构的。分为不出檐、出檐两种。见于高家堡，砖木式，面阔多为三间，个别也有五间、七间的。平面也分"凹"字形和"一"字形。

（五）倒座房

即宅院中与正房相对的房间。多为砖木结构。面阔三至五间，少有七间者。多采用不出檐的"一"字形平面结构。

（六）影壁

影壁与大门二门关系密切，本是门庭系统的一部分，但是影壁又有相对独立性，与二者分开介绍。从位置上看，影壁分为门内影壁和门外影壁两种，二者多不并用。

门内影壁均为跨山影壁，设在大门正对侧房的山墙上。影壁的结构分为壁檐、壁心、壁座三部分。

上层为壁檐，多以砖雕形式制作出挑起的屋檐，有正脊、兽吻、檐头、斗拱等建筑单元。中层为影壁的主体，分三个部分。上部为砖雕花饰，中部为一个方形的砖雕图案，下层也是砖雕的花饰。下部为影壁的基座部分。

门外影壁，设在大门外部，多为独立的建筑。平面分为"一"字形、"八"字形两种。"一"字形影壁结构形式与前述的门内影壁基本一致。见黄甫川堡李家院外影壁。"八"字形影壁，在"一"字形影壁的两侧各设一个小型影壁，见响水堡曹家院。

二　民居的平面布局

民居的平面多采用四合院布局格式，四合院是以正房、东西厢房围绕中间庭院形成平面布局的传统住宅的统称。陕西榆林明清古城中很多四合院并不一定只有一进院落，因而从平面上可分为独立式、横向并联式、纵向串联式。

独立式四合院　基本形制是分居四面的北房（正房）、南房（倒座房）和东、西厢房，四周再围以高墙形成四合，开一个门。大门辟于宅院东南角"巽"位。房间总数不等，正房三至五间，厢房二至三间，倒座房三至五间。四合院中间是庭院，院落宽敞，也是人们穿行、采光、通风、纳凉、休息、家务劳动的场所。陕北明长城城堡中典型的独立式四合院有神木城白家院、响水堡曹家院、高家堡刘家院等。

横向并联式四合院　由两到三个四合院并列而成。分为两院式和三院式。两院式的共用一个大门，各院分别设一个二门，见榆林城李学士巷3号郭家院、波罗堡孙家院、高家堡同心下巷1号院；三院式四合院各院都有大门通向巷道，二门通向院落，三个院落中分别为主院、仆人院、家眷院，两相邻的院落东西厢房相通，平时相互关门，各自独立，遇有大事才开启。三院在建筑规格上有明显差异，依主院、家眷院、仆人院为序规格有所不同。典型的为榆林城大有当巷3、4、6号院。

纵向递进式四合院　一般为前中后或前后院纵向排列组成，分别有主院、家眷院、仆人院等，各院的建筑规模也有所不同，典型有榆林城牌楼上巷4号院、吕二师下巷4号、高家堡西街南二道巷5号院等。

第五章

陕西省明长城营堡与长城防御体系相关问题

第一节 明代陕北军政历史背景

一 洪武时期确定下的明朝军政架构

朱元璋建立明朝初期，其官僚机构仍然采用元朝旧制度，在中央设中书省，由左右丞相总理吏、户、礼、兵、刑、工六部事务，地方上设行中书省，统管地方军政事务。这一制度大部分的中央权力掌握在丞相手中，地方权力则集中在行中书省，朱元璋认识到这一军政架构的弊端，待明初的形势稳定之后，他即着手从地方到中央对明朝的军政架构进行了改革，目的是加强皇权。

朱元璋先从削弱地方权力开始，洪武九年（1376年）下令，改行中书省为承宣布政使司，设左右布政使各一人，掌管民政财政。除南京应天府等直隶中书省外全国分为十三布政使司：浙江、江西、福建、北平、广西、四川、山东、广东、河南、陕西、湖广、山西。十五年增置云南布政司，永乐元年二月罢北平布政使司直隶北平行部。各布政司管辖地区，大致仍照元代时行省所辖范围。由于行中书省的名称已经成为习惯，所以一般还是称为行省，俗称省。除了设置承宣布政使司和布政使外，各行省另设提刑按察司，设按察使一人，掌管刑法。又设都指挥使司，置都指挥使，掌管军事，与布、按并称三司，均为封疆大吏。他们不相统属，各自直属中央。这使原来由行中书省长官总揽的大权便分散给三个方面，三者互相牵制，遇到重大政事，就要都、布、按三司会议，并报给中央的部院。另外还有奴儿干、朵甘、乌斯藏三都司与行省级别相同，这些地方以都司作为代管行政事务的官署。

中央权力改革从洪武十年开始。该年五月，朱元璋命李善长、李文忠"总中书省、大都督府、御史台，同议军国政事。"这是借助重臣压制中书省等机构权力的一种措施。第二年朱元璋又"命奏事毋关白中书省"，这就把中书省弄成了一个有名无实的空架子了。洪武十四年（1381年）正月，朱元璋以阴谋政变的罪名杀了胡惟庸，并乘机废除了中书省及丞相制，分中书省和丞相的权力归属六部，相对提高六部的职权和地位，六部尚书直接对皇帝负责。洪武初年，全国的军事卫所皆属于大都督府，十三年废除丞相时，也废除了大都督府，设中左右前后五军都督府，管理京师和各地卫所、都指挥使司。朱元璋还对都察院、大理寺和通政司等进行了改革，增设了锦衣卫，这些措施大大加强了中央集权，对巩固我国多民族国家的统一起到了一定的积极作用，对当时稳定社会秩序和恢复社会生产也起到了一些促进作用。同时，封建统治机构的日益完备也就大大地加强了它对人民的统治职能，加强了它对人民的控制，使中国封建专制主义的统治达到了空前的程度。

二　明代的都司卫所制度

明初在军事上创建了都司卫所制度，并基于这一制度对军制作了部分修正。

卫所制度如《明史》所载，其设置缘由是这样的：明初军队编制混乱，部队多用元军旧制，因而"革诸将袭元旧制枢密、平章、元帅、总管、万户诸官号，而核其所部兵五千人为指挥，千人为千户，百人为百户，五十人为总旗，十人为小旗。"在统一后，"天下既定，度要害地，系一郡者设所，连郡者设卫。大率五千六百人为卫，千一百二十人为千户所，百十有二人为百户所。"卫所设置的大致情况如《明史》所述："大率五千六百人为卫，千一百二十人为千户所，百十有二人为百户所。所设总旗二，小旗十，大小联比以成军。其取兵，有从征，有归附，有谪发。从征者，诸将所部兵，既定其地，因以留戍。归附，则胜国及僭伪诸降卒。谪发，以罪迁隶为兵者。其军皆世籍。此其大略也。"

实际上都司卫所制度是在其推行过程中不断趋于完善的。明初中央由枢密院管辖军事，诸卫所归属其下。洪武甲辰年，将枢密院改为大都督府，当时守御地方的军队管理机构名目繁多，有元帅府、千户所、万户府、总管府等等。洪武三年、四年，各行省一级的军事管理机构一般称为"都卫"、"行都卫"，至洪武八年九月，多更名为"都司"、"行都司"。洪武十二年，各行省军事指挥机构称为都指挥使司。洪武十三年正月，废大都督府，改设五军都督府，都司、行都司归左、右、中、前、后各都督府。至此，卫所制度的管辖体系完全确定下来。

卫所的规模不一，洪武七年八月又"定兵卫之制，大率以五千六百人为一卫，而千、百户、总、小旗所领之数则同。遇有事征调则分统于诸将，无事则散还各卫"，这是此后二百多年间朝廷规定的卫所基本兵数。

卫所中家属同守与寓兵于农是卫所制两大主要特征。

五军都督府设立后，形成了五军都督府—都司—卫—千户所—百户所的基本管理体系。但是有所例外，明代诸史书把直隶于都司或五军都督府的千户所和部分隶于卫的千户所这两种不同层级的千户所俱称为守御千户所，直隶于都司、五军都督府的守御千户所与卫同级，皆位于军事重地，只是在兵力上不及后者，它的军事辖区亦是相对独立的，与周边的卫属平等关系。守御百户所与普通的百户所之间的区别亦在于前者不与所隶之千户所、卫同治，如隶于雅州守御千户所的碉门守御百户所，隶于延安卫下的安定、塞门、保安三百户所。

在行政管理系统方面，经过多次调整，明初逐步形成了中央—两直隶、十三布政司、奴儿干、朵甘、乌斯藏三都司—府—县四级行政架构，有效实施对疆土的管理。另外还通过在少数民族地区设有羁縻府州县，分封诸王加强对各地的控制。

由于都司卫所制度的推行，还形成了五军都督府—都指挥使司—卫（守御千户所）—千户所系统，这一系统与传统的行政管理系统有所区别，被称为军管型政区，也是明朝政治军事管理的重要部分。

明代的都司管理体制包括两个方面，一是与中央政府的隶属关系，二是其内部和管理体系。

明制都司、行都司、留守司等皆隶于五军都督府。永乐十八年以前的五府指南京五府。永乐元年在北京设留守行五府，十八年时改为五府，与南京五府并存。宣德时曾一度改回，但时间极短。成祖以后以北京为政权的根基，北京五府控制了全国绝大多数卫所，南京五府只管辖南京城中诸卫及周围少数几个卫。

根据正德《明会典》所录《诸司职掌》关于洪武二十六年前都司卫所隶属情况的记载来看，诸都司在当时已是按地域分隶于五府。洪武十三年，废除大都督府后，五军都督府所辖都司曾不按地域划分，这只是分散兵权的一种措施。这种措施又会导致管理上的不便，不久就调整为以地域为主体的隶属关系。大致是后军都督府—华北、左军都督府—华东/东北、右军都督府—西部、前军都督府—华南/华中、中军都督府—河南/徐州以南杭州湾以北，除左军都督府辖区被中军都督府下南京以东诸卫所切断外，其他都督府所辖都司的地域性很强。

除留守司、直隶于五军都督府诸卫所及隶于兵部的亲军卫外，其他卫所皆分属于都司、行都司，明朝共有过北平行都司、福建行都司、湖广行都司、四川行都司、陕西行都司、山西行都司六个行都司。其他除辽东、万全、大宁三都司外，大多一省一都司。在内陆边地的北平、陕西、山西、四川四行都司是为了防止因同名的都司军事管辖幅员过大而引起不便。陕西都司（西安都卫）一度控制了潼关以外的整个西北地区，后置西安行都卫（陕西行都司）以分领；明初北部边防线向外推出很远，仅靠山西都司、北平都司来管理，则有鞭长莫及之嫌，故设山西行都司（大同都卫）、北平行都司以扼塞外；四川行都司治理之地是彝族等聚居地，位于西南角，北有大渡河同四川盆地相阻隔，洪武二十五年鲁帖木儿之乱时朝廷深感军队调动的不便，故于二十七年设四川行都司。

按都司的名称与辖区来看，明初是按一布政司一都司的构想来设制的，行都司的设置打破了这种格局。行都司的军事区与同名布政司的地域关系可分为三种：一、完全独立，如四川行都司与四川布政司、洪武二十六年后的陕西行都司与陕西布政司、永乐元年前的北平行都司（大宁都司）与北平布政司；二、部分重合，如永乐元年前的山西行都司与山西布政司；三、行都司位于布政司内，如福建行都司、湖广行都司与福建、湖广布政司的关系即是如此，这两个行都司只占了二省一隅之地。

三　陕西的行政架构

徐达在攻下元大都后就挥师西征秦晋，洪武二年三月，他亲率军攻占奉元路，改奉元路为西安府。四月设陕西行省，治所西安府，以中书参政汪广洋为陕西参政，总理政务。洪武三年十二月，置西安都卫。八年改西安都卫为陕西都指挥使司，九年改行中书省为承宣布政使司。[1] 陕西省地域广大，包括现在陕西、甘肃、宁夏地区，东至华阴，与河南、山西界；南至紫阳，与湖广、四川界；北至河套；西至肃州。下辖八府、十一州。其中陕西关中地区有西安府、凤翔府，陕南为汉中府，陕北设延安府、庆阳府。

陕北地区属于延安府管辖，延安府设立于洪武二年五月，领有三州十六县。分别为肤施、安塞、甘泉、安定、保安、宜川、延川、延长、青涧、鄜州（领洛川、中部、宜君）、绥德州（领米脂）、葭州（领吴堡、神木、府谷）。

---

[1]《明史卷四二·陕西志》。

四 延绥镇的军政架构

延绥镇作为明代的九边之一，其在九边的位置、成立的时间在明代相关文献中存在两种说法。究其原因，这与文献中明代九边的两个源流有关。国内外不少学者对文献中明代九边问题作出了细致研究，主要有以下成果。

1. 关于九边的不同源流

文献中九边的说法有两种，对后世文献与研究产生了重要影响，两种说法分别源自《明史·兵志》和《明史·地理志》。

张廷玉本《明史》卷九十一《兵志三》云：

元人北归，屡谋兴复。永乐迁都北平，三面近塞。正统以后，敌患日多。故终明之世，边防甚重。东起鸭绿，西抵嘉峪，绵亘万里，分地守御。初设辽东、宣府、大同、延绥四镇，继设宁夏、甘肃、蓟州三镇，而太原总兵治偏头，三边制府驻固原，亦称二镇，是为九边。

以后的学者对此说法广为引用，包括秦惠田《五礼通考》、龙文彬《明会要》、吴晗在 1935 年著文《明代靖难之役与国都北迁》、顾颉刚、史念海 1949 年著《中国疆域沿革史》等。

而《明史·地理志》则载：

其边陲要地称重镇者凡九：曰辽东、曰蓟州、曰宣府、曰大同、曰榆林、曰宁夏、曰甘肃、曰太原、曰固原。皆分统卫所关堡，环列兵戎。纲维布置，可谓深且固矣。

两种九边的源流分别从设立的时间、地理方位对九边的定义进行了记述。前者侧重于军事制度，后者侧重于地理方位。

考察九边一词，最早出现于正德年间。正德十六年（1521 年）五月，户科都给事中邵锡在奏疏中明确提出"九边一体"法，这是"九边"一词最早在史书中出现。也就是在此前后，兵部尚书彭泽在奏疏中也将九镇称为"九边"："请敕九边守臣，策防御方略，毋画境自保"。因此可以肯定在正德后期人们已将九镇并称为"九边"。嘉靖初，代彭泽为兵部尚书的金献民特意让兵部主事郑晓"属撰《九边图志》"。这说明在嘉靖初年"九边"之称不仅已为人所知，而且开始广泛使用。之后，有关"九边"的著述纷纷出现，如许论撰《九边图说》、魏焕著《皇明九边考》等，"九边"逐渐成为明代北部边防的代名词。[1]

九边概念在明人语汇中广为传播，与明朝士宦从时局出发、经世致用的风气有很大的关系。他们编著了一系列重要的关于北部边镇的图论著作，使得九边的概念成为明代北部防线的代称，不仅对防御蒙古起到作用，而且也影响后代学者的研究。

《九边图论》初名《边论》九篇，是由礼部祠祭清吏司主事许论，在嘉靖十三年（1534）撰写完成，在嘉靖十六年（1537 年）上奏给明世宗的一部九边图籍。嘉靖十六年，世宗令臣下言事，许论认为攘外之计所急者为边务，故上达其任职兵部职方司时所著《边论》，以资世宗中兴之业、攘外之志。作为第一种九边图籍，该书所倡九边说法基本从地理意义出发，自东而西，排列诸边，以之为体例，而成全书。九边次序为辽东、蓟州、宣府、大同三关内附、榆林、宁夏、甘肃、固原。

---

〔1〕 韦占彬：《明代"九边"设置时间辨析》，《石家庄师范专科学校学报》，2002 年第 3 期。

嘉靖二十一年（1542 年），由兵部职方清吏司主事魏焕所著《皇明九边考》，已经将三关独列成章，目次所列九边为辽东、蓟州、宣府、大同、三关、榆林、宁夏、甘肃、固原。

隆庆三年（1569 年）成书之《九边图说》，在基本继承此说的基础上，将三关改为山西。九边次序为辽东镇、蓟镇、宣府镇、大同镇、山西镇、延绥镇、宁夏镇、固原镇、甘肃镇。

《经国雄略》第一次实现了由体例至概念的跨越，但此时军镇之一尚为三关。国家建都燕京，三面临虏，防边大计，视古加详。自东至西，绵亘万里，曰辽东、曰蓟镇、曰宣府、曰大同、曰三关、曰榆林、曰固原、曰宁夏、曰甘肃，此九边形胜大略也。

《地图综要》，改之以山西，此九边说法最后完成。

我国家建都燕京，三面临虏，防边大计，视古加详。自东至西，绵亘万里，曰辽东、曰蓟州内三关、曰宣府、曰大同、曰山西外三关、曰延绥后徙榆林堡，为榆林镇、曰宁夏、曰固原、曰甘肃。此九边形胜大略也。

2. 延绥镇成立的时间

明代九边问题关乎国势，时人、后人都对九边有着浓厚兴趣。

如前文所说，关于延绥镇在九边中成立的时间学者多遵从《明史·兵志》的说法，但是这与明代九边军镇的设置顺序并不相符。

《明史·兵志》记载九边镇设立的顺序是"初设辽东、宣府、大同、延绥四镇，继设宁夏、甘肃、蓟州三镇。"艾冲先生在研究明代陕西四镇长城时就指出这段文字记载的四镇设置时间倒置，其中陕西四镇中以宁夏镇设置最早，甘肃镇次之，延绥镇又次之，固原镇最晚。[1]

九边军镇的成立在当时应有一定的标准，当具备了这些标准后，时人一般认为方可称为一镇。《明史·兵志》、《九边图论》、《皇明九边考》都提出初设、继设的各镇镇守皆武职大臣，提督皆文职大臣；后二镇，"镇统巡驭"、"太原总兵治偏头关、三边制府驻固原"。从这一标准来看，除了山西镇、固原镇有特别的标志外，其他各镇作为一个完全的镇，一般要有武职的总兵官，还要有文职的巡抚提督。

基于以上标准，文献记载中延绥镇文武官员的设立可从以下几封奏折内容进行考察。

成化六年三月辛卯（1470 年 4 月 13 日），巡抚延绥等处都御史王锐奏曰：其一，增兵以守地方。谓延绥榆林城，镇羌、安边二营俱系要地，城堡草创军马单薄，难以御贼，先于榆林城添设三卫，于镇羌、安边各设一卫，增兵防守。上命镇守等官，参酌举行，务期成功。"（《明英宗实录》卷 77）。

成化七年五月已丑（1471 年 6 月 5 日），延绥巡抚余子俊有一份关于榆林卫的奏折："西安左等卫旗军，调拨榆林卫，轮流操守，盖因胡虏久居河套，拘留防御已越三年，士无寒衣苦寒特甚，特请运胖袄鞋各二万五千一百余付，分给优恤，诏从其请，如数给之。"（《明宪宗实录》卷 91）

因而成化六年、七年，王锐、余子俊已分别任延绥的都御史巡抚，延绥镇的文职官员在此时已设立了，目前文献中最早的就是王锐。对于上述成化六年王锐的奏折，"上命镇守等官，参酌举行，务期成功。"可见当时延绥地区已有镇守武官。这些情况说明此时延绥已被分列一镇。

---

〔1〕 艾冲：《明代陕西四镇长城》，陕西师范大学出版社，1990 年。

第二节　明代陕西长城修建的历史背景

一　明初的战略优势

明开国之初，朱元璋在平定了江南、中原地区后，即着手进军西北地区，对蒙古残余势力以沉重打击。由于战争上的胜利，陕西地区处于战争的后方，这一时期明朝没有在陕北地区修建长城。

洪武三年（1370年）正月，朱元璋命徐达为征虏大将军，李文忠、邓愈为左副将军，冯胜、汤和为右副将军，统领大军，往征沙漠。兵分东西两路：西路由徐达率军，"自潼关出西安，取王保保。"东路由李文忠"出居庸，入沙漠，以追元主"。这一次对蒙古的用兵，取得了较大的胜利，使元朝残余势力从应昌、定西一线北撤。

洪武五年（1372年）正月，朱元璋又命徐达为征虏大将军，李文忠为左副将军，冯胜为右副将军，各率五万骑，分三路出兵"清沙漠"。这次战役东西两路虽然获得了一些胜利，迫使蒙古军后退，但并没有太多的缴获，而明军方面却遭受了不小的损失。李文忠的东路军死伤很多。尤其是作为主力部队徐达所率的中路军遭到了失败，死数万人。所以明朝政府当三路军班师回朝时，"赏罚俱不行"。这一次战役以后朱元璋感到蒙古军事力量一时难以全部平定，就改变为以防御为主的战略。

洪武二十年（1387年）九月，朱元璋命蓝玉为征虏大将军，唐胜宗和郭英为左右副将军，出兵"肃清沙漠"。第二年四月，蓝玉自大宁至庆州（内蒙古自治区林西），直至捕鱼儿海（内蒙古自治区新巴尔虎左旗西南即今贝尔湖）杀元大尉，元主脱古思帖木儿逃跑，获其次子地保奴、吴王朵儿只、代王达里麻、平章八全格相宜校三千人，军士7.7万余口，马4.7万余匹，牛羊10万头。这是一次大胜利，从此以后，蒙古势力益趋衰微。

经过明军的多次攻打，蒙古内部发生混乱，到永乐初，其部帅鬼力赤杀坤帖木儿自立，"称可汗，去（元朝）国号遂称鞑靼"。当时蒙古分为三大部：辽河、西辽河、老哈河流域（今吉林、辽宁）为兀良哈部；鄂嫩河、克鲁伦河和贝加尔湖一带为鞑靼部；科布多河、额尔齐斯河流域及其以南的准葛尔盆地为瓦剌部。

鞑靼部内部统治者争权夺利，又外受瓦剌部的打击，后来朱棣于永乐二十年、二十一年、二十二年三次亲率大军出征，予鞑靼部以沉重的打击。而瓦剌又效败其众，使得鞑靼"部曲离散"，最后阿鲁台也为瓦剌部所袭杀。

朱棣即皇帝位后即派使臣告谕瓦剌部。永乐六年（1408年）瓦剌部的马哈木向明政府贡马请封。后来瓦剌势力逐渐强盛起来，向明朝政府多所要胁，并扣留使者，南下骚扰。永乐十二年，朱棣亲率大军出征，直至土剌河（今蒙古人民共和国境内的图拉河），马哈木等战败脱身，不久死去。经过这一次打击，在永乐时期，瓦剌就一直接受明朝政府的管辖。

二　明朝中期的战略防御

明朝中期，蒙古族内部发生重大变化，蒙古势力重新强大，部分蒙古部族占据河套地区，对陕西地区产生了直接威胁。

明英宗正统年间（1436～1449年）蒙古族瓦剌部的脱懽及其子也先崛起，脱懽是永乐时被封为顺宁王的马哈木之子。马哈木死后，脱懽于永乐十六年（1418年）袭封，宣德九年脱懽袭杀鞑靼部的阿鲁台，"悉收其部"。正统初脱懽又袭击瓦剌部的"贤义、安乐两王，尽有其众"。于是蒙古瓦剌、鞑靼各部皆归脱懽统领。脱懽"欲自称可汗，众不可，乃共立脱脱不花，以先所并阿鲁台众归之"。脱懽则"自为丞相"，脱脱不花系原来元宗室的后裔。当时脱懽虽在众议的逼迫下表面上推奉脱脱不花，"实不承其号令。"

正统四年（1439年）脱懽死，子也先立，称太师。"脱脱不花具空名，不复相制。"脱脱不花和也先向明朝政府各派遣使臣，"主臣并使"。也先拼命扩张其势力。首先向西北方向发展。到正统九年（1444年），竟至甘肃行省。正统十年（1445年）也先发兵哈密卫，并控制了哈密卫。哈密为西域要道，明朝于此建立卫所以为西陲屏蔽，为也先所控制，使得明朝与西域的交通受到了阻扰，在甘肃方面的边防更为吃紧。也先在"役属西北诸部"的同时，又把他的势力向东方发展。正统十一年（1446年），率兵攻打兀良哈三卫，视也先"破兀良吃胁朝鲜"。也先的势力向东扩展到辽东地并向西伸展到今天的新疆、青海等地。瓦剌势力的扩张，明朝较有见识的官员都知道也先必将起兵攻掠内地，纷纷向明英宗朱祁镇上疏。

自明英宗回到北京，蒙古部脱脱不花与也先之间的矛盾越来越激烈，互相不断攻击。脱脱不花不愿继续受也先的挟制，要作事实上的蒙古可汗。为了得到明朝的支持，就与明朝政府加强联系。而明朝政府也想利用脱脱不花来削弱也先的势力，因此对脱脱不花所贡马匹厚酬其值，对其使臣"宴劳赐与，比也先使臣加厚"，这就更加深了他们之间的矛盾。景泰二年（1451年），也先杀脱脱不花，四年（1453年），也先自立为可汗，也先恃强，日益骄横，荒于酒色。景泰六年，阿拉知院杀也先，鞑靼部首领孛来又杀阿剌知院。

自也先死后瓦剌部落分散而逐渐衰落，鞑靼部从此强盛起来。孛来拥立脱脱不花子麻儿可儿，号小王子（即可汗，因其年幼，称为小王子，自此，相沿成习，蒙古可汗常被称为小王子）。其后麻儿可儿与孛来相仇，麻儿可儿死又立马古可儿吉思，亦号"小王子"。当时鞑靼各部以孛来为最强。成化元年孛来与小王子、毛里孩等先后进入河套地区，抄掠延绥、平凉、灵州、固原以及大同等地。河套指今内蒙古自治区和宁夏回族自治区境内贺兰山以东、狼山和大青山南黄河沿岸地区。因黄河经此，形成一个大弯曲，所以称为"河套"。河套周围三面阻黄河，土质肥饶，水草丰富，农牧兼宜。原鞑靼部落骚扰内地时或在辽东、宣府、大同，或在宁夏、甘肃等地，"去来元长，为息不久"，蒙古军队势力自占领河套地区以后，遂在当地驻扎下来，从此河套就成为其骚扰内地的一个主要基地，而"套寇"也就成为明朝中期的主要边患。

成化六年（1470年），又有白加思兰、孛罗忽、满都鲁等部入据河套。他们"无岁不深入，杀掠人畜至数千百万"。成化九年（1473年），明朝政府曾派王越等出兵对其进行打击，但河套地区的蒙古各部"去辄复来，迄成化末无宁岁"。明孝宗弘治时又有称为小王子的崛起，"自称大元大可汗"（即达延汗），统一了蒙古各部，"渐往来套中，出没为寇"。在明孝宗、武宗及世宗前期时不断地大肆进入内地骚扰。弘治十四年（1501年）"小王子以十万骑从花马池入，散掠固原、宁夏境，三辅震动，战杀惨酷"。正德八年（1513年）小王子"以五万骑攻大同，超朔州，掠马邑"。嘉靖六年"小王子两寇宣府参将王经、关山先后战死"。

第三节　陕北明长城防御体系的形成与变化

一　卫所防御时期

明初各边主要用关隘、烽堠连线，防御蒙古军队。这是明初都司卫所体制下，抵制蒙古部族进攻的主要防御方式。明初陕北地区的防御也没有脱离这种总体体制。

《明史·兵志》："初，洪武六年命大将军徐达等备山西、北平边，谕令各上方略。从淮安侯华云龙言，自永平、蓟州、密云迤西二千余里，关隘百二十有九，皆置戍守。于紫荆关及芦花岭设千户所守御。又诏山西都卫于雁门关、太和岭并武、朔诸山谷间，凡七十三隘，俱设戍兵。九年敕燕山前、后等十一卫，分兵守古北口、居庸关、喜峰口、松亭关烽堠百九十六处，参用南北军士。十五年又于北平都司所辖关隘二百，以各卫卒守戍。"

洪武晚期，朱元璋开始加强陕西的防御。可能是鉴于陕西地域广大（包括了目前的陕西省、宁夏回族自治区、甘肃省与青海省的部分地区），卫所分散，从而以功勋重臣统领陕西军事，而以其他将领负责具体的地方军事事务。以下文献反映了当时的情况。

遣魏国公徐辉祖、曹国公李景隆、凉国公蓝玉、徽先伯桑敬、都督马鉴、指挥严麟、朱铭、徐质、陈义、勋卫徐增寿往陕西等处防边，赐钞有差[1]。

诏在外公侯伯还京师。先是，命曹国公李景隆等往陕西等处练兵备边，至是，召李景隆及凉国公蓝玉、开国公常升、长兴侯耿炳文、东平侯韩勋、安庆侯仇政、西凉侯濮玙、定远侯王弼、江阴侯吴高、鹤庆侯张翼、全宁侯孙恪、沈阳侯察罕、徽先伯桑敬等九十三人还京，仍命靖宁侯叶升于河南卫，宣宁侯曹泰于平凉卫，安陆侯吴杰、指挥使陈义于岷州卫，驸马李坚于巩昌卫，都督汪信于临洮卫，都督宋晟于凉州卫，都督刘真于甘肃卫，指挥使严麟于庆阳卫，指挥朱铭于延安卫，徐质于宁夏卫，仍训练军马，以俟后命[2]。

癸未，命宋国公冯胜等往陕西、河南简阅士马。时上以陕西、山西、河南诸处城池久不修浚，士马久不简阅，屯甲之兵，亦多逃遁，恐武备渐致废弛，乃命胜往理西安四卫及华山、平凉等八卫，颖国公傅友德理山西都指挥使司属卫，曹国公李景隆理巩昌、岷州、洮州、临洮、河州五卫，凉国公蓝玉往理简州、庄浪、西宁、西凉、甘肃等七卫，宣宁侯曾泰理汉中、秦州、金州三卫，长兴侯耿炳文理庆阳、延安、绥德、宁夏左右二屯，凡五卫，东平侯韩勋理潞州、平阳二卫，安庆侯仇政理振武、朔州二卫，西凉侯濮玙理岢岚、蔚州二卫，定远侯王弼理彰德、怀庆、宁山三卫，江阴侯吴高理睢阳、归德、武平三卫，全宁侯孙恪理河南安合、宁国、宣武、弘农、潼关等六卫，东莞伯何荣理陈州、颖川二卫，徽先伯桑敬理南阳、信阳等三卫。仍戒以各慎乃事，务安军民[3]。

从文献中看这些边将的职责主要在于管理卫所、训练士卒，而非防御地方。

明初整个北边防御体系中，陕北地区与其他地区又有所区别。明朝北边防御重点在于山西与北平，故而陕北防御体系尚未形成。已有研究者指出包括延安与绥德在内的陕北地区，在明初防御薄弱。主

---

〔1〕《明太祖实录》卷二百八《洪武二十四年三月戊子朔》，第 3093 页。

〔2〕《明太祖实录》卷二百十六《洪武二十五年二月戊午》，第 3178 ~ 3179 页。

〔3〕《明太祖实录》卷二百十七《洪武二十五年三月癸未》，第 3187 ~ 3188 页。

要表现在：首先陕北并非防卫主体，分别设于洪武四年（1371 年）、洪武十二年（1379 年）的宁夏、甘肃两镇担当了这一带军事防卫的重任，陕北所属区域分设有延安、绥德两卫所，与当地的三州、十六县交错管理。这是明朝初期陕北作为王朝边防次区而形成的军政体系。其次，这一阶段延绥与辽东、大同等地比较，防务并不重要。宁、甘两镇驻军不多。以宁夏镇来看，成化以前，镇城兵员约有 3.3 万，到弘治中降到 1.43 万余。分驻于延安府与绥德州两地的延安卫与绥德卫二卫所辖部分军寨，驻军更少。洪武十年以后的 20 多年中，边患稀见，外有东胜、宁夏诸卫拱卫，河套成为内地，驻军数量处于正常状态。陕北边卫遂成为练兵屯田、组织兵源的供应地之一。其地位与作用类似于其他内地卫所，腹里化的倾向十分明显。[1]

明初，还曾实行过一种分封亲王的戍边方式。分封诸王也有巩固边塞的考虑，《明史 · 兵志》：诏诸王近塞者，每岁秋，勒兵巡边。建文时期，"然帝于边备甚谨。自宣府迤西迄山西，缘边皆峻垣深濠，烽堠相接。隘口通车骑者百户守之，通樵牧者甲士十人守之。武安侯郑亨充总兵官，其敕书云：'各处烟墩，务增筑高厚，上贮五月粮及柴薪药弩，墩傍开井，井外围墙与墩平，外望如一。'重门御暴之意，常凛凛也。"

在卫所制度下，防御的具体形式也并不是一成不变的。

明洪武年间，北边地区驻守的将领就注意到了修缮前代长城的作用，也认识到了关隘的作用，徐达曾修筑山海关，使其成为东北战略要地。其他地区的关隘也得到了重视。一些人也认识到了在堡城防御的作用，这为大规模修筑城堡作了铺垫。

二　营堡防御时期

（一）明朝营堡防御的确立

明成祖朱棣时期开始大规模增修城堡。究其原因，有研究者指出洪武时期北边边防尚处初建之时，明朝修缮长城以限隔"华夷"，保护内地军民，修筑关隘，以着重防御战略要地。至于充实与细化边防体系的城堡建设，尚未提到日程上来。[2] 永乐时期城堡的修筑以宣府镇较早，也带有对这种防御方式的探索性质。永乐二年（1404 年），文献中对宣府镇城堡防御体系是这样描述的：

宣府总兵官武安侯郑亨等奏修筑宣府诸处屯堡成。先是，敕谕亨等于宣府、万全、怀安诸处，简军马，坚垒壁，谨烽堠，慎防御之务，每数堡择一堡，为高城深壕，城多置门其中，开井积水，以聚数堡之人马、辎重、粮饷，昼行瞭望。寇至，夜则举火，昼则举炮为信，以军士坚守之，附近屯堡军亦皆移入其中。亨等经营规划，至是始备云。[3]

有研究者指出这种防御方式与朱棣对蒙古的战略考虑有关。朱棣强调以制衡蒙古大漠的各派势力作为战略的出发点，从而更为强调野战对于北边边防的重要性。此后，城堡防御体系逐渐固定下来，成为明朝边防体系中的一个重要环节，在明代前期的北边边防中，相对于边墙而言，城堡占据着更为重要的地位，也获得了边臣的更多认可。[4]

洪熙时期，也有官员提出以城堡来防御蒙古，"朔州军士白荣请还东胜、高山等十卫于故地。兴州

〔1〕　周松：《明洪武朝陕北边防及其特点》，《中国边疆史地研究》，2005 年第 1 期。
〔2〕　赵现海：《明长城的兴起——14 至 15 世纪西北中国军事格局研究》，《中国长城博物馆》，2007 年第 4 期。
〔3〕　《明太宗实录》卷三七《永乐二年十二月庚午》，第 631 页。
〔4〕　同注〔2〕。

军士范济亦言，朔州、大同、开平、宣府、大宁皆藩篱要地，其土可耕，宜遣将率兵，修城堡，广屯种。皆不能用。"[1]

正统年间，各地在增修烽墩的同时，也注意到了城堡的修建，如：

总兵官谭广言："自龙门至独石及黑峪口五百五十余里，工作甚难，不若益墩台瞭守。"乃增赤城等堡烟墩二十二。

宁夏总兵官史昭言："所辖屯堡，俱在河外，自河迤东至察罕脑儿，抵绥德州，沙漠旷远，并无守备。请于花马池筑哨马营。

在这种大背景下延绥镇也进入城堡防御阶段。

（二）延绥镇城堡的修筑时代

正统到成化年间，延绥镇城堡的修筑达到了一定的规模，在抵御蒙古诸部的进扰中发挥了重要的作用。《延绥镇志·卷一建置沿革考》指出"特敕都督王祯镇守延绥等处。始建议筑榆林城，及沿边砦堡、墩台，控制之，遂为重地。"

下表为各城堡的修筑时代统计情况（表6）。

表 6　陕西省明长城营堡修筑时代及筑城官员统计表

名称	始建时代	始建具体时代	始建年代（年）	筑城官员
神木旧城	元代	始建于元至元十八年，正统五年前作神木县城	1281	王瑄
孤山堡	正统	正统二年	1437	
双山堡	正统	正统二年	1437	王祯
鱼河堡	正统	正统二年	1437	
响水堡	正统	正统二年	1437	巡抚郭智
安边堡	正统	正统二年	1437	巡抚郭智
砖井堡	正统	正统二年	1437	巡抚郭智
定边营	正统	正统二年	1437	
柏林堡	正统	正统四年	1439	卢祥
高家堡	正统	正统四年	1439	
麟州故城		正统五年作神木县城	1440	
神木营	正统	正统八年	1443	
波罗堡	正统	正统十年	1445	巡抚马恭
新城堡	景泰	景泰四年	1453	巡抚陆矩
黄甫川堡	天顺	天顺元年	1457	
怀远堡	天顺	天顺二年	1458	
大柏油堡	成化	成化元年	1465	
永济堡	成化	成化元年	1465	余子俊

---

[1]《明史》卷九一。

名称	始建时代	始建具体时代	始建年代（年）	筑城官员
镇羌堡	成化	成化二年	1466	
威武堡	成化	成化二年	1466	王复
清坪堡	成化	成化二年	1466	
镇靖堡	成化	成化二年	1466	王复
清水营堡	成化	成化三年	1467	
龙州堡	成化	成化五年	1469	王锐
榆林卫城	成化	成化九年	1473	余子俊
建安堡	成化	成化十年	1474	余子俊
归德堡	成化	成化十年	1474	余子俊
常乐旧堡	成化	成化十年	1474	余子俊
永兴堡	成化	成化十年	1473	
宁塞堡	成化	成化十一年	1475	余子俊
把都河堡	成化	成化十一年	1475	余子俊
新安边堡	成化	成化十一年	1475	余子俊
石涝池堡	成化	成化十一年	1475	余子俊
三山堡	成化	成化九年	1473	余子俊
新兴堡	成化	成化十一年	1475	余子俊
盐场堡	成化	成化十三年	1477	余子俊
饶阳水堡	成化	成化十三年	1477	余子俊
木瓜园堡	成化	成化十六年	1480	
镇川堡	嘉靖	嘉靖二十九年	1550	巡抚张珩
保宁堡	嘉靖	嘉靖四十三年	1564	巡抚胡志夔
常乐堡	弘治	弘治二年	1489	巡抚刘忠
柳树涧堡下城	天顺	天顺初		
镇罗堡	万历	万历二十九年	1601	
新民古堡				
平邑堡				

从上表时间来看，成化年间是陕北城堡营建最为集中的时期，但是正统年间已修筑了一部分城堡；另外成化年间，还进一步调整了城堡的相对位置。见下表（表7）。

表7　陕西省明长城营堡迁徙情况一览表

营堡	迁徙时间	迁徙者	迁徙者官职	迁徙方向	迁徙原因
响水堡/平彝堡〔1〕	成化二年	王复	兵部尚书	西北	未知
波罗堡〔2〕	成化二年	王复	兵部尚书	向北	未知
清平堡	成化二年	王复	兵部尚书	向北	未知
镇靖堡〔3〕	成化年间	王复	兵部尚书	向北	就快滩河迤南之险
孤山堡	成化三年	未知	未知	西北	参将汤允勋战死
清平堡	成化七年	余子俊	延绥巡抚	迁回	去水太远
平彝堡/响水堡	成化七年	余子俊	延绥巡抚	迁回	泉水枯竭
镇靖堡	成化九年	余子俊	延绥巡抚	迁回	未知
柳树涧堡/永济堡	成化九年	余子俊	延绥巡抚	向南	水苦且远，人马多病，宜就险而守
新兴堡〔4〕	成化九年	刘聚、王越等	总兵官、参赞等	海螺城	就险而守
旧安边营/新安边营	成化十一年	余子俊	延绥巡抚	向南	未知
定边营/旧安边营	成化末年	未知	未知	东南	孤悬
常乐堡	弘治二年	刘忠	延绥巡抚	向北	沙碛缺水
永济堡/柳树涧堡	嘉靖三十七年	董威	延绥巡抚	迁回	未知

（引自赵现海：《明长城的兴起——14 至 15 世纪西北中国军事格局研究》，《中国长城博物馆》，2007 年第 4 期）

这些现象表明，在长城大规模修筑前，以城堡为依托进行的防御是对蒙古战略的主要模式。

三　边墙防御时期

随着延绥镇大规模的修筑边墙，城堡的作用发生了变化。这也标志延绥镇的防御模式发生了根本的转变。

延绥镇大规模的修筑长城是在余子俊任延绥巡抚都御史时期，主要史实如《延绥镇志》所载："延绥大边，起黄甫川，经清水营、镇羌堡，二百四十五里而至神木，又经柏林、双山，二百三十五里而至榆林镇，又经响水等堡，四百十里至靖边营，又经宁塞等营，百六十里至新安边营，又经新兴、三山等堡，二百里至饶阳水堡，又九十里至宁夏定边营。以上延绥大边，一千三百里，与固原内边形

〔1〕　此条以及下则平邑堡迁回故址，仍名响水堡的记载，依据（康熙）《延绥镇志》卷一之三《地理志·中路》，第289页。而顾祖禹却有不同的看法。"响水堡，镇西四十里。旧为绥德州属砦。成化二年，边臣王复议移黑河山，改名平邑堡。七年，余子俊以平邑水泉枯涸，复还故治。其南又有新添堡，成化中所置也。"《读史方舆纪要》卷六一《陕西十·榆林镇·响水堡》，第2680页。姑且存疑。

〔2〕　此条依据《读史方舆纪要》。该书还记载景泰年间曾有迁堡之意，但未实行。"波罗堡，在响水堡西四十里，旧为波罗寺砦，属绥德州，后改今属。《边略》云：景泰中，石亨议移砦于滥柴关，不果。成化二年，王复请移于堡北响铃塔，即今堡也。又西四十里为怀远堡，又西五十里为威武堡，俱成化九年置。"《读史方舆纪要》卷六一《陕西十·榆林镇·响水堡》，第2680页。

〔3〕　此条及下条余子俊迁镇靖堡于旧址，依据（康熙）《延绥镇志》，"宋夏州地，后为白滩儿。明初始守塞门。成化五年，巡抚王锐进守笔架城。八年，余子俊移兵守之。城设在山畔，系极冲中地。周围凡四里三分，楼铺十九座。隆庆六年，加高。万历六年，砖砌牌墙、垛口。边垣长四十七里，墩台四十三座。"（康熙）《延绥镇志》卷一之三《地理志·西路》，第292页。而《读史方舆纪要》却有不同的记载，"镇靖堡，在靖边营东九十里，本名塞门堡。天顺中，房能请移于堡北榆林庄，不果。成化二年，王复又请移于榆柳庄，改今名。既又移于迤北白塔洞口，就快滩河迤南之险。其河深二十丈，远百里。九年，余子俊复移还故城。又东四十里，即中路龙州城也。"《读史方舆纪要》卷六一《陕西十·榆林镇·镇靖堡》，第2681页。姑且存疑。

〔4〕　此条依据《明宪宗实录》卷一百二十《成化九年九月壬子》，第2324页。

势相接。成化间修筑榆林等城，二十余堡，俱在二边之外，盖重边设险以守内地也。"已有学者指出营堡防御体系沿长城一线而修筑的现实，为余子俊修筑长城提供了基础。[1]

随着边墙的完工，明朝官员还对原来城堡模式下存在的问题进行了调整。早在成化年间，已开始对一些城堡的位置进行了调整。调整的原因各异，但是多发生在成化年间，可见这一时期在榆林地区已从侧重于城堡防御过渡到以边墙防御。主要的城堡迁移已见前表。

这种以边墙为主体的防御模式在最初取得了较好的效果。在几次大规模的搜套之役后，蒙古部落军队的规模与实力不足以拆墙而入，长城能在短时间内起到很好的防御效果。但到了弘治年间，蒙古军队卷土重来，便具备了拆墙而入的实力，这时榆林长城防御体系才遇到了真正的考验。以后蒙古部落盘踞河套，不断发动对于内地的袭掠。

大规模修筑边墙后，榆林地区形成了以边墙为主体的防御体系。这一体系弥补前一段营堡防御体系的空隙，增加了营堡、墩台的数量，这些设施与墙体相结合，从而增强了防御效果。

随着榆林地区以边墙为主体防御体系的形成与发挥作用，明代其他地区也开始了大规模的修筑长城，从而逐步形成全局性的防御体系。

〔1〕　赵现海：《明长城的兴起——14 至 15 世纪西北中国军事格局研究》，《中国长城博物馆》，2007 年第 4 期。

编后记

明长城资源调查是由国家文物局主持的长城保护工程（2005～2014 年）的一项基础性工作，也是有史以来首次由文物部门组织的全国范围内关于长城的田野调查项目。2007～2008 年，陕西省文物局组织省内文博机构的专业人员开展了为时两年的明长城资源调查工作，此报告为该项工作的一部分。

"三十六营堡"是陕西省明长城的重要组成部分，营堡、墙体、烽火台、敌台以及墙体内侧的道路一起构成明长城防御系统。这些营堡距离墙体的距离多数超过《全国长城调查工作总体方案》规定的左右 1000 米的范围，在编制《陕西省明长城调查工作方案》时，基于对长城体系的认识，从学术研究的角度考虑，我们在全国率先单设了一支"营堡调查分队"开展相关的工作。参加田野工作的业务人员有：分队长李恭，副队长闫宏东，队员张卫星、姬翔月、马圣雄、高云昊、乔建新；田野调查过程中的文字资料主要由张卫星、姬翔月整理完成；图纸资料整理由闫宏东、马圣雄完成；摄影资料由张卫星、李恭整理完成；测绘数据由高云昊完成；参与线图绘制的还有岳遂军、梁海宁等。

在陕西省文物局相关领导和陕西省考古研究院的组织下，本报告的编写工作得以顺利开展，报告整理阶段的工作主要由李恭和张卫星负责，于 2009 年春完成了报告的初稿，为此，参与调查的所有成员均贡献了他们的智慧和劳动。根据专家们对初稿的一些建议，本报告的上编部分由张卫星、李恭、姬翔月进行修订完善，下编部分由张卫星、李恭等执笔完成。

在田野调查工作过程中，陕西省文物局赵荣局长、刘云辉副局长多次深入调查第一线，指导、看望我们，不仅给参与调查的所有队员带来鼓舞，也带来建设性的指导意见；在报告编写过程中，他们也多次过问和指点我们，帮助我们进一步提高学术规范和学术意识。

本次调查得到榆林市文化文物局、延安市文物局、榆林市文物考古研究所、延安市文物考古研究所、榆林城墙文管所、榆阳区文管会、府谷县文管会、神木县文管会、横山县文化馆、靖边县文管会、定边县文管会、吴起县文管会等文物机构的大力支持；还得到李博、张竹梅、呼天平、王改户、乔建军、王沛、康厚、屈凤鸣、张飞荣、代丰、孟涛、李文海、杨元璋、马燕以及许多热心长城事业人士鼎力帮助，为本报告的整理出版奠定了基础。陕西师范大学艾冲教授、陕西省考古研究院焦南峰研究员审定了报告的初稿，提出许多宝贵意见。在此我们向他们表示深深的感谢！

　　本报告整理期间，国家文物局、长城资源调查工作项目组、陕西省长城资源调查工作项目办公室以及陕西省考古研究院领导多次关心工作进展情况，为报告的整理、出版排忧解难；陕西明长城资源调查总队队长段清波教授也为营堡部分报告的编写从整体到细节多次进行全面指导；陕西省第三测绘工程院绘制了精美的地图；文物出版社葛承雍总编辑及李克能编审、冯冬梅编辑也为报告的出版花费了大量精力。在此我们向各位关心长城工作的领导表示衷心的谢意！长城防御体系是一项复杂的系统，由于我们能力有限，呈现在各位面前的这部报告难免会存在各种瑕疵，不当之处，请学术界指正。

编者

2010 年 7 月

陕西省明长城资源调查报告
营堡卷

陕西省考古研究院　编著

下　册

文物出版社

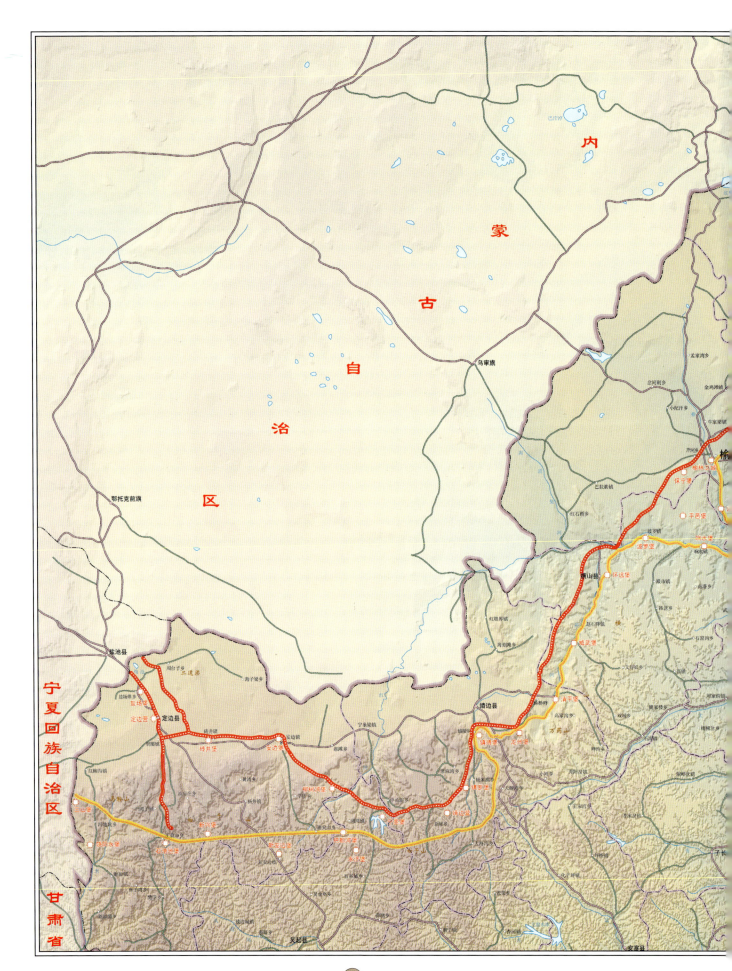

内蒙古自治区

宁夏回族自治区

甘肃省

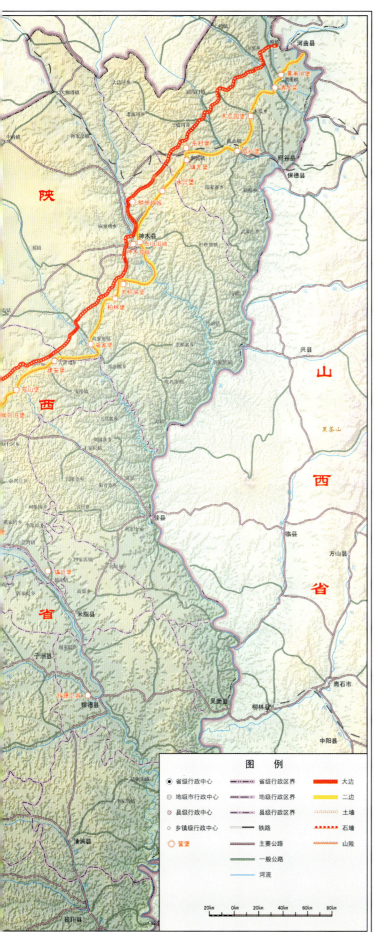

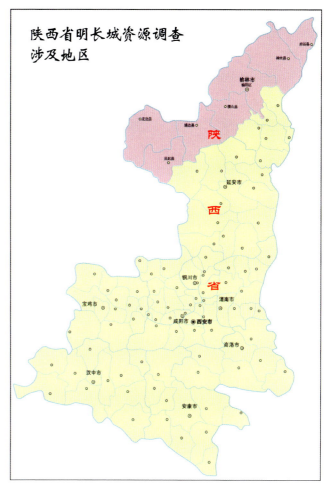

陕西省明长城资源调查
涉及地区

彩图一　陕西省明长城及营堡分布图

彩图二　榆林卫城全景（南—北）

彩图三　榆林卫城全景（西—东）

彩图四　榆林卫城东城垣上部残砖（北—南）

彩图五　榆林卫城北城垣西段（西—东）

彩图六　榆林卫城西城垣南段（北—南）

彩图七　榆林卫城西城垣南段（北—南）

彩图八　榆林卫城西城垣北段（北—南）

彩图九　榆林卫城南城垣东段（西—东）

彩图一〇　榆林卫城西北角楼内侧

彩图一一　榆林卫城东南角楼（西南—东北）

彩图一二　榆林卫城东南角楼（东南—西北）

彩图一三　榆林卫城东南角楼（西北—东南）

彩图一四　榆林卫城南门瓮城（南—北）

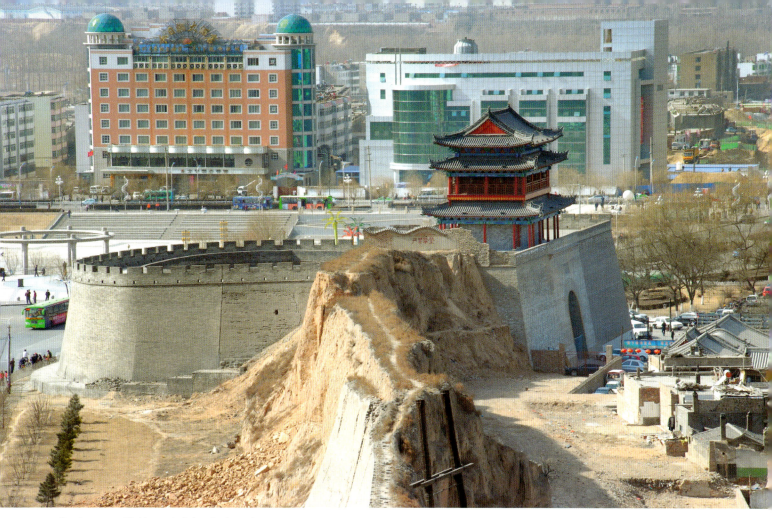

彩图一五　榆林卫城南门瓮城（东—西）

彩图一六　榆林卫城东门瓮城（东南—西北）

彩图一七　榆林卫城东瓮城内侧（东北－西南）

彩图一八　榆林卫城东门瓮城正门内面（西—东）

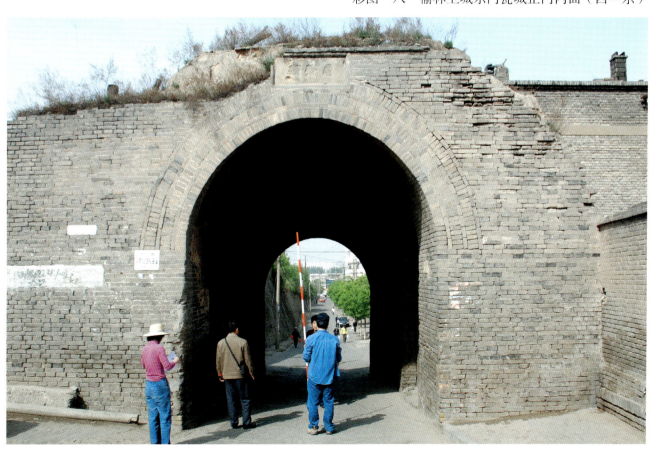

彩图一九　榆林卫城小西门内面（东—西）

彩图二〇　榆林卫城小西门外侧（西—东）

彩图二一　榆林卫城大西门外侧（西—东）

彩图二二　榆林卫城钟楼（南—北）

彩图二三　榆林卫城镇北台远景（东—西）

彩图二四　榆林卫城镇北台正面（南—北）

彩图二五　榆林卫城鼓楼（南—北）

彩图二六　榆林卫城凯歌楼（北—南）

彩图二七　榆林卫城万佛楼（南—北）

彩图二八　榆林卫城星明楼（南—北）

彩图二九　榆林卫城星明楼（北—南）

彩图三〇　榆林卫城文昌阁（南—北）

彩图三一　榆林卫城戴兴寺大门（西—东）

彩图三二　榆林卫城灵宵塔（东南—西北）

彩图三三　榆林卫城吕二师下巷4号大门（东—西）

彩图三四　神木营——麟州故城紫锦城（东南—西北）

彩图三五　神木营——麟州故城紫锦城（东—西）

彩图三六 神木营——麟州故城紫锦城西北角楼（东－西）

彩图三七 神木营——麟州故城紫锦城北城垣（东－西）

彩图三八　神木营——麟州故城紫锦城南瓮城（南—北）

彩图三九　神木营——麟州故城西城建筑基址（北—南）

彩图四〇　神木营——麟州故城西城建筑基址（东—西）

彩图四一　神木营——麟州故城现场采集标本

彩图四二　神木营——东山旧城东城垣内侧（西—东）

彩图四三　神木营——东山旧城东城垣北段（东—西）

彩图四四　神木营——东山旧城马面（东—西）

彩图四五　神木营——东山旧城东北角楼遗迹（东—西）

彩图四六　神木营——东山旧城东门遗址（东—西）

彩图四七　神木营——东山旧城庙宇（南—北）

彩图四八　神木营——神木县城全景

彩图四九　神木营——神木县城西城垣外侧（西北—东南）

彩图五○　神木营——神木县城西城垣上的民居（西—东）

彩图五一　神木营——神木县城西城垣包石
　　　　　（西—东）

彩图五二　神木营——神木县城西城垣包石包
　　　　　砖（西—东）

彩图五三　神木营——神木县城西南角楼（南—北）

彩图五四　神木营——神木县城西北角楼内侧（南—北）

彩图五五　神木营——神木县城
西北角楼（北—南）

彩图五六　神木营——神木县城西
北角楼夯筑迹象

彩图五七　神木营——神木县城西
北角楼外侧（西北—东
南）

彩图五八　神木营——神木县城鼓楼
　　　　　及北大街（北—南）

彩图五九　神木营——神木县城东大街（西—东）

彩图六〇　神木营——神木县城南大街（北—南）

彩图六一　神木营——神木县城西大街（东—西）

彩图六二　神木营——神木县城白家大院大门（东—西）

彩图六三　神木营——神木县城白家大院大门内照壁（东—西）

彩图六四 神木营——神木县城白家大院二门（东南—西北）

彩图六五　神木营——神木县城白家大院正房（西南—东北）

彩图六六　神木营——神木县城白家大院南房（北—南）

彩图六七　神木营——神木县城白家大院西房（东—西）

彩图六八　神木营——神木县城白家大院东房（西—东）

彩图六九　黄甫川堡全景（东—西）

彩图七〇　黄甫川堡全景（西—东）

彩图七一　黄甫川堡西城垣及西南
　　　　　角楼（西—东）

彩图七二　东坦黄甫川堡水门遗存
　　　　　（东—西）

彩图七三　黄甫川堡东城垣垣体建
　　　　　筑结构（东—西）

彩图七四　黄甫川堡东北角楼（东北—西南）

彩图七五　黄甫川堡北门遗迹（东北—西南）

彩图七六　黄甫川堡 1 号墩台与城堡（西—东）

彩图七七　黄甫川堡 2、3 号墩台与院落建筑（东—西）

彩图七八　黄甫川堡李家大院（西—东）

彩图七九　黄甫川堡李家大院
（南—北）

彩图八〇　黄甫川堡李家大院大门
（西—东）

彩图八一　黄甫川堡李家大院照壁内侧砖雕（北—南）

彩图八二　黄甫川堡李家大院内部（南—北）

彩图八三　黄甫川堡李家大院正房（南—北）

彩图八四　黄甫川堡李家大院南房（北—南）

彩图八五　黄甫川堡李家大院东房（西—东）

彩图八六　黄甫川堡李家大院西房（东—西）

彩图八七　黄甫川堡郝家民居（东南—西北）

彩图八八　黄甫川堡郝家民居门头（南—北）

彩图八九　黄甫川堡郝家民居正房（南—北）

彩图九〇　黄甫川堡郝家民居南房（北—南）

彩图九一　黄甫川堡郝家民居砖雕

彩图九二　清水营全景（东—西）

彩图九三　清水营全景（西－东）

彩图九四　清水营西南侧环境和地貌（西北—东南）

彩图九五　清水营南侧环境和地貌（北—南）

彩图九六　清水营南城垣西段残存包石迹象（西—东）

彩图九七　清水营西城垣（西—东）

彩图九八　清水营西城垣南段上部女墙（南—北）

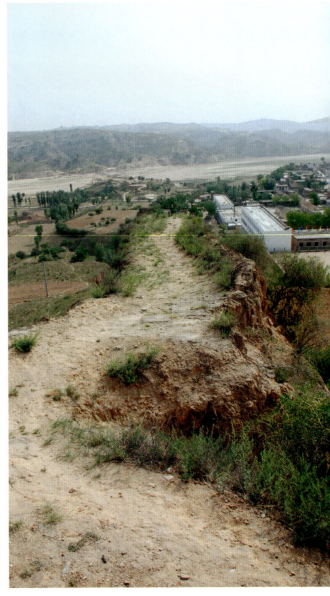

彩图九九　清水营北城垣（西—东）

彩图一〇〇　清水营南门（南—北）

彩图一〇一　清水营南门（东—西）

彩图一〇二　清水营南门外侧（南—北）

彩图一〇三　清水营南门内侧（北—南）

彩图一〇四　清水营 1 号墩台远景（东—西）

彩图一〇五　清水营 1 号墩台近景（东—西）

彩图一〇六　清水营 2 号墩台
（西北—东南）

彩图一〇七　清水营 2 号墩台西壁
（西—东）

彩图一〇八　清水营 3 号墩台（北—南）

彩图一○九　清水营城隍庙正房（南—北）

彩图一一○　清水营戏楼对面的正房（南—北）

彩图一一一　清水营戏楼（北—南）

彩图一一二　清水营关帝庙（西南—东北）

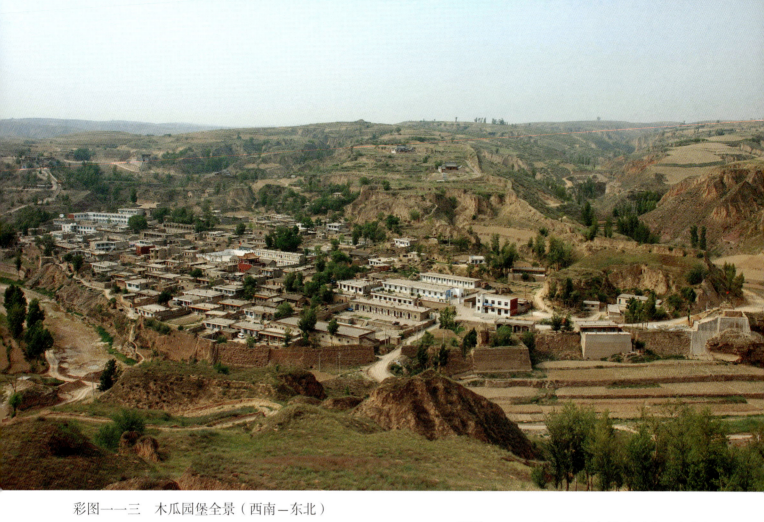

彩图一一三　木瓜园堡全景（西南—东北）

彩图一一四　木瓜园堡全景（西北—东南）

彩图一一五　木瓜园堡北城垣东段及东城垣北段（东北—西南）

彩图一一六　木瓜园堡南城垣西段包石（南—北）

彩图一一七　木瓜园堡西城垣外基础包石（北—南）

彩图一一八　木瓜园堡西城垣外基础包石局部

彩图一二○　木瓜园堡西城垣外基础包石剖面

彩图一一九　木瓜园堡西城垣外基础包石局部

彩图一二一　木瓜园堡南门瓮城（西—东）

彩图一二二　木瓜园堡1号墩台（西—东）

彩图一二三　孤山堡全景（南—北）

彩图一二四　孤山堡内景（西北—东南）

彩图一二五　孤山堡南城垣西段的折曲垣体（东—西）

彩图一二六　孤山堡南城垣垣体断面

彩图一二七　孤山堡西城垣北段包砖残存（南—北）

彩图一二八　孤山堡西城垣北段二次建筑迹象
（南—北）

彩图一二九　孤山堡东南角楼
（东南—西北）

彩图一三〇　孤山堡西南角楼（西南—东北）

彩图一三一　孤山堡水门内侧（北—南）

彩图一三二　孤山堡水门外侧排水道（西—东）

彩图一三三　孤山堡北门瓮城（东北—西南）

彩图一三四　孤山堡北门瓮城（西南—东北）

彩图一三五　孤山堡北门内侧（南—北）

彩图一三六　孤山堡北门外侧（北—南）

彩图一三七　孤山堡西门外侧（西北—东南）

彩图一三八　孤山堡西门内侧（东—西）

彩图一三九　孤山堡1号墩台（南—北）

彩图一四〇　孤山堡1号墩台（北—南）

彩图一四一　孤山堡2号墩台远景（北—南）

彩图一四二　孤山堡2号墩台近景（西—东）

彩图一四三　孤山堡城外窑址（南—北）

彩图一四四　孤山堡城隍庙正殿（南—北）

彩图一四五　孤山堡戏楼（北—南）

彩图一四六　孤山堡七星庙（西—东）

彩图一四七　东村堡西城垣南段（西北—东南）

彩图一四八　东村堡西城垣北段（南—北）

彩图一四九　东村堡北城垣东段（西南—东北）

彩图一五〇　东村堡东城垣北段（南—北）

彩图一五一　东村堡东城垣中部垣体断面（南—北）

彩图一五二　东村堡东城垣中段冲沟（西—东）

彩图一五三　东村堡南城垣西段（东—西）

彩图一五四　东村堡西南角楼（南—北）

彩图一五五　东村堡东南角楼（西南—东北）

彩图一五六　东村堡北门瓮城（西南—东北）

彩图一五七　镇羌堡全景（西南—东北）

彩图一五八　镇羌堡城堡东南侧地形与环境（西北—东南）

彩图一五九　镇羌堡城堡南侧地形与环境（东北—西南）

彩图一六〇　镇羌堡北城垣东段及北门瓮城（东—西）

彩图一六一　镇羌堡东城垣（东南—西北）

彩图一六二　镇羌堡东城垣北段及东门瓮城（东北—西南）

彩图一六三　镇羌堡南城垣东段（南—北）

彩图一六四　镇羌堡东南角楼及东城垣南段（东北—西南）

彩图一六五　镇羌堡东南角楼（东南—西北）

彩图一六六　镇羌堡东北角楼（东南—西北）

彩图一六七　镇羌堡东门瓮城（南—北）

彩图一六八　镇羌堡北门瓮城（东北—西南）

彩图一六九　镇羌堡水门内侧排水口（北—南）

彩图一七〇　镇羌堡水门东侧排水口（东—西）

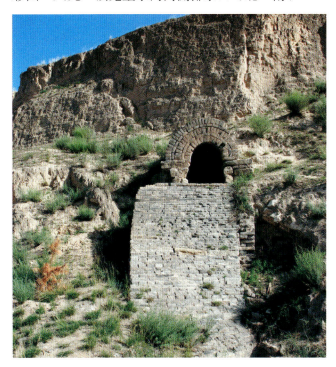

彩图一七一　镇羌堡水门外侧排水口及水道（南—北）

彩图一七二　镇羌堡水门排水道结构（北—南）

彩图一七三　镇羌堡水门排水面（西—东）

彩图一七四　镇羌堡水门排水道内部结构（南—北）

彩图一七五　镇羌堡1号墩台（东北—西南）

彩图一七六　镇羌堡2号墩台（南—北）

彩图一七七　镇羌堡衙署、民国粮仓（南—北）

彩图一七八　镇羌堡修缮中的城隍庙
（南—北）

彩图一七九　镇羌堡戏楼（北—南）

彩图一八〇　镇羌堡鼓楼、三官殿（南—北）

彩图一八一　镇羌堡观音寺（西—东）

彩图一八二　镇羌堡观音寺正殿（南—北）

彩图一八三　镇羌堡观音寺照壁正面（南—北）

彩图一八四　镇羌堡观音寺照壁背面（北—南）

110

彩图一八五　镇羌堡睡佛殿遗址（南—北）

彩图一八六　镇羌堡睡佛殿残佛像
（东—西）

彩图一八七　镇羌堡"创修睡佛殿碑
记"碑

彩图一八八　镇羌堡残存石佛现状

彩图一八九　镇羌堡城垣外寺庙遗址（东—西）

彩图一九〇　镇羌堡店铺（西—东）

彩图一九一　永兴堡全景（南—北）

彩图一九二　永兴堡南城垣（南—北）

彩图一九三　永兴堡北城垣残存（西—东）

彩图一九四　永兴堡西城垣（东—西）

彩图一九五　永兴堡残存的西城垣北段（南—北）

彩图一九六　永兴堡东南角楼（东南—西北）

彩图一九七　永兴堡 1 号墩台远景（北—南）

彩图一九八　永兴堡 1 号墩台近景（北—南）

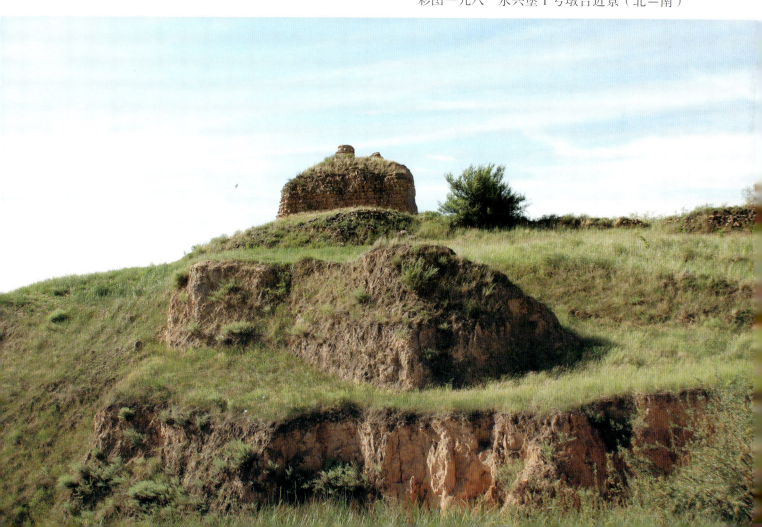

彩图一九九　永兴堡1号墩台台
体包砖（北—南）

彩图二〇〇　永兴堡1号墩台
（南—北）

彩图二〇一　永兴堡 2 号墩台远视（东—西）

彩图二〇二　永兴堡 3 号墩台（东—西）

彩图二〇三　大柏油堡全景（西—东）

彩图二〇四　大柏油堡（东—西）

彩图二〇五　大柏油堡北侧护城墩台
（南—北）

彩图二〇六　大柏油堡与西侧护城墩台（东—西）

彩图二〇七　大柏油堡南城垣西段包石
（东南—西北）

彩图二〇八　大柏油堡南城垣
（西—东）

彩图二〇九　大柏油堡北城垣西段（东—西）

彩图二一〇　大柏油堡北城垣西段与西北角楼（东—西）

彩图二一一　大柏油堡西城垣垣体
　　　　　　包石（西—东）

彩图二一二　大柏油堡西南角楼
　　　　　　（西—东）

彩图二一三　大柏油堡西北角楼
　　　　　　（西北—东南）

彩图二一四　大柏油堡西门瓮城（西—东）

彩图二一五　大柏油堡西门瓮城（南—北）

彩图二一六　大柏油堡西门瓮城外侧（西南—东北）

彩图二一七　大柏油堡西门瓮城内侧（西—东）

彩图二一八　大柏油堡护城墩台
（东—西）

彩图二一九　大柏油堡护城墩台（南—北）

彩图二二〇　柏林堡（东南—西北）

彩图二二一　柏林堡（东—西）

彩图二二二　柏林堡（西北—东南）

彩图二二三　柏林堡东城垣（东南—西北）

彩图二二四　柏林堡南城垣（东—西）

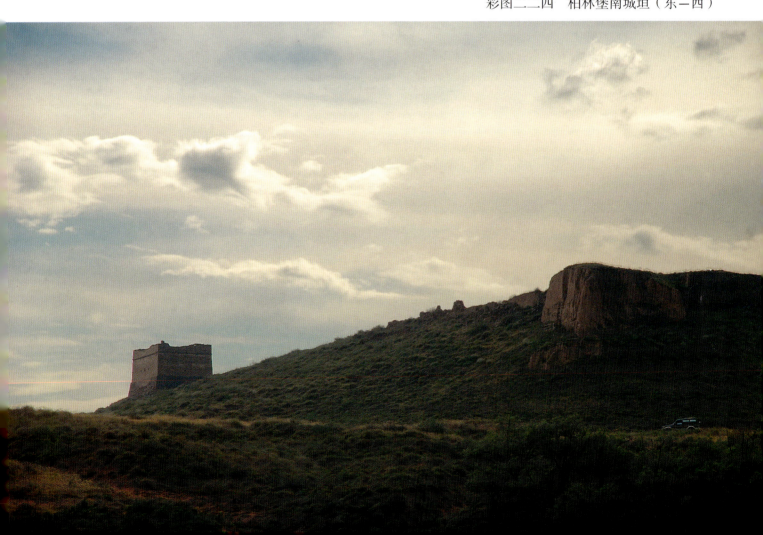

彩图二二五　柏林堡西城垣（南—北）

彩图二二六　柏林堡东门瓮城外景（北—南）

彩图二二七　柏林堡西门瓮城
（东—西）

彩图二二八　柏林堡敌楼（南—北）

彩图二二九　柏林堡东南角楼（东
南—西北）

彩图二三〇　柏林堡西北角楼（西北—东南）

彩图二三一　柏林堡东北角楼（东—西）

彩图二三二　柏林堡护城墩台北面（北—南）

彩图二三三　高家堡全景（西—东）

彩图二三四　高家堡南城垣遗存（南—北）

彩图二三五　高家堡北城垣及护城河遗迹（东北—西南）

彩图二三六　高家堡东北角楼（东北—西南）

彩图二三七　高家堡北门遗存（北—南）

彩图二三八　高家堡东门内侧（西—东）

彩图二三九　高家堡西门瓮城
（西—东）

彩图二四〇　高家堡西门瓮城正门
（西—东）

彩图二四一　高家堡中兴楼（东—西）

彩图二四二　高家堡中兴楼（南—北）

彩图二四三　高家堡财神庙大殿（南—北）

彩图二四四　高家堡财神庙戏楼（北—南）

彩图二四五　高家堡西门寺大殿（南—北）

彩图二四六　高家堡西门寺大门（南—北）

彩图二四七　高家堡新修龙泉寺碑

彩图二四八　高家堡新修龙泉寺碑碑文

145

彩图二五〇　高家堡东街（西—东）

彩图二四九　高家堡北巷（北—南）

彩图二五一　高家堡西街（东—西）

彩图二五二　高家堡南街（南—北）

彩图二五三　高家堡南大街西侧 7 号铺面（东—西）

彩图二五四　高家堡西街南二道巷 5 号刘家院落（东北—西南）

彩图二五五　高家堡西街南二道巷5号刘家院南房（北—南）

彩图二五六　高家堡十字巷2号杭氏院正房西南侧视（西南—东北）

彩图二五八　高家堡同心下巷 1 号东院正房（南—北）

彩图二五七　高家堡同心下巷 1 号院大门（西南—
　　　　　　东北）

彩图二五九　高家堡同心下巷 1 号东院西房（东—西）

彩图二六〇　高家堡同心下巷 1 号大门内部的照壁

彩图二六一　建安堡全景（西南—东北）

彩图二六二　建安堡内景（西—东）

彩图二六三　建安堡东北部城垣（东北—西南）

彩图二六四　建安堡南城垣（北—南）

彩图二六五　建安堡西城垣南段（北—南）

彩图二六六　建安堡西城垣南段（南—北）

彩图二六七　建安堡西城垣马面（西—东）

彩图二六八　建安堡东南角楼（东南—西北）

彩图二六九　建安堡西南角楼（西南—东北）

彩图二七〇　建安堡西北角楼（西—东）

彩图二七一　建安堡南门瓮城（东—西）

彩图二七二　建安堡南门瓮城（南—北）

彩图二七三　建安堡东门瓮城（南—北）

彩图二七四　建安堡北门瓮城（西—东）

彩图二七五　建安堡乐楼（南—北）

彩图二七六　建安堡钟鼓楼（北—南）

彩图二七七　双山堡全景（北—南）

彩图二七八 双山堡地形地貌（北—南）

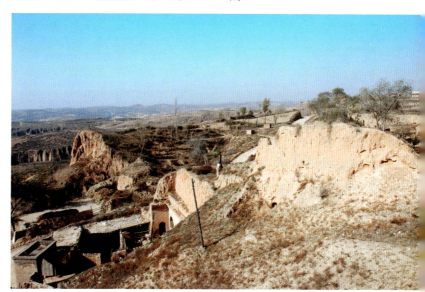

彩图二七九 双山堡西城垣南段（东—西）

彩图二八〇 双山堡1号马面（东南—西北）

彩图二八一　双山堡东城垣马面（西北—东南）

彩图二八二　双山堡西门瓮城（西—东）

彩图二八三　双山堡西南角楼
（西—东）

彩图二八四　双山堡西北角楼
（西北—东南）

彩图二八五　双山堡中心
楼（南—北）

彩图二八六　常乐堡全景（南—北）

彩图二八七　常乐堡南城垣（南—北）

彩图二八八　常乐堡南城垣马面（南—北）

彩图二八九　常乐堡东南角楼（南—北）

彩图二九〇　常乐堡东门瓮城
（东—西）

彩图二九一　常乐堡东门瓮城（西—东）

彩图二九二　常乐堡东门瓮城垣体断面

彩图二九三　常乐堡东门瓮城匾额

彩图二九四　常乐堡西门
瓮城（东—
西）

彩图二九五　常乐堡西门
正门（东—
西）

彩图三九七　常乐旧堡北城垣（东北—西南）

彩图二九六　常乐旧堡远景（东—西）

彩图二九八　常乐旧堡东城垣（北—南）

彩图二九九　常乐旧堡东城垣（北—南）

彩图三〇〇　常乐旧堡东城垣
（北—南）

彩图三〇一　常乐旧堡东城垣南段（下部为沙层）（北—南）

彩图三〇二　常乐旧堡东城垣西段垣体夯层与沙质基础

彩图三○三　常乐旧堡南门瓮城残存（北—南）

彩图三〇四　常乐旧堡西城垣（北—南）

彩图三〇五　常乐旧堡西城垣马面（西—东）

彩图三〇六　常乐旧堡东北角楼（北—南）

彩图三〇七　常乐旧堡西北角楼（西—东）

彩图三〇八　常乐旧堡药王庙（南—北）

彩图三〇九　归德堡远景（西北—东南）

彩图三一〇　归德堡远景（西—东）

彩图三一一　归德堡东城垣（东—西）

彩图三一二　归德堡北城垣（北—南）

彩图三一三　归德堡南城垣（西南－东北）

彩图三一四　归德堡南城垣（西－东）

彩图三一五　归德堡东北角楼（北—南）

彩图三一六　归德堡东南角楼（南—北）

彩图三一七　归德堡东门瓮城（南—北）

彩图三一八　归德堡东城垣外冲沟（西—东）

彩图三一九　归德堡水门排水口和
　　　　　排水道（北—南）

彩图三二〇　归德堡水门（南—北）

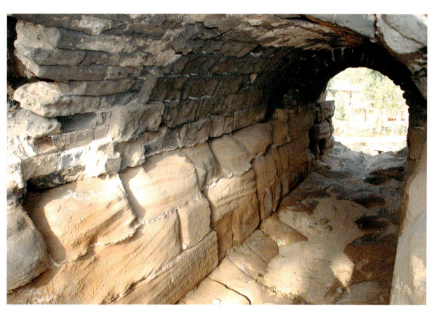

彩图三二一　归德堡水门水道
　　　　　（南—北）

彩图三二二　保宁堡全景（南—北）

彩图三二三　保宁堡1号马面（南—北）

彩图三二四　保宁堡2号马面（南—北）

彩图三二五　保宁堡 3 号马面（北—南）

彩图三二六　保宁堡 4 号马面（北—南）

彩图三二七　保宁堡西南角楼（西南—东北）

彩图三二八　保宁堡西北角楼（西—东）

彩图三二九　保宁堡城垣包石遗存
（北—南）

彩图三三〇　保宁堡城垣包石遗存
（南—北）

彩图三三一　保宁堡护城墩台
（东—西）

彩图三三二　平邑堡城垣遗存（北—南）

彩图三三三　平邑堡城垣遗存（北—南）

彩图三三四　平邑堡城垣遗存（北—南）

彩图三三五　平邑堡城垣遗存（南—北）

彩图三三六　响水堡全景（东南—西北）

彩图三三七　响水堡西城垣南段（西北—东南）

彩图三三八　响水堡西城垣垣体剖面
（北—南）

彩图三三九　响水堡西墙垣断面（北—南）

彩图三四〇　响水堡2号马面（西—东）

彩图三四一　响水堡南城垣（西—东）

彩图三四二　响水堡南城垣（西—东）

彩图三四三　响水堡南城垣（西—东）

彩图三四四　响水堡南城垣（东—西）

彩图三四五　响水堡东城垣（南—北）

彩图三四六　响水堡东城垣（东南—西北）

彩图三四七　响水堡4号马面（东北—西南）

彩图三四八　响水堡大西门全景（西—东）

彩图三四九　响水堡大西门全景（北—南）

彩图三五〇　响水堡大西门匾额（西—东）　　　　彩图三五一　响水堡大西门匾额（北—南）

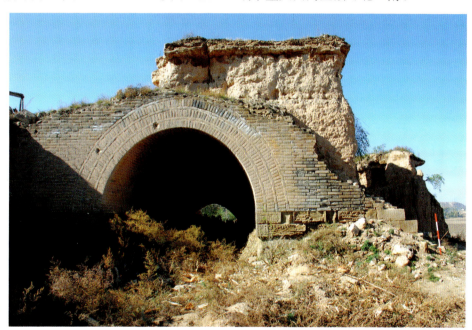

彩图三五二　响水堡大西门
　　　　　　内侧（东—西）

彩图三五三　响水堡大西门
　　　　　　外侧（西—东）

彩图三五四　响水堡小西门外
　　　侧（西—东）

彩图三五五　响水堡小西门匾额
　　　　（西—东）

彩图三五六　响水堡南门（西北—东南）

彩图三五七　响水堡南门门洞（北—南）

彩图三五八　响水堡东门瓮城
（南—北）

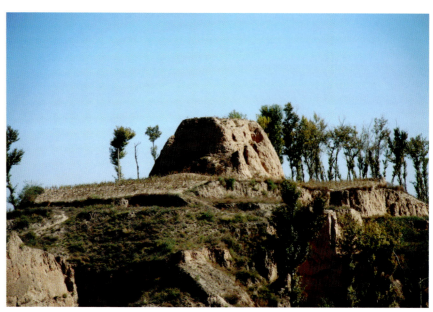

彩图三五九　响水堡1号墩台
（北—南）

彩图三六〇　响水堡2号墩台

彩图三六一　响水堡城隍庙全景（西北—东南）

彩图三六二　响水堡城隍庙正殿（西—东）

彩图三六三　响水堡城隍庙戏楼
　　　　　　门楼（西—东）

彩图三六四　响水堡城隍戏楼庙山门上
　　　　　　"灵"字砖刻

彩图三六五　响水堡城隍庙戏楼门楼匾额

彩图三六六　响水堡城隍庙戏楼
　　　　　　门楼内侧（东—西）

彩图三六八　响水堡曹家大院大门 　　　彩图三六七　响水堡曹家大院全景（东南—西北）
　　　　　　　（西北—东南） 　　　彩图三六九　响水堡曹家大院影壁（西北—东南）

彩图三七〇　响水堡曹家大院正房（西—东）

彩图三七一　响水堡136号院大门（西北—东南）

彩图三七二　波罗堡全景（东南—西北）

彩图三七三　波罗堡西侧地形与地貌（东南—西北）

彩图三七四　波罗堡西城垣北段
　　　　　　（北—南）

彩图三七五　波罗堡西城垣北段包
　　　　　　石与包砖（南—北）

彩图三七六　波罗堡西城垣局部包
　　　　　　砖包石（西—东）

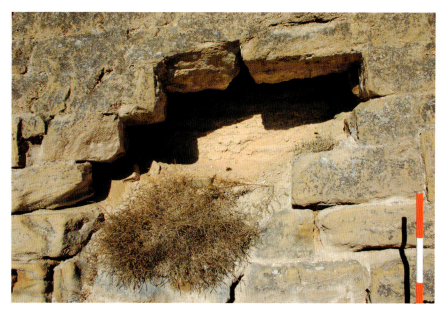

彩图三七七　波罗堡西城垣局部包
砖包石（西—东）

彩图三七八　波罗堡南城垣东段
（南—北）

彩图三七九　波罗堡南城垣西段
（西—东）

彩图三八〇　波罗堡东城垣（南—北）

彩图三八一　波罗堡北城垣中段（北—南）

彩图三八二　波罗堡东南角楼（东南—西北）

彩图三八三　波罗堡东南角楼上建筑遗迹

彩图三八四　波罗堡东城垣1号马面（南—北）

彩图三八五　波罗堡东城垣包石（北—南）

彩图三八六　波罗堡东城垣垣体断面（北—南）

彩图三八七　波罗堡东城垣（北—南）

彩图三八八　波罗堡东城垣垣体剖面

彩图三八九　波罗堡大西门（北—南）

彩图三九〇　波罗堡大西门匾额（北—南）

彩图三九一　波罗堡小西门（西—东）

彩图三九二　波罗堡南门瓮城（东—西）

彩图三九三　波罗堡南门瓮城（南—北）

彩图三九四　波罗堡南门瓮城内侧（北—南）

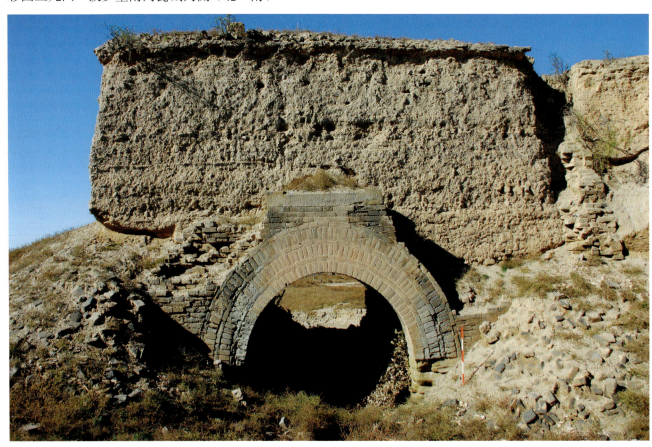

彩图三九五　波罗堡南门瓮城外侧（南—北）

彩图三九六　波罗堡护城墩台远视（西—东）

彩图三九七　波罗堡护城墩台东视（东—西）

彩图三九八　波罗堡护城墩台南视（南—北）

彩图三九九　波罗堡灵宵殿全景（南—北）

彩图四〇〇　波罗堡灵霄殿（东南—西北）

彩图四〇一　波罗堡灵霄殿（北—南）

221

彩图四〇二　波罗堡旧街道（南—北）

彩图四〇三　波罗堡旧街道铺石（北—南）

彩图四〇四　波罗堡梁家油坊全景（东—西）

彩图四〇五　波罗堡梁家油坊铺面
（西南—东北）

彩图四〇六　波罗堡梁家油坊铺面
（西北—东南）

彩图四〇七　波罗堡梁家油坊内视
（东—西）

彩图四〇八　鱼河堡北门内侧（南—北）

彩图四〇九　鱼河堡北门外侧（北—南）

彩图四一〇 镇川堡街道与民居（西—东）

彩图四一一 镇川堡街道与民居（西—东）

彩图四一二　镇川堡街道与民居（西—东）

彩图四一三　镇川堡街道与民居（西—东）

彩图四一四　怀远堡全景（西北－东南）

彩图四一五　怀远堡北城垣楼台（东—西）

彩图四一六　怀远堡西北角楼（南—北）

彩图四一七　怀远堡东门瓮城（南—北）

彩图四一八　怀远堡东门瓮城内侧（西—东）

彩图四一九　怀远堡北门外侧（北—南）

彩图四二〇　怀远堡北门内侧（南—北）

彩图四二一　怀远堡墩台远景（西—东）

彩图四二二　怀远堡墩台正视（南—北）

彩图四二三　怀远堡中心楼正视（南—北）

彩图四二四　怀远堡中心楼侧视（西—东）

彩图四二五　怀远堡中心楼匾额题字1

彩图四二六　怀远堡中心楼匾额题字2

彩图四二七　怀远堡中心楼匾额残存

彩图四二八　威武堡全景（西南—东北）

彩图四二九　威武堡南城垣外地形地貌（北—南）

彩图四三〇　威武堡北城垣外地形地貌（南—北）

彩图四三一　威武堡东北侧墩台（西南—东北）

彩图四三二　威武堡北垣外墩台（西南—东北）

彩图四三三　威武堡东城垣及马面（东—西）

彩图四三四　威武堡东城垣马面（东—西）

239

彩图四三五　威武堡西城垣垣体
基石（西—东）

彩图四三六　威武堡南门瓮城（东—西）

彩图四三七　威武堡南门瓮城内侧
（西—东）

彩图四三八　清平堡远景（西南—东北）

彩图四三九　清平堡南城垣西段（南—北）

彩图四四〇　清平堡南城垣中段折曲部分（南—北）

彩图四四一　清平堡南城垣外的建筑基础（南—北）

彩图四四二　清平堡南城垣东段上部的灰碴层（南—北）

彩图四四三　清平堡东城垣北段（南—北）

彩图四四四　清平堡西城垣北段（北—南）

彩图四四五　清平堡东南角楼（南—北）

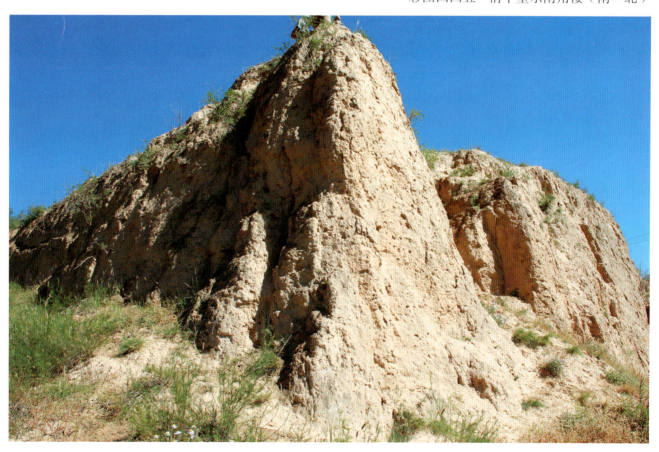

彩图四四六　清平堡西南角楼（西南—东北）

彩图四四七　清平堡 1 号墩台远景（东—西）

彩图四四八　清平堡墩台近景（南—北）

彩图四四九　清平堡古桥全貌（北—南）

彩图四五〇　清平堡古桥上部（东—西）

彩图四五一　清平堡古桥下部（北—南）

彩图四五二　清平堡古桥底部（东—西）

彩图四五三　清平堡古桥侧面（西—东）

彩图四五四　清平堡西侧建筑基址（东南—西北）

彩图四五五　清平堡建筑基址旁墩台（南—北）

彩图四五六　清平堡建筑基址旁墩台（南—北）

彩图四五七　清平堡建筑基址旁墩台（南—北）

彩图四五八　靖边营全景（南—北）

彩图四五九　靖边营北城全景（北—南）

彩图四六〇　靖边营南城西城垣南段（北—南）

彩图四六一　靖边营南城西城垣1号马面（东—西）

彩图四六二　靖边营南城西城垣1号马面（南—北）

彩图四六三　靖边营南城南城垣
（东—西）

彩图四六四　靖边营北城西城垣 1 号马面（北—南）

彩图四六五　靖边营北城西城垣3号马面（东—西）

彩图四六六　靖边营南城西南角楼（南—北）

彩图四六七　靖边营南城南门（西—东）

彩图四六八　靖边营北城南城垣东段与东城垣南段（西—东）

彩图四六九　靖边营北城南城垣
　　　　　（南—北）

彩图四七〇　靖边营北城南城垣南
　　门（南—北）

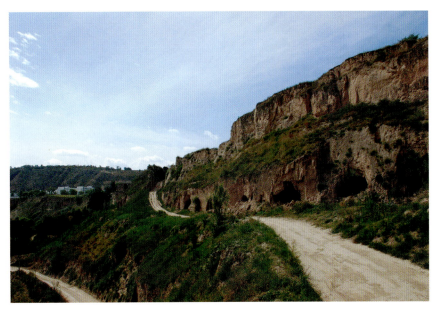

彩图四七一　靖边营北城东城垣
　　　　　（北—南）

彩图四七二　靖边营北城西城垣垣
体断面（南—北）

彩图四七三　靖边营北城西北角楼
（南—北）

彩图四七四　靖边营北城西南角楼
（南—北）

彩图四七五　靖边营北城北城垣大型敌台（东—西）

彩图四七六　定边营北城垣残存遗迹
（南—北）

彩图四七七　定边营由北城垣残存垣体遗迹向中心楼远视（北—南）

彩图四七八 定边营木业街残存垣体（北—南）

彩图四七九 定边营西城垣残存垣体（南—北）

彩图四八〇 定边营西城垣残存垣体（北—南）

彩图四八一　定边营西城垣残存垣体遗存（东—西）

彩图四八二　定边营西城垣垣体遗迹断面（南—北）

彩图四八二　龙州堡地形地貌远视（西—东）

彩图四八四　龙州堡全景（西—东）

彩图四八五　龙州堡1号马面（西—东）

彩图四八六　龙州堡北城垣东段（西—东）

彩图四八七　龙州堡2号马面（西—东）

彩图四八八　龙州堡 3 号马面（北—南）

彩图四八九　龙州堡 4 号马面（北—南）

彩图四九〇　龙州堡5号马面（东—西）

彩图四九一　龙州堡南城垣东段（西—东）

彩图四九二　龙州堡6号马面（西—东）

彩图四九三　龙州堡7号马面（西—东）

彩图四九四　龙州堡西南角楼（西南—东北）

彩图四九五　龙州堡东南角楼（东—西）

彩图四九六　龙州堡东门瓮城（东北—西南）

彩图四九七　龙州堡东门瓮城内门（东—西）

彩图四九八　龙州堡东城垣内侧马道测绘（北—南）

彩图四九九　龙州堡东城垣内侧马道（南—北）

彩图五〇〇　龙州堡西门瓮城（西—东）

彩图五〇一　龙州堡西门瓮城内侧（东—西）

彩图五〇二　龙州堡护城墩台（南—北）

彩图五〇三　镇靖堡全景（西—东）

彩图五〇四　镇靖堡北城东城垣北段（北—南）

彩图五〇五　镇靖堡北城东城垣北段1号马面（东—西）

彩图五〇六　镇靖堡北城东城垣南段 2 号马面（东—西）

彩图五〇七　镇靖堡北城东门瓮城（东—西）

彩图五〇八　镇靖堡北城东门瓮城
（北—南）

彩图五〇九　镇靖堡北城东城垣南
段（北—南）

彩图五一〇　镇靖堡北城南城垣东
段马面二次修筑迹象
（南—北）

彩图五一一　镇靖堡北城南城垣西段（西—东）

彩图五一二　镇靖堡北城西城垣内侧及南城垣西段（东—西）

彩图五一三　镇靖堡北城西城垣与护城墩台（北—南）

彩图五一四　镇靖堡北门瓮城全景（西—东）

彩图五一五　镇靖堡东北角楼（东—西）

彩图五一六　镇靖堡东南角楼（东南—西北）

彩图五一七　镇靖堡西南角楼（西—东）

彩图五一八　镇靖堡西北角楼外侧地形与环
境（西北—东南）

彩图五一九　镇靖堡老爷庙（南—北）

彩图五二〇　镇靖堡中山台（南—北）

285

彩图五二一　镇罗堡全景（南—北）

彩图五二二　镇罗堡北城垣东段（西—东）

彩图五二三　镇罗堡北城垣西段内部（东—西）

彩图五二四　镇罗堡北城垣1号马面（东—西）

彩图五二五　镇罗堡北城垣 2 号马面（东—西）

彩图五二六　镇罗堡西城垣北段内侧（东—西）

彩图五二七　宁塞营全景（东—西）

彩图五二八　宁塞营西城垣（北—南）

彩图五二九　宁塞营西城垣南段（南—北）

彩图五三〇　宁塞营西城垣北段（南—北）

彩图五三一　宁塞营北城垣及其外侧地形地貌（西—东）

彩图五三二　宁塞营西城垣 2 号马面（南—北）

彩图五三三　宁塞营西南角楼（西南—东北）

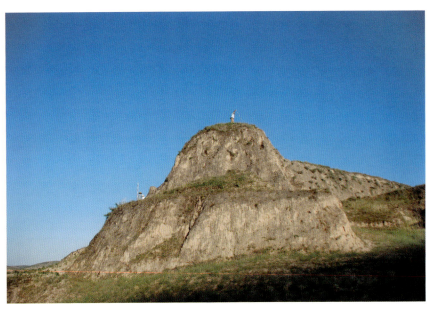

彩图五三四　宁塞营西北角楼（西南—东北）

彩图五三五　宁塞营护城墩台
（西—东）

彩图五三六　宁塞营2号墩台（东—
西）

彩图五三七　宁塞营鼓楼遗存
（东—西）

彩图五三八　宁塞营南城垣外附墙（北—南）

彩图五三九　宁塞营西城垣中部大型敌台（西—东）

彩图五四〇　把都河堡全景（南—北）

彩图五四一　把都河堡全景（北—南）

彩图五四二　把都河堡南城垣（东—西）

彩图五四三　把都河堡南城垣（南—北）

彩图五四四　把都河堡东城垣北段
（北—南）

彩图五四五　把都河堡东城垣北段垣体断面
（南—北）

彩图五四六　把都河堡南侧第一道挡马城垣内侧（北—南）

彩图五四七　把都河堡南侧第一道挡马城垣南面（南—北）

彩图五四八　把都河堡护城墩台远景（北—南）

彩图五四九　把都河堡护城墩台（南—北）

彩图五五〇　把都河堡护城墩台（北—南）

彩图五五　　水济堡全景（南→北）

彩图五五二　永济堡西城垣（北—南）

彩图五五三　永济堡西城垣外部（西—东）

彩图五五四　永济堡西城垣马面（西—东）

彩图五五五　永济堡北城垣（西—东）

彩图五五六　永济堡东城垣北段（北—南）

彩图五五七　永济堡东城垣北段（北—南）

彩图五五八　永济堡东城垣6号马面（南—北）

彩图五五九　永济堡南城垣遗存（南—北）

彩图五六〇　永济堡东南角楼（东南—西北）

彩图五六一　永济堡东门瓮城（北—南）

彩图五六二　永济堡南门瓮城（西—东）

彩图五六三　柳树涧堡远景（西北—东南）

彩图五六四　柳树涧堡远景（西北—东南）

彩图五六五　柳树涧堡与大边长城垣体相对位置（西南—东北）

彩图五六六　柳树涧堡上城
　　　　　　（西—东）

彩图五六七　柳树涧堡上城北
　　　　　　城垣中部敌台（西
　　　　　　北—东南）

彩图五六八　柳树涧堡上城西垣
　　　　　　马面正面（北—南）

彩图五六九　柳树涧堡下城全景（西—东）

彩图五七〇　柳树涧堡下城北垣（西—东）

彩图五七一　柳树涧堡下城北垣（西—东）

彩图五七二　安边营全景（西北—东南）

彩图五七三　安边营东门遗址（东—西）

彩图五七四　安边营北城垣东段（东北—西南）

彩图五七五　安边营北城垣 3 号马面（北—南）

彩图五七六　安边营北城垣 4 号马面（北—南）

彩图五七七　安边营北城垣中部敌台（南—北）

彩图五七八　安边营北城垣中部敌台（北—南）

彩图五七九 安边营北城垣西段（西—东）

彩图五八〇　安边营西城垣残存垣体（西—东）

彩图五八一　安边营东北角楼（北—南）

彩图五八二　安边营东南角楼
（东—西）

彩图五八三　安边营东南角楼
（西—东）

彩图五八四　安边营店铺（东—西）

彩图五八五　砖井堡全景（东北—西南）

彩图五八六　砖井堡南部现状（东—西）

彩图五八七　砖井堡东城垣1号马面（东—西）

彩图五八八　砖井堡东城垣2号马面（东—西）

彩图五八九　砖井堡北城垣东段垣体及马面（东北—西南）

彩图五九〇　砖井堡北城垣3号马面（北—南）

彩图五九一　砖井堡北城垣4号马面（北—南）

彩图五九二　砖井堡西城垣（北—南）

彩图五九三　砖井堡西城垣 5 号马面（西—东）

彩图五九四　砖井堡西城垣 6 号马面（西—东）

彩图五九五　砖井堡南城垣（南—北）

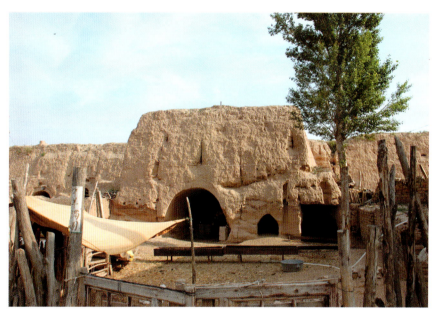

彩图五九六　砖井堡南城垣 7 号马
　　　　　　面（南—北）

彩图五九七　砖井堡南城垣 8 号马
　　　　　　面（南—北）

彩图五九八　砖井堡东南角楼（西
南—东北）

彩图五九九　砖井堡西北角楼（西
北—东南）

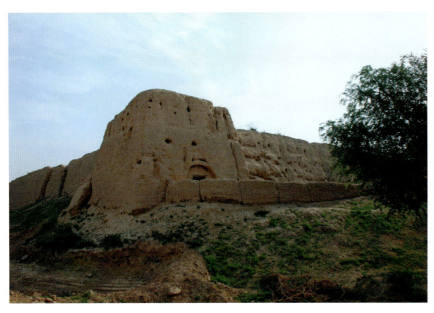

彩图六〇〇　砖井堡西南角楼（西
南—东北）

彩图六〇一　砖井堡西门瓮城（北—南）

彩图六〇二　砖井堡南门瓮城（西—东）

彩图六〇三　新安边营（西南—东北）

彩图六〇四　新安边营北城垣（北—南）

彩图六〇五　新安边营北城垣及北瓮城（北—南）

彩图六〇六　新安边营西城垣北段（北—南）

彩图六〇七　新安边营东门瓮城
（东—西）

彩图六〇八　新安边营东门瓮城
（南—北）

彩图六〇九　新安边营北门瓮城北
视（北—南）

彩图六一〇　新安边营 4 号马面（东—西）

彩图六一一　新安边营 6 号马面北侧（北—南）

彩图六一二　新安边营北门外墩台附近建筑（西—东）

彩图六一三　新安边营北门外墩台（东—西）

彩图六一四　石涝池堡全景（北—南）

彩图六一五　石涝池堡障城全景（北—南）

彩图六一六　石涝池堡障城（南—北）

彩图六一七　石涝池堡南城垣（东—西）

彩图六一八　石涝池堡东城垣（南—北）

彩图六一九　石涝池堡东南部二重城垣（东—西）

彩图六二〇　石涝池堡1号马面（东—西）

彩图六二一　石涝池堡障城北部建筑台基（南—北）

彩图六二二　石涝池堡城堡内建筑基址（南—北）

彩图六二三　盐场堡全景（北—南）

彩图六二四　盐场堡北城垣东段（北—南）

彩图六二五　盐场堡北城垣西段（北—南）

彩图六二六　三山堡全景（东—西）

彩图六二七　三山堡（东—西）

彩图六二八　三山堡东城垣（北—南）

彩图六二九　三山堡城垣体上标语"农"字

彩图六三〇　三山堡北城垣（西—东）

彩图六三一　三山堡西城垣（南—北）

彩图六三二　三山堡南城垣东段（东南—西北）

彩图六三三　三山堡东北角楼（北—南）

彩图六三四　三山堡西北角楼（南—北）

彩图六三五　三山堡东南角楼（西北—东南）

彩图六三六　三山堡南门瓮城（东南—西北）

彩图六三七　三山堡南门瓮城（东—西）

彩图六三八　三山堡南门瓮城内侧（北—南）

彩图六三九　三山堡南门瓮城（西—东）

彩图六四〇　三山堡北门瓮城（东—西）

彩图六四一　三山堡北门瓮城（西—东）

彩图六四二　三山堡北门瓮城内门（东—西）

彩图六四三　三山堡北门瓮城外门（西—东）

彩图六四四　新兴堡全景（北—南）

彩图六四五　新兴堡远景（南—北）

彩图六四六　新兴堡城垣（南—北）

彩图六四七　新兴堡东城垣北段（南—北）

彩图六四八　新兴堡东城垣北端弯曲部分（北—南）

彩图六四九　新兴堡东城垣（南—北）

彩图六五〇　新兴堡北城垣（东—西）

彩图六五一　新兴堡北城垣东段城垣体内人骨

彩图六五二　新兴堡西城垣（南—北）

彩图六五三　新兴堡4号马面
（西—东）

彩图六五四　新兴堡5号马面
（西—东）

彩图六五五　新兴堡6号马面
（西—东）

彩图六五六　新兴堡南城垣西段及西南角楼（东南—西北）

彩图六五七　新兴堡南城垣7号马面（南—北）

彩图六五八　新兴堡南城垣9号马面遗存（东—西）

彩图六五九　新兴堡东南角楼（西—东）

彩图六六〇　新兴堡东北角楼
（东北—西南）

彩图六六一　新兴堡西南角楼（东—西）

彩图六六二　新兴堡东门瓮城（南—北）

彩图六六三　新兴堡东门瓮城（北—南）

彩图六六四　新兴堡南门瓮城（南—北）

彩图六六五　新兴堡南门及南城垣东段（西—东）

彩图六六六　新兴堡南门瓮城垣体（南—北）

彩图六六七　新兴堡南门瓮城垣体上民居（东—西）

彩图六六八　饶阳水堡全景（西—东）

彩图六六九　饶阳水堡北城垣（西—东）

彩图六七〇　饶阳水堡北城垣大型敌台（北—南）

彩图六七一　饶阳水堡北城垣局部（北—南）

彩图六七二　领导现场指导（左四为省文物局局长赵荣）

彩图六七三　风餐露宿

彩图六七四　田间走访

彩图六七五　烈日炎炎

彩图六七六　旷野踏查

彩图六七七　悬壁实测

彩图六七八　相互协作

彩图六七九　田野合影